超大扁平高速公路隧道掘进力学响应与关键施工技术

EXCAVATION MECHANICAL RESPONSE AND
KEY CONSTRUCTION TECHNOLOGY OF
SUPER LARGE SPAN HIGHWAY TUNNEL

伍军 王圣涛 杨仲杰 陈文尹 张俊儒 邓稀肥 著

西南交通大学出版社
·成都·

图书在版编目（CIP）数据

超大扁平高速公路隧道掘进力学响应与关键施工技术 / 伍军等著. —成都：西南交通大学出版社，2020.7
ISBN 978-7-5643-7496-9

Ⅰ.①超… Ⅱ.①伍… Ⅲ.①高速公路 – 公路隧道 – 隧道施工 Ⅳ.①U459.2

中国版本图书馆 CIP 数据核字（2020）第 126120 号

Chaoda Bianping Gaosu Gonglu Suidao Juejin Lixue Xiangying yu Guanjian Shigong Jishu
超大扁平高速公路隧道掘进力学响应与关键施工技术

伍 军　王圣涛　杨仲杰　陈文尹　张俊儒　邓稀肥　著

责任编辑	张　波
封面设计	曹天擎

出版发行	西南交通大学出版社 （四川省成都市金牛区二环路北一段 111 号 西南交通大学创新大厦 21 楼）
邮政编码	610031
发行部电话	028-87600564　　028-87600533
网址	http://www.xnjdcbs.com
印刷	四川煤田地质制图印刷厂

成品尺寸	185 mm×260 mm
印张	16.5
字数	414 千
版次	2020 年 7 月第 1 版
印次	2020 年 7 月第 1 次
书号	ISBN 978-7-5643-7496-9
定价	120.00 元

课件咨询电话：028-81435775
图书如有印装质量问题　本社负责退换
版权所有　盗版必究　举报电话：028-87600562

前言

京沪高速公路济南连接线工程，是济南市"三横六纵"快速路网的重要组成部分，主线全长 12.012 km，共有 6 条双向八车道公路隧道，是目前世界上双向八车道隧道建设规模和数量最大的公路工程。其中浆水泉隧道是该项目的控制性工程，左线全长 3 101 m，右线全长 3 085.4 m，截至目前，是世界上最长的双向八车道高速公路隧道。该隧道开挖跨度约 20 m，开挖断面面积约 220 m^2，扁平率为 0.675，属超大扁平隧道，穿越围岩主要以水平层状灰岩为主，洞身穿过多处破碎带、地形突变浅埋外露段，并穿越济南市黄金谷风景区。隧道所处工程环境复杂、工期紧、施工质量要求严、施工风险极高、施工难度极大。在此背景下，参建各方联合攻关、迎难而上、群策群力，创新多项技术，实现快速施工，比预计工期提前 8 个月实现贯通。作者将修建过程中的关键技术归纳、总结并提炼形成本著作，希望能给同行提供参考。

著作中提出了超大扁平断面隧道双楔形掏槽技术、周边眼长短孔光面爆破技术，介绍了自主研发的隧道掌子面开挖线智能定位测量系统，实现了水平层状Ⅲ级围岩超大扁平断面隧道的快速掘进；开发了Ⅳ、Ⅴ级硬岩隧道钢架岩墙组合支撑分部开挖工法，超大扁平断面石质隧道局部浅覆土段半明半暗施工工法，位于景区的超大扁平断面隧道负埋深段盖挖施工工法，实现了复杂地质地形条件下隧道的安全快速施工。

研究成果直接应用于浆水泉隧道的施工，有效解决了该隧道地质条件复杂、地形条件差、隧道超大扁平、风景区环保要求高的施工难题，部分成果在京沪高速公路济南连接线工程老虎山隧道及龙鼎隧道、黔张常铁路吴家边隧道、张吉怀铁路白竹界隧道得到推广应用。本著作共分 6 章，第 1 章为绪论，第 2 章为超大扁平高速公路隧道掘进施工力学及响应分析，第 3 章为Ⅲ级围岩超大扁平高速公路隧道施工支护时机分析及优化研究，第 4 章为Ⅲ级围岩超大扁平高速公路隧道快速施工技术，第 5 章为Ⅳ（Ⅴ）级围岩超大扁平高速公路隧道快速施工技术，第 6 章为特殊工程环境超大扁平高速公路隧道快速施工技术。

本著作写作分工如下：第1章绪论由伍军、杜江山、余诚、杨仲杰、杨艳伟、张俊儒、姚大闯、周云飞、邓稀肥写作；第2章由张俊儒、陈文尹、杨艳伟、魏亮、冯冀蒙、王圣涛、吴洁、叶伦、严丛文、潘红桂写作；第3章由伍军、邓稀肥、张俊儒、冯冀蒙、陈文尹、王圣涛、杨仲杰写作；第4章由王圣涛、陈文尹、伍军、杨仲杰、冯冀蒙、魏亮、杨艳伟、隗志远、潘红桂、张杰胜、沈志强、丁圣文、陈奇、张继春、潘强、石洪超写作；第5章由陈文尹、王圣涛、伍军、杨仲杰、杨艳伟、魏亮、张俊儒、周云飞写作；第6章由杨仲杰、陈文尹、王圣涛、魏亮、冯冀蒙、余诚、隗志远、邓稀肥写作。全书由伍军整理、修改、统编和校核。

书中引用了部分国内外已有专著、文章、规范等的成果，在此向其作者及相关人士表示感谢；特别感谢中铁四局集团有限公司、中铁四局集团第七工程分公司、中铁四局集团第一工程有限公司、山东高速集团有限公司、山东省交通规划设计院等单位对本书内容所涉及研究项目的支持与协助。

鉴于作者的学识水平有限，疏漏不妥之处在所难免，敬请读者批评指正，联系邮箱：jrzh@swjtu.edu.cn。

作 者

2020年3月于合肥

目录 CONTENTS

1 绪论

1.1 工程背景 ……………………………………………………………… 001
1.2 超大扁平高速公路隧道技术发展现状 ……………………………… 002
1.2.1 超大扁平隧道断面形状 ………………………………………… 003
1.2.2 超大扁平隧道施工工法 ………………………………………… 004
1.2.3 超大断面隧道施工力学研究 …………………………………… 006
1.2.4 超大断面隧道支护参数和支护工艺研究 ……………………… 009
1.3 依托工程概述——浆水泉隧道 ……………………………………… 011
1.3.1 地形地貌 ………………………………………………………… 011
1.3.2 气象与水文地质 ………………………………………………… 012
1.3.3 工程地质 ………………………………………………………… 013
1.3.4 隧道围岩评价和分级 …………………………………………… 014
1.3.5 设计概况 ………………………………………………………… 019
1.4 本书主要内容 ………………………………………………………… 025

2 超大扁平高速公路隧道掘进施工力学及响应分析

2.1 隧道车道增加对围岩特征响应分析 ………………………………… 028
2.1.1 数值计算模型及参数选取 ……………………………………… 028
2.1.2 围岩应力计算结果及分析 ……………………………………… 031
2.1.3 围岩位移计算结果及分析 ……………………………………… 038
2.1.4 围岩塑性区计算结果及分析 …………………………………… 045
2.1.5 隧道车道增加对围岩特征响应分析 …………………………… 046

2.2 隧道扁平率对围岩特征响应分析 ···047
　　2.2.1 扁平椭圆形洞室二次应力解析计算 ·····································047
　　2.2.2 扁平椭圆形洞室二次应力数值模拟计算 ·····························051
　　2.2.3 合理高跨比分析 ···056
　　2.2.4 小　结 ···057

2.3 隧道开挖方法对围岩特征响应分析 ···057
　　2.3.1 Ⅳ级围岩隧道开挖方法围岩特征响应分析 ··························058
　　2.3.2 Ⅴ级围岩隧道开挖方法对围岩特征响应分析 ·····················085
　　2.3.3 隧道开挖方法对围岩特征响应分析 ······································098

3　Ⅲ级围岩超大扁平高速公路隧道施工支护时机分析及优化研究

3.1 基于数值计算的初期支护时机及优化分析 ·································100
　　3.1.1 Ⅲ级围岩超大扁平公路隧道施工技术方案 ··························100
　　3.1.2 Ⅲ级围岩超大扁平公路隧道施工力学及安全性分析 ···········101

3.2 基于现场测试的初期支护时机及优化分析 ·································109
　　3.2.1 测试项目及测试断面 ··109
　　3.2.2 测试传感器布置 ···110
　　3.2.3 初期支护测试数据分析 ··111
　　3.2.4 二次衬砌测试数据分析 ··116
　　3.2.5 基于支护体系受力特征的
　　　　 超大断面隧道合理初期支护时机分析 ··································119

3.3 隧道开挖围岩损伤测试及分析 ···120
　　3.3.1 测试原理与设备 ···120
　　3.3.2 围岩损伤范围测试过程 ··121
　　3.3.3 测试结果与分析 ···124

4　Ⅲ级围岩超大扁平高速公路隧道快速施工技术

4.1 浆水泉隧道原爆破方案及存在问题 ···127
　　4.1.1 浆水泉隧道Ⅲ级围岩原爆破方案 ···127
　　4.1.2 爆破效果及存在问题 ··128

4.2 Ⅲ级围岩超大扁平高速公路隧道总体爆破方案 ·························131

4.3 隧道上台阶掘进爆破设计 ···132

  4.3.1 爆破参数设计 ·· 133
  4.3.2 爆破施工设计 ·· 133

4.4 隧道下台阶掘进爆破设计 ··· 138
  4.4.1 爆破参数设计 ·· 138
  4.4.2 爆破施工设计 ·· 139
  4.4.3 爆破施工工艺流程 ··· 141

4.5 上台阶长短孔光面爆破技术 ······································· 141
  4.5.1 长短孔光面爆破技术简述 ································· 142
  4.5.2 长短孔光面爆破设计 ····································· 142
  4.5.3 长短孔光面爆破现场试验 ································· 144
  4.5.4 试验结果及分析 ··· 145

4.6 隧道掌子面开挖线智能定位测量技术 ··························· 149
  4.6.1 隧道掌子面开挖线智能定位测量技术原理 ············· 150
  4.6.2 隧道掌子面开挖线智能定位测量关键技术 ············· 150
  4.6.3 隧道掌子面开挖线智能定位测量施工流程及操作要点 ··· 161
  4.6.4 隧道掌子面开挖线智能定位测量设备 ··················· 164
  4.6.5 工程应用案例 ·· 166

4.7 光面爆破作业技术创新 ··· 174
  4.7.1 分离式爆破作业台车 ····································· 175
  4.7.2 掏槽孔快速定位技术 ····································· 176
  4.7.3 周边孔快速定位技术 ····································· 177
  4.7.4 装药结构的快速实现方法 ································· 178

4.8 光面爆破施工作业效果及分析 ··································· 179
  4.8.1 上台阶掘进爆破效果 ····································· 179
  4.8.2 下台阶掘进爆破效果 ····································· 184

5 Ⅳ（Ⅴ）级围岩超大扁平高速公路隧道快速施工技术

5.1 钢架岩墙组合支撑法工法特点 ··································· 190
5.2 钢架岩墙组合支撑工法施工力学特性分析 ····················· 191
  5.2.1 施工力学特性模型试验分析 ···························· 191
  5.2.2 施工力学特性数值模拟分析 ···························· 198
  5.2.3 施工力学特性现场测试分析 ···························· 201

5.3 钢架岩墙组合支撑工法在浆水泉隧道中的实施及其效果 ……… 212
    5.3.1 施工工艺流程 … 212
    5.3.2 关键施工工序及操作要点 … 214
    5.3.3 施工质量保证措施 … 215
    5.3.4 施工效果 … 216

6 特殊工程环境超大扁平高速公路隧道快速施工技术

6.1 浅埋半明半暗超大扁平高速公路隧道施工技术 …………… 218
    6.1.1 施工原理及总体工艺流程 … 219
    6.1.2 施工技术要点 … 220
    6.1.3 施工机械配备 … 224
    6.1.4 施工安全分析 … 225
    6.1.5 施工效果 … 227

6.2 拱顶外露超大扁平高速公路隧道盖挖施工技术 …………… 228
    6.2.1 施工原理及总体工艺流程 … 229
    6.2.2 施工技术要点 … 230
    6.2.3 施工机械配备 … 234
    6.2.4 施工安全分析 … 235
    6.2.5 施工效果 … 237

6.3 微超挖无临时支护斜井转正洞施工技术 ………………… 238
    6.3.1 施工原理及总体工艺流程 … 239
    6.3.2 施工技术要点 … 240
    6.3.3 施工机械配备 … 246
    6.3.4 施工安全分析 … 246
    6.3.5 施工效果 … 251

参考文献 … 252

1 绪 论

1.1 工程背景

京沪高速（港沟立交）济南连接线工程地处山东省中部、济南市东南部。路线呈东西走向，西承济南二环南路高架桥，起自山东大学兴隆山校区东北侧，东至京沪高速港沟立交收费站出口，与港九路平交，主线全长 12.012 km，设大桥 3 座（包含扳倒井互通立交、龙鼎互通立交范围内主线桥），互通立交 4 处，通道 1 处，隧道 3 座，桥隧控制管理所 1 处、养护管理站 1 处。该项目是济南市"三横六纵"快速路网规划的重要路段，也是济南市"十二五"公路发展规划的一部分，它将与二环南路、凤凰路快速路共同构建城市南部地区贯通东西的快速机动车交通走廊，项目的实施对促进省会城市群经济圈和济莱协作区交通一体化建设具有重要意义，同时作为济南市城市快速路工程，为推进济南市的城市发展，构建城市快速路网络，缓解城市交通拥堵发挥重要作用。工程地理位置如图 1.1-1 所示。

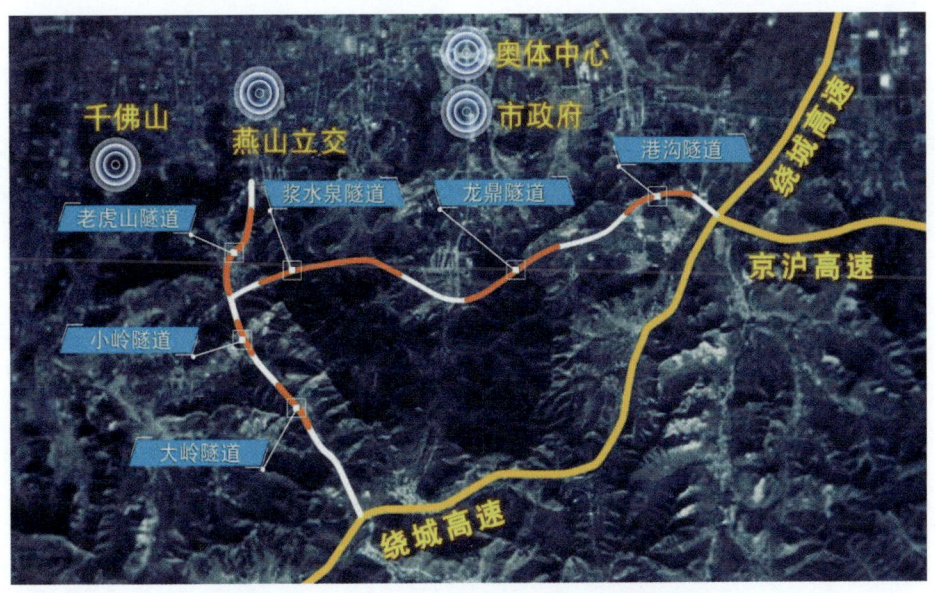

图 1.1-1 京沪高速济南连接线工程地理位置

浆水泉隧道是京沪高速公路济南连接线的控制性工程,位于山东省济南市历下区扳倒井村东南约 400 m 处,左线起讫里程 K1+749—K4+850,长 3 101 m;右线起讫里程 YK1+747.3—YK4+832.7,长 3 085.4 m,截至目前,是世界上最长的双向八车道高速公路隧道(图 1.1-2)。浆水泉隧道开挖跨度约 20 m,开挖断面面积约 220 m²,穿越围岩主要是水平层状灰岩,围岩级别以Ⅲ~Ⅳ级为主,洞身穿过多处破碎带、地形突变浅埋外露段,并穿越济南市黄金谷风景区。隧道所处地带工程环境复杂、工期紧、施工质量要求严、施工风险极高、施工难度极大。基于以上背景,以浆水泉隧道为工程依托,结合设计、施工并开展科学研究,最终形成《超大扁平高速公路隧道掘进力学响应与关键施工技术》一书,希望可为今后类似工程的修建提供一定的帮助。

图 1.1-2　浆水泉隧道

1.2　超大扁平高速公路隧道技术发展现状

进入 21 世纪以来,随着我国经济持续发展、综合实力不断提升及高新技术不断应用,我国隧道及地下工程得到了前所未有的迅速发展;随着隧道工程领域相关研究的不断深入,新工法、新技术、新结构等不断涌现,隧道工程建设如火如荼。基于上述建设环境,公路隧道的建设同样取得了长足发展,截至 2018 年底,中国公路隧道共计 17 738 座、17 236.1 km,比 2017 年分别增加 1 509 座、1 951 km。

一方面,经济的迅猛发展,城市规模的不断扩展,物流行业、外卖行业等新兴交通运输产业的兴起,致使人们对交通量有着前所未有的强烈需求;另一方面,我国隧道与地下工程经过长久的研究和实践后，在设计、施工和工程管理等方面积累了丰富经验，使得行业工作者有能力面对任何复杂的隧道工程。基于此，我国四车道及以上的超大断面公路隧道屡屡进入视线，一座座超大断面公路隧道顺利完工，无论在隧道长度、开挖面积以及攻坚克难上都有着新的突破。四车道超大断面公路隧道最显著的特征是断面大、跨度大、扁平率小，为了保证施工的安全，施工时几乎均选用分部开挖法，所分部数最多能达到 11 部。基于分部开挖的施工方法，虽然保障了施工安全却无法兼顾施工效率，开挖工序烦琐、效率相对低下是无法避免的困境；而且大断面隧道施工往往开挖与支护交错进行，这种动态的施工模式使得支护结构的受力和变形难以把控，加之没有相关的设计施工规范，使得业界人员对支护的选择往往较为保守，造成一定的资源浪费。

作者调研了国内外建成的或正在修建的四车道超大断面公路隧道，归纳总结其隧道规模、设计参数、施工方法等，现分述如下。

1.2.1 超大扁平隧道断面形状

四车道超大断面公路隧道的跨度是一定的，因为扁平状的断面形式有利于降低开挖造价，提高隧道断面的空间利用率，所以要求隧道降低高度，设计为扁平状。但是一味降低隧道高度、减小扁平率，隧道结构安全将会受到严重威胁，那么如何确定一个既安全又能减小开挖断面面积的断面形状是四车道公路隧道设计的重要课题。然而，国内扁平超大断面隧道断面形式主要依据三车道隧道设计经验，采用五心圆断面形式，这种工程类比的设计是否仍有进一步改善的空间还需进一步研究。

关宝树指出扁平超大断面隧道的力学问题主要有以下几点特征：开挖后应力重分布变得不利；底脚处应力集中过大，要求较大的地基承载力；拱顶不稳定；产生较大的松弛地压；支护结构的承载力较小。并且指出扁平率是大断面隧道的一个重要技术指标。基于目前超大断面隧道绝大部分均采用五心圆断面，那么扁平率的确定将直接决定隧道断面形状。

日本根据 Tomei-Meishin 公路建设经验，提出五心圆、扁平率为 0.65 是超大断面大跨度隧道最优的断面形式，该成果也被采用为该高速公路隧道的标准断面形式。关宝树在统计大量国外大断面隧道设计数据后得到：国外三车道隧道的断面比国内大，双车道隧道扁平率约为 0.85，三车道隧道扁平率为 0.64 ~ 0.65。金星亮等通过数值模拟对重庆轨道交通 5 号线超大断面浅埋扁平隧道在 5 种不同扁平率下的断面形式进行了参数化设计，最终确定了依托工程最优扁平率为 0.63。陈卫忠通过数值分析对清远蟠龙浅埋破碎岩体大断面隧道不同扁平率进行参数化设计，研究 5 种扁平率下隧道结构的稳定性和变形破坏情况，运用层次分析法对影响扁平隧道稳定性的开挖面面积、水平收敛、地表沉降和拱顶下沉等目标值进行优化并确定其权向量，提出依托工程条件下的最优化扁平率为 0.59。谢东武根据隧道断面相关参数，以造价最低作为目标函数，对超大断面大跨隧道在V级围岩条件下的断面形式进行优化。

目前关于超大扁平隧道扁平率的研究成果有以下不足：一是研究手段局限于数值分析，且基于弹塑性本构，研究成果信服度有限；二是不同依托工程得到的最优扁平率差距较大，难以统一。统计新建四车道公路隧道扁平率得到图 1.2-1，可以发现：最大扁平率为 0.73，最小扁平率为 0.645，平均扁平率为 0.68，扁平率波动范围较大。

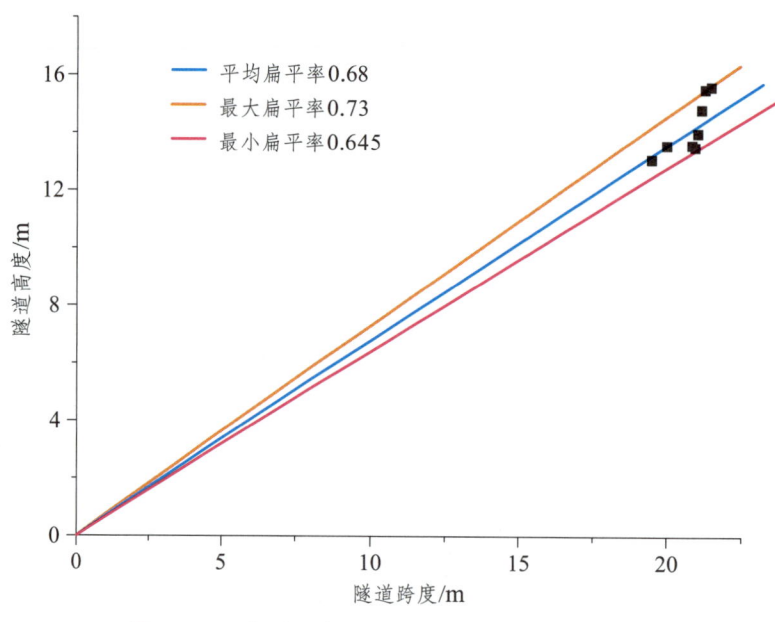

图 1.2-1　新建四车道公路隧道扁平率（含仰拱）

1.2.2　超大扁平隧道施工工法

新建四车道公路隧道施工工法研究中：一方面主要是传统分部开挖工法施工时围岩支护动态施工力学特性，以及它们之间在围岩变形控制和支护承载性能上的对比；另一方面则是提出有别于传统的施工工法，在此基础上做的一些改进的工法。

1. 传统分部开挖的施工工法

张兆杰结合沈大高速公路扩建工程金州隧道，对超大跨隧道采用双侧壁导坑法施工过程进行数值模拟，认为超大跨围岩总体失稳模式与普通双车道隧道有较大差别，采用双侧壁导坑法施工时，中洞上部施工应作为整个施工过程的控制程序。于科等以港沟隧道为工程依托，通过数值模拟对浅埋小间距情况下超大断面隧道采用双侧壁导坑法施工过程中的围岩及衬砌结构的力学行为特性进行研究，得出采用双侧壁导坑法能较好地满足超大断面隧道浅埋小间距段施工要求。叶勇针对粤东丘陵区某超大断面隧道进口段，通过数值模拟对比分析双侧壁导坑开挖法和三台阶开挖法，并通过现场测试验证，得出三台阶开挖法可以更有效地控制超大断面隧道软弱围岩变形，适用于超大断面隧道软弱破碎围岩段的快速施工。王春河等以济南龙鼎隧道为工程背景，系统开展上下台阶法和CRD法（交叉中隔壁法）开挖方式下超大断面隧道软弱围岩控制机制数值试验，得出CRD法对隧道的拱顶位移、最大塑性应变、支护构件应力的控制效果比上下台阶法要好。周磊生和孙智分别以山东滨莱高速改扩建隧道项目和京沪高速济南连接线龙鼎隧道为工程背景，系统开展了CD法（中隔壁法）及CRD开挖工法下I18和I22b两种支护方式的数值计算，得出支护拱架I22b支护效果更好，CRD开挖方法比CD法具有更好的围岩变形控制效果，但综合现场施工，现场开挖方式宜选择CD法。黄金山和欧敏以福泉高速扩建工程前鸥隧道为工程背景，通过现场测试与数值模拟相结合的方法，分别研究了浅埋偏压地层下 CRD 法和双侧壁导坑法施工力学特性，得到了双侧壁导坑法各分部合理的滞后长度和临时支撑拆除时机、CRD 法施工下隧道变形规律。蒋坤等以福州国际机场高速公路 2 期工程魁岐 2 号隧道为工程背景，对比了双侧壁导坑法、CRD 法和 CD 法 3 种施工方案，并在该隧道进口 V 级围岩段，成功将双侧壁导坑法变更为 CRD 法施工。双侧壁导坑法和 CD 法现场施工效果如图 1.2-2 所示。

（a）双侧壁导坑法

（b）CD 法

图 1.2-2　双侧壁导坑法和 CD 法

整理新建四车道公路隧道工法如表 1.2-1 所示，可知：双侧壁导坑法仍是应用最多的施工工法，主要应用于软弱地层。同时也注意到使用双侧壁导坑法施工的四车道公路隧道集中在 2010 年之前，而到了 2010 年后，CRD 法、CD 法和台阶法均有部分工程应用，对于新建四车道公路隧道工法选择上也更加灵活，随着超前支护和爆破技术等施工技术的发展，实际更倾向于选择分部更少的施工工法。

表 1.2-1　常用工法工程案例

工法	工程案例	对应围岩级别
双侧壁导坑法	广州龙头山隧道	Ⅳ
	深圳雅宝隧道	Ⅳ
	大连韩家岭隧道	Ⅳ
	厦门大帽山隧道（新建）	Ⅴ
	福州罗汉山隧道	Ⅳ
	前鸥隧道	Ⅴ
CRD 法	福建平潭牛寨山隧道	Ⅲ
CD 法	济南浆水泉隧道	Ⅲ
台阶法	牛头山隧道	Ⅲ

2. 传统分部开挖的改进工法

传统分部开挖的改进工法相对较少，宋涛为改善双侧壁导坑法施工中存在空间小和工序多等问题，提出了两种改进方法，如图 1.2-3 所示，取得了一定的经济效益。

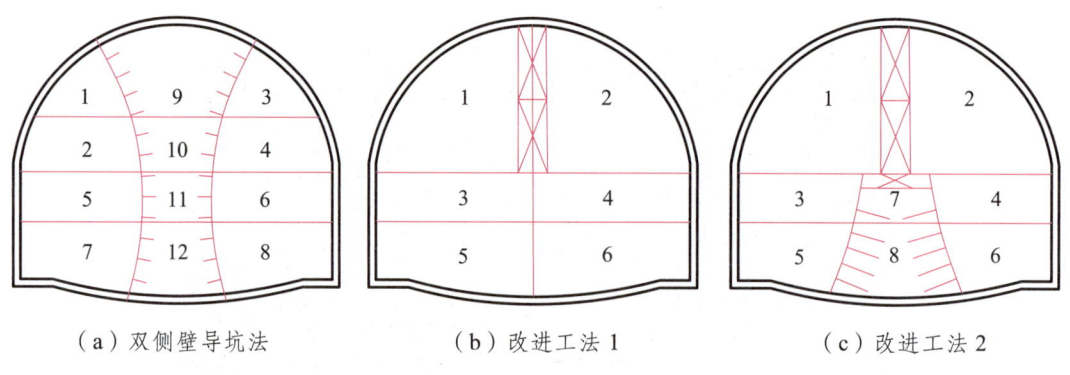

（a）双侧壁导坑法　　　　（b）改进工法 1　　　　（c）改进工法 2

图 1.2-3　双侧壁导坑法改进工法

1.2.3　超大断面隧道施工力学研究

对于四车道公路隧道，由于车道数的要求，致使隧道跨度大，隧道断面不得不设计为扁平的拱形结构，隧道断面面积也相应较大，使得在施工的选择上不可能一次成洞，决定了施工方法必须是开挖和支护交错进行的分部开挖法或台阶法，那么围岩必然会经历一个多次扰动的过程，因此对围岩的研究不应只是静态的，而需从动态角度考虑。因此，荷载释放规律、渐进性破坏过程以及围岩荷载的计算将是重点研究方向。

1. 围岩荷载释放研究

对于围岩荷载释放过程，位移释放率和应力释放率可在一定程度上反映，但最直观的还是荷载释放率,即受到开挖影响损失掉的围岩压力值与初始围岩压力值的比值。李术才团队以兰渝铁路两水隧道为工程背景,通过室内模型试验模拟了台阶法支护开挖、台阶法和全断面毛洞施工的全过程,得到了全断面法施工和台阶法施工围岩荷载释放规律。全断面法施工围岩荷载释放主要集中在掌子面前后两个循环,台阶法施工围岩荷载释放不同部位受开挖分部影响较大,并未呈现统一的规律,并且提出隧道断面围岩整体荷载释放过程存在 3 个典型变化阶段,即掌子面附近荷载集聚区、前方荷载弱集聚区和掌子面后方荷载释放区,对基于全断面法施工和台阶法施工情况下的超大断面隧道围岩荷载释放规律做了深入研究。赵然等依托济南绕城高速、京沪高速济南连接线龙鼎隧道,采用数值模拟分析了裂隙密集带对超大断面隧道围岩变形和塑性区分布的影响,研究了半步 CD 法施工隧道围岩空间荷载释放演化规律,得出隧道开挖后距离掌子面 <5 m 范围内,围岩荷载释放率较低。刘聪等以京沪高速济南连接线港沟隧道穿越断裂破碎带区域为依托工程,开展模型试验研究,试验模拟了台阶法、CD 法和双侧壁导坑法 3 种工法,通过对试验开挖过程中围岩位移变形和应力变化的实时监测,得到位移变形大致可分为"缓慢增加—急剧增大—稳定状态" 3 个过程;应力变化可分为"应力积聚—应力释放—稳定状态" 3 个阶段。

2. 围岩渐进性破坏研究

中科院武汉岩土所以大帽山大断面隧道群为工程背景,结合现场声波监测和数值模拟,详细研究推进式往复爆破作业的双侧壁导坑法施工的大断面隧道的围岩累积损伤范围。结果表明:小进尺、高频爆破会加大岩体损伤程度,大进尺、低频爆破会加大岩体损伤范围,因此合理进尺对控制围岩损伤十分重要;上断面爆破施工一般使岩体内的裂纹被激活,下断面爆破致中夹岩墙产生类墙体的振动,使岩体变松散滑动,围岩内部位移显著增大。徐前卫等以深圳市东部过境高速公路连接线工程为背景,针对谷对岭"Y"形喇叭口大断面分岔隧道,通过模型试验和数值模拟对双侧壁导坑法施工的超大断面隧道围岩的渐进性破坏过程、岩体内部变形和应力变化规律进行了研究。结果表明:软弱隧道围岩的破坏始于拱腰以下的岩体,而后自拱腰向上继续扩展成拱,拱顶上方 $0.95B$(B 为隧道跨度)范围内的岩体变形受到隧洞开挖影响,但最终塌落成拱的高度为 $0.55B$。王者超以八字岭分岔隧道为工程背景,通过对其大跨段的现场监测发现:大跨段围岩多次受到施工扰动影响,变形过程较为复杂,表现出明显的施工动态响应特性。张庆松等以沪蓉西高速公路庙垭隧道为工程背景,对大拱段围岩变形、支护体系受力和爆破震动进行现场监测,发现多次爆破使得围岩不断处在自身应力状态调整过程中,围岩劣化是个长期过程,在 30 d 后发生质变,掌子面出现夹泥、渗水等不良地质现象,围岩变形速率变大,随后呈现加剧趋势。

3. 围岩压力计算研究

目前三车道及以下公路隧道围岩压力的计算方法在现行规范中均已详细阐述,虽然公式存在差异,但是计算理念仍保持一致,如表 1.2-2 所示。事实上,上述公式早在 20 世纪便已提出,而国内大跨隧道的兴建始于 21 世纪,显然这些公式是否仍然适用于四车道及以上超大断面公路隧道围岩压力的计算是一个急需认证的问题。

表 1.2-2　国内外围岩压力计算公式

计算方法	出处	垂直均布围岩压力计算公式
国内规范	《公路隧道设计规范》（JTG D70—2004）	$q = \gamma \cdot H$（超浅埋） $q = \gamma H \left(1 - \dfrac{H}{B_\mathrm{t}} \lambda \tan\theta \right)$（浅埋）
国内规范	《铁路隧道设计规范》（TB 10003—2016）	$q = \gamma \cdot 0.45 \times 2^{S-1} \omega$（深埋） $q = \gamma h \left(1 - \dfrac{\gamma h \tan\theta}{B}\right)$（浅埋）
国内规范	《水工隧道设计规范》（DL/T 5195—2004）	$q = (0.2 \sim 0.3)\gamma B$
国内规范	《人工岩石洞室设计规范》	$q = N_0 K_1 \gamma$
国外规范	挪威 Barton	$q = \dfrac{2.0}{J_\mathrm{r}} Q^{-1/3} \times 0.1$
国外规范	Goel and Jethwa	$q = \dfrac{100 - RMR}{100} \gamma B$
国外规范	Bieniawsky	$q = \dfrac{7.5 B^{0.1} H^{0.5} - RMR}{20 RMR}$
理论计算方法	普氏理论	$q = \dfrac{\dfrac{B}{2} + h \tan\left(45° - \dfrac{\varphi}{2}\right)}{f} \gamma$
理论计算方法	太沙基理论	$q = \dfrac{\alpha_1 \left(\gamma - \dfrac{c}{\alpha_1}\right)}{K \tan\varphi}(1 - \mathrm{e}^{-K\tan\varphi \cdot n})$

　　曲海峰等以广州龙头山双洞八车道公路隧道为研究背景，概括和总结了规范公式、普式理论、太沙基理论等其他国内外松动荷载的计算方法，通过数值计算和实测围岩压力对比分析后得到：所有计算公式更适合于跨度在单洞双车道以下，高跨比小于 1.7 的隧道工程；对于扁平大跨隧道，浅埋条件下仍可采用太沙基计算公式，深埋条件下铁路隧道设计规范虽比较合适，但考虑因素指标过少是该计算方法的严重缺陷。袁金秀等对目前常用的几种围岩压力理论进行分析研究，根据铁路隧道设计规范在浅埋条件下，分别采用全土柱荷载和谢家怞理论荷载是偏于安全的，但深埋条件下，规范上针对小跨度隧道的围岩荷载计算则明显偏小和不安全，并不适用大跨隧道，于是提出修正后的大跨深埋隧道规范计算公式，如图 1.2-4 所示。

　　上述只考虑最终状态的计算方法并不能较好地满足四车道公路隧道设计要求，而数值模拟为采用分部开挖的隧道提供了新的研究方法，其核心理念是在进行有限元分析时，考虑施工工序的接替，进行施工过程的动态模拟。蒋树屏等对大跨扁平公路隧道进行了三维弹塑性有限元分析，发现分部开挖的隧道在开挖卸荷的瞬间往往出现位移突增，且弹性位移释放系数的大小与开挖方法和施工过程等因素有关。郑康成等通过二维模型试验提出：在进行荷载设计时，有必要考虑开挖过程对荷载大小的影响，并应该利用压力拱的发展规律，对其进行限制，尽可能地降低成拱高度。朱合华等以荷载-结构法为基础，提出过程设计方法，在计算围岩松动荷载时，先以通用计算方法得到各导洞的松动荷载，而后通过权重系数叠加为总设计荷载。由以上研究可知，围岩的荷载释放和渐进性破坏表现出明显的动态施工力学特性。一方面荷载释放和渐进性破坏过程较为复杂，受施工扰动明显；另一方面受施工工法影响很大，但仍有规律可循：

（1）围岩劣化是个长期过程，围岩力学性能会经历潜伏期、爆发期和稳定期3个状态，潜伏期表现在围岩变形增加、应力集聚，爆发期表现在围岩变形剧增、应力释放；

（2）上部围岩开挖是影响荷载释放的集中时期，也是围岩破坏的危险时期；

（3）小进尺、高频爆破会加大岩体损伤程度，大进尺、低频爆破会加大岩体损伤范围。

在围岩压力计算方面，在浅埋段计算理论认识统一，但是在深埋段仍缺乏有说服力的理论计算公式，还需进一步完善；同济大学提出的过程设计方法将围岩压力计算由静态设计转为动态设计，提供了一个新的研究思路。

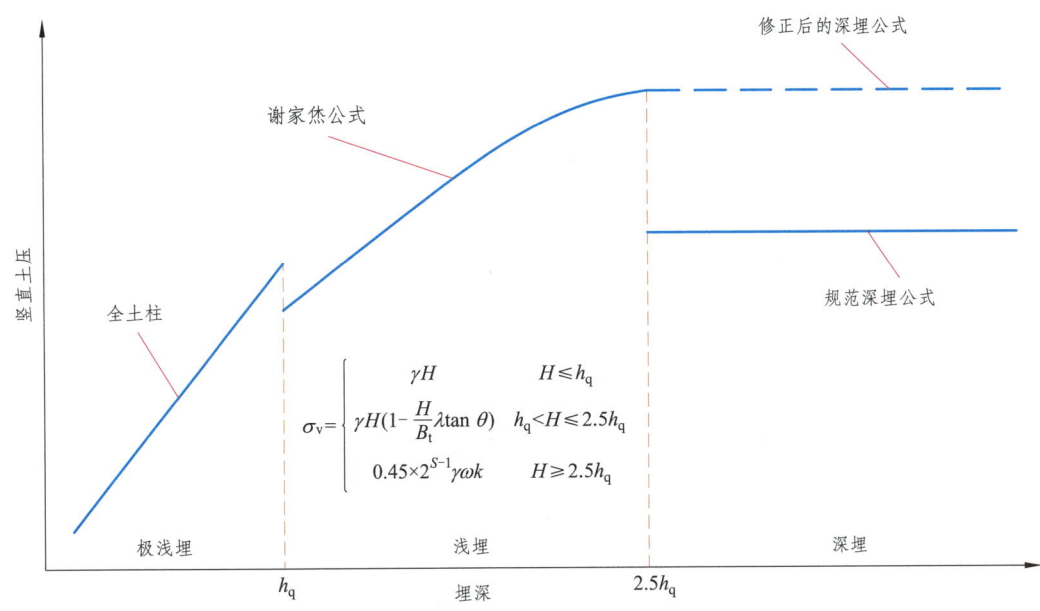

图 1.2-4　袁金秀大跨深埋隧道规范修正计算公式

1.2.4　超大断面隧道支护参数和支护工艺研究

1. 支护参数

超大断面公路隧道围岩压力复杂，公路隧道设计理论的适用范围主要为三车道以下的小跨度隧道，对于四车道以上的大断面公路隧道并不完全适用。对此，诸多学者也对超大断面扁平隧道围岩压力进行了研究，但仍未形成统一的认识，因此，该问题成了四车道及以上超大断面公路隧道支护结构设计急需解决的难题。整理典型工程案例的支护参数，得到表 1.2-3 所示。可以发现：同一围岩级别下，支护参数差别较大，在衬砌厚度上体现得尤为明显；在支护类型上会出现部分双层初期支护的案例，但只应用在 V 级围岩的软弱地层条件下；拱架主要以工字钢架为主，在部分Ⅲ级围岩的工程案例中初期支护甚至无拱架支护。总体看来，早期建设的隧道支护参数偏保守一些，后期人们显然已经意识到了超大断面隧道设计中支护参数的不合理，对部分隧道支护参数进行了优化。

表 1.2-3　四车道公路隧道支护参数

围岩级别	工程案例	支护类型（初支+二衬）	初期支护		二次衬砌厚度 /cm
			拱架	喷混凝土厚度 /cm	
Ⅲ级	韩家岭隧道	单层+单层	16 号工字钢间距 100 cm	22（钢纤维）	65（钢筋混凝土）
	龙头山隧道	单层+单层	无	15	45（素混凝土）
	雅宝隧道	单层+单层	无	12	50（钢筋混凝土）
Ⅳ级	韩家岭隧道	单层+单层	18 号工字钢间距 75 cm	26（钢纤维）	70（钢筋混凝土）
	龙头山隧道	单层+单层	格栅钢架间距 100 cm	20（钢纤维）	50（钢筋混凝土）
	雅宝隧道	单层+单层	H 型钢架	20（钢纤维）	55（钢筋混凝土）
V级	龙头山隧道	单层+单层	工字钢架间距 80 cm	27（钢纤维）	60（钢筋混凝土）
	大帽山隧道	双层+单层	工 22b（第二层）	8+37（钢纤维）	55（钢筋混凝土）
	雅宝隧道	单层+单层	H 型钢架	25（钢纤维）	65（钢筋混凝土）
	牛寨山隧道	双层+单层	22b 工字钢+16 工字钢	30+20（钢纤维）	55（钢筋混凝土）
	港沟隧道	单层+单层	工字钢架	30（钢纤维）	70（钢筋混凝土）

2. 支护工艺

万利等建立了拱顶位移控制率评价指标，得出 H 型钢拱架支护围岩控制效果显著；H 型钢拱架锚杆联合支护作用下，锚杆强度储备增加、支护潜力更大；并通过了现场试验的验证。袁勇等基于隧洞"先成结构法"支护理念提出超大断面低扁平率公路隧洞先成预应力结构新型支护体系，即在隧洞开挖前采用"预应力+注浆"措施来消除隧洞顶部一定范围的拉应力区。黄成造等提出一种新的隧道支护工艺——对拉锚杆，用以解决双侧壁导坑法施工时预留核心土的稳定性问题。周丁恒等通过模型试验详细地分析超大断面隧道双侧壁导洞法开挖引起支护结构变形及受力的三维效应，得到左导洞下台阶和核心土上台阶开挖对支护结构受力及变形影响较大，是支护稳定性控制的主要工序。万明富等以沈大高速韩家岭隧道为工程背景，结合数值模拟和模型试验对支护稳定性进行了研究。

此外，利用强度折减法进行有限元分析来实现针对性支护或预支护的理念也应用较为广泛。最初强度折减法大多用于边坡工程的稳定性分析，后来才运用到隧道工程中，张黎明等将有限元强度折减法应用于隧道的稳定性评价，利用有限元强度折减法求得的安全系数与潜在滑动面，不仅可以评价隧道的稳定性和设计的合理性，还可以对支护参数和施工工艺提出改进建议。迟建平等针对浅埋暗挖工法中的双侧壁导坑法，通过有限元强度折减法定量计算开挖过程中特定工况的安全系数，可确定局部失稳破坏面的发生位置，可为隧道开挖支护和地层预加固的设计提供参考。

四车道公路隧道的支护工艺研究主要有两方面：一方面在于稳定支护、提高施工效率的辅助施工措施；另一方面是对于支护结构薄弱部位采取的应对措施，其中强度折减法的应用可定量计算隧道破坏面和整体安全系数，并针对施工步骤进行支护设计方案的动态调整。

从以上的调研可以看出，自2001年国内第一条四车道隧道建设以来，四车道及以上超大断面公路隧道取得巨大的发展，隧道断面、隧道长度纪录不断刷新，隧道断面达到430 m^2，隧道长度突破3 000 m，无不彰显我国在超大断面公路隧道建设上的强大实力，但仍然有许多方面需要进一步的完善。

在断面形状的研究上，实际工程采用的扁平率波动范围较大，并且大于目前理论研究得到的扁平率和国外大部分隧道采用的扁平率。因此，在确保隧道净空的基础上，需要确定更合理的超大断面隧道扁平率。

在施工工法的研究上，新建四车道公路隧道在2010年前主要以双侧壁导坑法施工为主，2010年后更倾向于使用分部更少的CD法、CRD法和台阶法；原位扩建四车道公路隧道均是采用单侧扩建的方案，对软弱围岩采用回填+CRD法（或CD法）施工，对较好围岩由于不设置仰拱，可采用台阶法扩挖。总体来看，根据围岩类型和断面的大小，开挖方法较多，但随着隧道施工机械化程度的进一步提高，隧道开挖有向大断面开挖发展的趋势。

在四车道公路隧道施工力学的研究方面，围岩的荷载释放和渐进性破坏表现出明显的动态施工力学特性，虽然部分学者们对围岩渐进性破坏阶段有了一定程度研究，但是目前仍停留在定性、个例的阶段，需要更加丰富的工程案例进行验证。在围岩压力计算方面，在浅埋段计算理论认识统一，但是在深埋段仍缺乏有说服力的理论计算公式，还需进一步完善。

在支护参数的研究上，由于超大断面隧道围岩压力计算理论的不成熟，加之现有规范并不完全适用于四车道以上的大断面公路隧道，使得实际工程设计中支护参数差别较大，在后期的部分工程中虽然进行了一定的优化，但是仍有明显差别。在支护工艺的研究上主要由有两方面：一方面是对于支护结构薄弱部位采取的应对措施；另一方面在于稳定支护、提高施工效率的辅助施工措施。

1.3 依托工程概述——浆水泉隧道

1.3.1 地形地貌

浆水泉隧道隧址区位于鲁中南低山与鲁西北冲积平原的交接带上的中部丘陵地区，海拔100～900 m，整个地势南高北低，山峰海拔300～900 m，山脉多为东西走向。隧址区地势起伏，海拔 240~400 m，切割深度 100~200 m，地形坡度 20°~50°。隧道进口位于采石场掌子面，坡面近直立，宽约 50 m，高约 15 m，洞轴线与地形坡面近于正交；隧道出口也位于采石场掌子面，坡面近直立，宽约 100 m，高约 12 m，洞轴线与地形坡面大角度相交。

1.3.2 气象与水文地质

1. 气象特征

济南地处中纬度地带，属北温带湿润大区鲁淮区，为温暖半湿润季风性气候。春季干燥少雨，夏季炎热多雨，秋季天高气爽，冬季寒冷干燥。气温在 7 月最高，1 月最低，年平均气温 14.3 ℃，累年极高气温为 42.5 ℃；累年极低气温为 -19.7 ℃；年平均降水量 669.30 mm，年最小降水量为 320.70 mm，年最大降水量为 1 283.40 mm（1973 年），累计月最大降水量为 504.5 mm（1962 年 7 月），日最大降水量为 298.4 mm（1962 年 7 月 13 日）；一年之中降水主要集中在 6、7、8 月，多以暴雨形式降落，3 个月的降水量占年降水量的 65%；济南地区主要以 SSW 风向为主，累年极大风速为 33.3 m/s（1951 年 7 月 21 日），最大月平均风速为 26.3 m/s，最小月平均风速为 1.0 m/s；年平均积雪天数为 14.7 d，年最多降雪日 19 天；标准冻结深度为 0.5 m。

测区属于小清河水系，地表水系不发育，多为季节性河流，主要接受大气降水补给，为排泄山洪之季节性河流。部分冲沟中有少量积水，积水受季节性影响较大，夏季水流较大，冬季干涸，对沿线地下水有影响的主要为浆水泉水库。

浆水泉水库位于济南市历下区南部回龙山与老虎山之间，姚家街道浆水泉村南 200 m 处，全福河上游，属小清河水系。水库兴利库容 $75×10^4$ m³，总库容为 $105×10^4$ m³，为小型水库。浆水泉风景区以水库为核心，东西南三面有山相围，大坝长 200 m，宽 6 m。水库以大气降水及两侧基岩裂隙水补给为主，夏季水量暴涨，春季水量较小。

2. 水文地质

隧道场地位于地下石灰岩裂隙水的径流补给区，沿线地下水类型主要为第四系松散堆积孔隙水和石灰岩岩溶裂隙水。第四系松散堆积孔隙水主要受大气降水渗入地下沿基岩面及上覆第四系地层径流补给和山区水库渗流补给，受季节影响较大。地表水与地下水水力联系密切，雨季南部山区汇水并下渗，地下水向北渗流，在第四系地层中形成季节性含水层，在枯水期，潜水静止水位逐渐降低，直至消失。

岩溶裂隙水赋存于溶蚀裂隙、溶洞、岩溶管道中，水量丰富，但分布极不均匀，具承压性。隧址区基岩裂隙多闭合型且多由泥质填充，地下水在基岩中的赋存量较小。地下水沿溶隙、溶孔和溶洞径流条件好，透水性强。岩层的涌水量和透水性主要受其裂隙所控制，存在明显的不均匀性。

隧址区地下水的动态特征受大气降水和水文因素控制。地下水动态基本处于自然状态，年内受降水制约，季节性变化较明显，动态曲线呈波状起伏，总体变化规律：7—9 月为丰水期，地下水位回升呈波峰，之后随降水减少及径流和蒸发排泄，水位缓慢下降进入平水期；至翌年 3—6 月，降雨稀少，蒸发量加大，地下水位呈现持续下降趋势，一般至 6 月底，地下水位下降至最低谷。年际变化是遇丰水年水位回升，枯水年水位下降。

石灰岩岩溶裂隙水其含水层为奥陶系及上寒武系凤山组灰岩，为承压水，其顶板埋深较大，承压水头埋深一般在地表下 30 m 以下。在野外勘察期间，未量测到地下水位，预计石灰岩裂隙岩溶承压水一般不会对工程有影响，但雨季过后形成的地下径流会对工程施工及后期运营产生较大影响。本区内地下水化学类型以重碳酸硫酸钙钠型中性低矿化度淡水为主，对混凝土有微侵蚀性。

1.3.3　工程地质

1. 地层岩性

隧道区出露地层为奥陶系和寒武系灰岩、白云质灰岩及生物碎屑灰岩，局部沟谷地段上覆上更新统粉质黏土，地层自上而下简述如下：

① 杂填土（Q_4^{ml}）：杂色，中密，稍湿，由人工回填的黏性土、灰岩岩块和砂土组成，碎石岩块 2 ~ 5 cm 不等，大者可达 10 cm。分布隧道出口及 K2+620 低洼处，层厚小于 10 m。

② 白云质灰岩（O_2^{ml}）：以中风化为主，灰白色、灰黄色，微晶结构，中厚层状构造，层理倾缓结合较好，岩块较坚硬，岩体节理裂隙较发育，结合较好，块状结构。局部沟谷底部节理裂隙发育部位和不同岩性接触部位岩溶发育，形成溶孔、溶洞。该层不连续分布隧址区中部和东部，V_p=2 846 ~ 3 660 m/s。

③$_1$ 灰岩（O_1^{y+1}）：中风化为主，青灰色，微晶、细晶结构，豹皮状中厚层构造，层理倾缓结合较好，岩块坚硬，岩体节理裂隙不发育，块状整体结构，岩溶不发育。该层分布隧址区西部洞身段和东部出口部位，V_p=3 125 ~ 3 773 m/s。

③$_2$ 白云质灰岩（O_1^{y+1}）：中风化为主，灰白色，局部灰黄色，泥晶、微晶结构，中厚层状构造，层理倾缓结合较好，岩块较坚硬，岩体节理裂隙较发育，结合较好，块状结构。该层岩溶发育普遍，多为溶孔、小型溶洞，局部沿节理裂隙带发育成较大的洞体，洞高可达 3 m，洞宽 2 m，雨季涌水，旱季干涸，对工程施工及后期运营不利。该层连续分布隧址区大部，V_p=2 989 ~ 3 448 m/s。

④ 灰岩（ϵ_3^f）：中风化为主，青灰色，微晶、泥晶结构，中厚层、厚层泥质条带状、豹皮状、竹叶状构造，层理倾缓结合较好，岩块坚硬、较坚硬，局部夹薄层灰岩。岩体节理裂隙较发育，块状结构，局部岩溶发育。该层分布隧址区西部进口部位，V_p=3030 ~ 3 571 m/s。

2. 地质构造

隧址区出露的岩性为奥陶系、寒武系灰岩、白云质灰岩，受区域地质构造活动影响，隧址区分布有局部节理密集度或构造断裂带，局部断裂构造发育。依据物探解译成果结合地质调绘、地质钻探和收集的资料，隧址区发育 4 条挤压型节理密集带或断裂破碎带，沿构造产生的节理裂隙发育形成溶孔、溶洞对洞体围岩影响较大，具体如下：

（1）断裂破碎带 F_1：物探解译及地质调绘北东向延伸，斜交洞体轴线 K1+720、YK1+700 处于断裂 F_3 于左幅洞体外侧斜交，其产状 140°∠75° ~ 80°，为浅表挤压断裂，破碎带自地表向下延伸至 8 m 尖灭。破碎带宽约 4 m，带内岩体挤压强烈形成灰白色断裂泥和断层角砾，结构松散，遇水泥化。

（2）断裂破碎带 F_2：地质调绘与断裂 F_1 走向平行，产状与 F_1 断裂基本一致，距断裂 F_1 约 18 m，斜交洞体轴线 K1+754、YK1+725，为浅表性断裂。自地表向下延伸约 7～9 m，破碎带宽约 5 m，带内挤压强烈，形成灰白色断层泥和少量断层角砾，结构松散。

（3）断裂破碎带 F_3：物探解译及地质调绘反映断裂斜交洞体轴线 K1+835、YK1+837，破碎带表现为压性，其产状 260°∠66°，破碎带宽约 15～20 m，自地表向下延 50 m 尖灭，破碎带内岩石挤压强烈形成灰白色断层角砾和碎裂岩，结构较松散。

（4）节理密集带 F_5：物探解译节理带走向北北西，斜交洞体轴线 K2+628、YK2+630，产状近直立，节理带宽 50 m，钻孔 CKQ3 揭露岩体 12～15 m、20～22 m 节理裂隙发育，岩芯碎石状、碎块状，裂隙面铁质侵染，岩体破碎。钻探揭露 23 m 以上未见岩溶发育，根据物探推测底板下 25～60 m 低阻带岩体破碎，岩溶发育，岩溶对上部围岩影响不大。

3. 不良地质及特殊岩土

（1）危岩。

隧道 K2+560—K2+715 明洞段，小桩号部位岩体陡立，结构面发育并具有张性，岩体破碎形成危岩，施工时易发生掉块和小型崩落。

（2）岩溶。

整个隧址区出露奥陶系和寒武系灰岩、白云质灰岩，局部灰岩节理裂隙发育，沿节理裂隙发育成溶蚀裂隙、溶孔和溶洞。特别是奥陶系冶里—亮甲山组（O_1^{y+l}）白云质灰岩岩溶发育（高程 278～342 m），K3+700—K4+250 区段裂隙已发育成高 3 m、宽 2 m 大型洞体，大部分洞体内无填充或填充黏性土混碎石。洞体开挖时填充物易发生塌落，雨季洞体内汇水会发生较大短时性涌水。

1.3.4 隧道围岩评价和分级

浆水泉隧道洞口段以Ⅳ级围岩为主，洞身段以Ⅲ～Ⅴ级围岩为主，隧道围岩分级统计表见表 1.3-1 所示。

表 1.3-1 浆水泉隧道围岩分级统计

里程桩号	围岩稳定性评价	洞身长度/m	饱和抗压强度/MPa	岩体完整系数 K_v	修正系数 K_1	修正系数 K_2	BQ/[BQ]	围岩级别
YK1+747.3—YK1+808	隧道围岩为中厚层状豹皮灰岩，中风化状态，软化性弱，产状缓倾，岩体较完整，局部夹相对软弱薄层泥质灰岩。地下水主要为岩溶水，洞体平时干燥，雨季洞体发生滴水或小股涌水	60.7	49.6（灰岩）	0.59	0.1	0.4	386/336	Ⅳ
K1+750—K1+810		60		0.50			352/302	

续表

里程桩号	围岩稳定性评价	洞身长度/m	饱和抗压强度/MPa	岩体完整系数 K_v	修正系数 K_1	修正系数 K_2	$BQ/[BQ]$	围岩级别
YK1+808—YK1+850	断裂 F_3 斜交洞体 YK1+827 处，破碎带宽约 15 m，产状较陡，破碎带为灰白色断层角砾和碎裂岩，结构松散，两侧灰岩、白云质灰岩结构面发育，沿结构面发生岩溶化，形成溶蚀裂隙、溶孔和小溶洞。地下水为岩溶水，洞体平时干燥，雨季沿孔洞发生小股涌流。洞体围岩结构松散，顶板易发生大的坍塌，底板破碎	42	—	—	—	—	—	Ⅴ
K1+810—K1+880		70						
YK1+850—YK1+880	隧道围岩为中风化灰岩，青灰色，中厚层状，局部夹薄层灰白色白云质灰岩和灰黑色泥灰岩，软化性弱。岩体破碎结构。洞体平时潮湿无水，雨季滴水或小股涌水	30	53.0（灰岩）	0.54	0.1	0.3	384/344	Ⅴ
K1+880—K1+920		40						
YK1+880—YK2+140	隧道围岩为中风化灰岩，灰色，中厚层状，夹薄层状白云质灰岩、泥灰岩，岩质坚硬，软化性弱。岩体中厚层状结构。洞体平时潮湿无水，雨季沿裂隙滴水、渗水	260	71.8（灰岩）	0.63	0.1	0.2	463/433	Ⅲ
K1+920—K2+140		220						
YK2+140—YK2+300	边坡地貌，隧道围岩为中风化灰岩，灰色，中厚层状，岩质较坚硬，软化性弱。岩体较破碎，沿节理裂隙发生溶蚀，形成蜂窝状孔洞。洞体平时潮湿无水，雨季沟谷汇水，洞体内雨淋状出水或涌水	160	59.5（灰岩）	0.32	0.2	0.4	298/238	Ⅴ
K2+140—K2+325	沟谷地貌，隧道围岩为中风化灰岩，灰色，中厚层状，岩质较坚硬，软化性弱。岩体较破碎。洞体平时潮湿无水，雨季沟谷汇水，洞体内雨淋状出水或涌水。由于隧道顶板极浅，顶板不能自稳，隧道围岩总体属Ⅴ级围岩	185	59.5（灰岩）	0.22	0.2	0.4	298/238	Ⅴ

续表

里程桩号	围岩稳定性评价	洞身长度/m	饱和抗压强度/MPa	岩体完整系数 K_v	修正系数 K_1	修正系数 K_2	$BQ/[BQ]$	围岩级别
YK2+300—YK2+560	隧道围岩为中风化灰岩,青灰色,中厚层状,层理结合较好,产状缓倾,岩质坚硬,软化性弱。局部夹薄层泥灰岩和灰白色白云质灰岩,相对较软弱。岩体节理裂隙发育,岩体中厚层状结构。洞体平时潮湿无水,雨季滴水或沿裂隙渗水	260	71.8(灰岩)	0.63	0.1	0.2	463/433	Ⅲ
K2+325—K2+528		203						
YK2+560—YK2+720	沟谷地貌,洞体围岩为中风化灰岩、豹皮状灰岩,岩质较坚硬,软化性弱。岩体发育3～4组节理,产状陡立,结合差。中间沟谷部位为节理密集带,埋深20 m以上,岩体较破碎,碎裂状结构,20 m以下岩体破碎程度增加并有岩溶化现象,30 m以下有溶洞发育,但对上部隧道底板无影响。地下水为岩溶水,水位埋深较深,洞体平时潮湿无水,雨季滴水、淋水或小股涌水	160	32.7(灰岩)	0.25	0.3	0.2	291/241	Ⅴ
K2+528—K2+760		232						
YK2+720—YK2+960	隧道围岩为中风化豹皮状灰岩,青灰色,中厚层状,岩质坚硬,软化性弱,局部夹相对软弱泥灰岩。岩体中厚层状结构。洞体平时无水潮湿,雨季滴水或沿裂隙渗水	240	77.3(灰岩)	0.63	0.1	0.2	479/449	Ⅲ
K2+760—K3+055		295						
YK2+960—YK3+090	隧道围岩为中风化豹皮状灰岩,青灰色,中厚层状,局部上覆岩溶化白云质灰岩,层理产状缓倾,岩质坚硬,软弱性弱。岩体节理裂隙发育,碎裂状结构。洞体平时潮湿无水,雨季滴水或雨淋状出水	130	63.7(灰岩)	0.50	0.3	0.4	406/336	Ⅳ
K3+055—K3+165		110						

续表

里程桩号	围岩稳定性评价	洞身长度/m	饱和抗压强度/MPa	岩体完整系数 K_v	修正系数 K_1	修正系数 K_2	$BQ/[BQ]$	围岩级别
YK3+090—YK3+330	隧道围岩为中风化灰岩，灰色，岩质坚硬，软化性弱，发育两组节理，产状陡立，其结合较差。岩体中厚层状结构。洞体平时无水潮湿，雨季滴水或雨淋状出水	240	77.3（灰岩）	0.63	0.2	0.2	479/449	Ⅲ
K3+165—K3+310		145						
YK3+330—YK3+380	区段节理裂隙发育，沿节理裂隙上部白云质灰岩岩溶化较强烈，形成2~30 mm溶蚀孔洞，下部灰岩岩溶化微弱。隧道围岩主要以灰岩为主，岩层产状缓倾，岩质较坚硬，软化性弱。岩体碎裂状结构。洞体平时无水潮湿，雨季渗水或雨淋状出水	50	35.2（岩溶化灰岩）64.2（灰岩）49.7（综合分析取值）	0.5	0.2	0.3	364/314	Ⅳ
K3+310—K3+400		90						
YK3+380—YK3+980	隧道围岩上部为中风化白云质灰岩，灰白色，下部为灰岩，青灰色。岩层均为中厚层状，层理缓倾，二者层理结合好，岩质均坚硬，软化性弱。岩体主要发育两组节理，产状较陡，结合较差，中厚层状结构。洞体平时无水潮湿，雨季滴水、渗水	600	74.2（白云质灰岩）75.0（灰岩）	0.57	0.1	0.2	455/425	Ⅲ
K3+400—K3+670		270						
K3+670—K3+760	区段节理裂隙发育，沿节理裂隙上部白云质灰岩岩溶化较强烈，形成2~30 mm溶蚀孔洞，下部灰岩岩溶化微弱。隧道围岩主要以灰岩为主，岩层产状缓倾，岩质较坚硬，软化性弱。岩体碎裂状结构。洞体平时无水潮湿，雨季渗水或雨淋状出水	90	35.2（岩溶化灰岩）64.2（灰岩）49.7（综合分析取值）	0.50	0.2	0.3	364/314	Ⅳ

续表

里程桩号	围岩稳定性评价	洞身长度/m	饱和抗压强度/MPa	岩体完整系数 K_v	修正系数 K_1	修正系数 K_2	$BQ/[BQ]$	围岩级别
K3+760—K4+060	隧道围岩上部为中风化白云质灰岩,灰白色,下部为灰岩,青灰色。岩层均为中厚层状,层理缓倾,二者层理结合好,岩质均坚硬,软化性弱。岩体主要发育两组节理,产状较陡,结合性差,中厚层状结构。洞体平时无水潮湿,雨季渗水或雨淋状出水	300	74.2(白云质灰岩) 75.0(灰岩)	0.57	0.1	0.2	455/425	Ⅲ
YK3+980—YK4+230	隧道围岩顶板上部为中风化白云质灰岩,下部为中风化灰岩,二者层理结合好,岩层中厚层状,层理缓倾,岩质均坚硬,软化性弱。岩体较完整~较破碎,节理裂隙结合较差,岩体中厚层状结构。洞体平时无水潮湿,雨季渗水	250	61.4(白云质灰岩) 83.9(灰岩)	0.55	0.2	0.3	466/416	Ⅳ
K4+060—K4+240		180						
YK4+230—YK4+550	隧道围岩顶板上部为中风化白云质灰岩,下部为中风化灰岩,二者层理结合好,岩层中厚层状,岩质均坚硬,软化性弱。岩体主要发育两组节理,产状陡立,结合较差,中厚层状结构。洞体平时无水,雨季滴水、渗水	320	84.2(白云质灰岩) 77.1(灰岩)	0.56	0.1	0.2	461/431	Ⅲ
K4+240—K4+570		330						
YK4+550—YK4+630	隧道围岩为中风化灰岩,中厚层状,层理缓倾,岩质较坚硬,软化性弱。岩体节理裂隙发育,沿结构面岩溶化发育,多形成孔洞,岩体破碎,地下水为岩溶水,洞体平时无水,雨季渗水或小股涌流。顶板无支护发生大的坍塌,底板岩体破碎,岩质较坚硬	80	45.3(岩溶化灰岩)	0.40	0.4	0.2	326/266	Ⅳ
K4+570—K4+680		110						

续表

里程桩号	围岩稳定性评价	洞身长度/m	饱和抗压强度/MPa	岩体完整系数 K_v	修正系数 K_1	修正系数 K_2	$BQ/[BQ]$	围岩级别
YK4+630—YK4+710	隧道围岩为中风化灰岩，中厚层状，层理缓倾，岩质较坚硬，软化性弱。岩体主要发育三组节理，产状陡立，结构面结合较好，岩体块状结构，地下水为岩溶水，洞体平时无水，雨季滴水、渗水。顶板不稳定，顶板无支护发生中型坍塌	80	56.6（灰岩）	0.56	0.1	0.2	400/370	Ⅲ
K4+680—K4+780		100						
YK4+710—YK4+832.7	隧道围岩为中厚层状灰岩，中风化，层理结合好，产状平缓，岩质较坚硬，软化性弱。岩体发育三组节理，产状陡立，结构面结合一般，岩体块状构造，局部夹薄层相对软弱白云质灰岩，地下水为岩溶水，洞体平时干燥，雨季洞体发生滴水或小股涌水，洞体围岩不稳定，无支护发生大的坍塌，底板较坚硬，岩体较完整	122.7	45.3（灰岩）	0.56	0.1	0.2	366/336	Ⅳ
K4+780—K4+850		70						

1.3.5 设计概况

1. 主要技术标准

京沪高速公路济南连接线工程采用一级公路标准建设，同时兼具城市快速路功能，设计速度 80 km/h。隧道均采用上、下行分离的独立双洞，净空根据《公路隧道设计规范》（JTG D70—2004）、《公路工程技术标准》（JTG B01—2014）、《城市道路路线设计规范》（CJJ 193—2012）拟定，相关尺寸如下：

限界高度（H）：5.0 m

行车道宽度（W）：3×3.75 = 11.25 m

左侧侧向宽度（L_z）：0.50 m

右侧硬路肩（Y）：3.50 m（含 0.50 m 右侧侧向宽度）

检修道宽度（J 或 R）：0.75+0.75（含 0.25 m 余宽）= 1.50 m

总宽：0.75（J）+0.75（R）+3×3.75（W）+3.50（Y）+0.50（L_z）= 16.75 m

隧道内轮廓依据建筑限界加上设备安装空间及必需的安全间距设置，隧道按两侧预留不小于 0.1 m 的装修空间，隧道通风、照明、监控等设于建筑限界以外，各种管线、电缆设在检修道之下，考虑结构受力条件等因素，采用三心圆曲墙净空，通过合理参数的选取，在充分考虑经济性前提下，保证内轮廓有合适的矢跨比。隧道主洞建筑限界及内轮廓如图 1.3-1 所示，具体各参数见表 1.3-2。

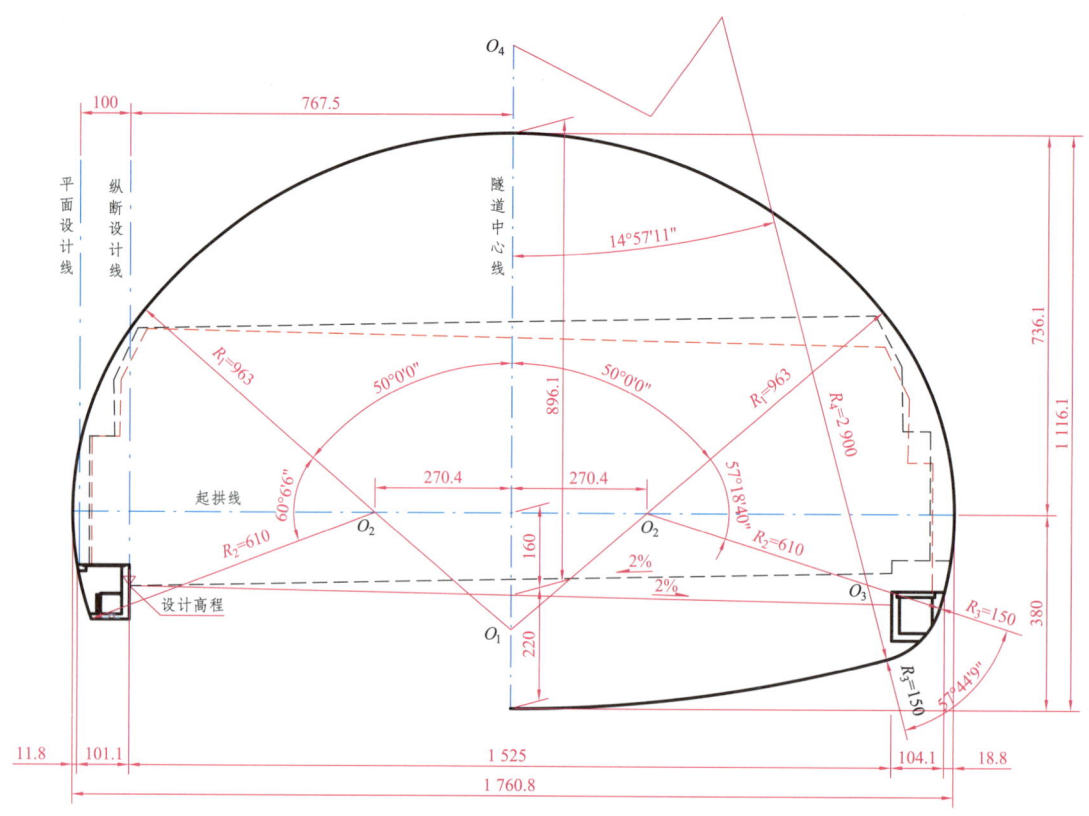

图 1.3-1 隧道主洞建筑限界及内轮廓（单位：cm）

表 1.3-2 隧道主洞内轮廓参数

名称	内轮廓形式	内轮廓半径	净高	净宽
隧道主洞	三心圆	9.63 m、6.10 m	8.961 m	17.608 m

2. 隧道平面、纵断面设计

（1）平面线形设计。

隧道平面线形依据地形、地质、路线走向及通风等因素确定。隧道平面尽量避开不良地质区域，保证洞口位于山体稳定的区域及尽量保证路线与等高线正交。当由于特殊条件限制，隧道平面线形设计为需设超高的曲线时，控制路面超高在 ±2% 以内，并能够和洞外平面线形协调一致，满足路线总体布设的安全性、功能性、协调性要求。浆水泉隧道平面线形设计指标如表1.3-3 所示。

表 1.3-3 浆水泉隧道平面线形设计指标

序号	隧道名称		平曲线及半径 /m	左右设计线间距	洞口 3 s 要求
1	浆水泉隧道	左线	R-1 680，A-564.978，R-∞，A-606.218，R-1 750	进口设计线间距14 m，出口间距 13.86 m，洞身间距 13.86～30 m	满足
		右线	R-1 523.93，A-523.744，R-∞，A-651.613，R-1 930		

（2）纵断面线形设计。

隧道纵坡综合考虑排水、施工及两端接线等因素，设计采用人字坡。洞外连接线与隧道纵断面线形协调一致，并服从路线总体布设要求，洞口内外的纵断面线形均满足 3 s 行程的要求。浆水泉隧道纵断面线形设计指标如表 1.3-4 所示。

表 1.3-4 浆水泉隧道纵断面线形设计指标

序号	隧道名称		纵坡坡度（%）/ 坡长（m）	竖曲线 /m	洞口 3 s 要求
1	浆水泉隧道	左线	0.3/281，−0.546/2 791.661，−1.631/28.339	R-∞，R-40 000 R-∞，R-40 000	满足
		右线	0.3/281.7，−0.550/2 773.615，−1.631/29.085	R-∞，R-40 000 R-∞，R-40 000	

3. 隧道衬砌结构设计

隧道采用"新奥法"原理设计，衬砌形式为：以锚喷混凝土作为初期支护，以模筑防水混凝土作为二次衬砌的复合式衬砌结构，两层衬砌之间设置防水层，对于软弱围岩及断层破碎带采取适当的预支护措施，包括格栅钢架、钢拱架配合小导管注浆等，保证围岩的稳定和初期支护的安全施作。隧道支护参数选择是根据围岩级别、工程地质与水文地质条件、地形、埋深、跨度以及施工方法等以工程类比确定，并通过对施工过程进行数值模拟分析并校核。在施工中通过现场量测分析调整设计参数，实现动态设计，信息化施工。主要建筑材料如下：

锚杆：系统锚杆，D25 中空注浆锚杆或 $\phi22$ mm 早强水泥砂浆锚杆。

超前小导管：$\phi50$ mm 注浆小导管。

混凝土：喷射混凝土 C25；模筑防水混凝土 C30；仰拱混凝土 C30；沉砂井、检查井、电缆槽 C30。

钢筋：HPB300、HRB400 钢筋。

根据隧道的工程地质及水文地质条件，采用工程类比的方法并结合数值模拟计算拟定了各级围岩的衬砌参数，当两洞之间净距小于 20 m 的段落，采用注浆小导管或中空注浆锚杆加固中夹岩柱。浆水泉隧道支护参数如表 1.3-5 所示；图 1.3-2 为分离式隧道Ⅲ级围岩衬砌断面；图 1.3-3 为分离式隧道Ⅳ级围岩衬砌断面；图 1.3-4 为分离式隧道Ⅴ级围岩加强衬砌断面。

表 1.3-5　浆水泉隧道支护参数

衬砌类型	初期支护 C25喷射混凝土（湿喷） 拱部、边墙厚度/cm	钢筋网 位置	钢筋网 间距/cm	φ22砂浆或φ25中空注浆锚杆 部位	φ22砂浆或φ25中空注浆锚杆 形式	φ22砂浆或φ25中空注浆锚杆 长度/m	φ22砂浆或φ25中空注浆锚杆 间距/m 环×纵	钢架 形式	钢架 间距/m	C30模筑P8防水二次衬砌 拱部及边墙厚度/mm	C30模筑P8防水二次衬砌 仰拱/mm	C30模筑P8防水二次衬砌 仰拱回填或铺底	预留变形量/cm	小净距段中岩柱加固措施	辅助施工措施
普通明洞										90钢筋混凝土	90钢筋混凝土	C15素混凝土			
V级浅埋偏压	30	拱、墙及仰拱	φ8（20×20）双层	拱、墙	φ25中空注浆锚杆	5.0	100×60	H20×20型钢架	0.60	70钢筋混凝土	70钢筋混凝土（初支H20×20型钢）	C15素混凝土	20	5m长φ50注浆小导管	φ50双排超前注浆小导管（环向间距40cm）
V级加强	30	拱、墙及仰拱	φ8（20×20）双层	拱、墙	φ25中空注浆锚杆	5.0	100×60	H20×20型钢架	0.60	70钢筋混凝土	70钢筋混凝土（初支H20×20型钢）	C15素混凝土	20	5m长φ50注浆小导管	φ50双排超前注浆小导管（环向间距40cm）
V级一般	30	拱、墙及仰拱	φ8（20×20）双层	拱、墙	φ25中空注浆锚杆	4.5	100×75	H20×20型钢架	0.75	65钢筋混凝土	65钢筋混凝土（初支H20×20型钢）	C15素混凝土	15	5m长φ50注浆小导管	超前注浆小导管（环向间距40cm）
IV级加强	28	拱、墙及仰拱	φ8（20×20）	拱、墙	φ25中空注浆锚杆	4.0	100×80	I20b型钢架	0.80	55钢筋混凝土	55钢筋混凝土（初支I20b型钢架）	C15素混凝土	14	5m长φ25中空注浆锚杆	φ50双排超前注浆小导管（环向间距40cm）
IV级一般	28	拱、墙及仰拱	φ8（20×20）	拱、墙	φ25中空注浆锚杆	4.0	100×100	I20b型钢架	1.00	55钢筋混凝土	55钢筋混凝土（初支I20b型钢架）	C15素混凝土	12	5m长φ25中空注浆锚杆	φ50双排超前注浆小导管（环向间距40cm）
III级	20	拱、墙	拱部φ8（20×20）	局部	φ22水泥砂浆锚杆	3.5	120×120	H14×16型钢架	1.20	50钢筋混凝土		C15素混凝土	8	5m长φ25中空注浆锚杆	

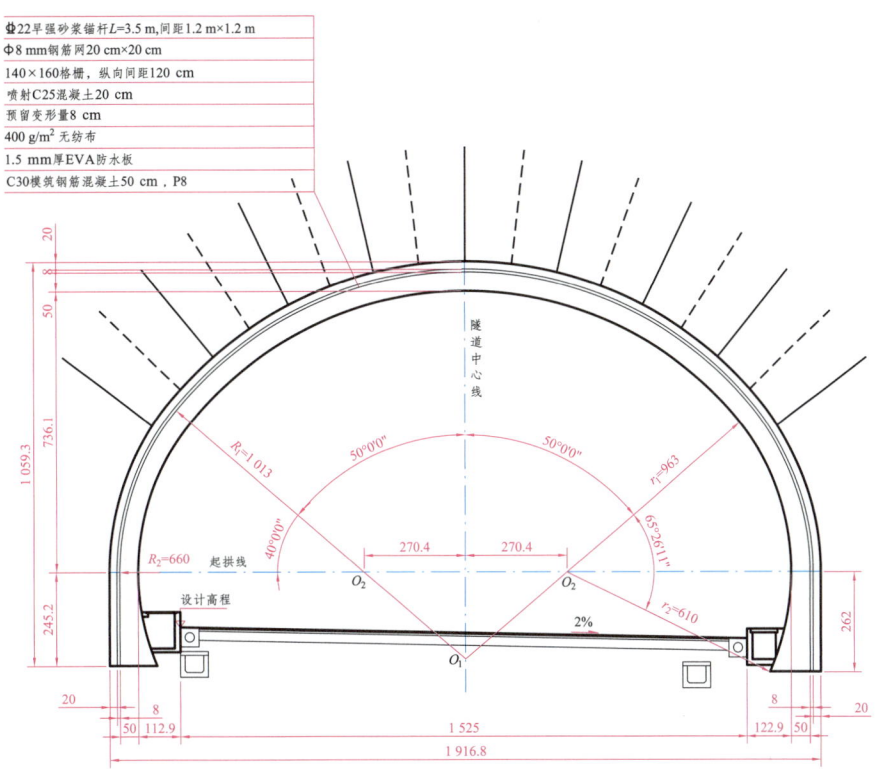

图 1.3-2　分离式隧道Ⅲ级围岩衬砌断面（单位：cm）

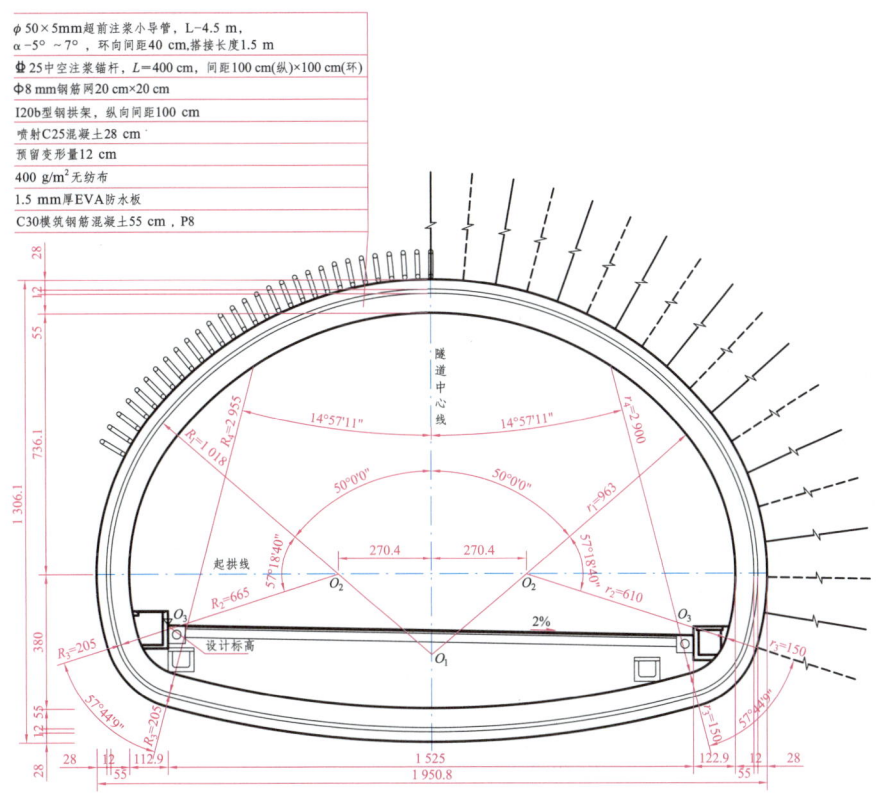

图 1.3-3　分离式隧道Ⅳ级围岩衬砌断面（单位：cm）

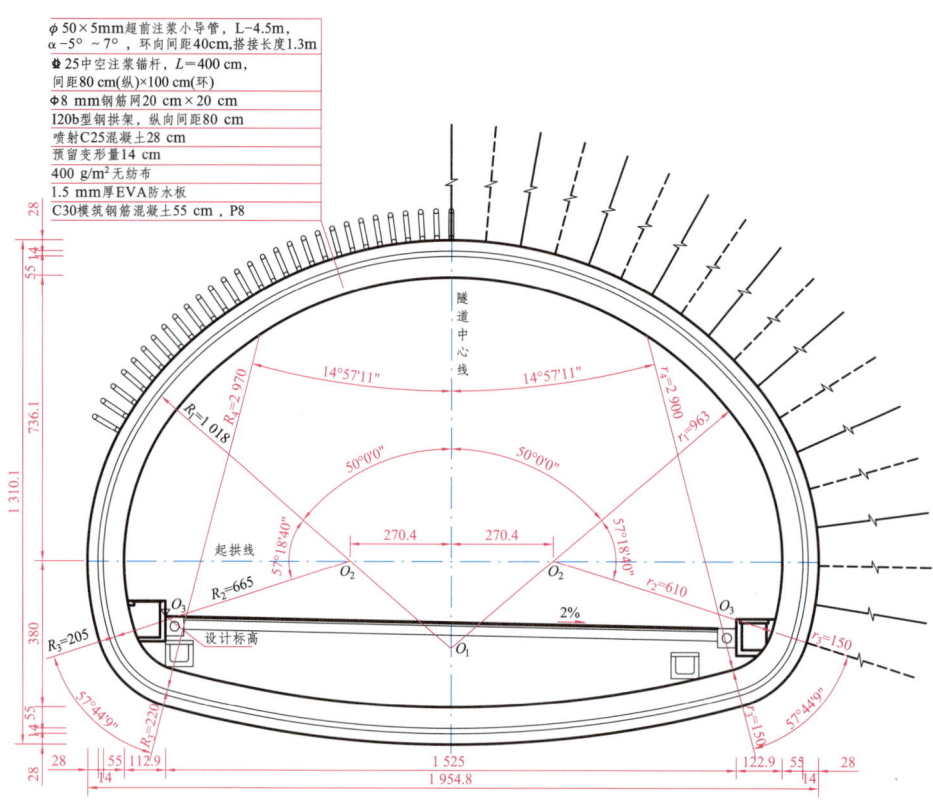

图 1.3-4　分离式隧道Ⅴ级围岩加强衬砌断面（单位：cm）

4. 隧道防排水设计

防排水工程设计遵循"防、截、排、堵相结合，先堵后排，因地制宜，综合治理"的原则，即在洞室开挖过程中对出水裂隙、初喷后对出水点先进行封堵，尽量使水绕开洞身，最后形成完整的防排水体系，使隧道防水可靠，排水通畅，后期可维，保证结构的正常使用和行车安全。

（1）防水设计。

① 隧道采用复合式衬砌，初期支护采用 C25 喷射混凝土封闭岩面裂隙，二次衬砌采用 C30 模筑混凝土，实现结构的自身防水并提高结构的耐久性。在初期支护与二次衬砌间铺设 400 g/m² 的无纺布 +1.5 mm 厚的 EVA 防水板形成柔性防水夹层。

② 隧道的施工缝、沉降缝均使用橡胶止水带止水，衬砌外侧防水板上设置背贴式止水带，防止施工缝和沉降缝处渗漏水。

③ 模筑 C30 防水混凝土抗渗等级不低于 P8，施工时应进行混凝土的抗渗试验，以确定混凝土的配合比及外掺剂的品种和数量。

④ 防水板施作前，对初期支护渗漏部位进行注浆堵漏。

（2）排水设计。

① 隧道进出口边、仰坡 5 m 以外设截水天沟，将地表水截流排入地表自然水沟或路基边沟。

② 明洞结构防水采用双层 400 g/m² 的无纺布 +1.5 mm 厚的 EVA 防水板组成，无纺布外每 10 m 设环向排水管一道，并与纵向排水管连通，通过 ϕ116 横向引水管排至隧道侧式排水管。

③ 隧道两侧拱脚处纵向通长设置 ϕ116 半边打孔 HDPE 管；暗挖段两次衬砌间每隔 5～10 m 设置 25 mm×200 mm 环向塑料盲沟一道；每隔 4～8 m 设置 ϕ100 Ω型环向排水管一道（正常段每道 1 根，涌水突水段每道 2 根，扣于渗水通道之上），排水管及排水盲沟末端均与纵向排水管连通；纵向排水管的汇水通过每隔 20 m 设置的 ϕ116 横向排水管排入隧道侧式排水管排出洞外。

④ 隧道左、右两侧路面边的排水边沟，每隔 25 m 设一沉砂井，沉砂井盖板上设专用排水孔，将隧道内的消防、冲洗水汇入排水沟排至洞外。

⑤ 隧道侧式排水管沿着隧道纵向每隔 150 m 设一处检查井，以便沉积淤泥，疏通管道，保证排水通畅。

5. 人行、车行横通道和施工斜井设计

京沪高速公路济南连接线工程采用一级公路标准兼具城市快速路功能，人行、车行横通道按照《建筑设计防火规范》（GB 50016—2006）对城市交通隧道要求布设，即车行横通道设置间距宜为 200～500 m，人行横通道设置间距宜为 200～300 m，全隧道共设置人行横通道 5 处，车行横通道 6 处。为保障施工工期，于浆水泉隧道 K3+000 处设置 1 处施工斜井，对应该位置设置车行横通道 1 处，增加施工工作面。

施工斜井采用 45°与隧道轴线相交，车行横通道与隧道轴线正交，在两车行横通道之间设置 1 处两主洞的人行横通道，其布置一般与隧道轴线正交。横通道尽可能设置于围岩较好地段，当实际地质情况有变化时，可适当调整横洞位置。横洞与主隧道连接处施工时，应注意施工方法，尽量减少对围岩的扰动。由于隧道设计为单洞三车道加硬路肩，开挖跨度大，故未设置紧急停车带。

1.4 本书主要内容

京沪高速公路济南连接线浆水泉隧道左线全长 3 101 m，右线全长 3 085.4 m，截至目前是世界上最长的双向八车道高速公路隧道。隧道开挖跨度约 20 m，开挖断面面积约 220 m²，穿越围岩以水平层状灰岩为主，洞身穿过多处破碎带、地形突变浅埋外露段，并穿越济南市黄金谷风景区。施工过程中，爆破工作量大、超欠挖控制难度大、围岩扰动频繁、工程环境复杂等，给施工带来极大的风险。该隧道具体工程特点及施工技术难点如下所述。

（1）隧道超大扁平、开挖断面大，分部开挖对围岩多次扰动，掌握围岩扰动效应及荷载演变特征，是工法选择与支护参数确定的基础。

（2）隧道主要穿越水平层状灰岩（图 1.4-1），开挖断面超大、扁平，爆破工作量大、超欠挖控制困难，掌握超大扁平隧道断面光面爆破的定向断裂与损伤机制，减少爆破围岩损伤、合理进行光面爆破设计是超大扁平隧道快速掘进的基础。

图 1.4-1　水平层状灰岩

（3）浆水泉隧道单洞长约 6.2 km，工期紧，研发形成合理的超大扁平隧道开挖方法、超大断面岩质隧道爆破掏槽技术以及相应的施工装备，才能确保在岩质较稳定的围岩条件下的快速施工。

（4）隧道洞身局部地段岩质破碎、稳定性差，如沿用目前已有的双侧壁导坑法、CRD 法、CD 法等传统开挖工法（图 1.4-2），工序转换频繁、围岩扰动大、施工速度慢，故急需寻求一种适用于硬质破碎岩层的合理施工工法。

　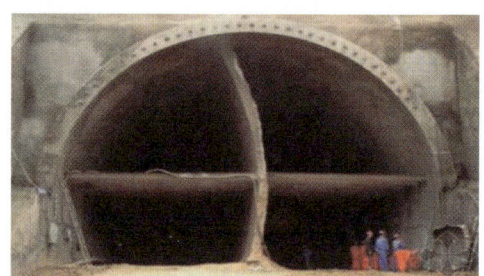

（a）双侧壁导坑法　　　　　　　　　　　（b）CRD 法

图 1.4-2　传统开挖工法

（5）隧道穿越黄金谷风景区（图 1.4-3），处于浅埋偏压甚至负埋深地段，地形地貌复杂，施工场地狭小，环保要求高，施工技术难度大；在确保安全的前提下，寻求合理可靠的施工方法是尽可能减小对风景区影响的技术保障。

图 1.4-3　济南市黄金谷风景区

基于浆水泉隧道以上工程特点及技术难点，遵循"基础调研 → 理论研究 → 计算分析 → 现场试验 → 力学监测 → 工程实施"的路线，通过科学论证，运用试验方法和理论研究，获得准确数据并经实践应用，在解决浆水泉隧道技术问题的同时，归纳总结提炼形成本著作，主要包括以下内容：

（1）超大扁平高速公路隧道掘进施工力学及响应分析。通过对超大扁平洞室的解析推导，得出洞周围岩扰动效应：从最大跨度处至跨中处围岩二次应力逐渐减小；最大跨度处围岩始终受压，且洞室越扁，压应力越大；跨中围岩受拉或受压取决于侧压力系数和高跨比的相对关系，扁平隧道拱墙的高跨比是影响洞周围岩二次应力的决定性因素。基于空间效应研究了荷载演变特征：支护时机越晚，作用于支护结构的荷载越小；随着隧道开挖向前推进，荷载有一定增加，但初期支护特别是二次衬砌闭合，荷载趋于稳定。

（2）Ⅲ级围岩超大扁平高速公路隧道快速施工技术。基于Ⅲ级围岩台阶法开挖工法，运用数值模拟、现场测试等技术手段，研究得到在"两掘一支"的支护时机下，初期支护内力最小、围岩压力分布合理、结构安全性满足要求，基于此优化了施工步序，调整了支护时机，实现了快速施工。

（3）Ⅳ（Ⅴ）级围岩超大扁平高速公路隧道快速施工技术。提出了硬质围岩超大扁平隧道钢架岩墙组合支撑分部施工工法的理念，形成了超大扁平隧道钢架岩墙组合支撑分部施工关键技术。利用硬质围岩地基承载力高的特点，由上台阶的临时钢架支撑和下台阶的岩墙共同组成临时竖撑，减少了一次开挖跨度，并通过预留中隔岩墙作为上台阶施工的运输通道，简化了工序，提高了利用率，实现五部同时开挖。

（4）特殊工程环境超大扁平高速公路隧道快速施工技术。首创了超大扁平公路隧道浅埋外露盖挖法、负埋深半明半暗法施工关键技术，实现了复杂地形地貌条件下超大扁平公路隧道的快速施工。盖挖法是利用硬质岩层稳定性好的特点，在外露部分施工套拱，洞身 CD 法进入套拱内后，采用上下台阶法暗挖渣土出洞，后覆盖绿化，减少了渣土开挖量；避免了对地表植被大面积破坏，有效地保护了生态环境。半明半暗法是将局部浅埋覆盖土明挖，石质岩层通过 CD 法暗挖出洞，明挖土回填种植绿化，简化了处理措施，减少了开挖量，且达到小型机械即可作业的目标。

2 超大扁平高速公路隧道掘进施工力学及响应分析

京沪高速公路济南连接线工程浆水泉隧道为双向八车道高速公路隧道。左线起讫里程 K1+749 ~ K4+850，长 3 101 m；右线起讫里程 YK1+747.3 ~ YK4+832.7，长 3 085.4 m。隧道最大开挖面积为 219.8 m^2，扁平率为 0.675。围岩中，Ⅲ级围岩占 52.4%，Ⅳ级围岩占 35.8%，Ⅴ级围岩占 11.8%，岩性主要为中风化灰岩，青灰色，中厚层状，层理结合较好，产状缓倾，岩质坚硬，软化性弱。局部夹薄层泥灰岩和灰白色白云质灰岩，相对较软弱。岩体节理裂隙发育，产状陡立，结合差，岩体中厚层状结构。这类四车道超大扁平公路隧道具有扁平、大跨、大断面、施工方法多样、施工工序复杂等特点，从结构受力和施工方法上，它已经不同于普通的两车道隧道。两车道隧道开挖方法相对单一，硬质岩采用全断面或台阶法开挖，软岩一般采用 CD 法或者弧形导坑法开挖；而大断面隧道的开挖方法很多，目前常用的方法有双侧壁导坑法、CRD 法、弧形导坑法等，即便是同一种开挖方法，同一个部位不同开挖顺序，都可能引起围岩不同的应力变化。而在开挖过程中，纵向开挖距离的变化、开挖工法的不同，都可能导致不同的围岩压力和变形。基于以上背景，为确定合理的施工工法，同时确保施工过程隧道的安全，本章对超大扁平高速公路隧道掘进施工力学及其响应进行分析，为后续施工技术提供理论基础。

2.1 隧道车道增加对围岩特征响应分析

对两车道、三车道、四车道等公路隧道，随着车道数的增加，隧道跨度增大，断面形状也愈发扁平，而对于大多数地层条件而言，在不考虑构造应力场的影响下，隧道结构受到的水平荷载一般小于竖向荷载，基于这一认识，随着公路隧道车道数的增加，围岩应力场将向愈发不利于稳定的方向发展，因此十分有必要就不同车道在隧道开挖后围岩应力重分布进行研究，从而明确超大扁平公路隧道应力重分布的特征及围岩扰动效应特征，特别是塑性区的变化特征,从而提出超大扁平隧道施工中重点支护的围岩区域。下面运用数值计算方法对这一问题进行分析。

2.1.1 数值计算模型及参数选取

数值模拟采用 Midas GTX NX 2 维平面应变问题进行计算,计算选取典型的二车道和三车道公路隧道,以及浆水泉四车道隧道共 3 种工况,每种工况埋深定为 20 m,计算域为 200 m×100 m,选取同样的围岩参数,具体参数见表 2.1-1,3 种工况的开挖断面尺寸见图 2.1-1,计算模型见图 2.1-2。

表 2.1-1 计算围岩参数

围岩	弹性模量 /GPa	泊松比	密度 /(kg/m³)	内摩擦角 /(°)	黏聚力 /MPa
Ⅲ级	2	0.28	2 400	45	0.9
Ⅳ级	1	0.30	2 300	28	0.1
Ⅴ级	0.5	0.32	2 100	26	0.05

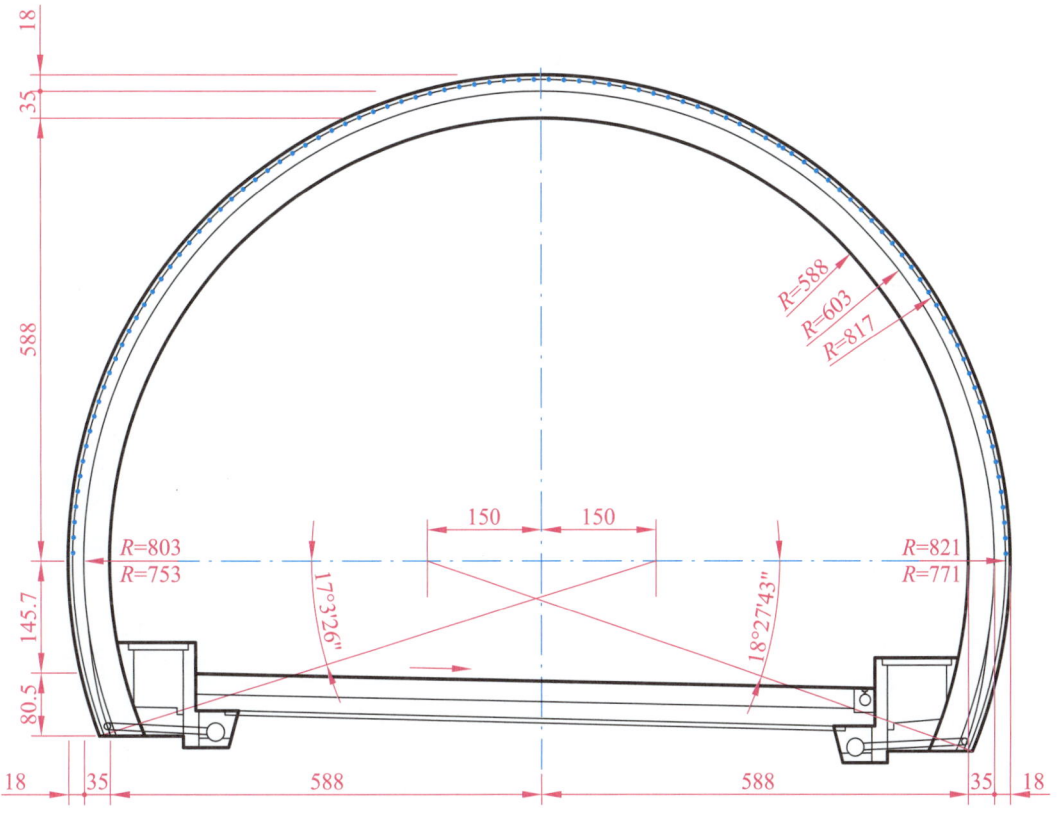

(a)两车道断面

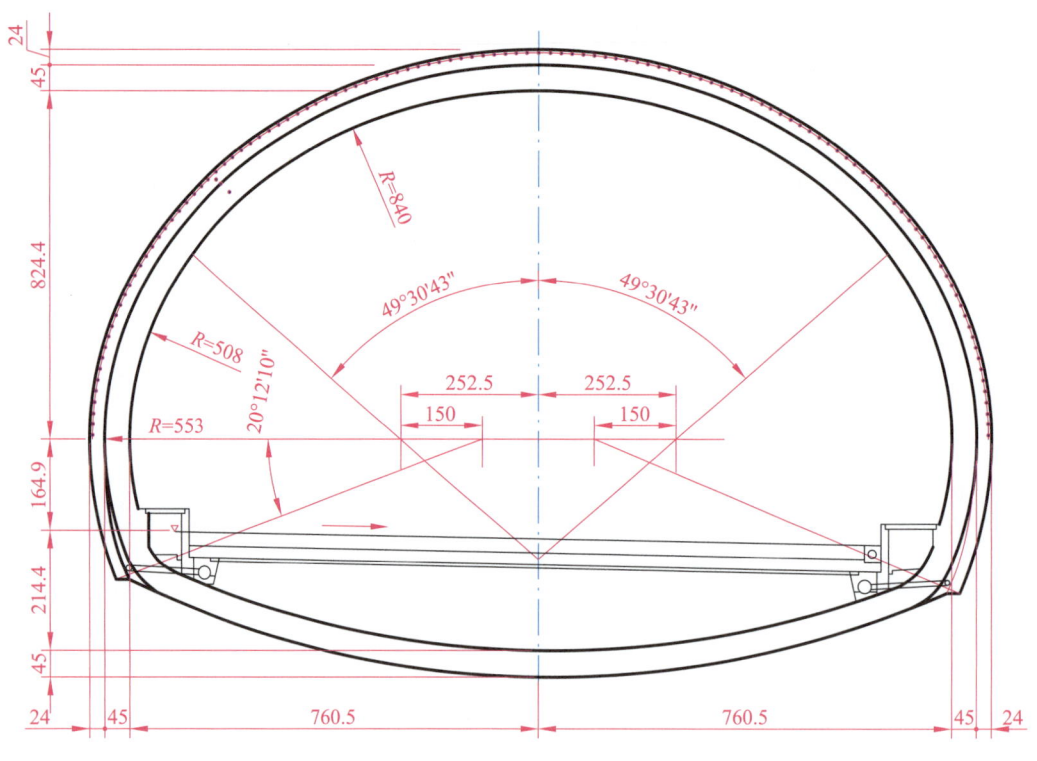

(b) 三车道断面

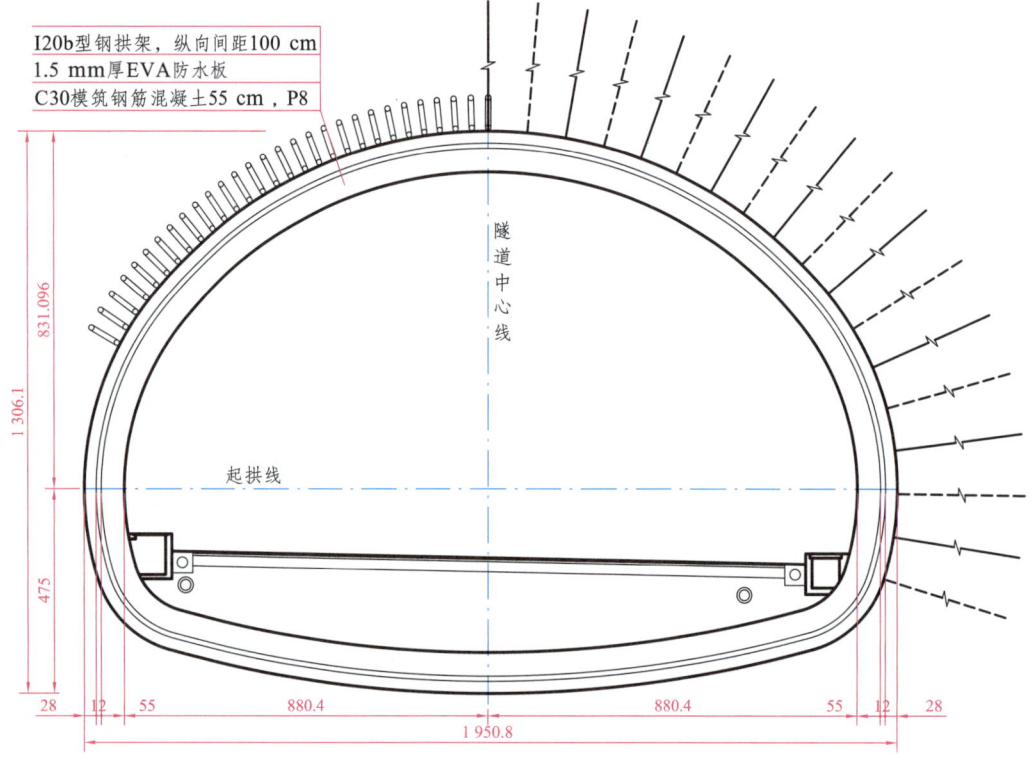

(c) 四车道断面

图 2.1-1 各车道隧道开挖断面尺寸（单位：cm）

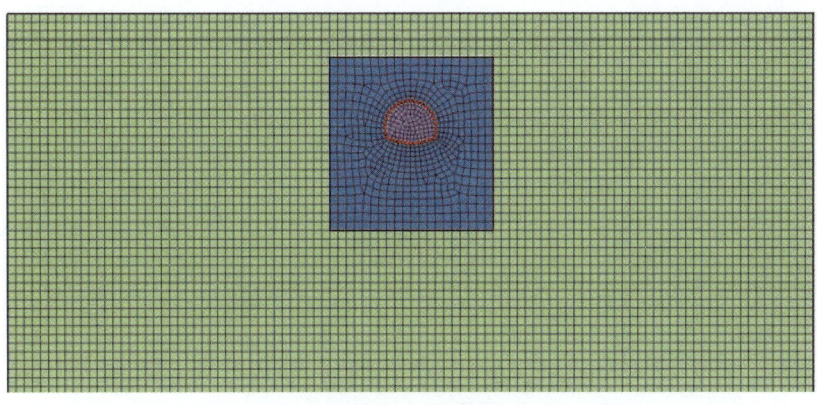

(a)两车道计算模型

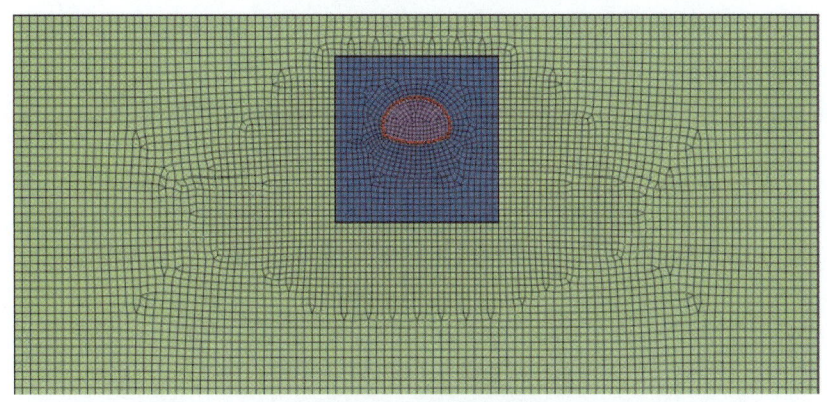

(b)三车道计算模型

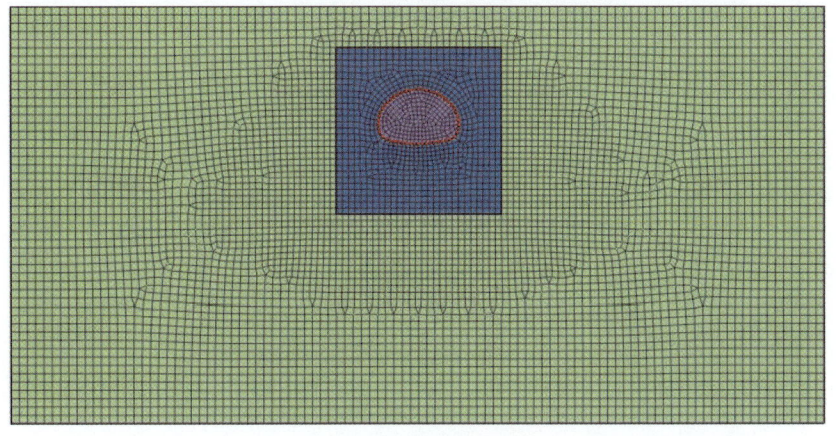

(c)四车道计算模型

图 2.1-2　各车道隧道计算模型

2.1.2　围岩应力计算结果及分析

为了更加清楚地观察计算结果,以下所有计算结果的云图的范围均为洞室周边1倍洞径左右。图 2.1-3～图 2.1-8 分别为Ⅲ、Ⅳ、Ⅴ级围岩各车道计算得到水平应力云图和竖向应力云图。

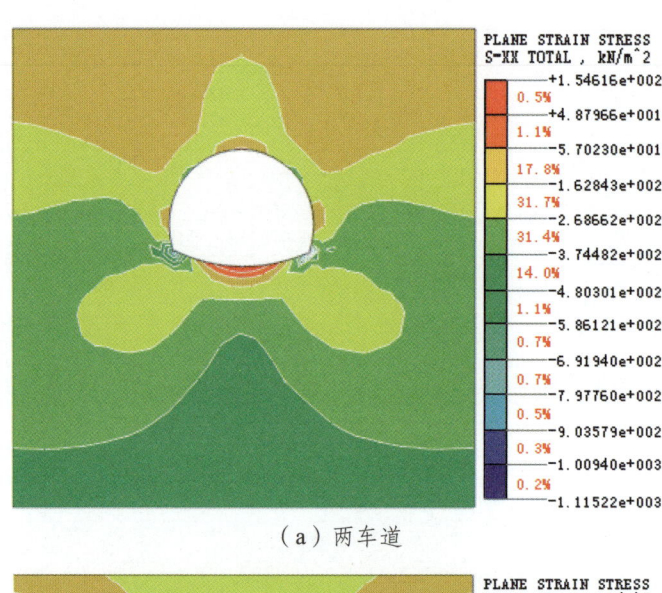

(a)两车道

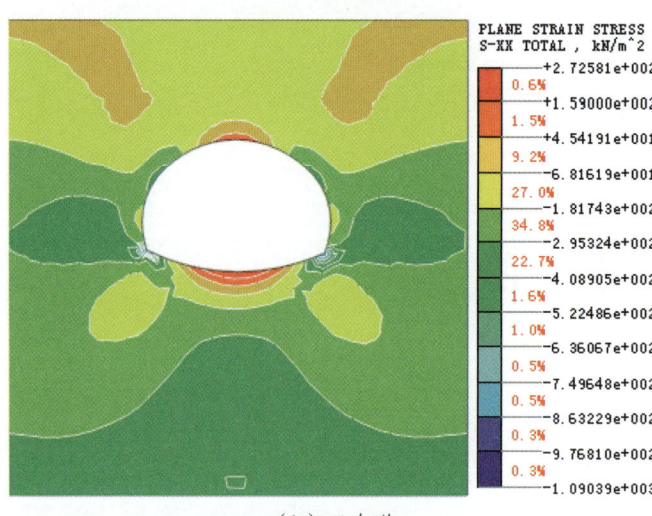

(b)三车道

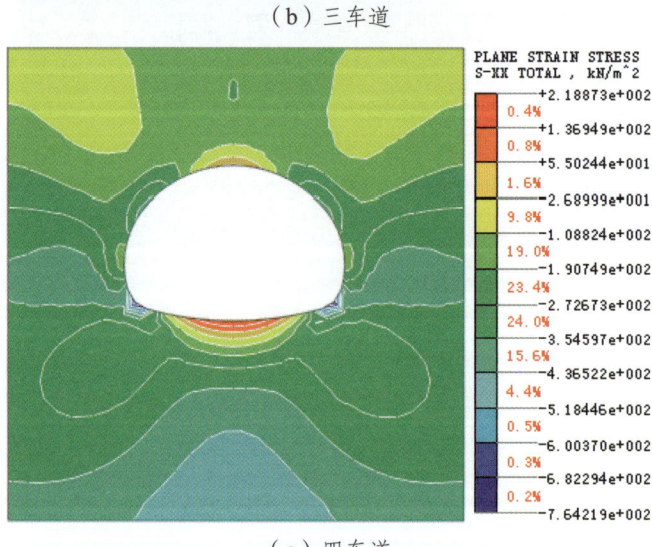

(c)四车道

图 2.1-3　Ⅲ级围岩水平应力云图

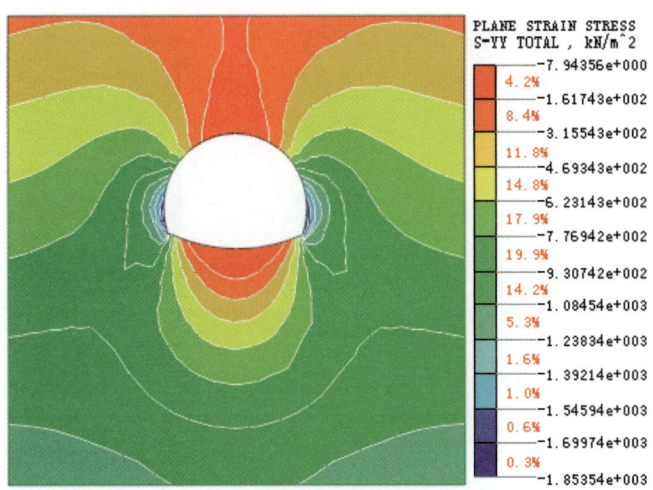

（a）两车道

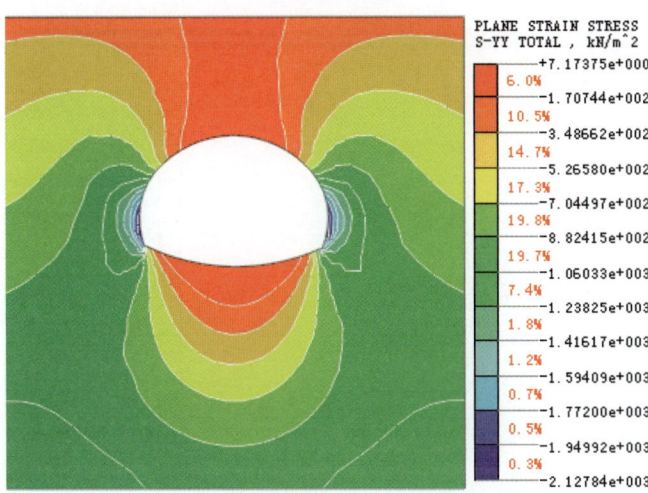

（b）三车道

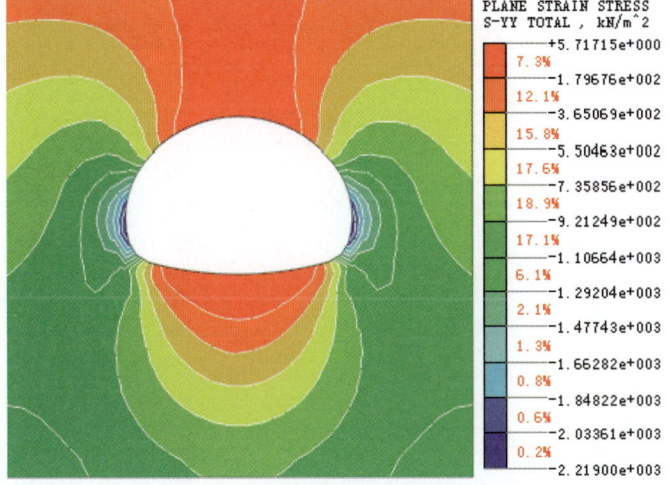

（c）四车道

图 2.1-4　Ⅲ级围岩竖向应力云图

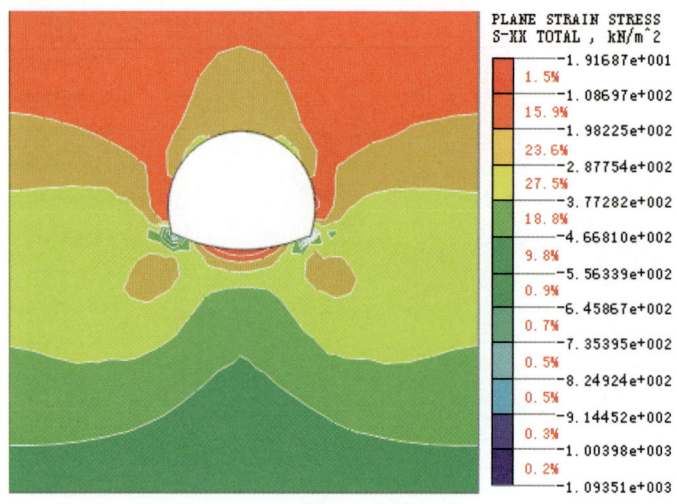

（a）两车道

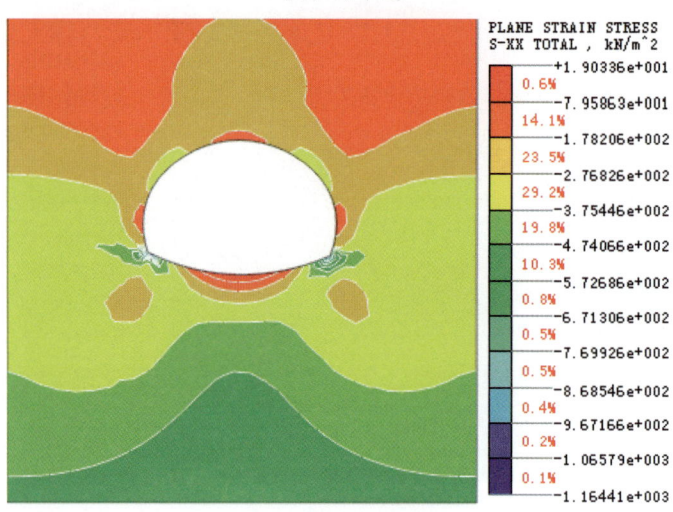

（b）三车道

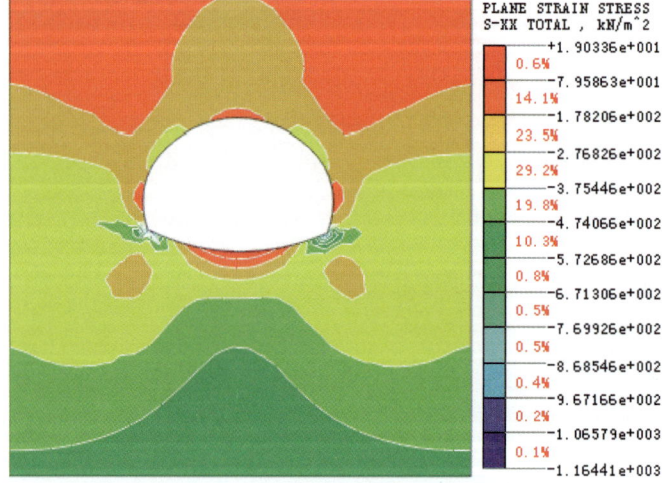

（c）四车道

图 2.1-5　Ⅳ级围岩水平应力云图

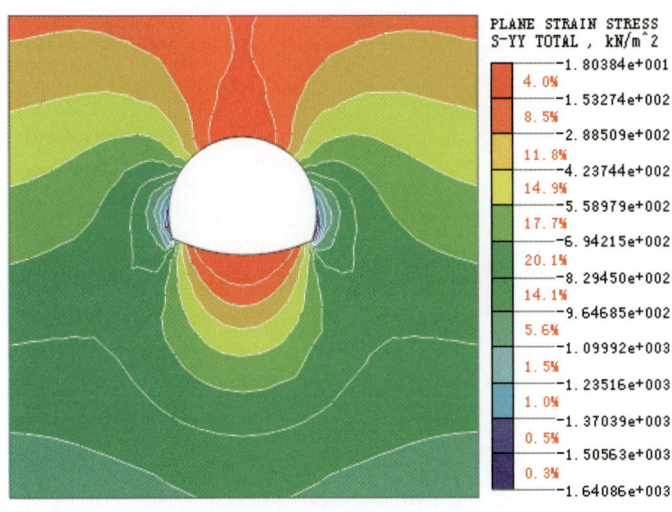

(a) 两车道

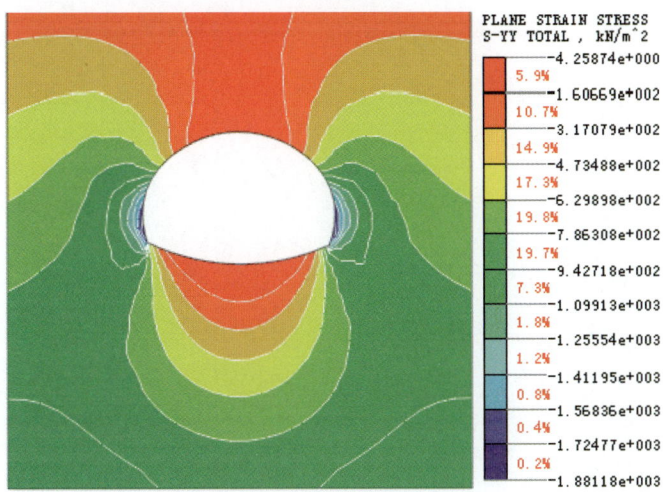

(b) 三车道

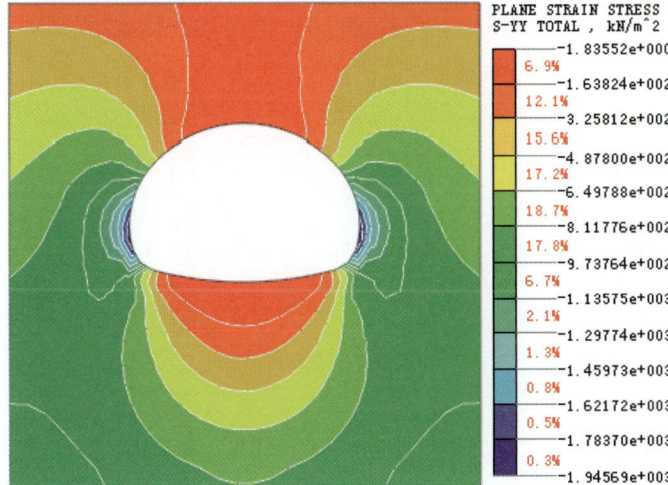

(c) 四车道

图 2.1-6　Ⅳ级围岩竖向应力云图

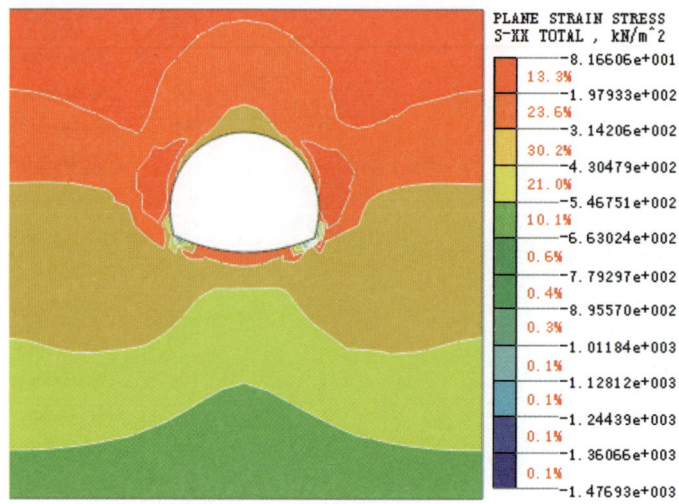

(a)两车道

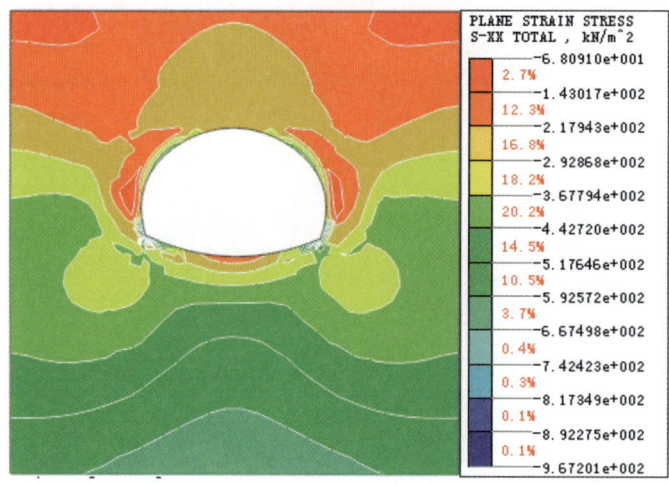

(b)三车道

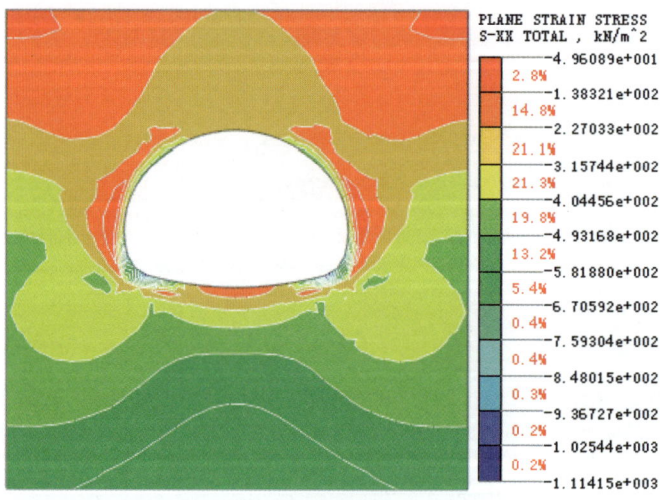

(c)四车道

图 2.1-7　Ⅴ级围岩水平应力云图

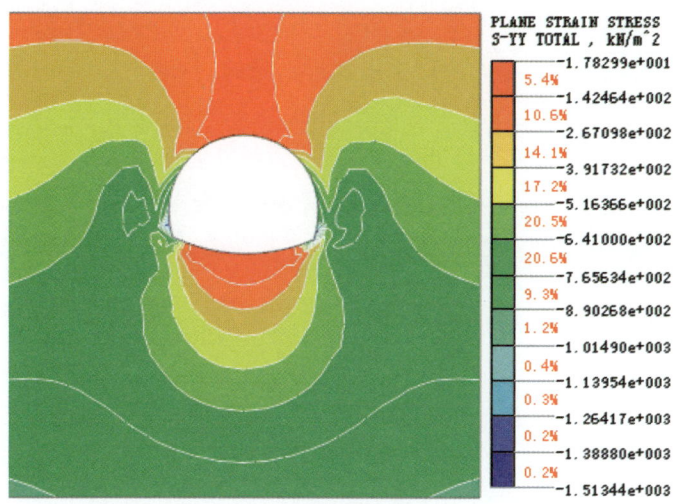

（a）两车道

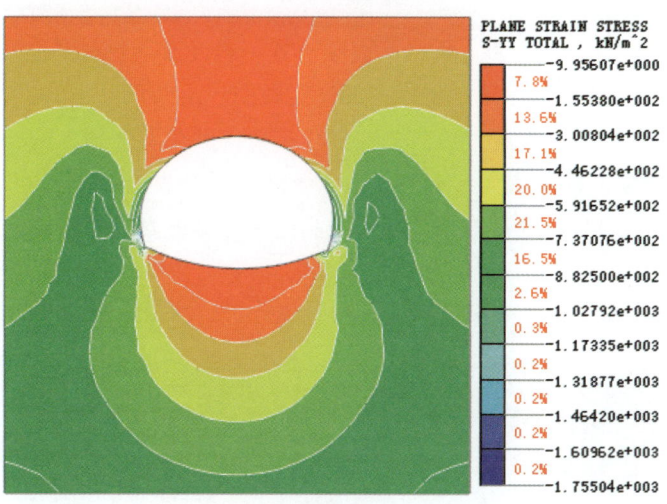

（b）三车道

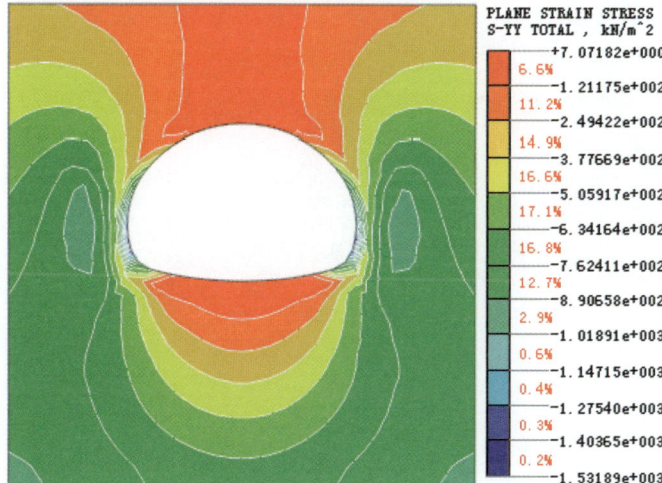

（c）四车道

图 2.1-8　Ⅴ级围岩竖向应力云图

由图 2.1-3 ～图 2.1-8 可以看出：

（1）不同的围岩级别下，应力的集中程度是不同的，Ⅲ级围岩的应力集中程度最大，Ⅴ级围岩的应力集中程度最小。

（2）最大的水平压应力处于墙脚部位，不管隧道纵断面面积的大小，都呈现了这一规律；随着断面的增大，最大水平压应力都是增加的，从数值上看，差别并不大。

（3）随着断面的增大，拱部及边墙部位出现了拉应力，这对于拱部和边墙部位的稳定性是极为不利的。

（4）最大的竖向压应力处于边墙部位，随着断面的增大，其数值是增大的，且增大的比例较高。

（5）随着断面的增大，竖向应力在拱部和仰拱部位逐渐减小，有明显出现拉应力的趋势。

2.1.3　围岩位移计算结果及分析

图 2.1-9 ～图 2.1-14 分别为Ⅲ、Ⅳ、Ⅴ级围岩各车道计算得到水平位移云图和竖向位移云图；图 2.1-15 位各级围岩条件下围岩最大变形量比较图。由图可以看出：

（1）从水平位移的数据来看，数值普遍较小，边墙的位移是最大的，相比较竖向位移还是较小的，且随着开挖断面的增大，水平位移的变化并不大。

（2）拱部和仰拱的竖向位移较大，都是向洞内变形的，且随着断面的增大，数值增大较为明显。

（3）围岩条件越差，位移变形量越大，断面越大，位移量亦越大。

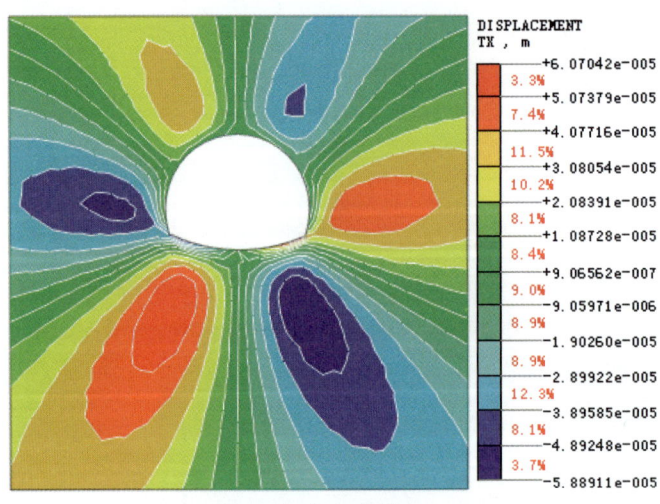

（a）两车道

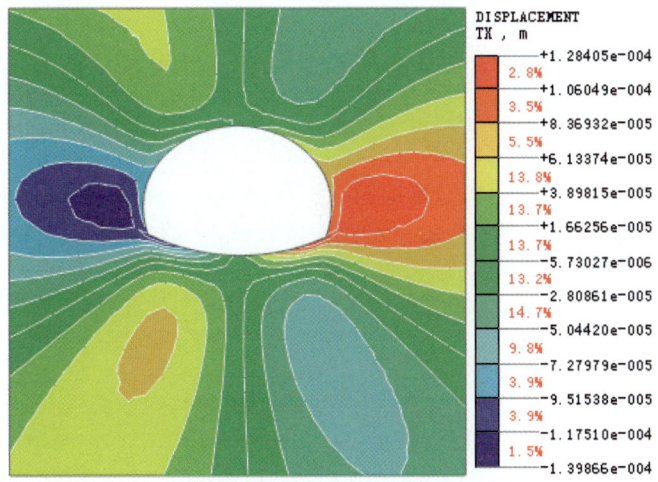

（b）三车道

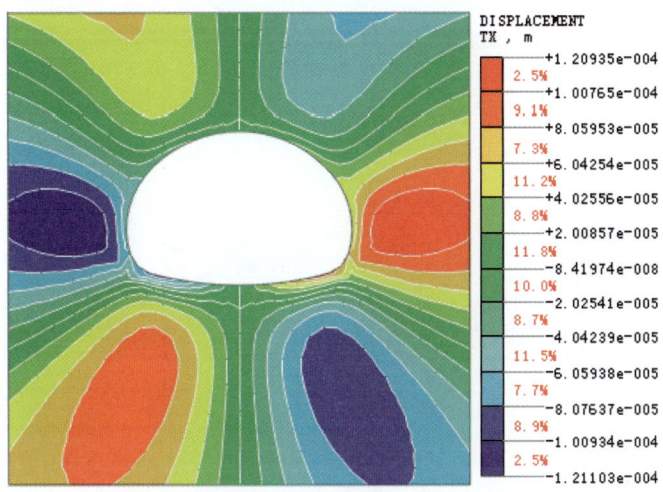

（c）四车道

图 2.1-9　Ⅲ级围岩水平位移云图

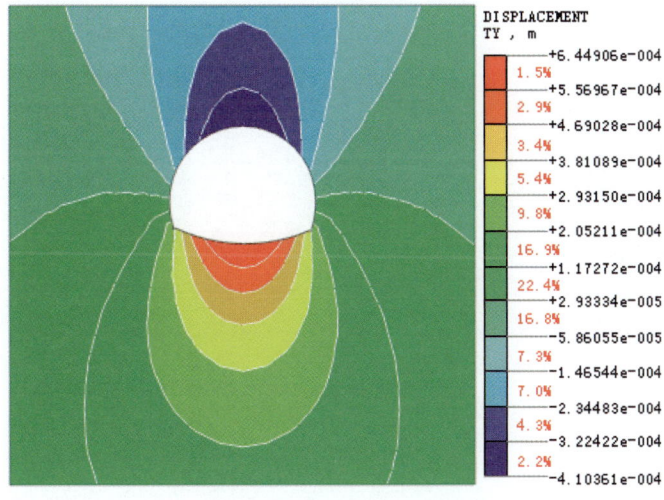

（a）两车道

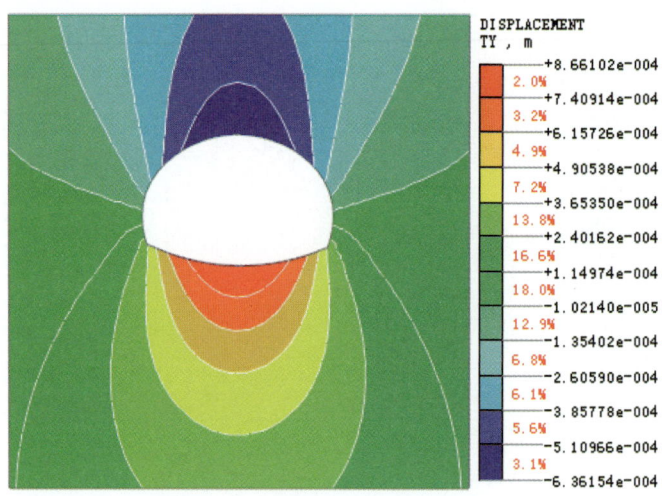

（b）三车道

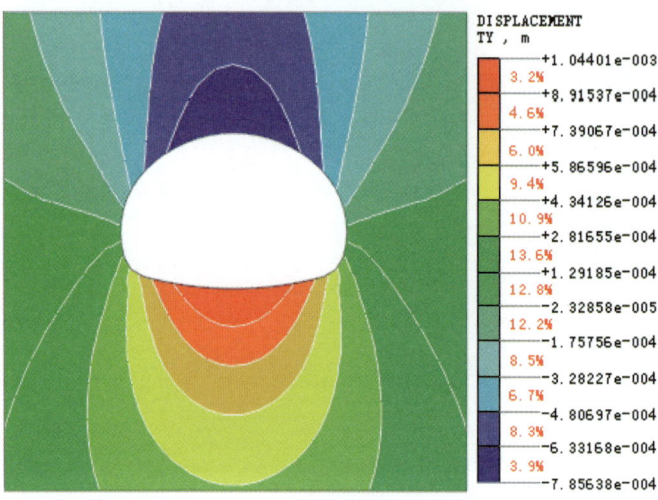

（c）四车道

图 2.1-10　Ⅲ级围岩竖向位移云图

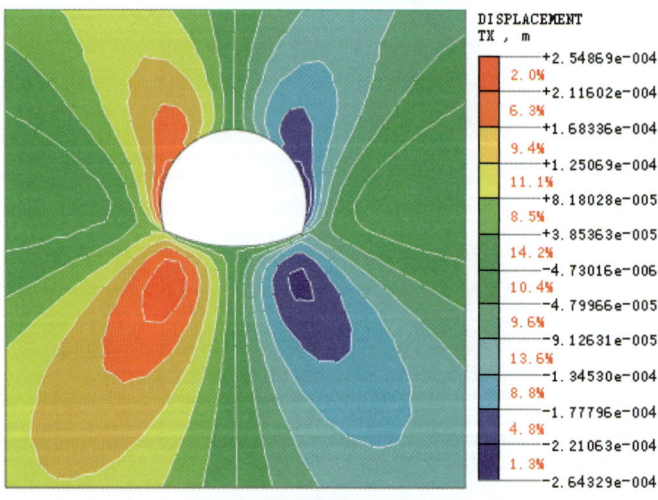

（a）两车道

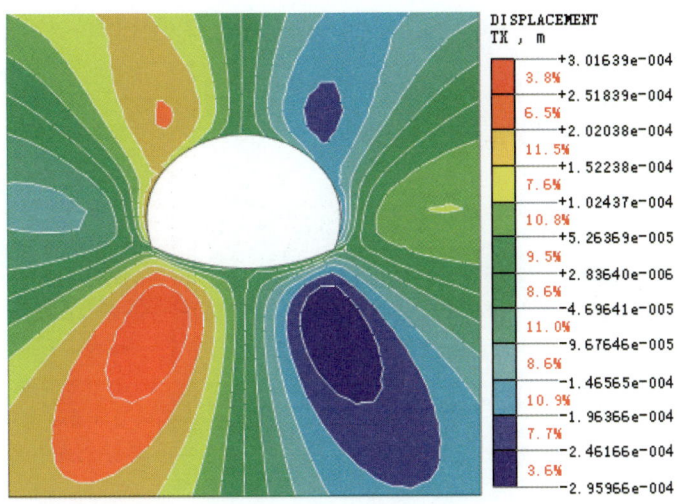

（b）三车道

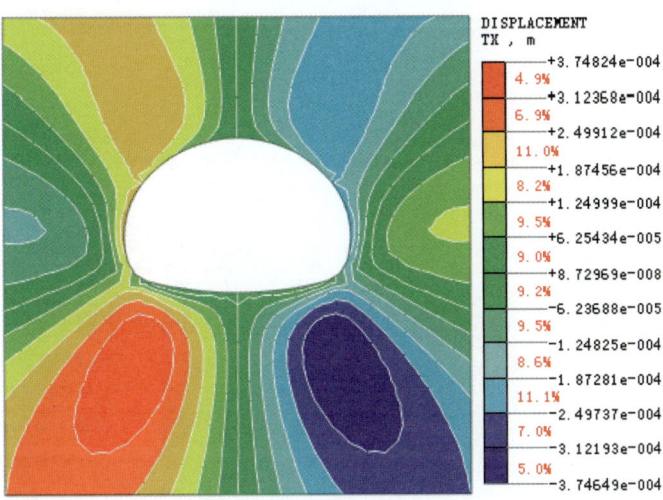

（c）四车道

图 2.1-11　Ⅳ级围岩水平位移云图

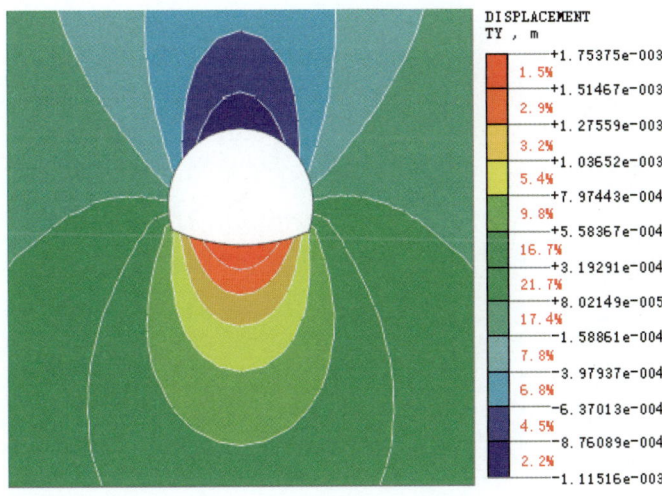

（a）两车道

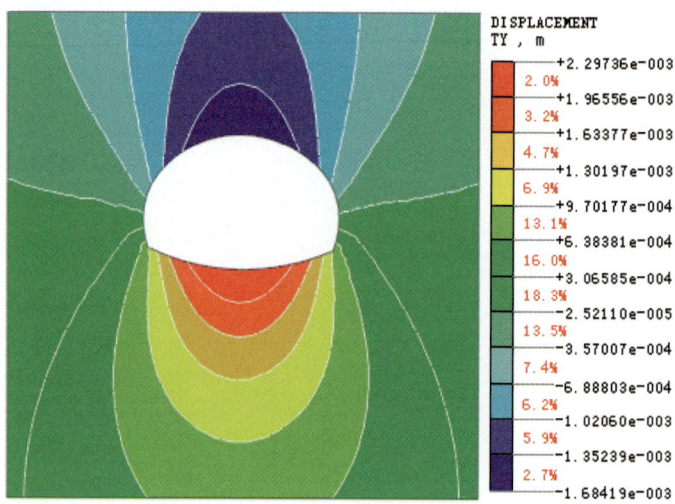

（b）三车道

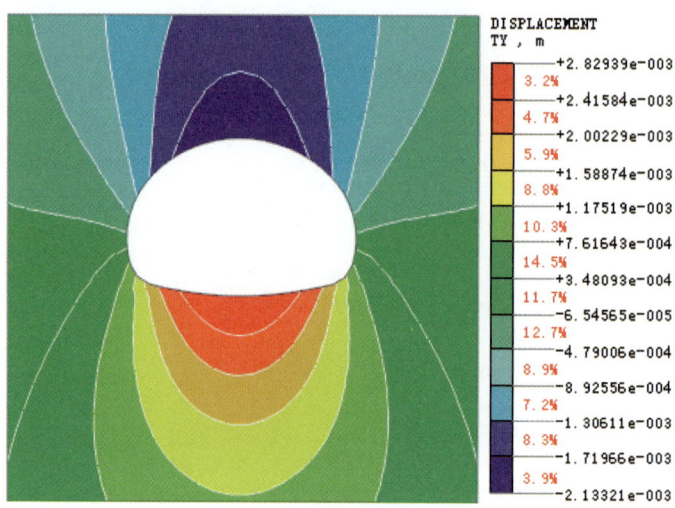

（c）四车道

图 2.1-12 Ⅳ级围岩竖向位移云图

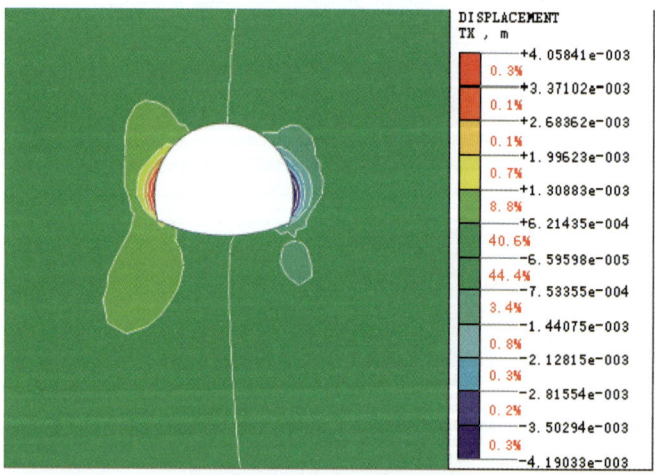

（a）两车道

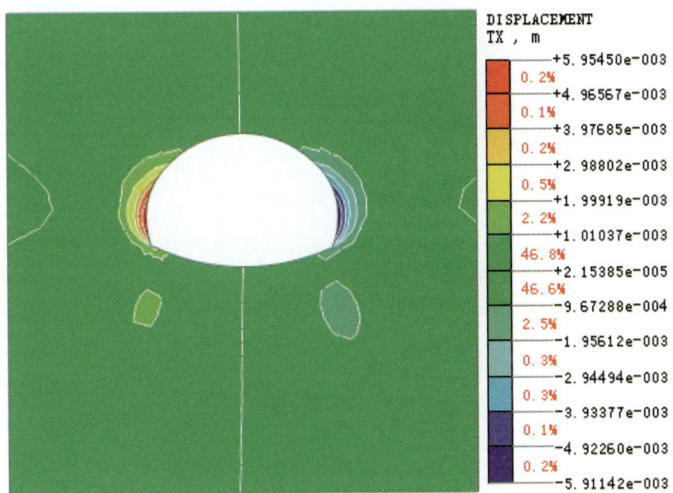

（b）三车道

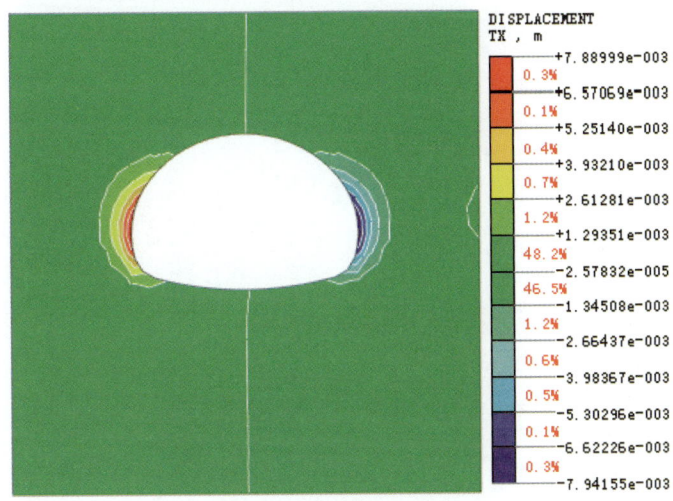

（c）四车道

图 2.1-13　Ⅴ级围岩水平位移云图

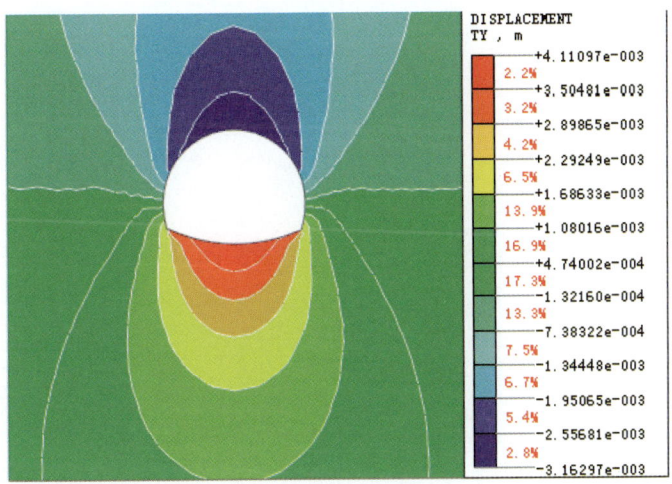

（a）两车道

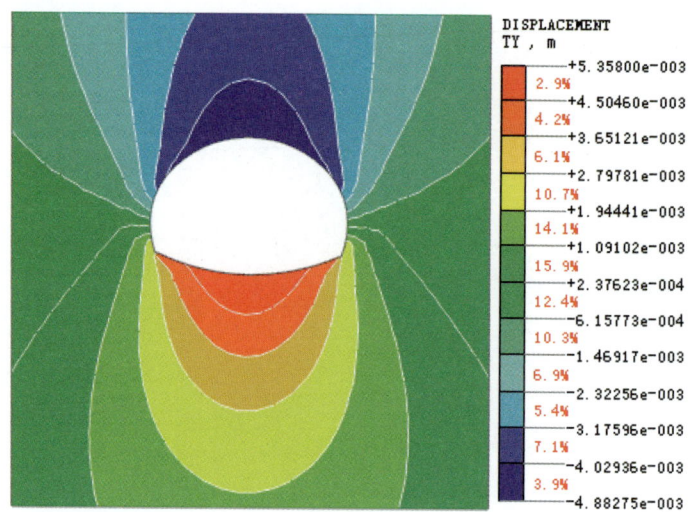

（b）三车道

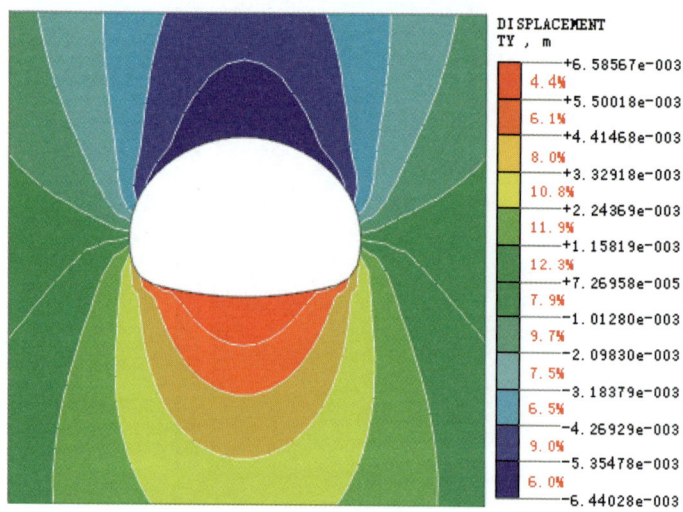

（c）四车道

图 2.1-14　Ⅴ级围岩竖向位移云图

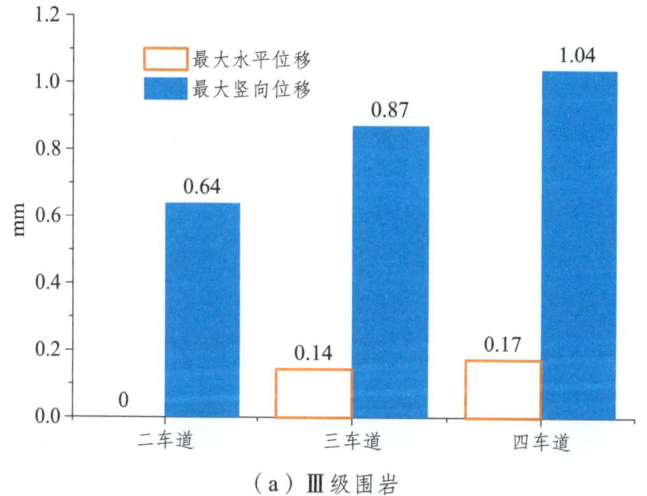

（a）Ⅲ级围岩

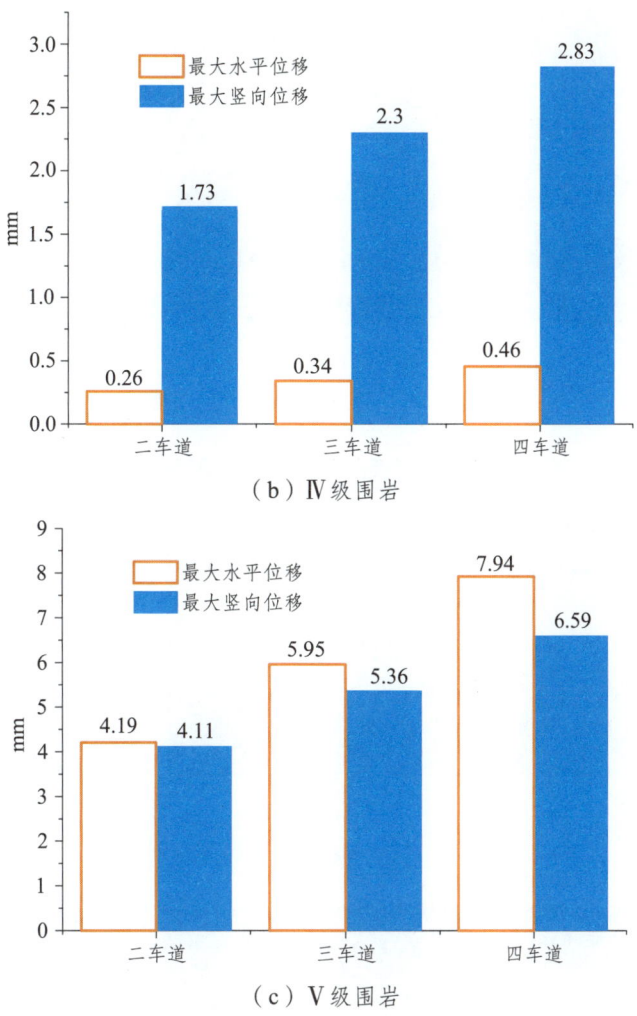

(b) IV级围岩

(c) V级围岩

图 2.1-15 围岩最大变形量

2.1.4 围岩塑性区计算结果及分析

隧道的开挖会造成应力重分布，应力会在隧道的某些部位产生集中，一旦超过围岩材料自身的弹性极限的时候，就会进入塑性状态，所处的区域称为塑性区。围岩的塑性区大小，直接反映了隧道开挖受扰动的状态，如果塑性区较大，在现实中会表现出较大的变形，在破碎岩体中，塑性区的发展会造成结构面的张开，围岩出现松动区，支护结构受力增加，如果塑性区发展较快，支护不及时的话，会造成塌方等事故。

图 2.1-16 ~ 图 2.1-18 分别为 III、IV、V 级围岩各种车道数计算得到塑性区云图，从图中可以看出：

（1）塑性区主要集中在墙脚部位，随着断面的增加，拱部也出现了塑性区。
（2）随着开挖断面的增加，塑性区的范围逐渐在扩大。

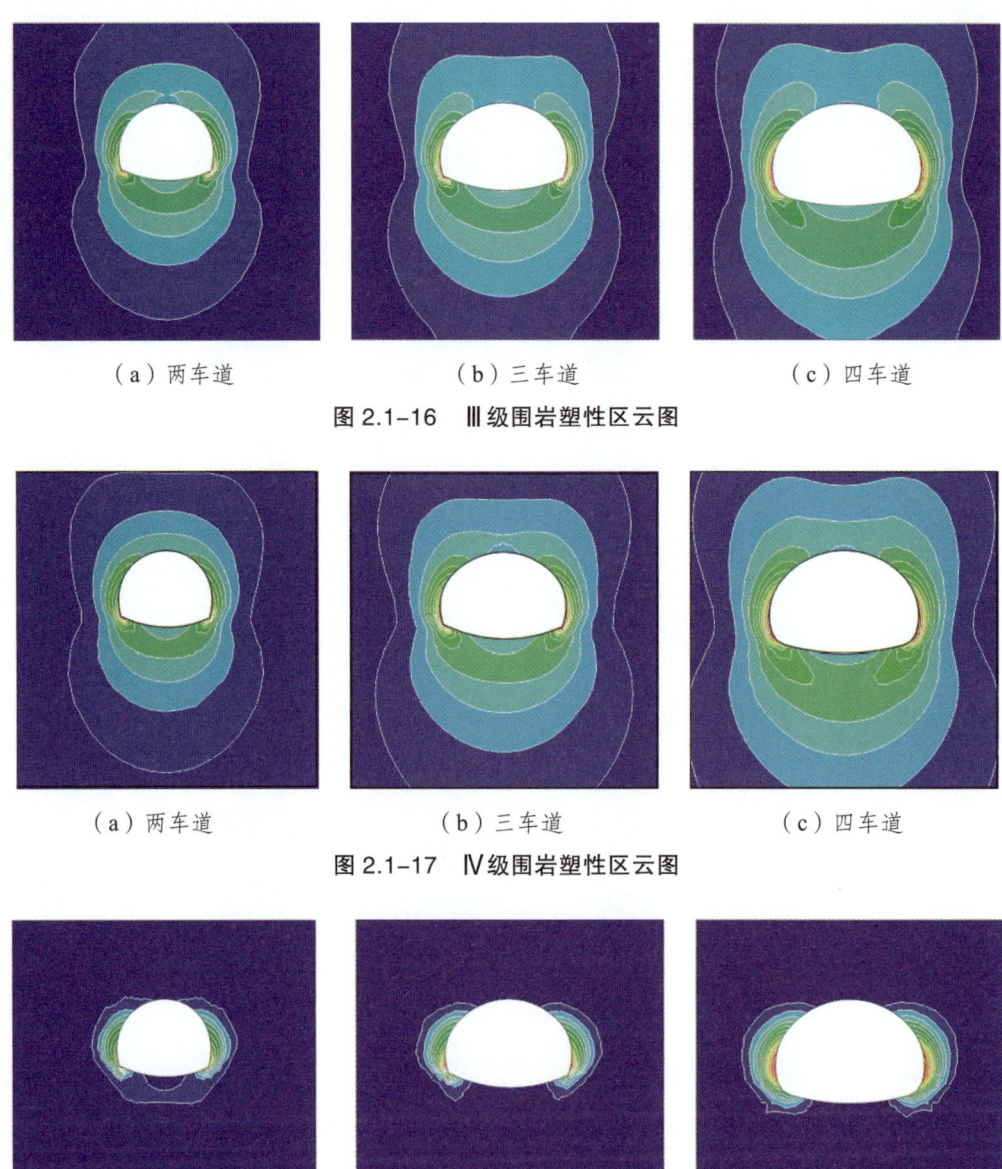

（a）两车道　　　　　（b）三车道　　　　　（c）四车道

图 2.1-16　Ⅲ级围岩塑性区云图

（a）两车道　　　　　（b）三车道　　　　　（c）四车道

图 2.1-17　Ⅳ级围岩塑性区云图

（a）两车道　　　　　（b）三车道　　　　　（c）四车道

图 2.1-18　Ⅴ级围岩塑性区云图

2.1.5　隧道车道增加对围岩特征响应分析

由上述计算分析，可得到隧道车道增加对围岩特征的响应分析如下：

（1）由毛洞洞周围岩的应力和位移云图来看，车道数的变化对围岩变形趋势和隧道开挖后围岩应力重分布影响并不大，主要影响表现在围岩应力重分布范围和位移影响范围不断扩大。

（2）对应力而言，水平应力不断增大，而竖向应力变化较小；对位移而言，水平位移变化幅度明显大于竖向位移，在Ⅴ级围岩下甚至超过竖向位移，水平应力和位移的大幅增加主要与围岩侧压力系数随围岩条件变差而增大相关。

（3）通过对不同围岩级别各车道开挖后围岩的应力和位移分析，可以发现随着围岩条件变差，围岩应力和位移均变大，水平向和垂直向的变化幅度存在较大差异。

（4）由围岩的塑性区云图可以发现，车道数的增加能够明显地扩大毛洞洞周围岩塑性变形的范围，扩散的形状如葫芦形，在墙脚部位会出现一定的收缩，3种车道塑性变形最大的区域均位于墙脚处。

（5）随着断面的增大，拱部及仰拱部位也出现了塑性区，这与应力的分布规律是一致的，隧道在拱部及仰拱将承担较大的围岩压力。

2.2 隧道扁平率对围岩特征响应分析

隧道的施工过程，总的来说分开挖和支护2个阶段，开挖后的洞室周边围岩的应力状态称之为二次应力状态。本节作者结合现有的椭圆形洞室围岩二次应力的理论成果，进一步推导研究，并将其结论运用至大断面扁平隧道，基于围岩二次应力特征提出单跨四车道高速公路隧道拱墙合理高跨比，对今后扁平大断面隧道的断面设计有一定指导意义。

2.2.1 扁平椭圆形洞室二次应力解析计算

目前，对于圆形和椭圆形洞室的洞周围岩应力已有了成熟的计算方法，在双向受压状态下（图2.2-1），椭圆孔边界应力解析解：

$$\sigma_\theta = \frac{1}{\sin^2\theta + m^2\cos^2\theta}\{\sigma_y[m(m+2)\cos^2\theta - \sin^2\theta] + \lambda\sigma_y[m(2m+1)\sin^2\theta - m^2\cos^2\theta]\}$$

(2.2-1)

式中：σ_θ 为切向应力，即扁平椭圆形洞室的二次应力；λ 为侧压力系数，$\lambda = \mu/(1-\mu) = \sigma_x/\sigma_y$，$\lambda<1$；$\sigma_y$ 为竖向应力；m 为高跨比，即椭圆短轴/长轴；θ 为所选点在极坐标中的角度，即极角；σ_r、$\tau_{r\theta}$ 分别为径向应力和剪切应力，$\sigma_r = \tau_{r\theta} = 0$。将式（2.2-1）以极角为因变量进行处理可得式（2.2-2）：

$$\sigma_\theta = \frac{1}{\tan^2\theta + m^2}\{\sigma_y[m(m+2)-\tan^2\theta] + \lambda\sigma_y[m(2m+1)\tan^2\theta - m^2]\}$$

$$= \frac{\sigma_y}{\tan^2\theta + m^2}[(1-\lambda)m^2 + 2m + (2\lambda m^2 + \lambda m - 1)\tan^2\theta]$$

$$= \sigma_y(2\lambda m^2 + \lambda m - 1) + \sigma_y[(1-\lambda)m^2 + 2m - m^2(2\lambda m^2 + \lambda m - 1)]\frac{1}{\tan^2\theta + m^2}$$

（2.2-2）

令 $A = \sigma_y[(1-\lambda)m^2 + 2m - m^2(2\lambda m^2 + \lambda m - 1)]$，$B = \sigma_y(2\lambda m^2 + \lambda m - 1)$，可得式（2.2-3）：

$$\sigma_\theta = B + \frac{A}{\tan^2\theta + m^2}$$

（2.2-3）

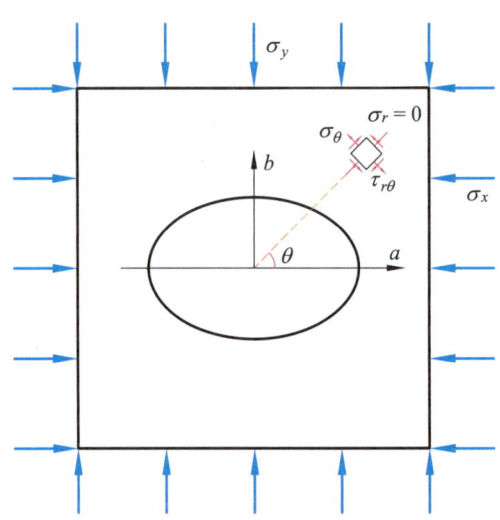

图 2.2-1　椭圆形洞室围岩二次应力解析计算简图

2.2.1.1　椭圆形洞室洞周围岩二次应力分布特征

由式（2.2-3）可知，

$$\sigma_\theta = f(\theta) = B + \frac{A}{\tan^2\theta + m^2}$$

（2.2-4）

是关于 θ 偶函数，也是周期为 π 的周期函数，表明椭圆形洞室的围岩二次应力是关于长轴和短轴对称的。因此，为了方便表述，以下分析皆基于第一象限的围岩二次应力变化规律。

令 $A = 0$，得到

$$\lambda = \frac{2(m+1)}{m(2m^2 + m + 1)}$$

（2.2-5）

图 2.2-2 为函数 $f(m) = \frac{2(m+1)}{m(2m^2 + m + 1)}$ 曲线，由图可见，在 $m>0$ 围内函数是单调递减的，且 $f(1) = 1$。

所以，对于扁平椭圆形洞室（0<m<1），有

$$\frac{2(m+1)}{m(2m^2+m+1)} > 1 \tag{2.2-6}$$

而 $\lambda<1$，故有

$$\lambda < \frac{2(m+1)}{m(2m^2+m+1)} \tag{2.2-7}$$

$A>0$

表明：σ_θ 与 $1/(\tan^2\theta+m^2)$ 成正比，则 σ_θ 和极角 θ 负相关。

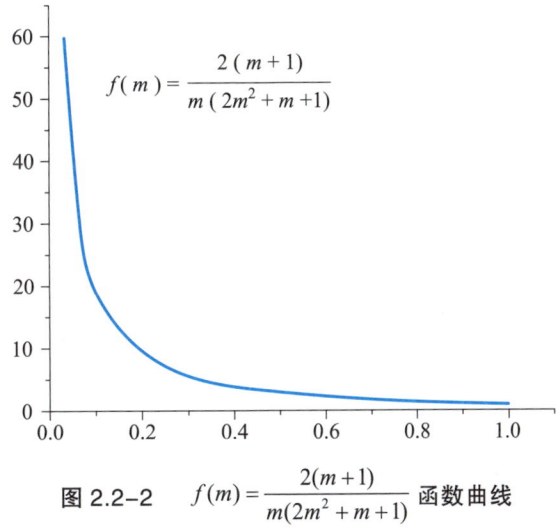

图 2.2-2　$f(m)=\dfrac{2(m+1)}{m(2m^2+m+1)}$ 函数曲线

从而可以得出结论：对于扁平椭圆形洞室，围岩二次应力从 a 点至 b 点在数值上是逐渐减小的。根据对称性，得到椭圆形洞室洞周围岩二次应力随极角的变化曲线，如图 2.2-3 所示。

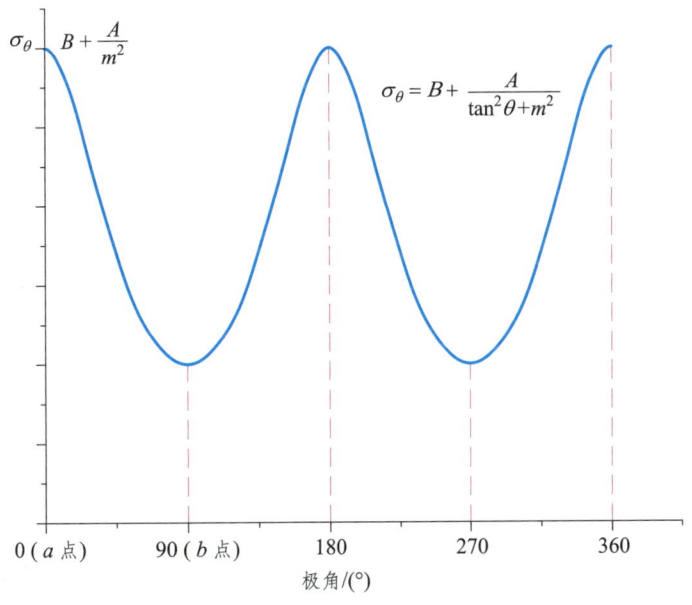

图 2.2-3　洞周围岩二次应力随极角变化曲线

2.2.1.2 最大跨度处围岩二次应力特征

当 $\theta = 0$ 时，即 a 点处，$\tan^2\theta = 0$，

$$\sigma_\theta = \sigma_y\left(1 - \lambda + \frac{2}{m}\right) \tag{2.2-8}$$

σ_θ 与 m 成反比，且 $\sigma_y > 0$ 恒成立，函数曲线如图 2.2-4。由图可见：对任意高跨比的扁平椭圆形洞室，a 点处围岩必受压，且洞室越扁，所受围岩压应力越大。

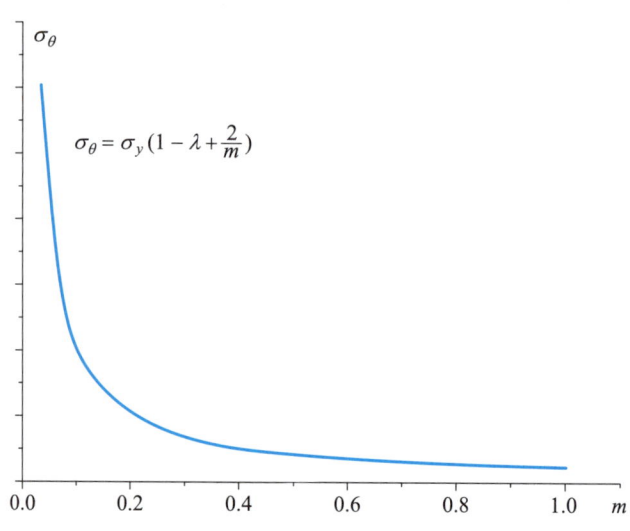

图 2.2-4　a 点洞周围岩二次应力与高跨比的变化曲线

2.2.1.3 跨中处围岩二次应力特征

当 $\theta = \pi/2$ 时，即 b 点处，$\tan^2\theta = \infty$，

$$\sigma_\theta = \sigma_y(2\lambda m^2 + \lambda m - 1) \tag{2.2-9}$$

函数 $\sigma_\theta = f(m) = \sigma_y(2\lambda m^2 + \lambda m - 1)$（$0 < m < 1$）为抛物线函数，其与正轴的交点为

$$m_0 = \frac{1}{4}\left(\sqrt{1 + \frac{8}{\lambda}} - 1\right) \tag{2.2-10}$$

由于 $\lambda < 1$，故 $m_0 > 0.5$。通过求 σ_θ 对 m 的一阶微分

$$\frac{\mathrm{d}\sigma_\theta}{\mathrm{d}m} = \sigma_y \lambda(4m + 1) \tag{2.2-11}$$

可知，对于 $0 < m < 1$，有 $\dfrac{\mathrm{d}\sigma_\theta}{\mathrm{d}m} > 0$，即函数 $\sigma_\theta = f(m)$ 对于 $m \in (0, 1)$ 是单调递增的。函数曲线如图 2.2-5。

由图 2.2-5 可知：

（1）对于 $0 < m \leqslant 0.5$ 的扁平椭圆形洞室，b 点处围岩必受拉，且洞室越扁，所受拉应力越大。

（2）对于 $0.5 < m < 1$ 的扁平椭圆形洞室，b 点处围岩是否受拉，取决于 m 与 λ 的相对关系：

当 $0.5<m<m_0$ 时，b 点处围岩受拉，且洞室越扁，所受拉应力越大；

当 $m=m_0$ 时，b 点处围岩应力为 0；

当 $m_0<m<1$ 时，b 点处围岩受压，且洞室越扁，所受压应力越小。

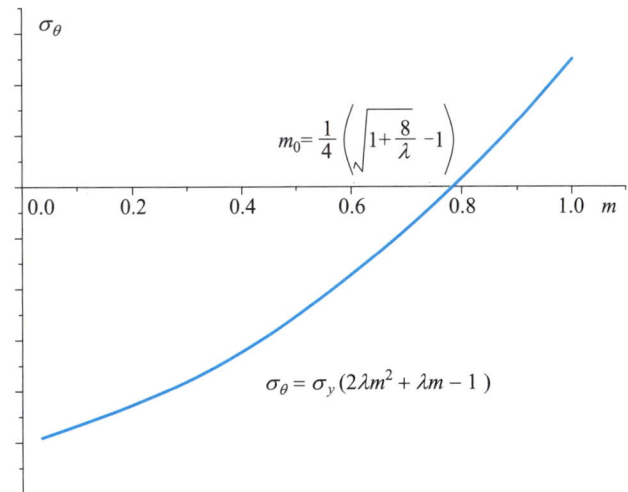

图 2.2-5　b 点洞周围岩压力与高跨比的关系曲线

2.2.1.4　解析计算结论

解析分析得到两个主要结论：

（1）证明了扁平椭圆形洞室洞周围岩二次应力分布规律；

（2）得到了扁平椭圆形洞室 a 点受拉应力的判定条件。因此，扁平椭圆形洞室围岩二次应力变化规律可由图 2.2-6 表示。

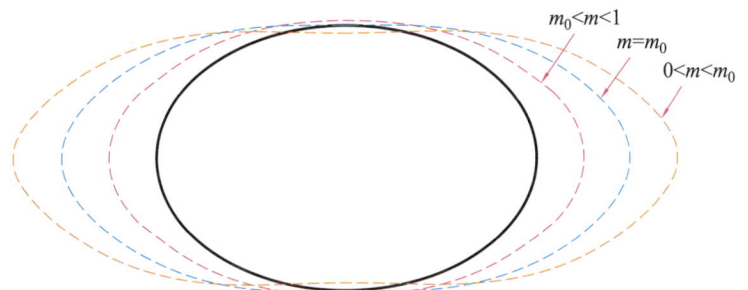

图 2.2-6　扁平椭圆形洞室围岩二次应力变化

2.2.2　扁平椭圆形洞室二次应力数值模拟计算

选取京沪高速济南连接线浆水泉双向八车道高速公路隧道为背景工程，以验证解析计算分析的可靠性及洞室二次应力与高跨比的关系。隧道断面设计为坦三心圆，Ⅲ级围岩不施作仰拱，Ⅳ级和Ⅴ级围岩施作仰拱。考虑到适用性，主要研究对象为Ⅳ级围岩下施作仰拱的坦三心圆断面，衬砌断面如图 2.2-7 所示。为便于表述，做如下定义：拱墙高跨比 h_1/B；仰拱矢

跨比 h_2/B；隧道高跨比 H/B。

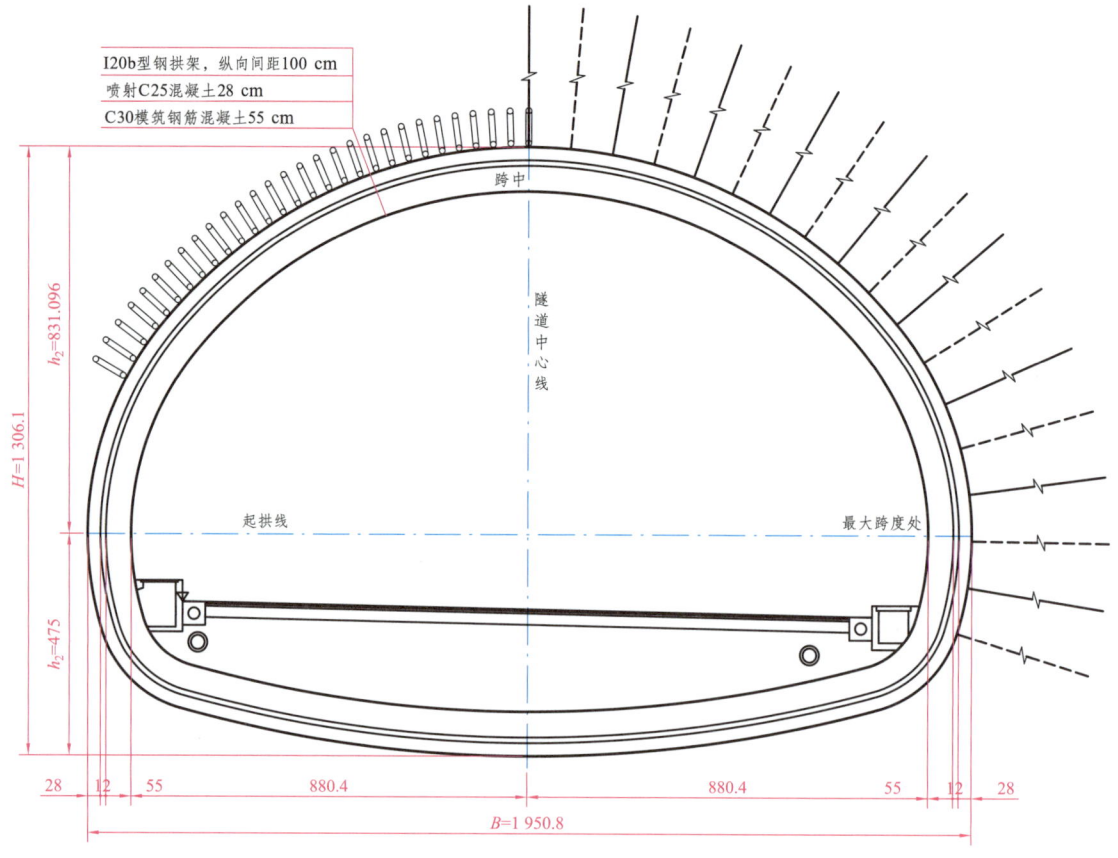

图 2.2-7　Ⅳ级围岩衬砌断面（单位：cm）

利用有限元分析软件，基于二维平面模型，共计算了 6 种工况，各工况主要计算参数相同：埋深 $h = 40$ m，泊松比 $\mu = 0.33$，弹性模量 $E = 3.65$ GPa，密度 $g = 2.15$ g/cm³。断面尺寸见表 2.2-1。表中：GK1 为隧道设计形状，作为对照基准；GK4～GK6 为不同高跨比的椭圆；GK2～GK3 由 2 个椭圆组合形成，椭圆的交接处位于三心圆在墙脚处的公切点。计算模型如图 2.2-8 所示。

表 2.2-1　数值模拟工况

工况	断面形式	高 /m	宽 /m	洞室 $\frac{高}{宽}$	拱墙 $\frac{高}{宽}$
GK1	原形状	13.06	19.51	0.67	0.85
GK2	椭圆组合	13.06	19.51	0.76	0.85
GK3	椭圆组合	14.84	19.51	0.85	0.85
GK4	椭圆	16.62	19.51	0.85	0.85
GK5	椭圆	8.77	18.87	0.46	0.46
GK6	椭圆	5.30	18.87	0.28	0.28

图 2.2-8　平面计算模型

2.2.2.1　解析计算结论验证

1. 解析计算结果可靠性验证

根据各工况的主要计算参数得到解析计算参数：$\lambda = 0.49$，$\sigma_y = 842.8$ kPa，$A = 1\,662.379$ kPa，$B = 109.878\,5$ kPa，于是得到洞周二次应力分布函数为：

$$\sigma_\theta = f(\theta) = 109.88 + \frac{1\,662.38}{\tan^2\theta + 0.24} \tag{2.2-12}$$

提取数值计算工况 GK4～GK6，并将之与解析计算结果对比分析。

由于对称性，选取右侧部分的洞周围岩二次应力数据，以极角为横坐标，右侧最大跨度处为坐标原点，顺时针为正，逆时针为负，得到 GK4～GK6 右侧拱顶至仰拱围岩二次应力变化曲线，如图 2.2-9 所示。

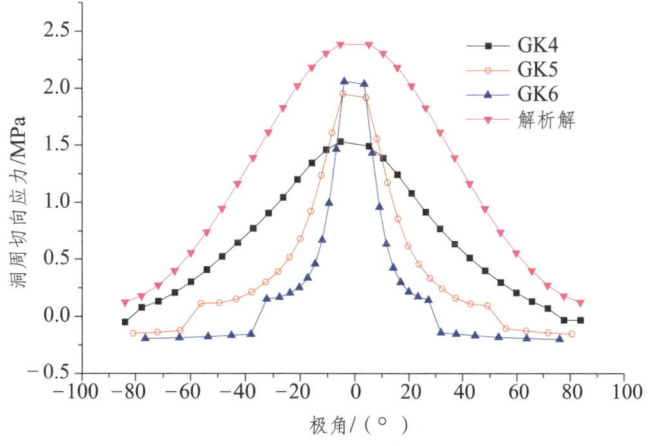

图 2.2-9　GK4～GK6 右侧拱顶至仰拱围岩二次应力 σ_θ

由图 2.2-9 可以看出：

（1）洞周围岩二次应力从最大跨度处至跨中处是递减的；最大跨度处出现最大压应力，跨中处出现最大拉应力（非常小，可以认为是 0）；隧道高跨比 H/B 越小，最大跨度处所受压应力 σ_a 越大，拱顶所受拉应力 σ_b 越大，且拉应力的范围越大；同时随着隧道高跨比 H/B 的减小，围岩二次应力变化速率也会越大，并且不断向 b 点集中。表明洞室越扁，应力集中效果越显著。

（2）解析解的洞周围岩压力 σ_θ 变化趋势与数值结算结果一致，但围岩压力值大于计算结果。

2. 解析解和数值解误差分析

由于解析解的参数和截面形状是与 GK4 完全一致的，因此以二者为例对解析解和数值解的进行误差分析，如图 2.2-10 所示。

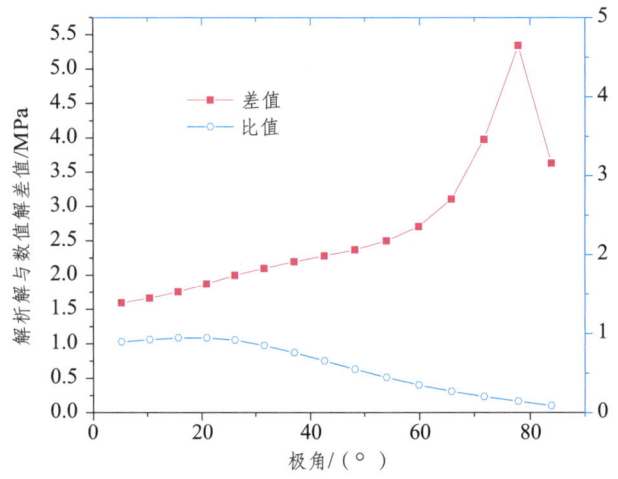

图 2.2-10　解析解与数值解误差分析

由图 2.2-10 可以看出：二者差值最大为 0.94 MPa，位于拱脚处，并且越靠近拱脚，差值越大，但比值越小。分析原因：解析解围岩采用的是弹性模型本构，而数值计算的围岩采用的是莫尔‒库仑本构，导致了解析解的结果偏大。

2.2.2.2　拱墙高跨比的提出

1. 不同工况洞周二次应力分析

工况 GK1～GK4 隧道开挖宽度 B 和拱墙的高跨比 h_1/B 相同，但是仰拱矢跨比 h_2/B 不同，使得整体的高跨比 H/B 不同，因此可以用于分析隧道围岩二次应力与高跨比的关系。由于 4 种工况拱墙形状非常接近，笔者选取右侧拱墙洞室周边围岩二次应力，并以极角为横坐标得出二次应力图，如图 2.2-11 所示。

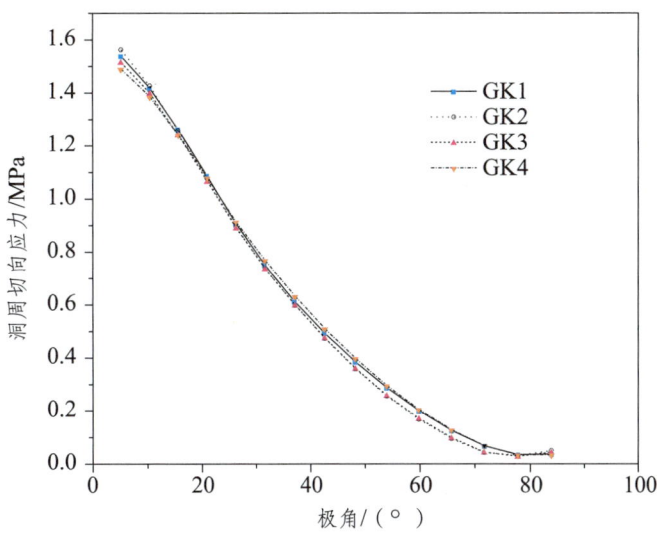

图 2.2-11　GK1～GK4 右侧最大跨度处至跨中二次应力

由图 2.2-11 可以看出：GK1～GK4 的二次应力在变化趋势和数值上都非常接近。

2. 绝对误差及相对误差分析

GK2～GK4 对 GK1 的绝对误差及相对误差如图 2.2-12 所示。可以看出：GK2～GK4 与隧道设计形状的绝对误差最大不超过 0.05 MPa，绝大部分不超过 0.03 MPa；相对误差在最大跨度处至拱腰处不超过 5%，在拱腰至跨中处虽然达到 40%，但是这部分应力值最小，因此实际上偏差的数值也不大。可以认为 GK2～GK4 对隧道设计形状的拟合是有参考意义的。

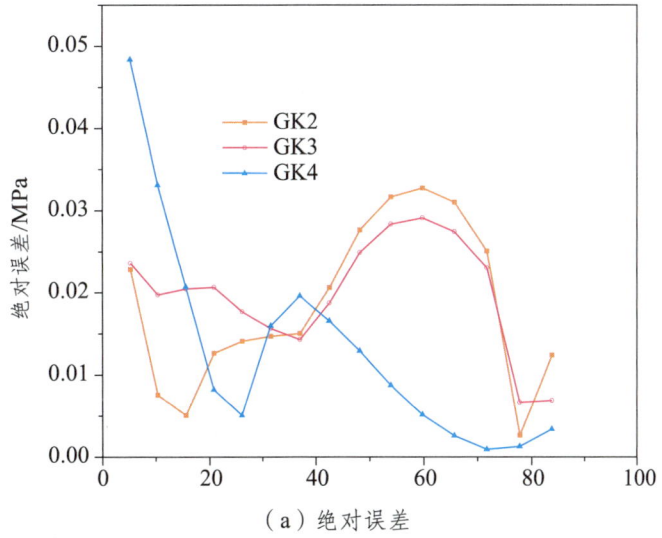

（a）绝对误差

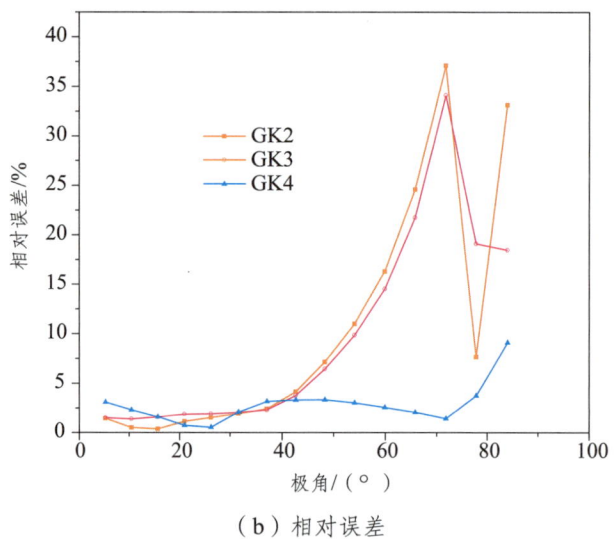

（b）相对误差

图 2.2-12　绝对误差及相对误差

然而，GK2～GK4 的高跨比各不相同，这与椭圆形洞室洞周围岩二次应力解析计算的结论是不一致的。究其原因：4 种工况唯一的共同点是拱墙的高跨比相同，唯一的变量是仰拱的高跨比，即整体的高跨比，这表明：扁平隧道的高跨比并不能准确地反映洞室围岩二次应力的变化，扁平隧道拱墙的高跨比才是影响洞室围岩二次应力的决定性因素。在相同拱墙高跨比的情况下，仰拱矢跨比的变化对洞室周边围岩二次应力的影响相当有限，尤其在最大跨度处至跨中处，几乎没有影响。因此可以考虑将扁平隧道拱墙的高跨比作为毛洞围岩二次应力的主要参考指标，而不是笼统地用整个隧道的高跨比。

2.2.3　合理高跨比分析

由于围岩受拉强度远低于受压强度，为了确保洞室开挖后的安全，需保证拱顶处的应力不出现拉应力或者拉应力很小，则整个洞室的周边应力都不会出现拉应力。基于此，将拱顶是否受拉作为隧道开挖后围岩二次应力场的安全准则。

数值模拟分析证明了只要保证拱墙的高跨比相同，则用椭圆形洞室的围岩二次应力场来反映设计洞室的围岩二次应力场是可行的。结合解析计算中拱顶受拉的条件，便可得到各级围岩大断面扁平隧道基于围岩二次应力的拱墙合理高跨比。根据公路隧道规范中Ⅲ级、Ⅳ级和Ⅴ级围岩的泊松比，即可得到当跨中处围岩二次应力为 0 时拱墙高跨比的合理取值范围，如表 2.2-2 所示。

浆水泉隧道Ⅳ级和Ⅴ级围岩的断面设计形状整体的高跨比为 0.85，拱墙的高跨比为 0.335，很好地验证了拱墙高跨比提出的合理性。

表 2.2-2　各级围岩椭圆形洞室拱墙合理高跨比范围

物理力学参数	Ⅲ 级	Ⅳ 级	Ⅴ 级
泊松比 μ	0.25～0.30	0.30～0.35	0.35～0.45
侧压力系数 λ	0.33～0.43	0.43～0.54	0.54～0.82
拱墙高跨比 h_1/B	0.42～0.49	0.37～0.42	0.28～0.37

2.2.4　小　结

（1）通过对扁平椭圆形洞室进行理论推导，得出扁平椭圆形隧道洞周围岩二次应力分布规律：从最大跨度处至跨中处围岩二次应力逐渐减小；最大跨度处围岩必受压力，且洞室越扁，压应力越大；跨中围岩受拉或受压取决于侧压力系数和高跨比的相对关系，且隧道越扁，围岩若受压则压力越小，围岩若受拉则拉力越大。最终通过数值模拟验证了推导结论的正确性。

（2）跨中处受压还是受拉取决于高跨比与侧压力系数的相对关系，对于 (0<m<0.5) 的扁平隧道，拱顶和仰拱必受拉力；对于 (0.5<m<1) 扁平隧道，当 $m>\frac{1}{4}\left(\sqrt{1+\frac{8}{\lambda}}-1\right)$ 时，跨中处围岩受压，当 $m<\frac{1}{4}\left(\sqrt{1+\frac{8}{\lambda}}-1\right)$ 时，跨中处围岩受拉。虽然这一结论是针对椭圆隧道推导而来，但是数值模拟证明，椭圆隧道的结论在一定程度上可以反映实际的扁平隧道。

（3）通过数值模拟对比分析，隧道仰拱矢跨比的变化对洞周围岩二次应力的影响极其有限，隧道整体的高跨比不能准确反映扁平隧道洞周围岩二次应力的分布规律，而扁平隧道拱墙的高跨比才是影响洞周围岩二次应力的决定性因素。

（4）由于围岩的抗拉性能相对于抗压性能很差，因此跨中处的受力状态对开挖后洞室的稳定至关重要，以跨中处受拉作为洞室二次应力场安全的准则，提出了针对单跨四车道高速公路隧道的合理拱墙高跨比。Ⅲ级围岩拱墙高跨比应小于 0.420～0.490；Ⅳ级围岩拱墙高跨比应小于 0.37～0.420；Ⅴ级围岩拱墙高跨比应小于 0.280～0.37。

2.3　隧道开挖方法对围岩特征响应分析

在隧道工程施工过程中，围岩二次应力对安全施工、优化支护措施具有重要的影响，由于四车道公路隧道断面大，因此实际施工选择上往往采用 CD 法、CRD 法、钢架岩墙组合支撑开挖等分部开挖法，这使得对四车道公路隧道的研究倾向于基于不同施工工法的隧道施工力学研究。本节通过数值计算方法主要对Ⅳ级、Ⅴ级围岩段隧道开挖进行围岩特征响应的分析。

2.3.1　Ⅳ级围岩隧道开挖方法围岩特征响应分析

2.3.1.1　数值计算模型

1. 工况选择

计算中分别选取了 CD 法（中隔壁法）、钢架岩墙组合支撑分部开挖法和中隔壁台阶法 3 种工法进行开挖模拟分析，如图 2.3-1 ~ 图 2.3-3 所示。

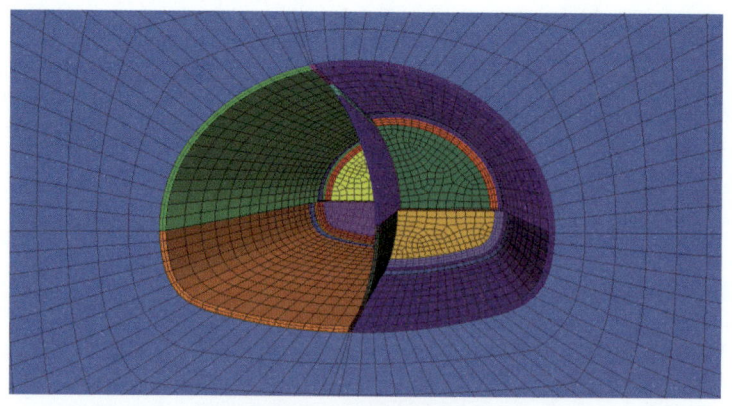

图 2.3-1　CD 开挖法

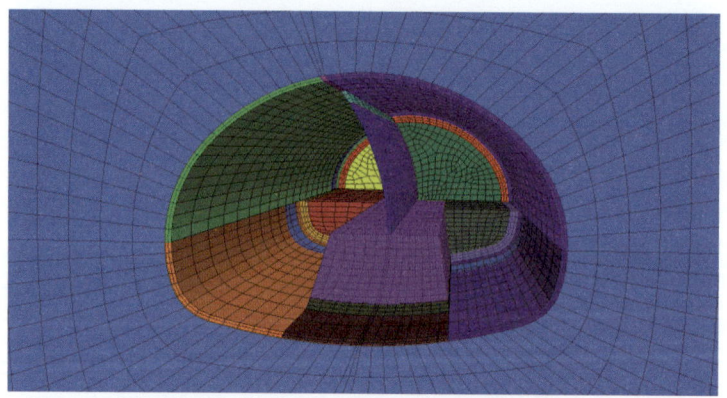

图 2.3-2　钢架岩墙组合支撑分部开挖法

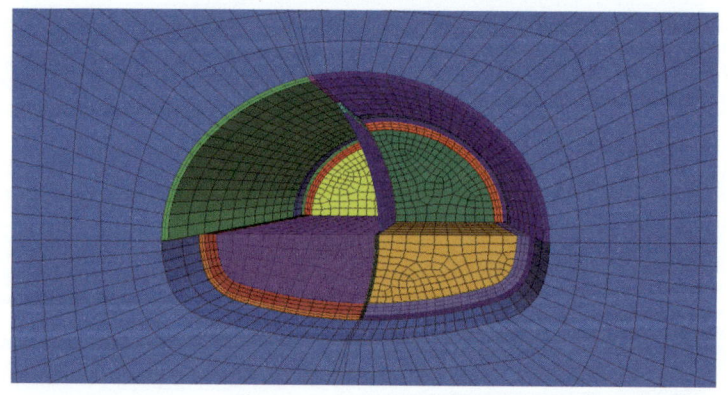

图 2.3-3　中隔壁台阶法

2. 数值模型要点

（1）按照Ⅳ级围岩段进行建模；

（2）拱顶埋深为 50 m；

（3）考虑左右隧道施工的影响，右侧隧道滞后左侧隧道 45 m；

（4）按照各工法施工步骤进行：

① CD 法：左上台阶超前，左下台阶落后左上台阶 5 m；右上台阶落后左上台阶 20 m，右下台阶落后右上台阶 5 m；竖撑落后掌子面 45 m 拆除，二次衬砌落后掌子面 70 m。

② 钢架岩墙组合支撑分部开挖法（下简称为钢架岩墙法）：左上台阶超前，右上台阶落后左上台阶 18 m；左下及右下台阶落后右上台阶 12 m；中隔壁和岩墙落后掌子面 45 m 拆除，二次衬砌落后掌子面 80 m；

③ 中隔壁台阶法：左上台阶超前，右上台阶落后左上台阶 18 m；中隔壁及下台阶落后掌子面 40 m，二次衬砌落后掌子面 70 m。

总体计算模型如图 2.3-4 所示。

图 2.3-4　数值模型

3. 计算参数

围岩及支护体系的物理力学指标参数根据《公路隧道设计规范》（JTG D70/2—2014）选取，所确定的计算参数如表 2.3-1 及表 2.3-2 所示。

表 2.3-1　计算围岩参数

围岩	弹性模量	泊松比	密度	内摩擦角	黏聚力
Ⅳ级	1 GPa	0.30	2 300 kg/m³	28°	0.1 MPa

表 2.3-2　混凝土材料物理力学参数

混凝土	重度 γ/（kN/m³）	弹性模量 E/GPa	泊松比 μ
初期支护	23	20	0.25
二次衬砌	25	35	0.22

2.3.1.2 塑性区演变分析

塑性区的发展变化直接关系到围岩扰动的情况，分别对不同开挖位置处的塑性区演变情况进行对比分析，如图 2.3-5 ~ 图 2.3-18 所示。

从图 2.3-5 中可以看出，在左洞掌子面前方 10 m 时，围岩中已经出现了塑性区，整体上 CD 法和钢架岩墙法在掌子面前方全部出现了塑性区，而中隔壁台阶法的塑性区面积较小。

从图 2.3-6 中可以看出，三种施工方法的掌子面都出现了塑性区，并非开挖面那部分，从面积上来看，钢架岩墙法的面积最小，CD 法次之，中隔壁台阶法的塑性区最大。

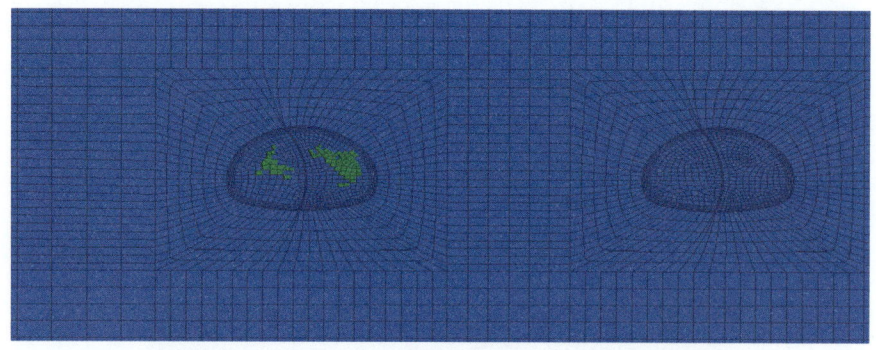

（a）CD 法

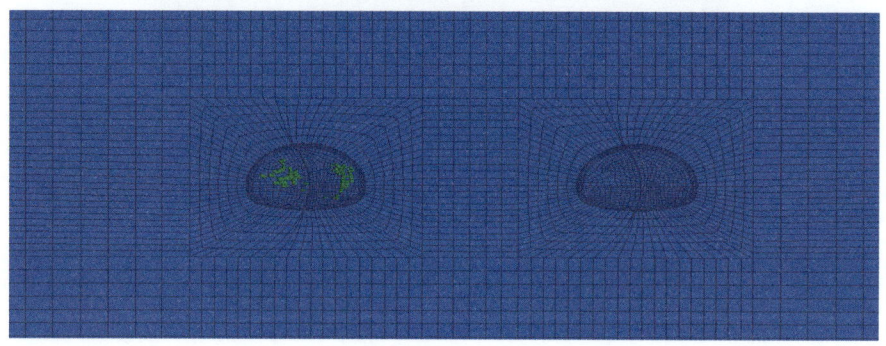

（b）钢架岩墙组合支撑分部开挖法

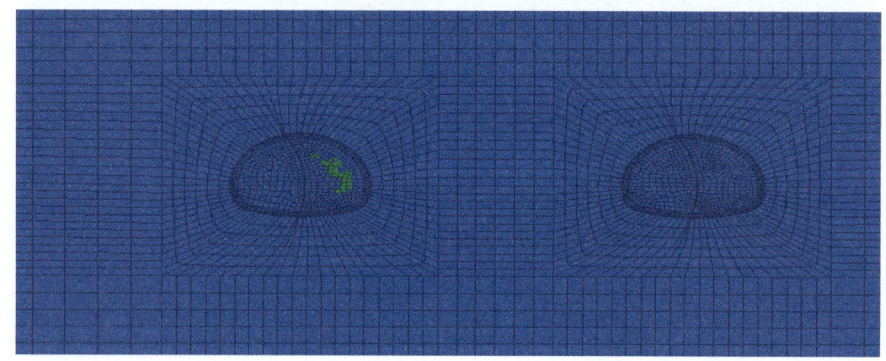

（c）中隔壁台阶法

图 2.3-5　左洞—10 m 塑性区情况

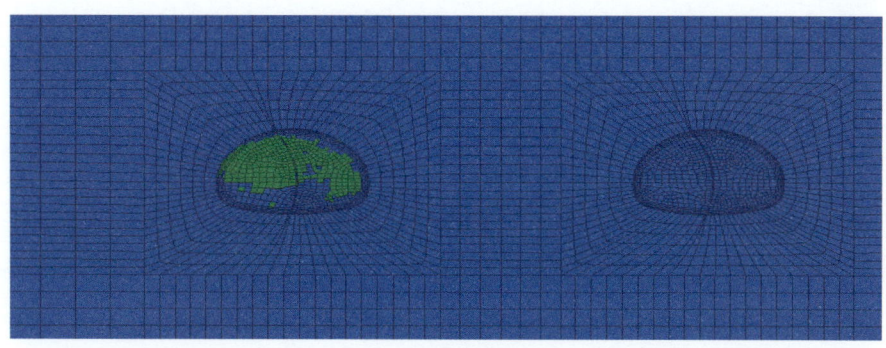

(a) CD 法

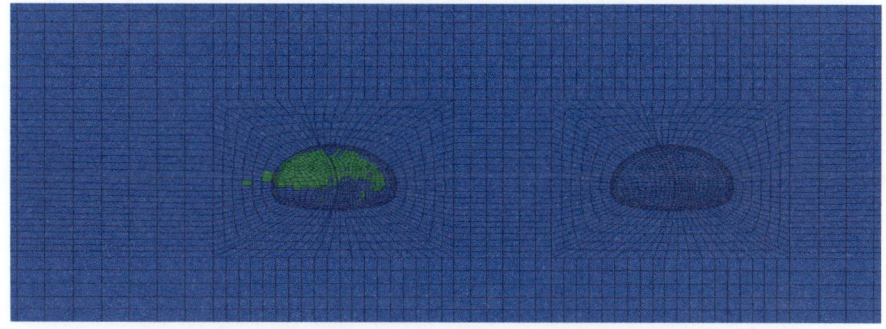

(b) 钢架岩墙组合支撑分部开挖法

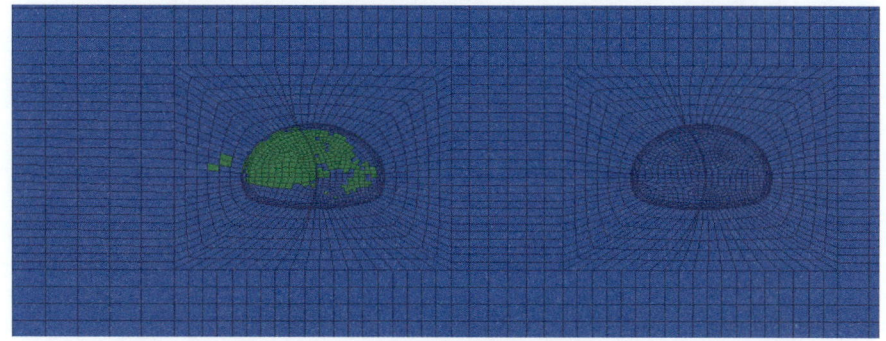

(c) 中隔壁台阶法

图 2.3-6 左洞 0 m 塑性区情况

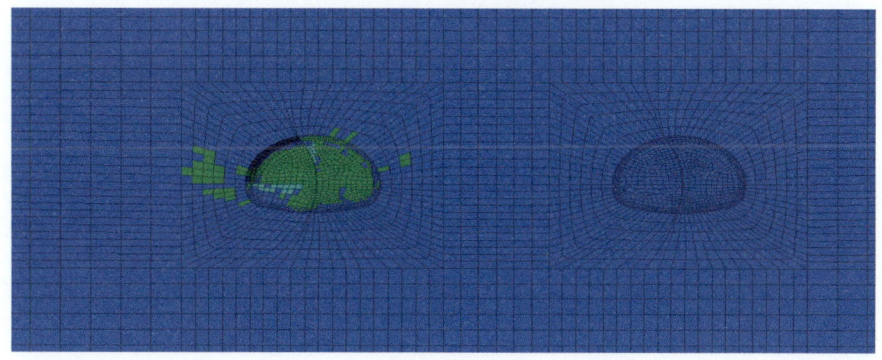

(a) CD 法

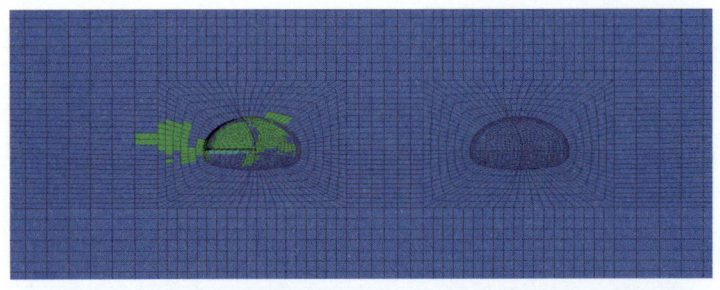

（b）钢架岩墙组合支撑分部开挖法

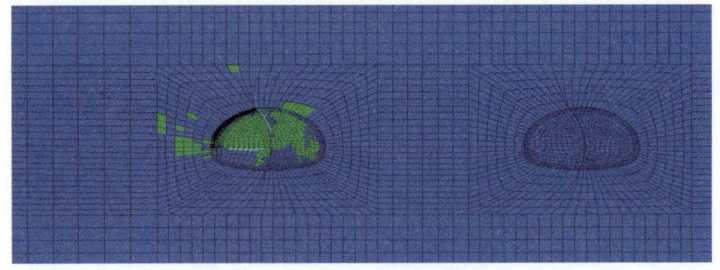

（c）中隔壁台阶法

图 2.3-7　左洞 5 m 塑性区情况

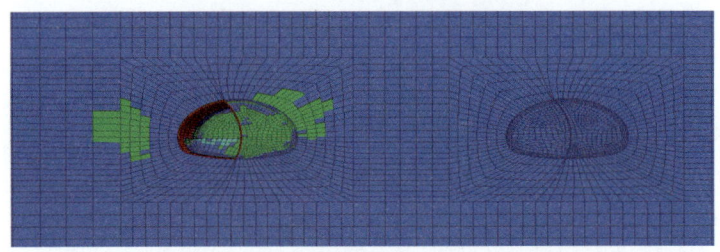

（a）CD 法

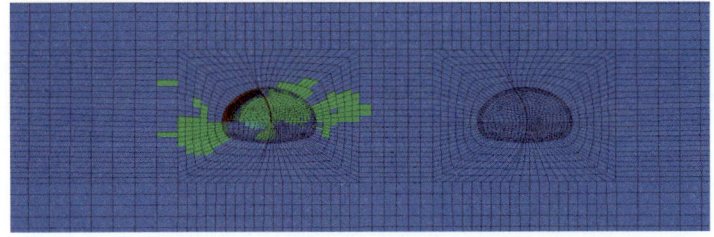

（b）钢架岩墙组合支撑分部开挖法

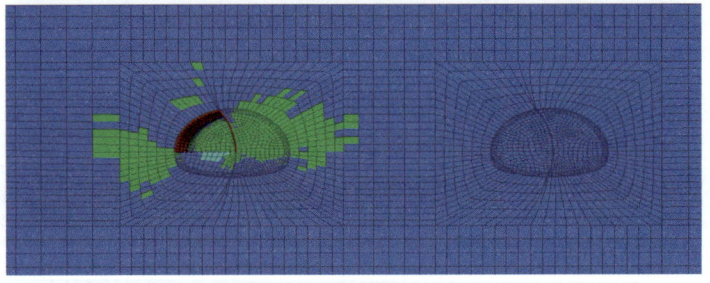

（c）中隔壁台阶法

图 2.3-8　左洞 15 m 塑性区情况

从图 2.3-7 中可以看出，随着开挖推进，隧道左侧出现了塑性区，钢架岩墙法左侧的塑性区是最大的，中隔壁台阶法的左侧塑性区最小；从整体开挖面的塑性区来看，CD 法的塑性区面积是最大的，钢架岩墙组合支撑分部开挖法是最小的。

从图 2.3-8 中可以看出，塑性区的范围都在扩大，但是随着 CD 法下台阶初期支护的施作，塑性区向洞外的方向发展，而钢架岩墙法和中隔壁台阶法的左侧塑性区仍然是增加的；从面积上来看，中隔壁台阶法的塑性区是最大的，其次是钢架岩墙法，最小的是 CD 法。

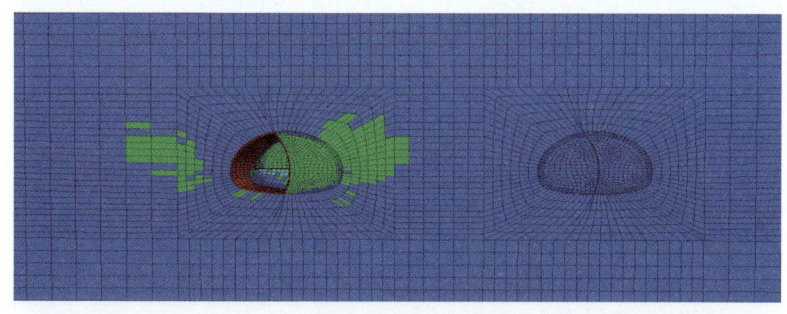

（a）CD 法

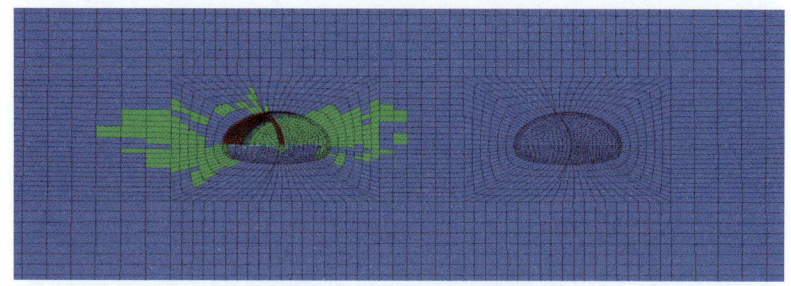

（b）钢架岩墙组合支撑分部开挖法

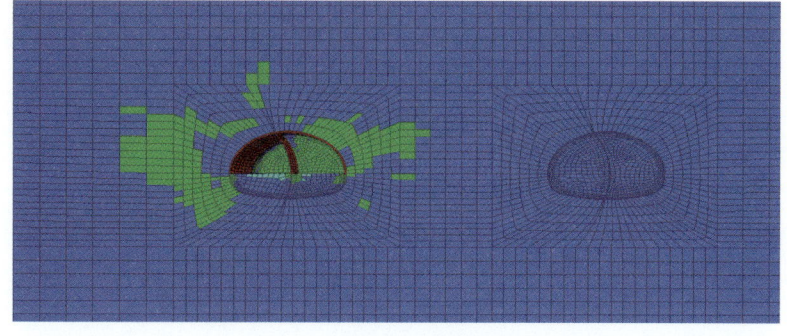

（c）中隔壁台阶法

图 2.3-9　左洞 25 m 塑性区情况

从图 2.3-9 中可以看出，随着开挖的继续向前，掌子面后方 25 m 范围内的围岩的塑性区还在不断扩大，其中面积最大的仍然是中隔壁台阶法，其次是钢架岩墙法，最小的是 CD 法。

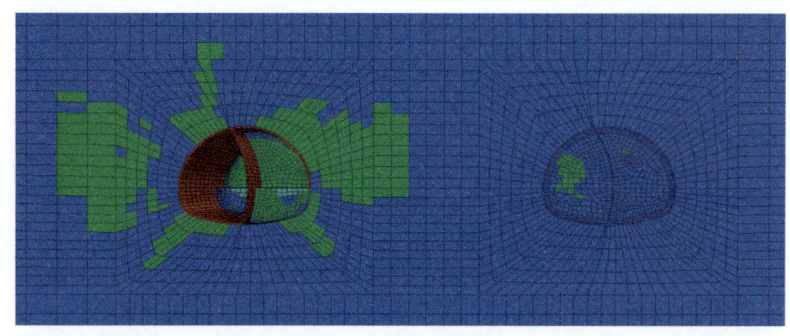

（a）CD 法

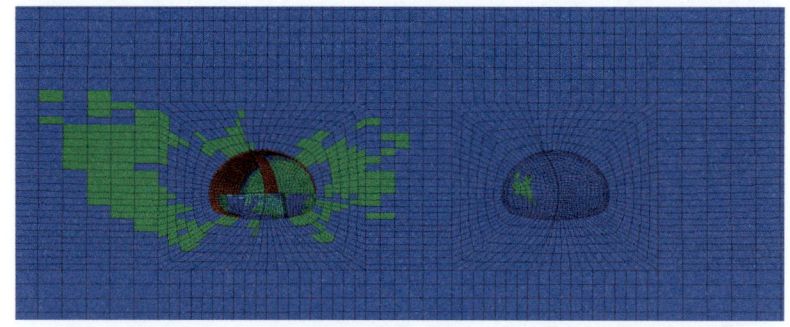

（b）钢架岩墙组合支撑分部开挖法

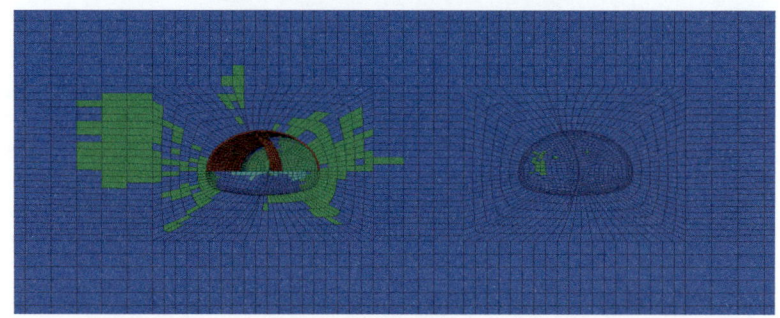

（c）中隔壁台阶法

图 2.3-10　左洞 35 m、右洞 −10 m 处塑性区情况

从图 2.3-10 中可以看出，同样是在右洞掌子面前方 10 m 的范围内出现了塑性区，面积差别不大；左洞的塑性区范围来看，钢架岩墙法的塑性区是最大的，CD 法的塑性区是最小的，可见初期支护封闭对于限制塑性区的发展有积极的作用。

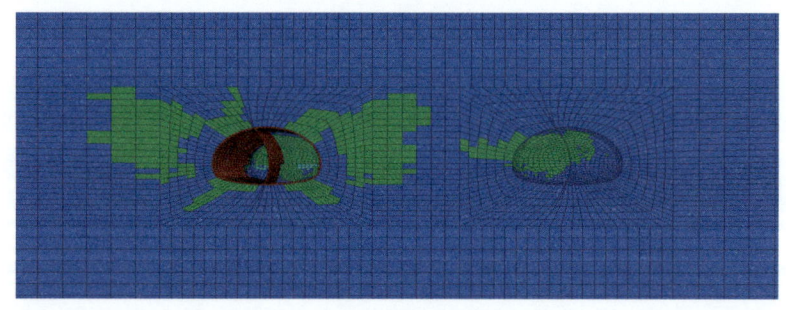

（a）CD 法

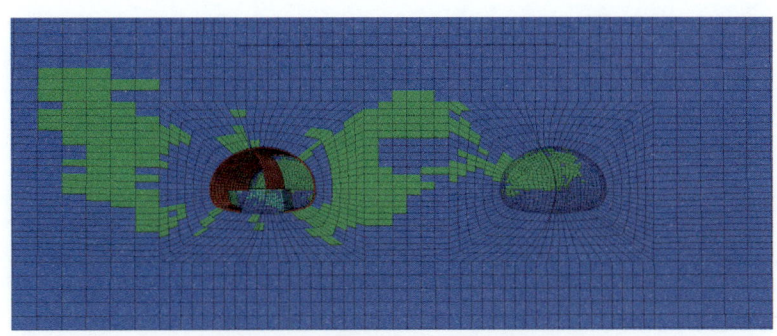

(b)钢架岩墙组合支撑分部开挖法

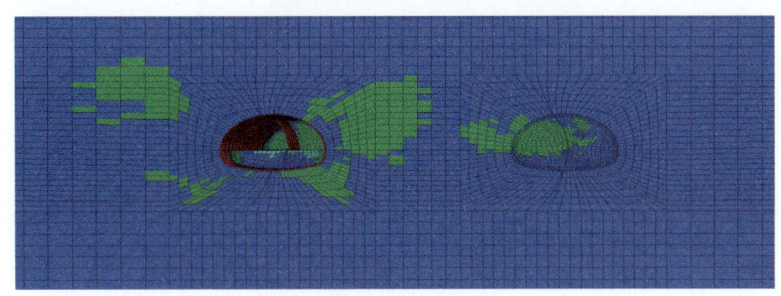

(c)中隔壁台阶法

图 2.3-11　左洞 45 m、右洞 0 m 处塑性区情况

从图 2.3-11 中可以看出，随着开挖面的继续往前，塑性区的范围仍然在逐渐增加，其中范围最大的是钢架岩墙法，中隔壁台阶法则是最小的，而且钢架岩墙法左洞和右洞的塑性区已经连成了一片。

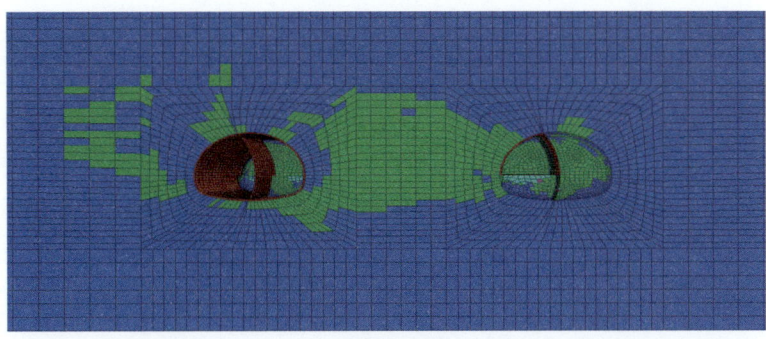

(a)CD 法

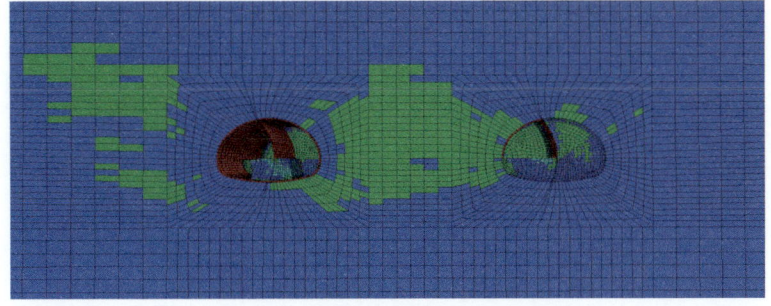

(b)钢架岩墙组合支撑分部开挖法

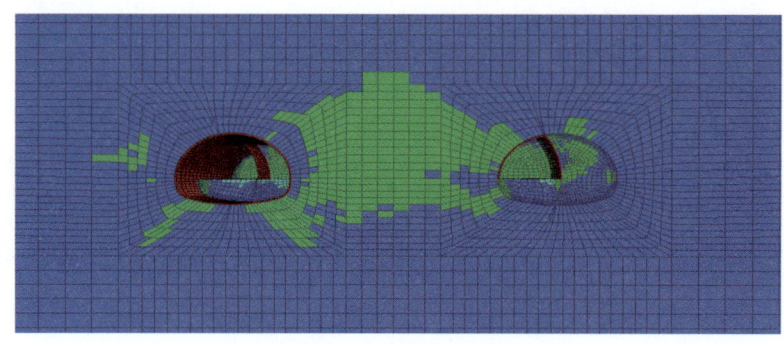

（c）中隔壁台阶法

图 2.3-12　左洞 55 m、右洞 10 m 处塑性区情况

从图 2.3-12 中可以看出，当右洞整个断面开挖完成的时候，左右两洞的塑性区连在一起，从范围上来看，中间部分塑性区的大小差不多，而左洞由于中隔壁台阶法及早的初期支护封闭，其塑性区范围已经是最小的，而钢架岩墙组合法的塑性区仍然是最大的。

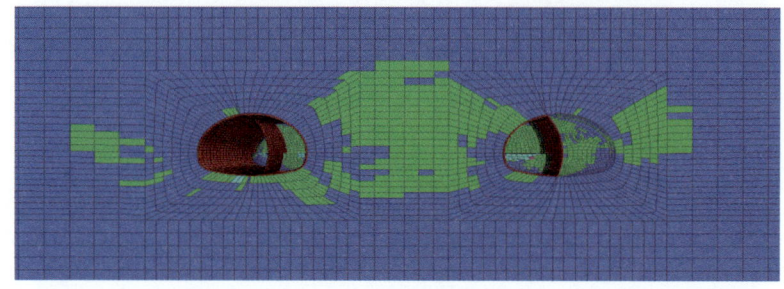

（a）CD 法

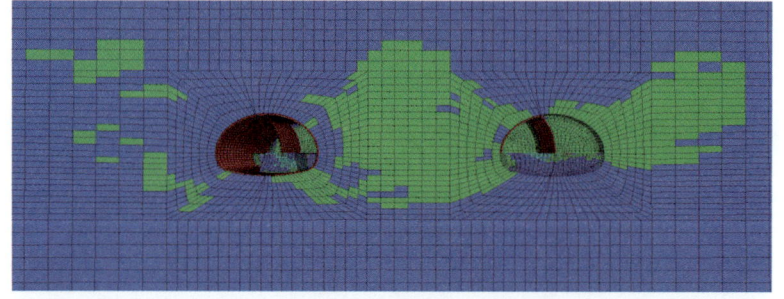

（b）钢架岩墙组合支撑分部开挖法

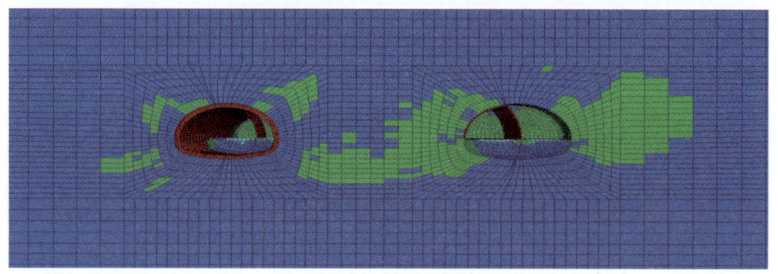

（c）中隔壁台阶法

图 2.3-13　左洞 65 m、右洞 20 m 处塑性区情况

从图 2.3-13 中看出，随着中隔壁台阶法及早的二次衬砌封闭，塑性区的范围是最小的，而钢架岩墙法的塑性区仍然是最大的；右洞的塑性区范围受左洞影响，CD 法的塑性区是最小，钢架岩墙法的塑性区是最大的。

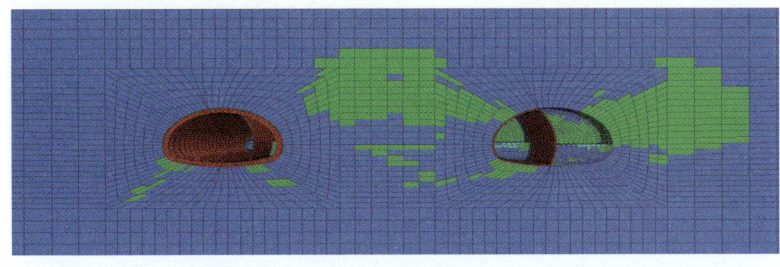

（a）CD 法

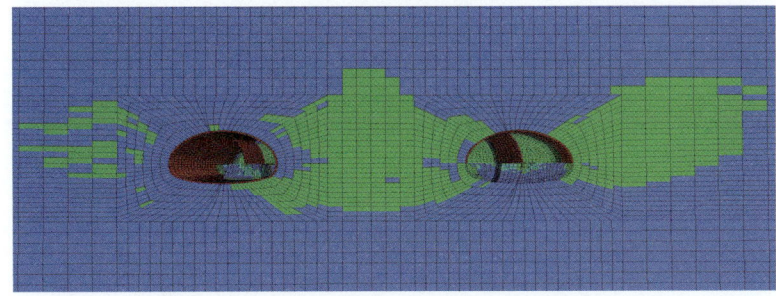

（b）钢架岩墙组合支撑分部开挖法

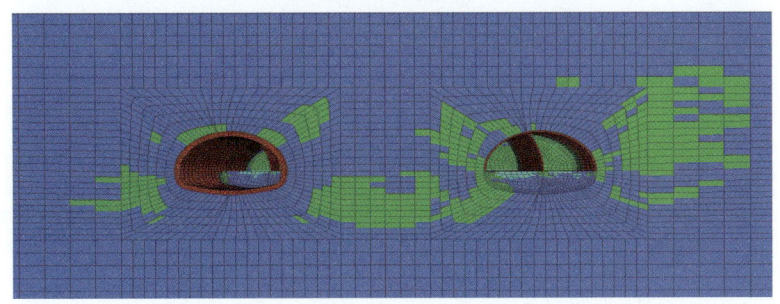

（c）中隔壁台阶法

图 2.3-14　左洞 75 m、右洞 30 m 处塑性区情况

从图 2.3-14 中可以看出，随着 CD 法二次衬砌的施作，围岩的塑性区已经减小到了最小，而钢架岩墙法的塑性区则仍然是最大的。

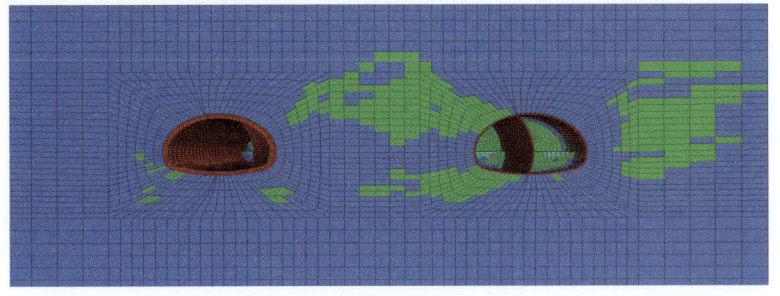

（a）CD 法

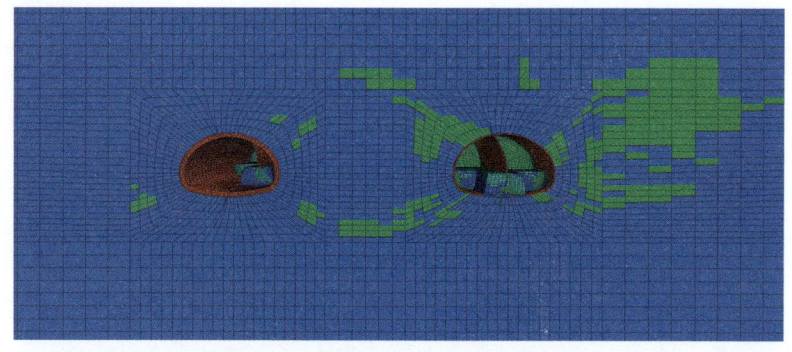

（b）钢架岩墙组合支撑分部开挖法

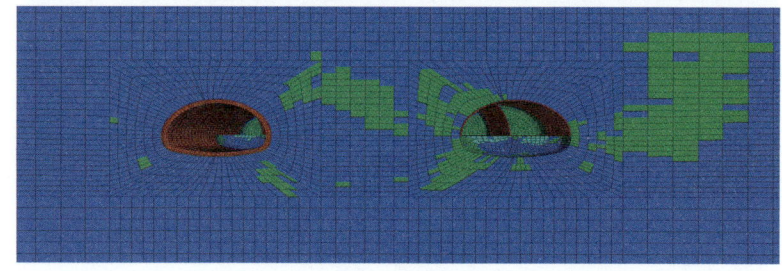

（c）中隔壁台阶法

图 2.3-15　左洞 85 m、右洞 40 m 处塑性区情况

从图 2.3-15 中可以看出，随着二次衬砌的封闭，钢架岩墙法的塑性区范围有所减小，且中间部分的塑性区减小是最为明显的。

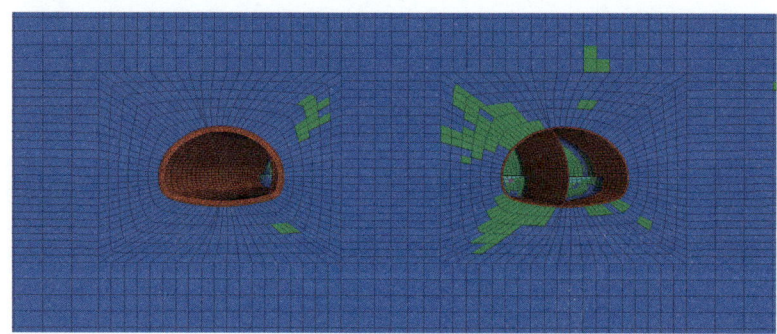

（a）CD 法

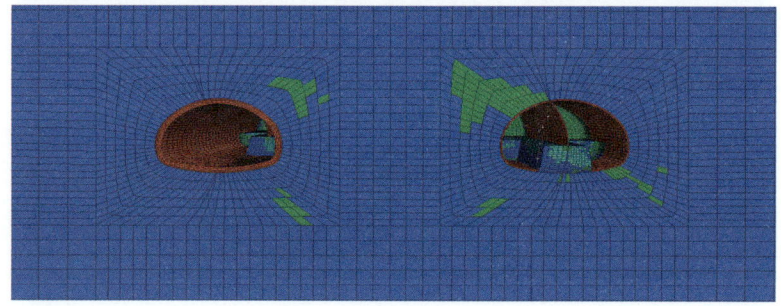

（b）钢架岩墙组合支撑分部开挖法

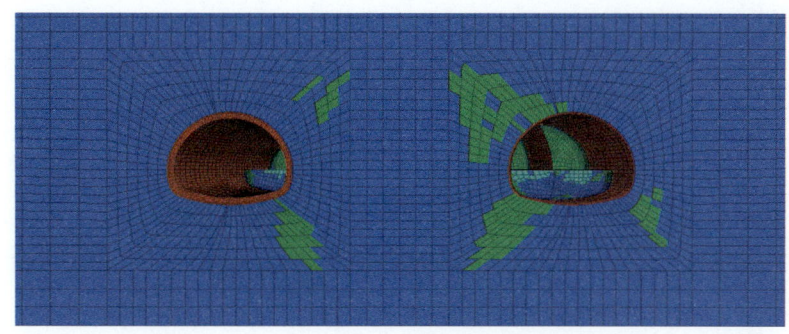

（c）中隔壁台阶法

图 2.3-16　左洞 95 m、右洞 50 m 处塑性区情况

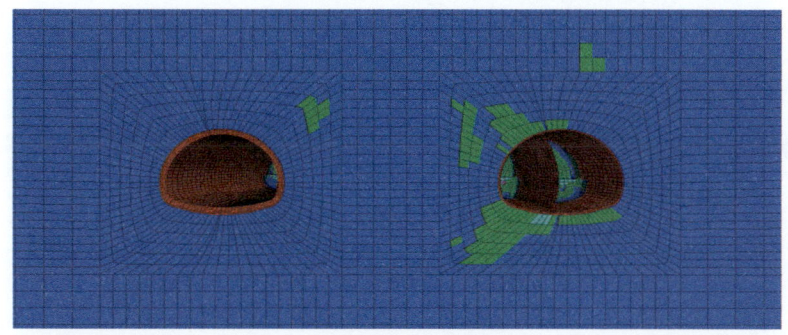

（a）CD 法

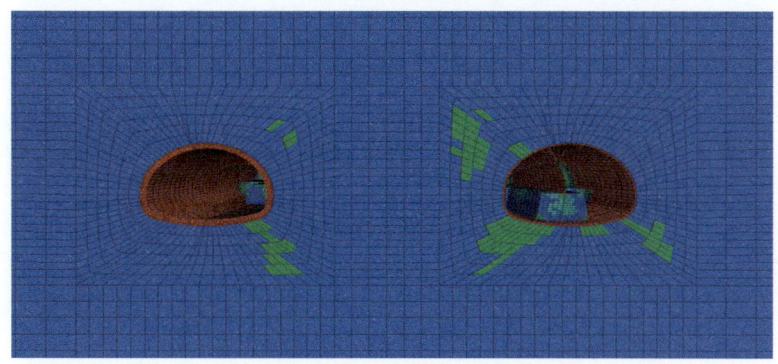

（b）钢架岩墙组合支撑分部开挖法

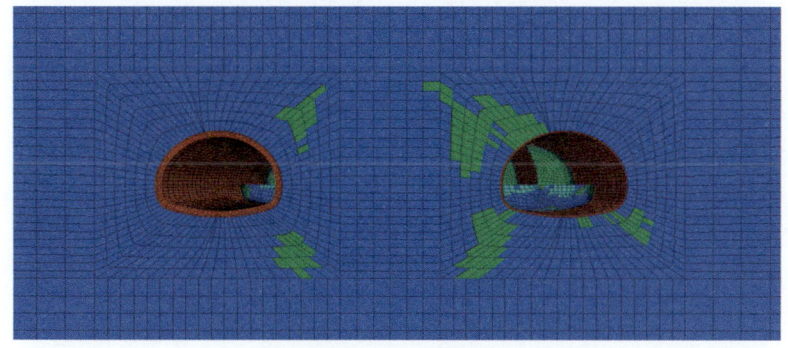

（c）中隔壁台阶法

图 2.3-17　左洞 105 m、右洞 60 m 处塑性区情况

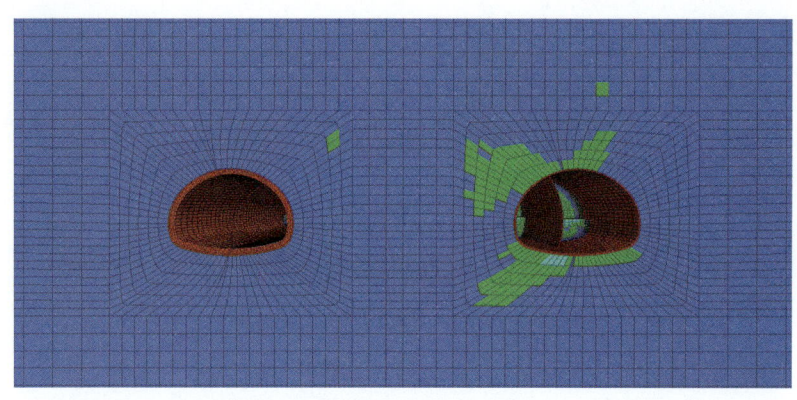

（a）CD 法

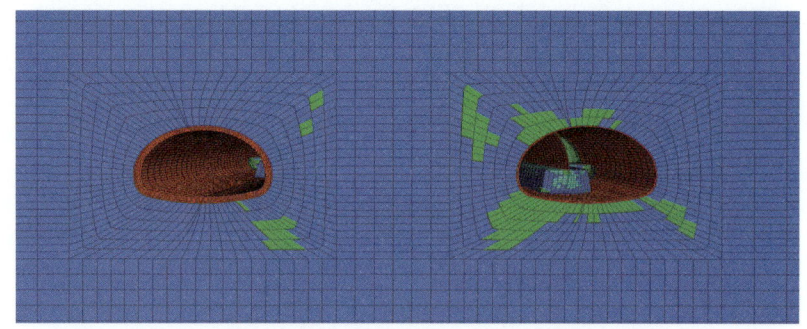

（b）钢架岩墙组合支撑分部开挖法

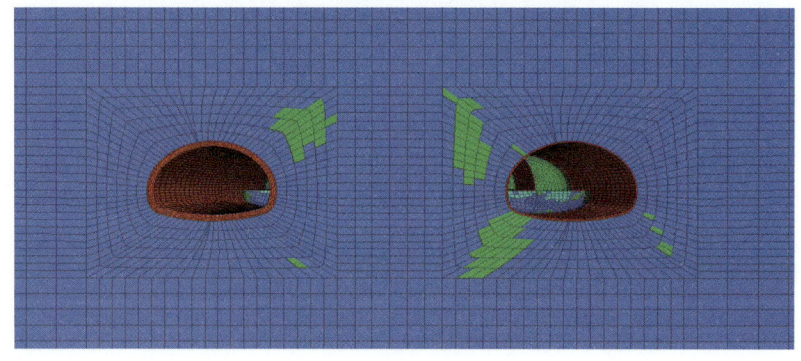

（c）中隔壁台阶法

图 2.3-18　左洞 115 m、右洞 70 m 处塑性区情况

从图 2.3-16 ~ 图 2.3-18 中可以看出，随着开挖的不断进行，特别是初期支护施作封闭，塑性区被限制在一个较小的范围内，从面积上来看，和前面左洞开挖时的规律是一致的。

从图 2.3-5 ~ 图 2.3-18 塑性区的发展规律来看，可得到如下结论：

（1）隧道的开挖势必会造成围岩应力的重分布，也会造成塑性区的出现，在Ⅳ级围岩状态下，掌子面前方 10 m 范围内已经出现了塑性区；

（2）塑性区的发展主要是受到隧道开挖的影响，随着开挖范围增大，其塑性区不断发展，面积逐渐增加；

（3）初期支护的施作和闭合对于塑性区的分布范围有着极为重要的影响，当初期支护封闭后，塑性区范围逐渐减小。

2.3.1.3 围岩应力演变分析

隧道开挖过程中,势必会引起围岩应力的变化,应力重分布后的状态直接关系隧道整体稳定,分别对不同开挖位置处的围岩应力演变情况进行对比分析,如图2.3-19～图2.3-28所示。

(a) CD 法

(b) 钢架岩墙组合支撑分部开挖法

(c) 中隔壁台阶法

图 2.3-19　左洞 0 m 处竖向应力情况 (单位:MPa)

(a) CD法

(b) 钢架岩墙组合支撑分部开挖法

(c) 中隔壁台阶法

图 2.3-20　左洞 0 m 处水平应力情况（单位：MPa）

从图 2.3-19 和图 2.3-20 中可以得知，在左洞隧道开挖到掌子面前，隧道的应力状态已经发生了明显的变化，其中竖向应力的变化最为明显；3 种开挖工法的应力分布趋势是一致的，不过从应力的大小来看，中隔壁台阶法的扰动更加明显，CD 法的扰动较小。

(a) CD 法

(b) 钢架岩墙组合支撑分部开挖法

(c) 中隔壁台阶法

图 2.3-21　左洞 10 m 处竖向应力情况（单位：MPa）

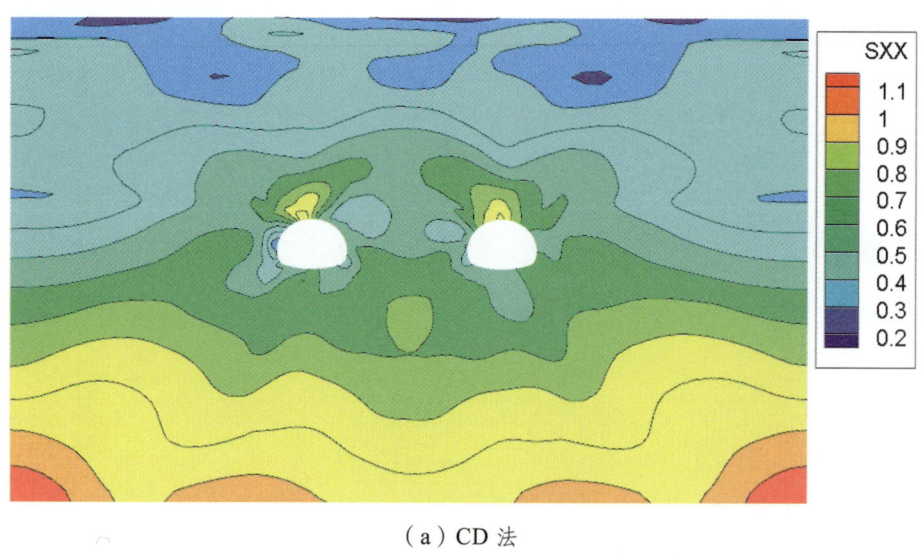

(a) CD 法

(b) 钢架岩墙组合支撑分部开挖法

(c) 中隔壁台阶法

图 2.3-22　左洞 10 m 处水平应力情况（单位：MPa）

从图 2.3-21 和图 2.3-22 中可以看出，随着隧道的开挖掘进，左洞的拱顶左侧部位应力释放较为明显，竖向应力和水平应力的数值表明 3 种施工方法的趋势是相同的，但是从受扰动的情况来看，CD 法的受扰动情况更加明显，主要是源于 CD 法先开挖左侧上下两个台阶，两次扰动，造成应力更加集中。

（a）CD 法

（b）钢架岩墙组合支撑分部开挖法

（c）中隔壁台阶法

图 2.3-23　左洞 45 m、右洞 0 m 处竖向应力（单位：MPa）

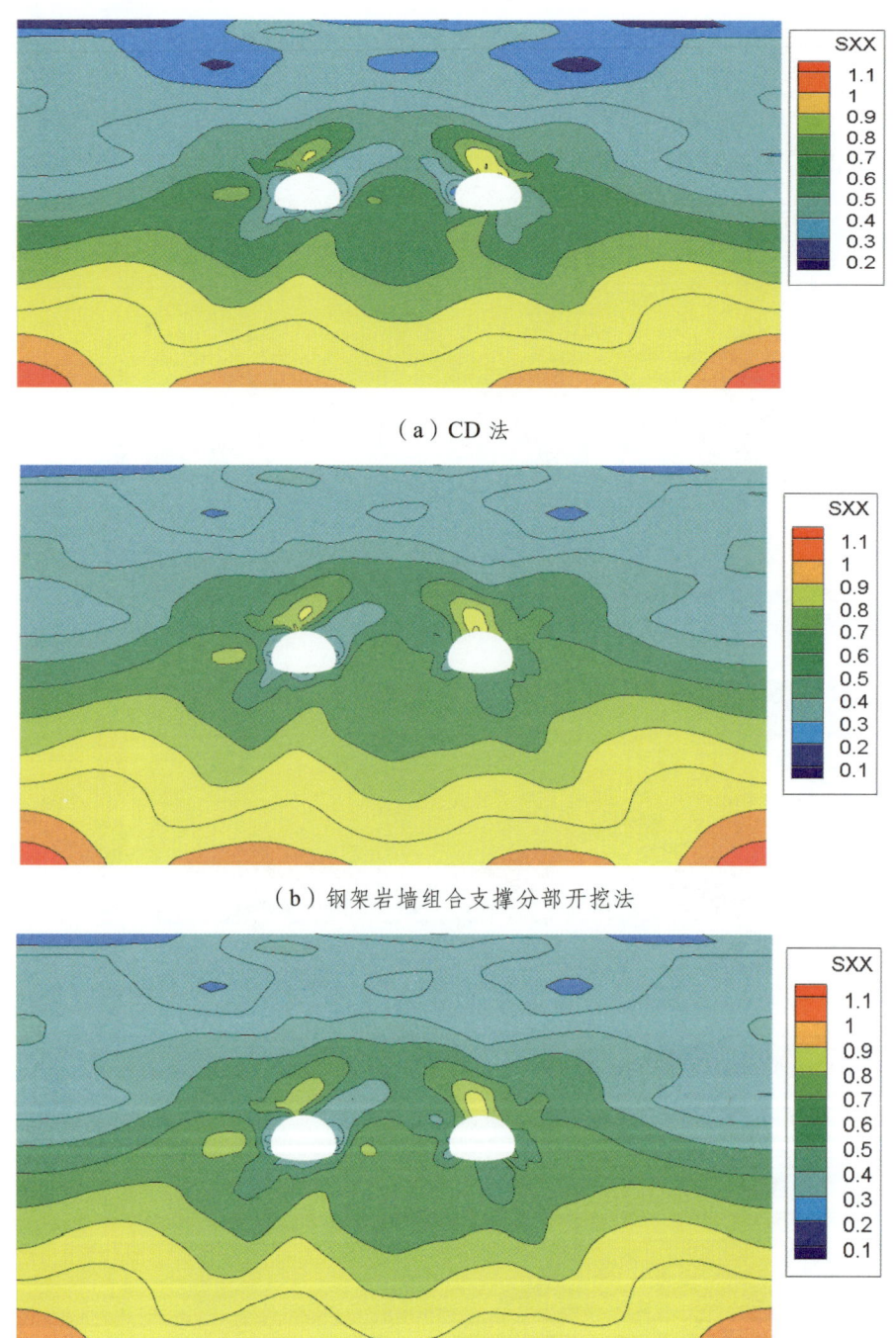

(a) CD法

(b) 钢架岩墙组合支撑分部开挖法

(c) 中隔壁台阶法

图 2.3-24　左洞 45 m、右洞 0 m 处水平应力（单位：MPa）

从图 2.3-23 和图 2.3-24 中可以看出，随着隧道的开挖，左洞围岩受扰动的区域逐渐扩大，其中拱顶和仰拱部位竖向应力较小，水平应力较大，边墙部位的竖向应力较大，而水平应力较小；从不同工法受扰动的程度来看，CD 法由于初期支护施作及时，受扰动较小，而中隔壁台阶法则受扰动较大。

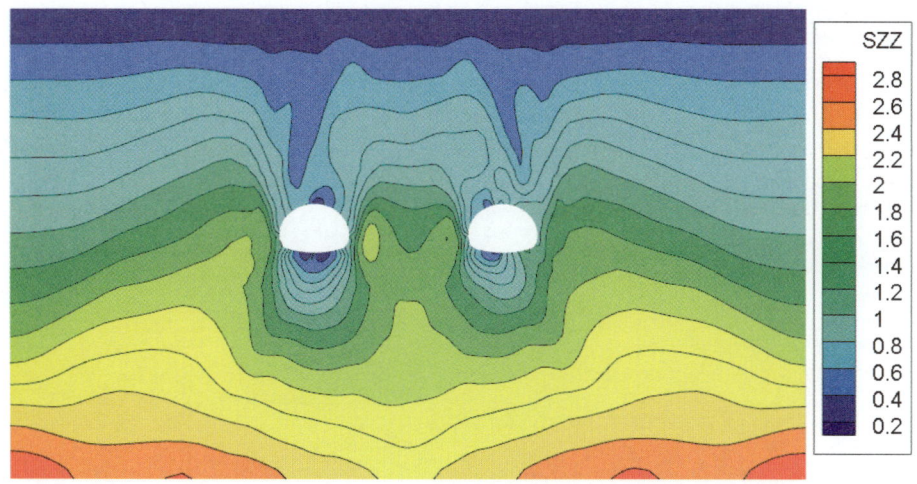

（a）CD 法

（b）钢架岩墙组合支撑分部开挖法

（c）中隔壁台阶法

图 2.3-25　左洞 55 m、右洞 10 m 处竖向应力（单位：MPa）

(a) CD 法

(b) 钢架岩墙组合支撑分部开挖法

(c) 中隔壁台阶法

图 2.3-26　左洞 55 m、右洞 10 m 处水平应力（单位：MPa）

（a）CD 法

（b）钢架岩墙组合支撑分部开挖法

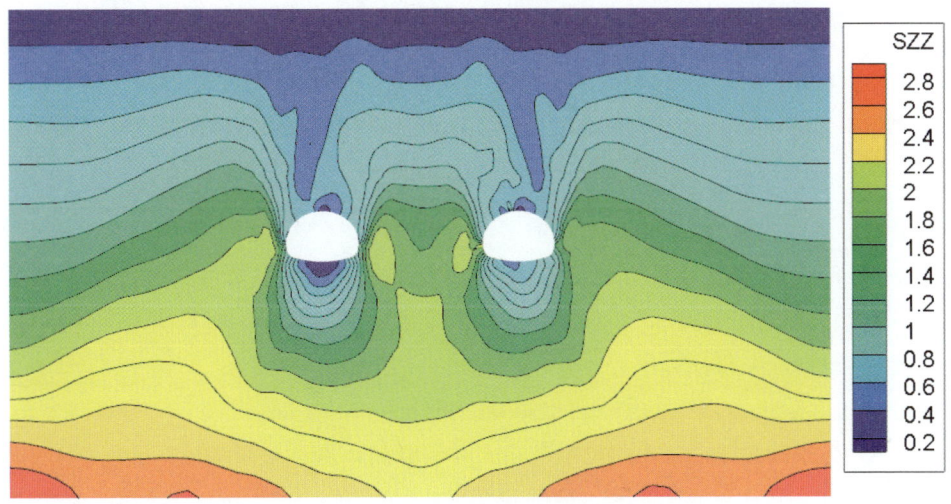

（c）中隔壁台阶法

图 2.3-27　左洞 65 m、右洞 20 m 处竖向应力（单位：MPa）

（a）CD法

（b）钢架岩墙组合支撑分部开挖法

（c）中隔壁台阶法

图2.3-28　左洞65 m、右洞20 m处水平应力（单位：MPa）

从图2.3-25～图2.3-28中可以看出，随着右洞的开挖，两个洞室之间的应力重分布情况有了一定的叠加，特别是水平应力受此影响较为明显。从受扰动的程度来看，中隔壁台阶法的扰动情况更加明显，CD法较小。

总体分析图2.3-19～图2.3-28，可以得到以下结论：

（1）应力重分布在隧道开挖前已经存在，受影响的范围远大于塑性区的发展。

（2）从竖向应力分布情况来看，拱部和仰拱的竖向应力在减小，边墙部位在增加，而水平应力的规律则相反。

（3）从围岩扰动情况来看，扰动的区域及范围主要与开挖的工序有关，如CD法先开挖左侧导洞，则在相同的掘进深度内，隧道左侧受扰动的程度就较严重。

（4）扰动的区域还与支护的封闭时间有较大的关系，由于CD法及钢架岩墙法的初期支护封闭更加及时，则围岩受扰动的程度就较小。

2.3.1.4 围岩变形演变分析

围岩变形是直观反映隧道开挖稳定性的重要指标，分别对不同开挖位置处的围岩变形演变情况进行对比分析，如图2.3-29～图2.3-33所示。

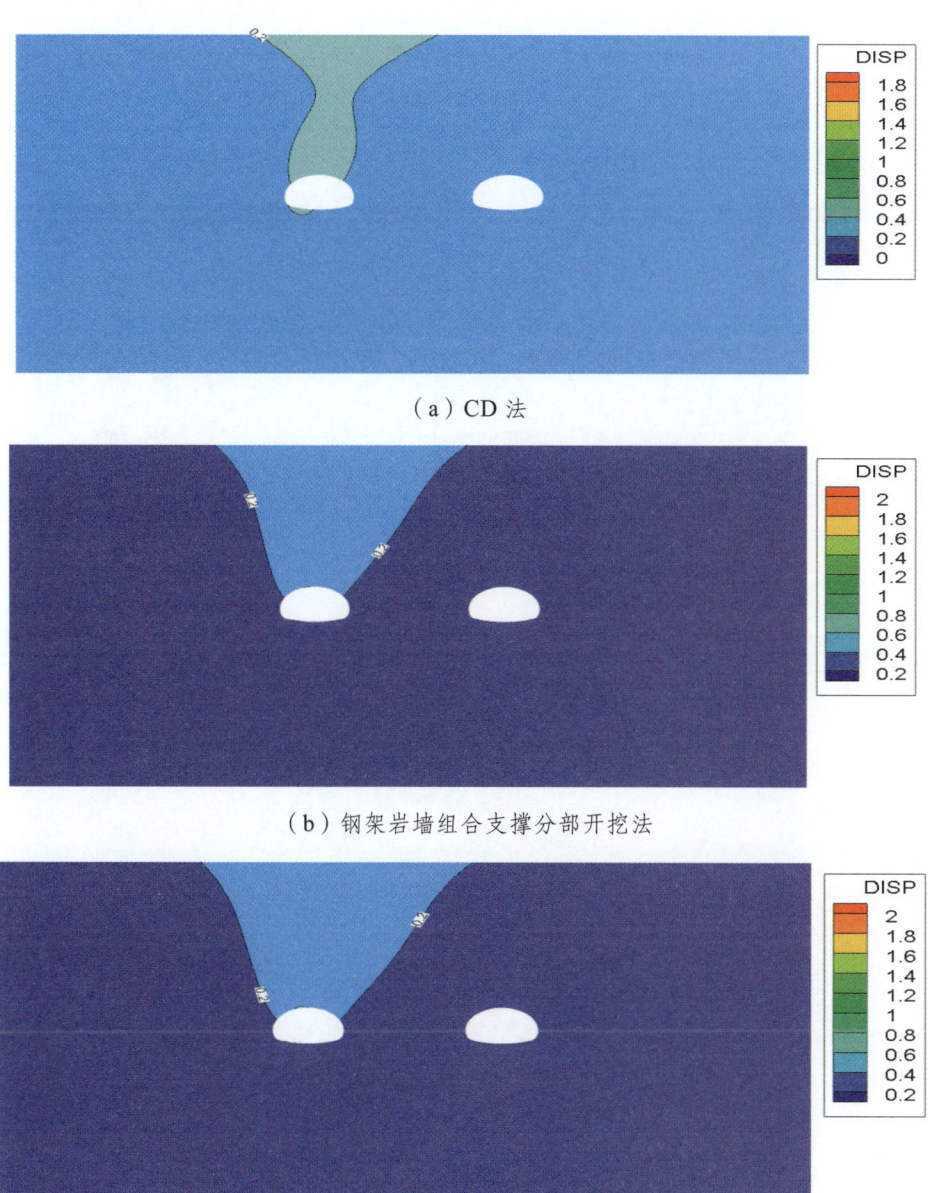

(a) CD法

(b) 钢架岩墙组合支撑分部开挖法

(c) 中隔壁台阶法

图2.3-29 左洞0 m处围岩位移（单位：cm）

（a）CD法

（b）钢架岩墙组合支撑分部开挖法

（c）中隔壁台阶法

图2.3-30　左洞10 m处围岩位移（单位：cm）

从图2.3-29和图2.3-30中可以看出，在隧道开挖之初，变形就已经开始，但是变形量较小，当开挖进入后变形持续发展，变形向洞内方向；从变形量来看，CD法最小，中隔壁台阶法最大。

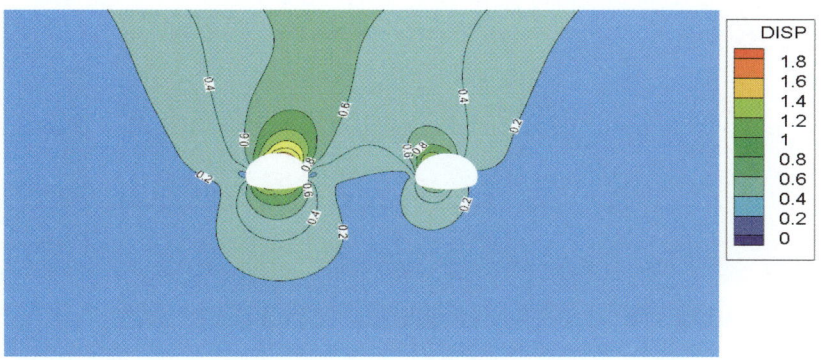

(a) CD法

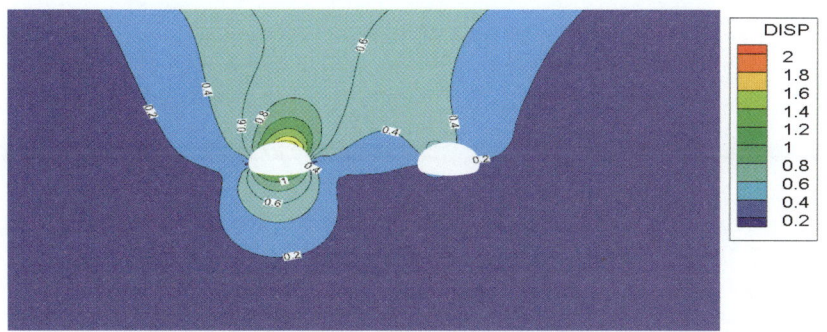

(b) 钢架岩墙组合支撑分部开挖法

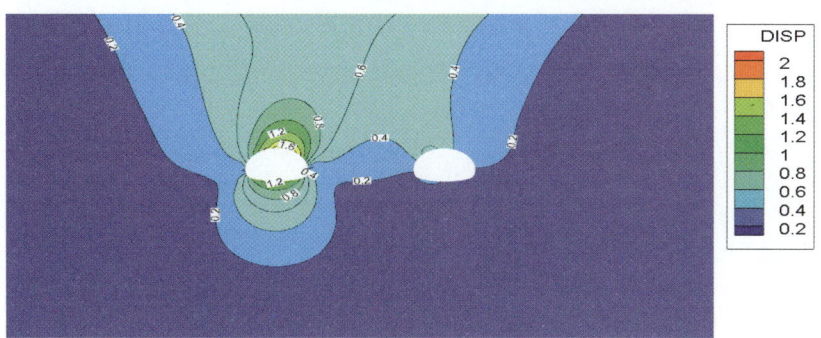

(c) 中隔壁台阶法

图2.3-31 左洞45 m、右洞0 m处围岩位移（单位：cm）

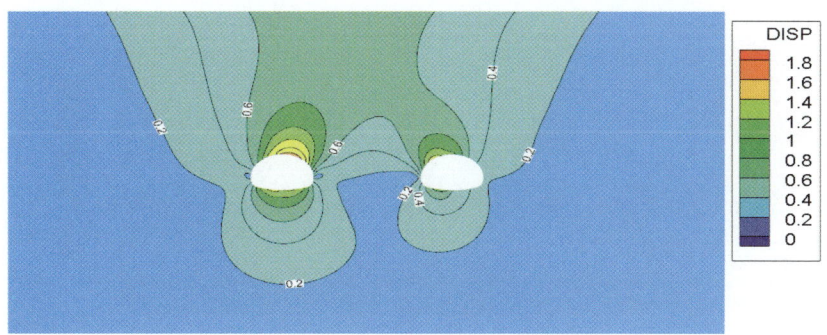

(a) CD法

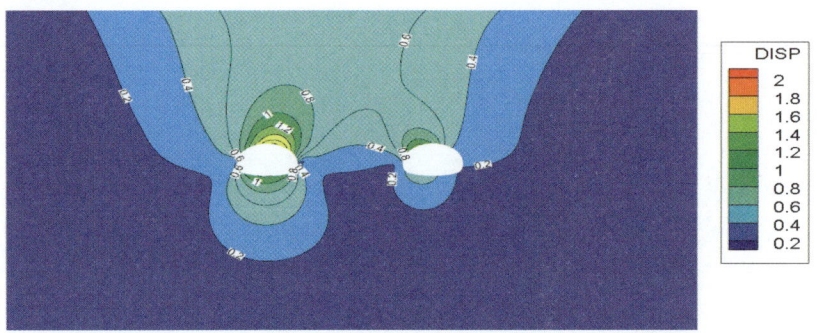

(b)钢架岩墙组合支撑分部开挖法

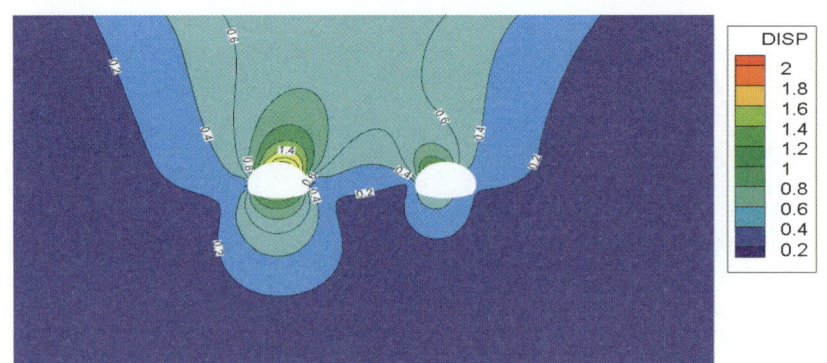

(c)中隔壁台阶法

图 2.3-32　左洞 55 m、右洞 10 m 处围岩位移（单位：cm）

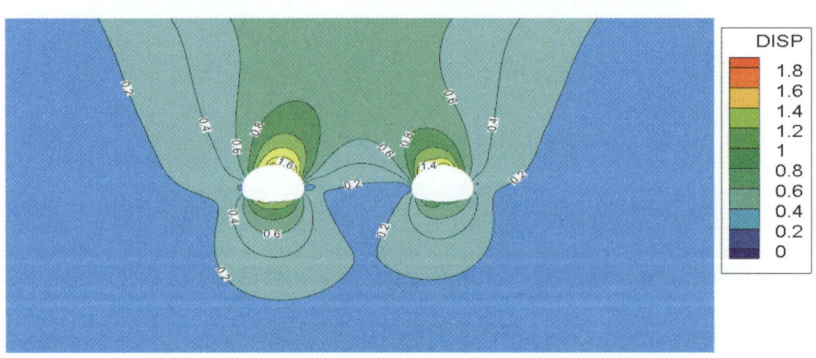

(a)CD 法

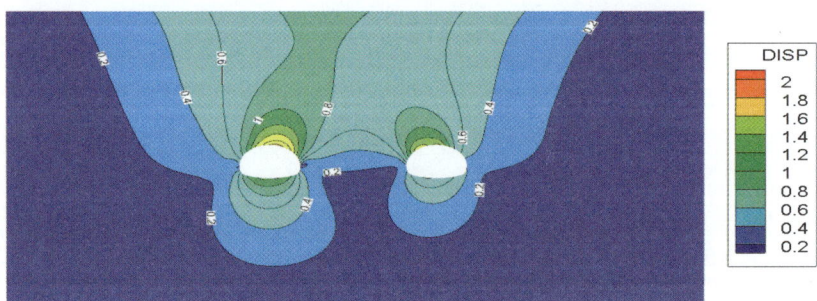

(b)钢架岩墙组合支撑分部开挖法

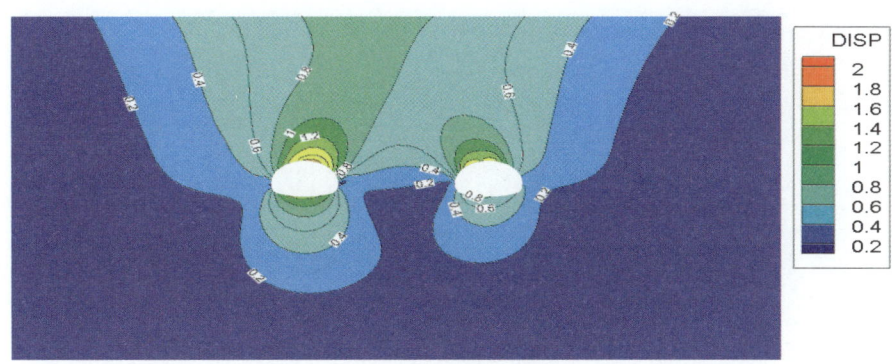

(c)中隔壁台阶法

图 2.3-33　左洞 65 m、右洞 20 m 处围岩位移（单位：cm）

从图 2.3-31～图 2.3-33 中可以看出，随着开挖的掘进，隧道的变形仍然是在持续的，即便二次衬砌已经施作完成，只是速率降低较明显；从变形量来看，CD 法是最小的，中隔壁台阶法的变形量是最大的。

2.3.2　Ⅴ级围岩隧道开挖方法对围岩特征响应分析

2.3.2.1　数值计算模型

1. 工况选择

计算中分别选取了 CRD 法和中隔壁台阶法 2 种工法进行开挖模拟分析，如图 2.3-34～图 2.3-35 所示。

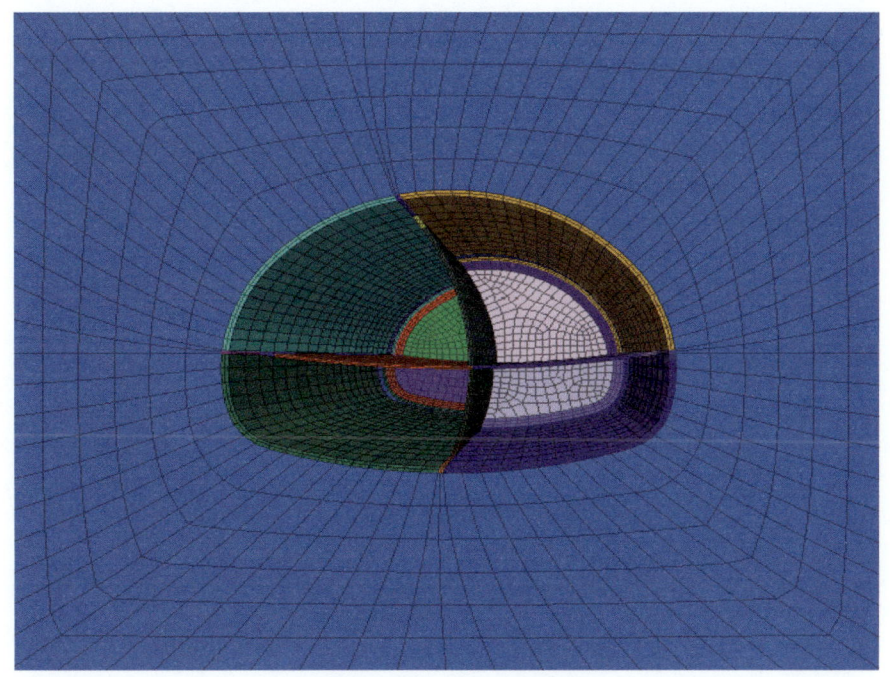

图 2.3-34　CRD 开挖法

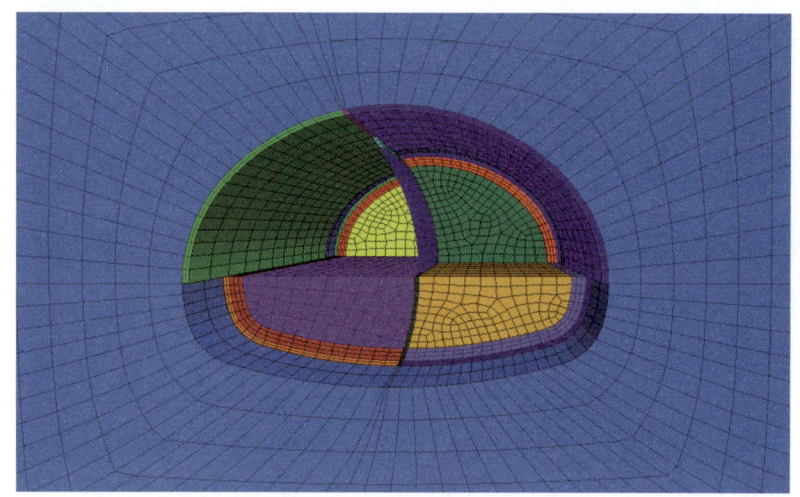

图 2.3-35 中隔壁台阶法

2. 数值模型要点

（1）按照 V 级围岩段进行建模；

（2）拱顶埋深为 50 m；

（3）考虑左右隧道施工的影响，右侧隧道滞后左侧隧道 45 m；

（4）按照各工法施工步骤进行：

① CRD 法：左上台阶超前，左下台阶落后左上台阶 6 m；右上台阶落后左上台阶 24 m，右下台阶落后右上台阶 6 m；竖撑落后掌子面 54 m 拆除，二次衬砌落后掌子面 70 m。

② 中隔壁台阶法：左上台阶超前，右上台阶落后左上台阶 18 m；中隔壁及下台阶落后掌子面 40 m，二次衬砌落后掌子面 60 m。

总体计算模型如图 2.3-36 所示。

图 2.3-36 数值模型

3. 计算参数

围岩及支护体系的物理力学指标参数根据《公路隧道设计规范》（JTG D70/2—2014）选取，所确定的计算参数如表 2.3-3 及表 2.3-4 所示。

表 2.3-3　计算围岩参数

围岩	弹性模量	泊松比	密度	内摩擦角	黏聚力
V 级	0.5 GPa	0.32	2 100 kg/m³	26°	0.05 MPa

表 2.3-4　混凝土材料物理力学参数

混凝土	重度 γ/（kN/m³）	弹性模量 E/GPa	泊松比 μ
初期支护	23	20	0.25
二次衬砌	25	35	0.22

2.3.2.2　塑性区演变分析

塑性区的发展变化直接关系到围岩扰动的情况，分别对不同开挖位置处的塑性区演变情况进行对比分析，如图 2.3-37 ～ 图 2.3-48 所示。

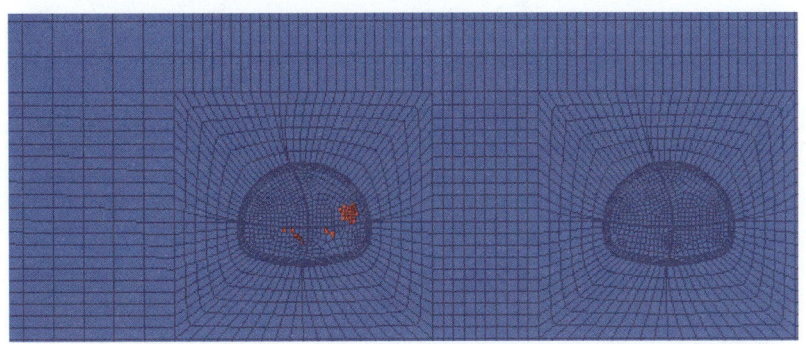

(a) CRD 法

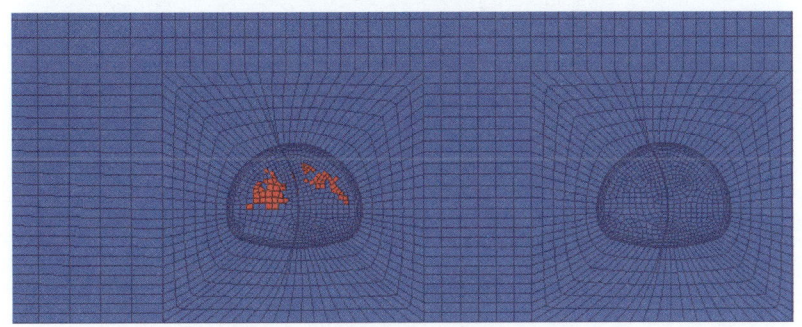

(b) 中隔壁台阶法

图 2.3-37　左洞 — 15 m 处塑性区情况

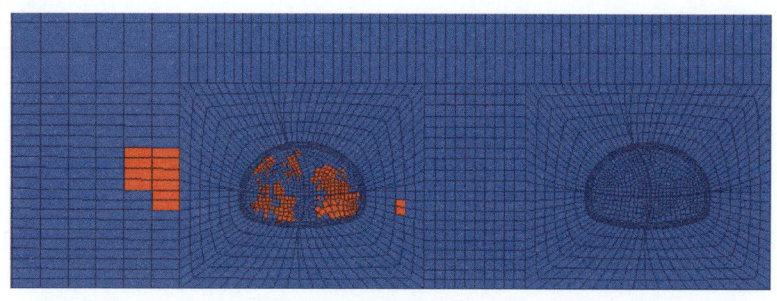

(a) CRD 法

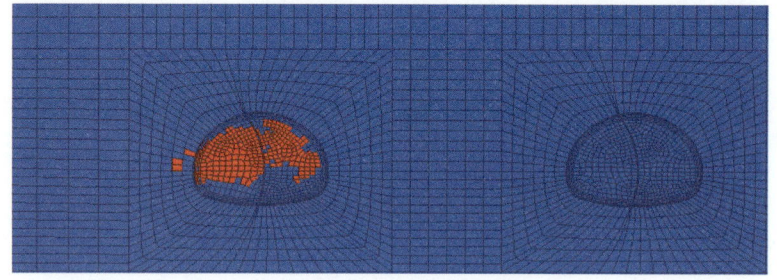

(b) 中隔壁台阶法

图 2.3-38　左洞−5 m 处塑性区情况

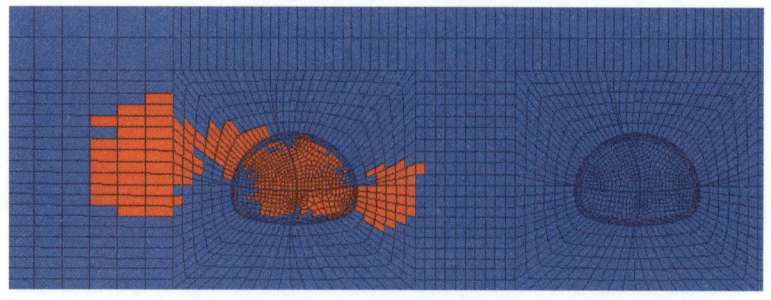

(a) CRD 法

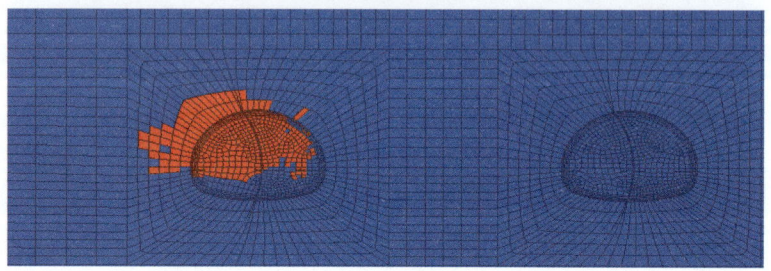

(b) 中隔壁台阶法

图 2.3-39　左洞 0 m 处塑性区情况

从图 2.3-37 ~ 2.3-39 中可以看出，Ⅴ级围岩条件下，塑性区在掌子面前方 15 m 就已经出现了，从范围来看，在掌子面前方 15 m 时更大，但是随着越靠近掌子面，CRD 法的塑性区面积更大，在掌子面的位置，CRD 的塑性区已经发展到了整个开挖断面，且左侧及右侧也有大量的塑性区出现，这主要是与 CRD 左导洞开挖过程中，上下台阶先后扰动造成围岩的塑性区发展较快的。

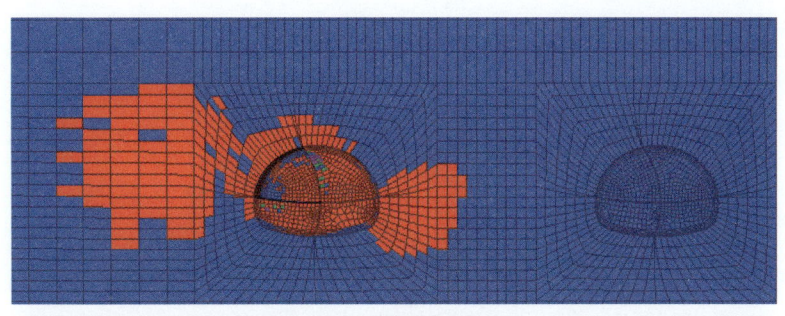

(a) CRD 法

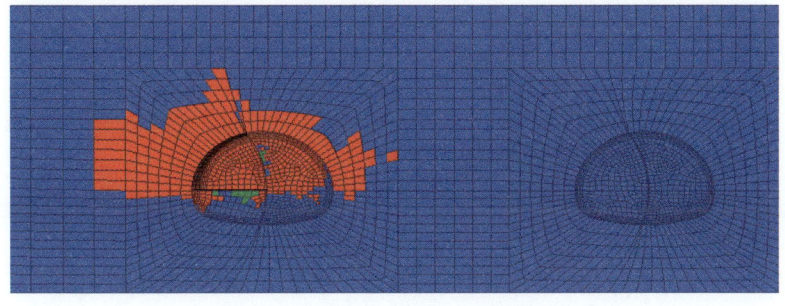

(b) 中隔壁台阶法

图 2.3-40　左洞 5 m 处塑性区情况

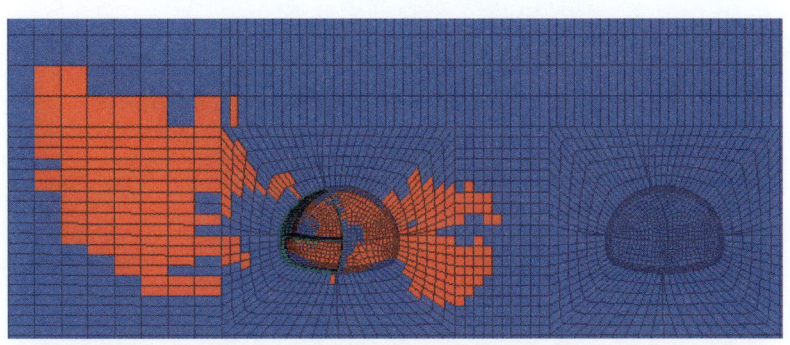

(a) CRD 法

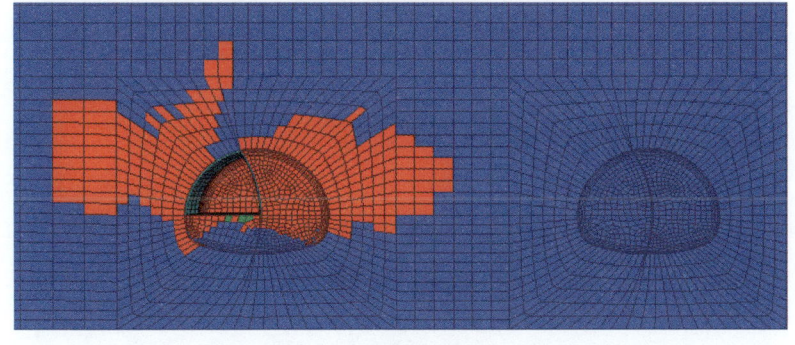

(b) 中隔壁台阶法

图 2.3-41　左洞 15 m 处塑性区情况

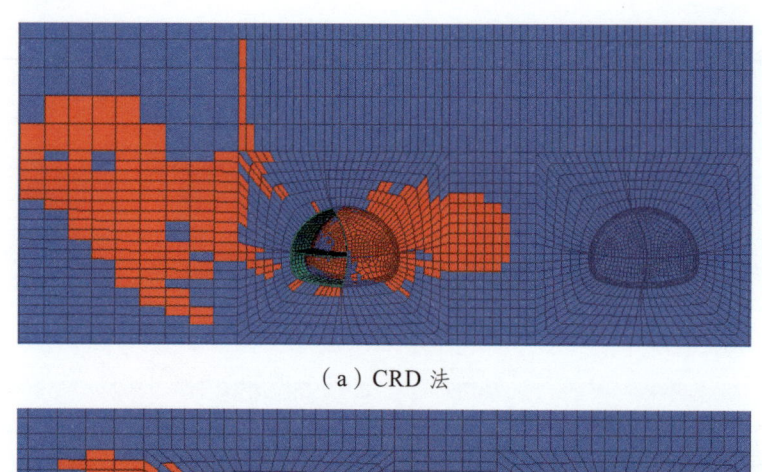

(a) CRD 法

(b) 中隔壁台阶法

图 2.3-42　左洞 25 m 处塑性区情况

从图 2.3-40～图 2.3-42 中可以看出，随着开挖掘进的持续进行，塑性区不断扩大，随着 CRD 法初期支护的封闭，左侧的塑性区开始达到最大；中隔壁台阶法扰动的范围相对比较小。

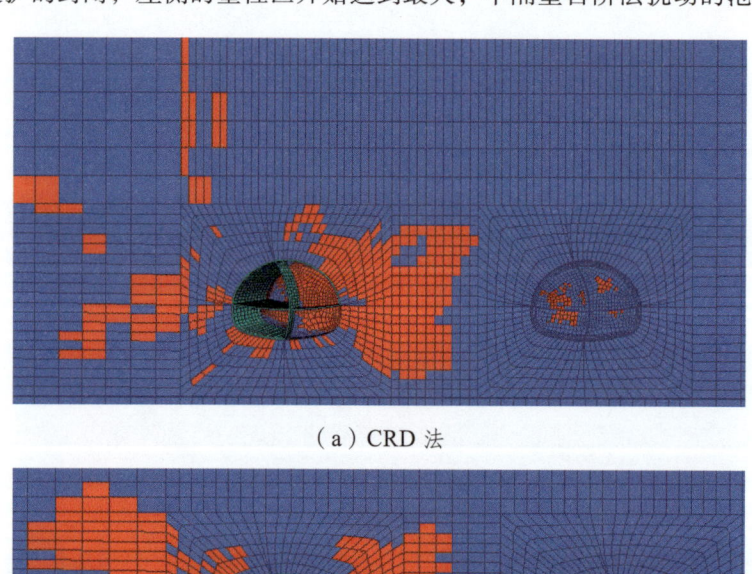

(a) CRD 法

(b) 中隔壁台阶法

图 2.3-43　左洞 35 m 处塑性区情况

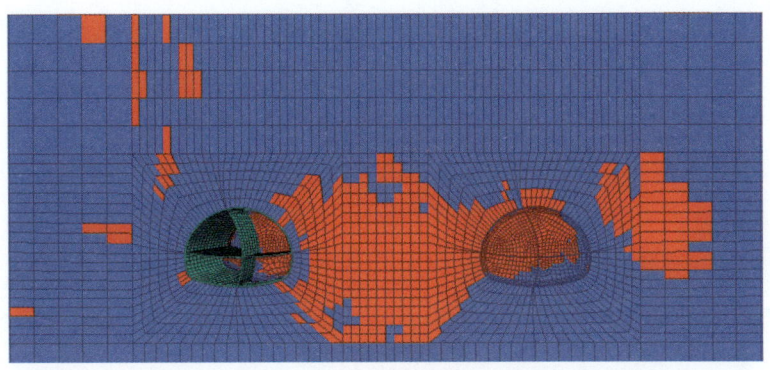

（a）CRD 法

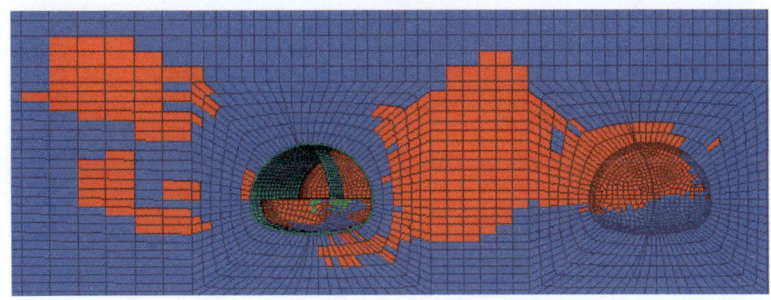

（b）中隔壁台阶法

图 2.3-44　左洞 45 m、右洞 0 m 处塑性区情况

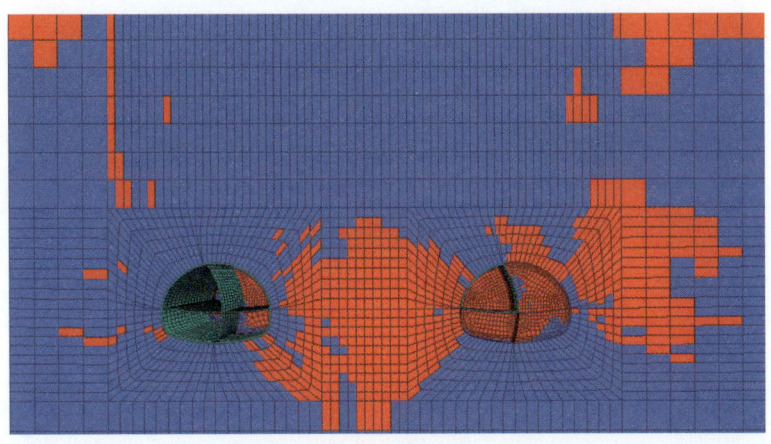

（a）CRD 法

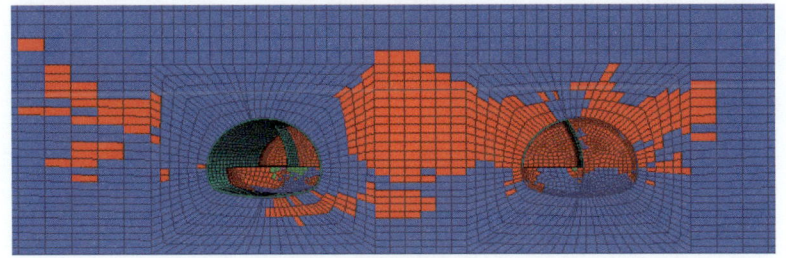

（b）中隔壁台阶法

图 2.3-45　左洞 55 m、右洞 10 m 处塑性区情况

从图 2.3-43～图 2.3-45 中可以看出，随着右洞的开挖，中间岩墙部位基本都形成了塑性区，由于 CRD 法已经形成了初期支护的闭合，洞周的塑性区范围减小了，而右洞右侧的塑性区发展面积较大；中隔壁台阶法左侧的塑性区仍然较大。

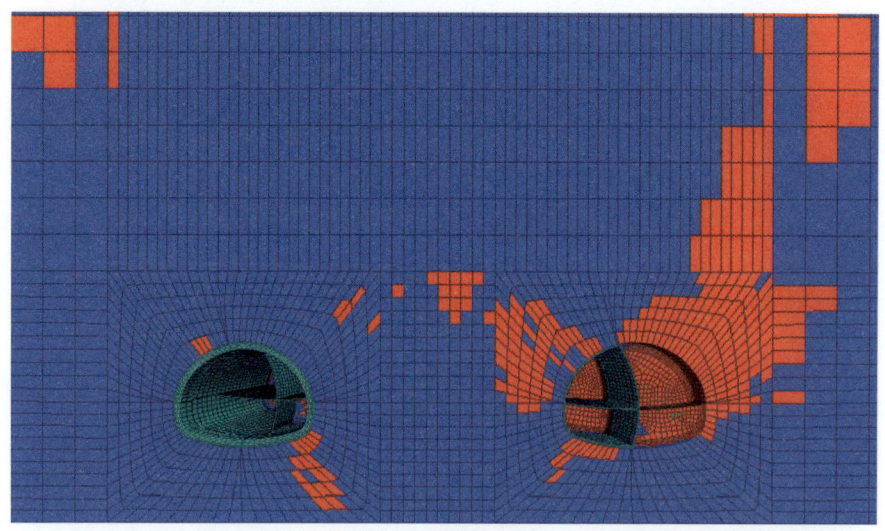

（a）CRD 法

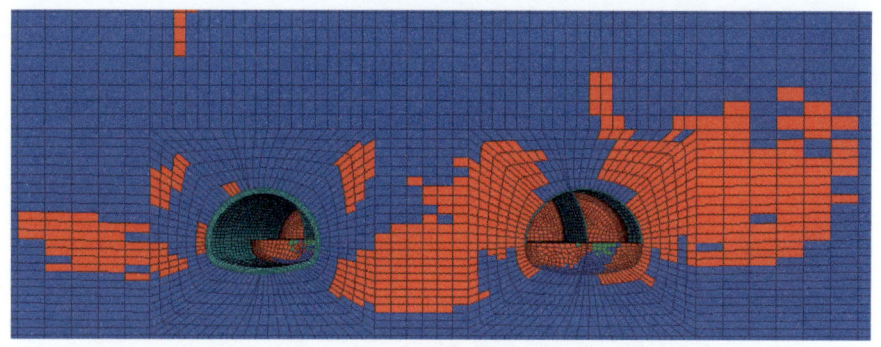

（b）中隔壁台阶法

图 2.3-46　左洞 75 m、右洞 30 m 处塑性区情况

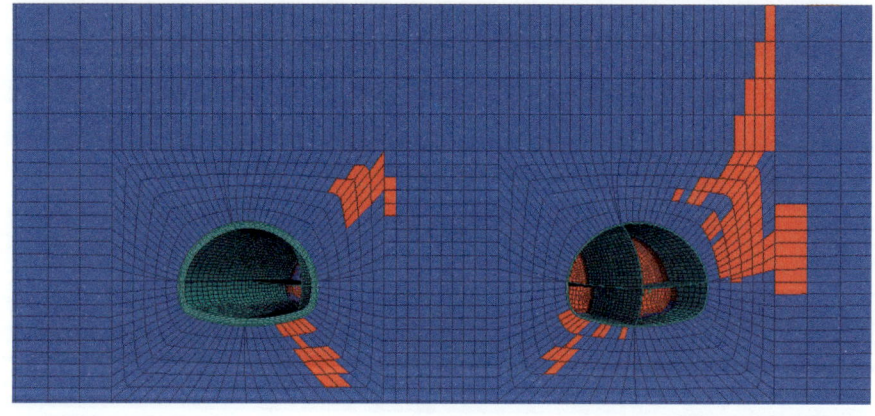

（a）CRD 法

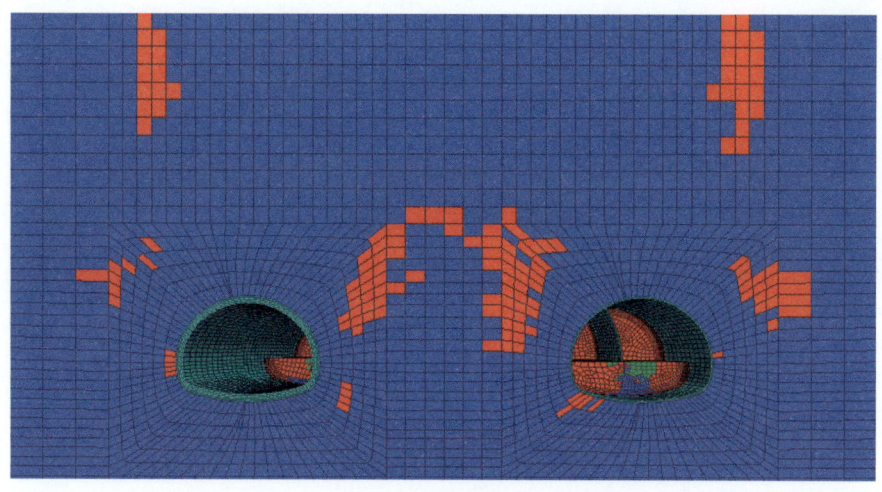

(b)中隔壁台阶法

图 2.3-47　左洞 95 m、右洞 50 m 处塑性区情况

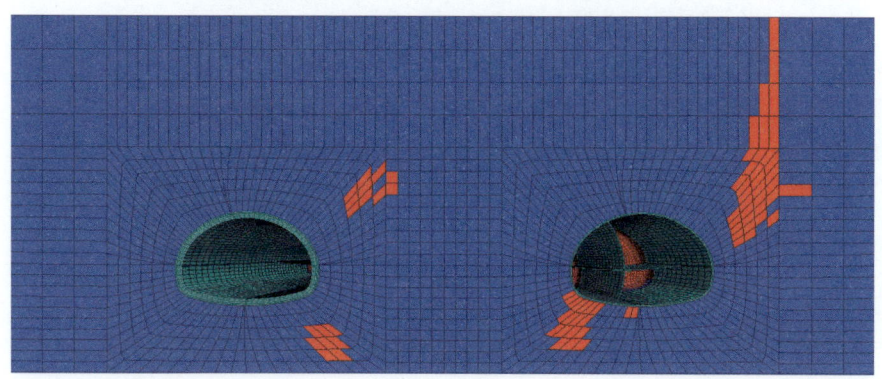

(a)CRD 法

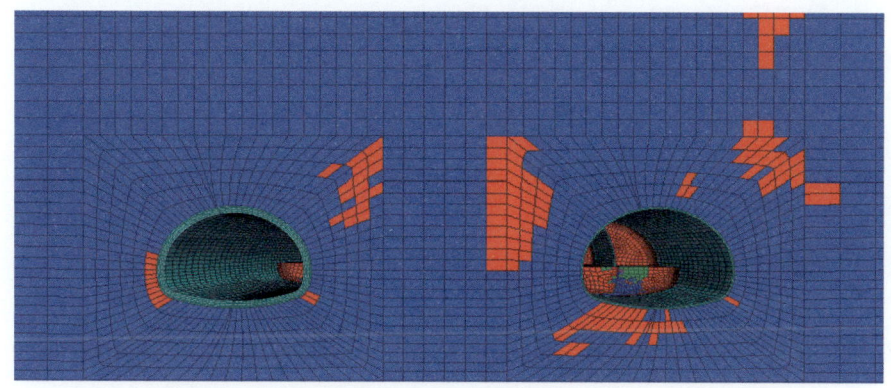

(b)中隔壁台阶法

图 2.3-48　左洞 115 m、右洞 70 m 处塑性区情况

从图 2.3-46 ~ 图 2.3-48 中可以看出,随着二次衬砌的封闭,塑性区的面积开始逐渐减小,塑性区面积最大的区域就是在初期支护还未完全封闭时,随着初期支护及二次衬砌的封闭,

塑性区都是在减小的。

综合分析Ⅳ级围岩塑性区的分布规律，可得到如下结论：

（1）塑性区的发展与围岩级别直接相关，围岩条件越差，塑性区出现的时间越早，范围越大；

（2）CRD 法由于分部较多，在进行左导洞开挖时，围岩受扰动效应明显，塑性区的范围较大，而中隔壁台阶法扰动围岩较小，塑性区较小；

（3）塑性区范围最大时就是初期支护还未完全封闭时，当初期支护封闭后，塑性区的发展受到了限制。

2.3.2.3　围岩应力及变形演变分析

围岩的竖向应力和变形有比较直接的相关性，在此统一进行分析，如图 2.3-49 ~ 图 2.3-54 所示。

（a）CRD 法

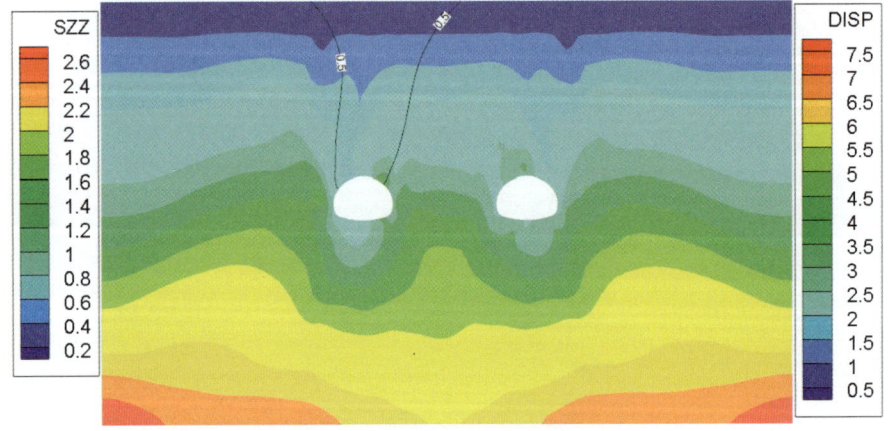

（b）中隔壁台阶法

图 2.3-49　左洞 0 m 处应力和应变情况（应力单位：MPa；位移单位：cm）

（a）CRD法

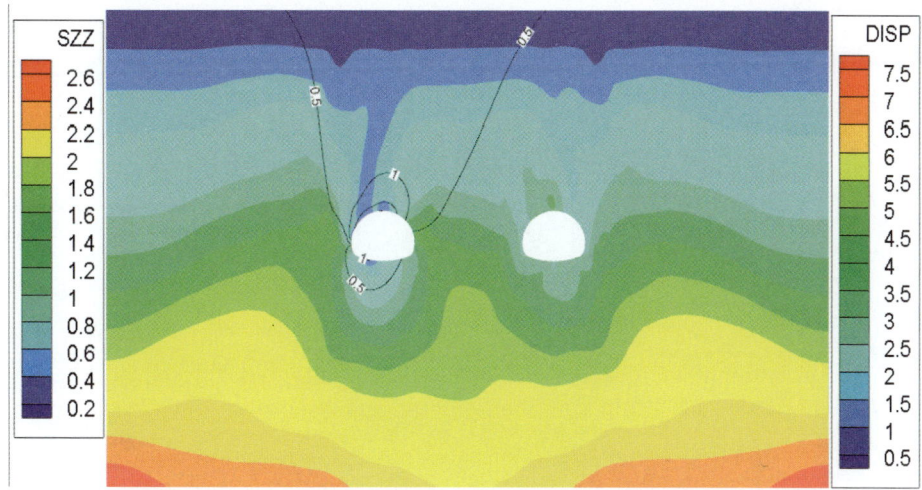

（b）中隔壁台阶法

图2.3-50　左洞10 m处应力和应变情况（应力单位：MPa；位移单位：cm）

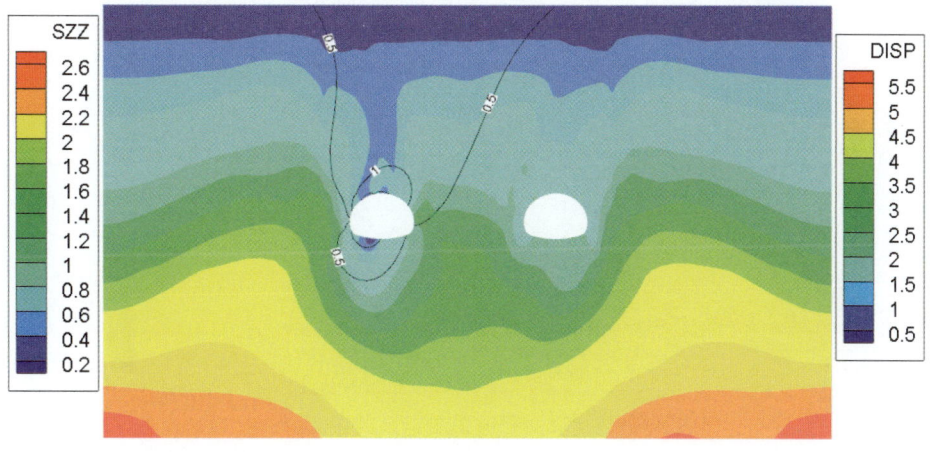

（a）CRD法

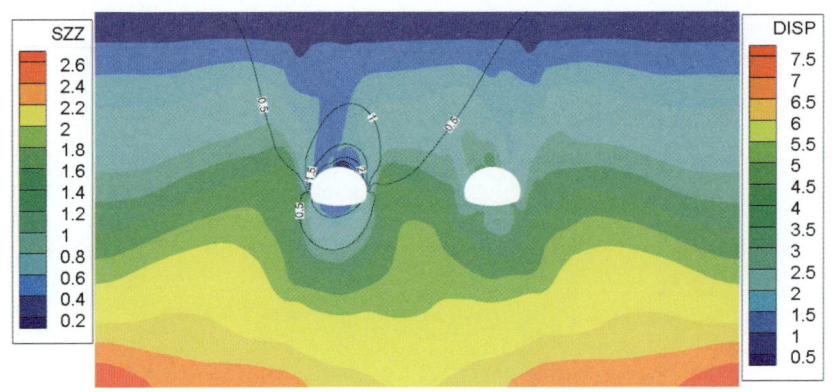

（b）中隔壁台阶法

图 2.3-51　左洞 20 m 处应力和应变情况（应力单位：MPa；位移单位：cm）

从图 2.3-49～图 2.3-51 中可以看出，在隧道开挖前，应力和变形就已经开始发生了改变，随着开挖的逐渐进行，应力及变形的变化就越加明显。拱部的应力释放较多，拱部和仰拱的变形量也是最大的。

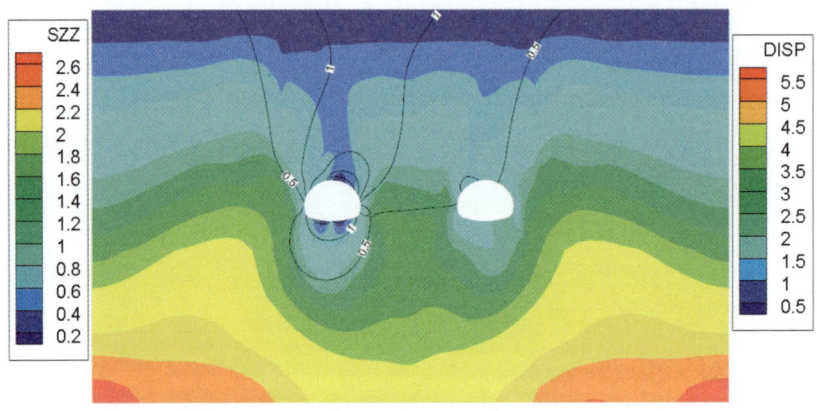

（a）CRD 法

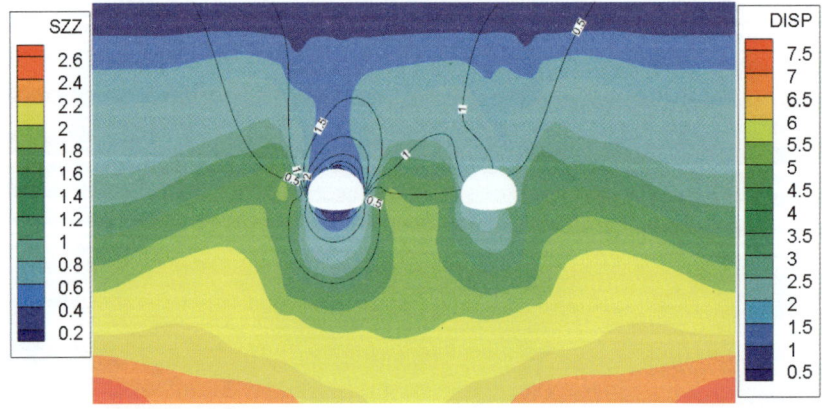

（b）中隔壁台阶法

图 2.3-52　左洞 45 m、右洞 0 m 处应力和应变情况（应力单位：MPa；位移单位：cm）

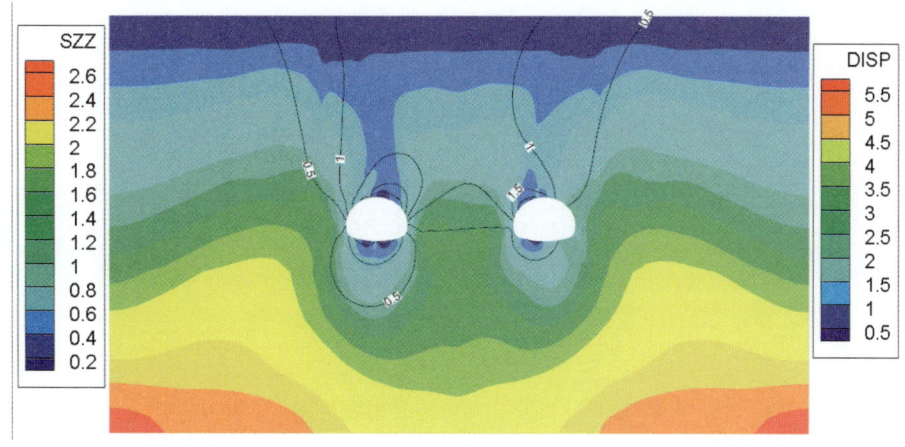

（a）CRD 法

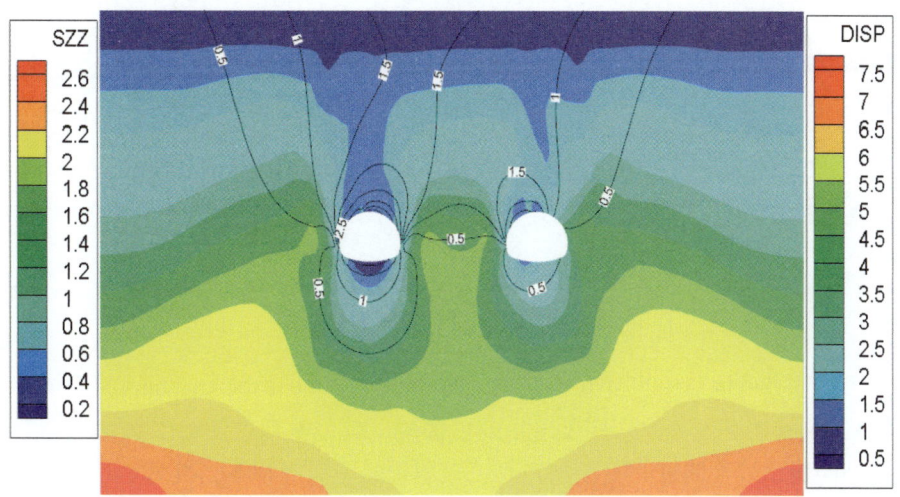

（b）中隔壁台阶法

图 2.3-53　左洞 55 m、右洞 10 m 处应力和应变情况（应力单位：MPa；位移单位：cm）

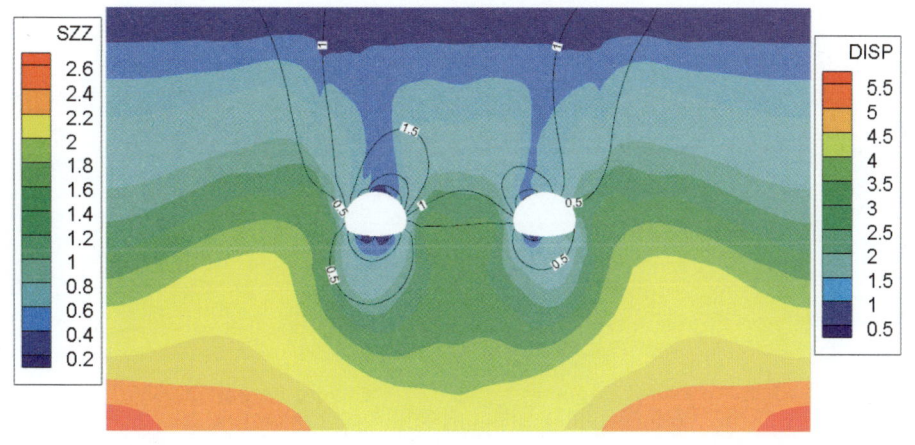

（a）CRD 法

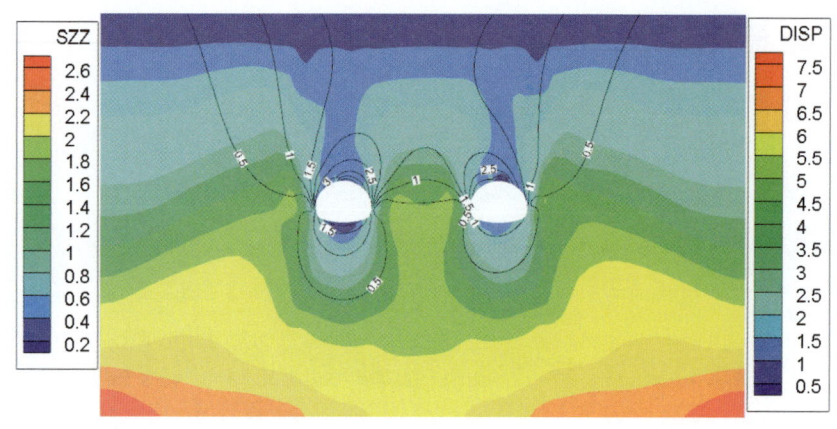

（b）中隔壁台阶法

图 2.3-54　左洞 65 m、右洞 20 m 处应力和应变情况（应力单位：MPa；位移单位：cm）

从图 2.3-52～图 2.3-54 中可以看出，随着右洞的开挖掘进，围岩应力和变形都受到右洞的影响；从应力上来看，CRD 法的应力较大，而变形上中隔壁台阶法远大于 CRD 法。

2.3.3　隧道开挖方法对围岩特征响应分析

1. Ⅳ 级围岩条件

（1）隧道开挖会造成围岩的扰动，应力会发生重分布，这个过程不仅仅是在开挖掌子面部分，在掌子面前方的围岩中也受到了影响，影响范围在掌子面前方 10 m 范围内。

（2）围岩的扰动受到开挖步序及支护时机影响，其中初期支护和二次衬砌等支护结构的施作对于扰动的影响最为明显，支护越及时，围岩扰动的范围越小，反之则越大。

（3）围岩应力的变化范围也表明了扰动的程度，CD 法由于初期支护及早施作，应力释放较少，而中隔壁台阶法则释放较多，相应的变形量也大。

（4）围岩的变形和围岩竖向应力的变化规律一致。

2. Ⅴ 级围岩条件

（1）隧道开挖会造成围岩的扰动，应力会发生重分布，这个过程不仅仅是在开挖掌子面部分，掌子面前方的围岩也受到了影响，影响范围在掌子面前方 15 m 范围内。

（2）围岩受开挖的扰动影响明显，扰动次数越多，塑性区范围越大。

（3）初期支护的施作及封闭对于围岩稳定有着重要的作用。

3 Ⅲ级围岩超大扁平高速公路隧道施工支护时机分析及优化研究

京沪高速公路济南连接线工程浆水泉隧道左线起讫里程 K1+749—K4+850，长 3 101 m；右线起讫里程 YK1+747.3—YK4+832.7，长 3 085.4 m，为双向 8 车道高速公路隧道，最大开挖面积为 219.8 m²，扁平率为 0.675。隧道穿越地层主要以水平分层石灰岩为主，Ⅲ级围岩占 48%。Ⅲ级围岩初期支护参数为：拱墙设 H14×16 型钢钢架，间距 1.2 m；拱墙局部安设 ϕ22 水泥砂浆锚杆，长度 3.5 m，间距 120 cm×120 cm；拱部 ϕ8（20 cm×20 cm）钢筋网片；喷射 C25 混凝土 20 cm，具体如图 3.0-1 所示。Ⅲ级围岩约占整个洞身围岩的一半，其施工速度直接制约着整体工程的工期。

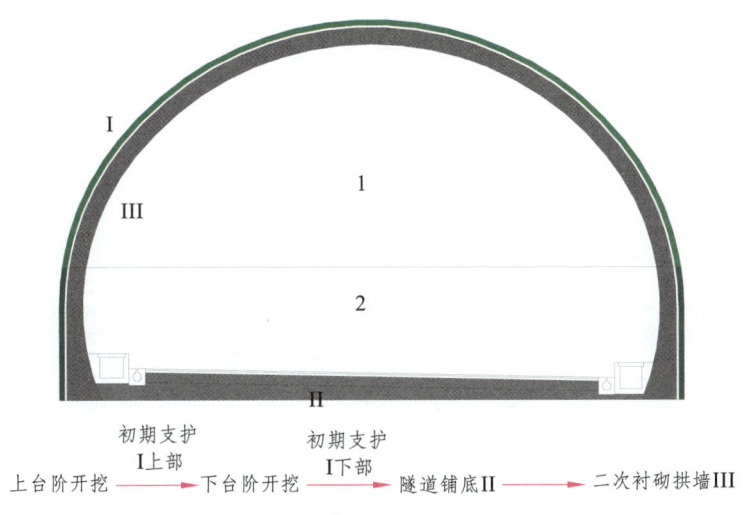

图 3.0-1　Ⅲ级围岩衬砌及开挖方法

设计开挖方法采用台阶法，要求"随爆随支"，也就是爆破一个循环支护一个循环，初期支护要紧跟掌子面。从现场前期的施工情况来看，支护完成后再进行下一个循环的钻眼工序，周边眼的钻设精度受到初期支护的较大影响，由于初期支护有一定的厚度（20 cm），而钻孔作业也需要一定的操作空间，且钻杆需要一定的外插角，这就会造成一个开挖循环范围内，开挖过程中在纵向上就有较大的欠挖和超挖量，既增加施工工作量同时还影响施工质量；但假设开挖后围岩稳定性较好不需要马上施工初期支护，即爆破一个循环出渣后，紧接着再进行下一循环或两个循环的爆破掘进，然后再进行初期支护的施作，那么周边眼的钻孔精度就能够比较好的保证（图3.0-2），同时可简化施工工序，工序的相互干扰也较小，爆破开挖对初期支护的冲击振动影响相应也较小。基于以上背景，本章通过数值计算方法以及现场测试的技术手段，对浆水泉超大扁平隧道中Ⅲ级围岩段的初期支护支护时机进行分析，以确定安全性及经济性俱佳的支护时机。

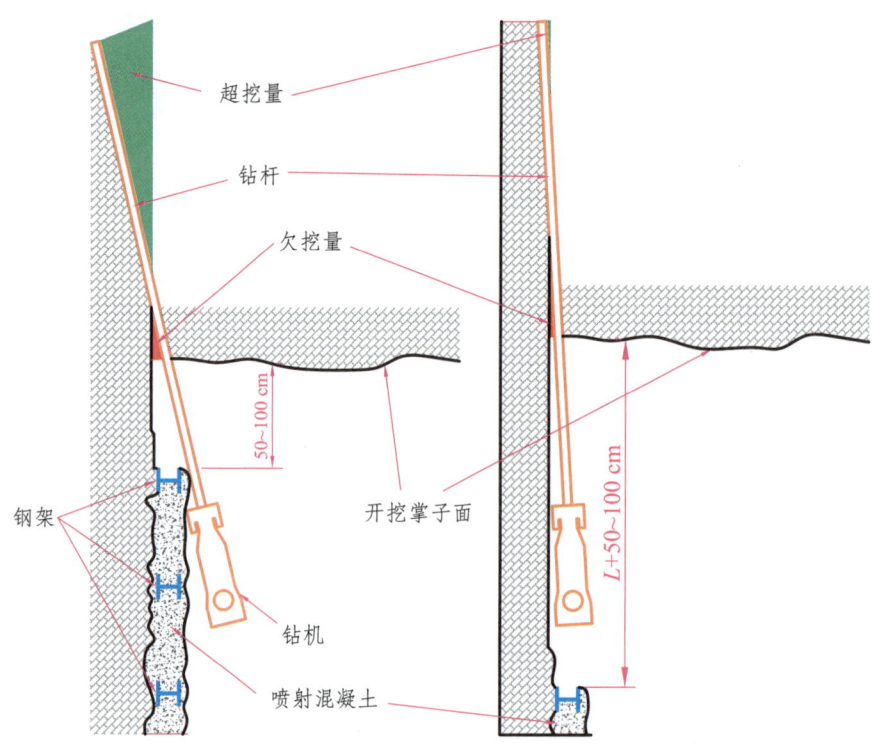

图3.0-2 周边眼施工示意

3.1 基于数值计算的初期支护时机及优化分析

为研究浆水泉隧道Ⅲ级围岩地段的初期支护时机，并对围岩整体稳定性及结构安全性进行评价，本节通过数值计算方法进行分析。

3.1.1 Ⅲ级围岩超大扁平公路隧道施工技术方案

Ⅲ级围岩条件下，采用台阶法进行施工，如图3.1-1及图3.1-2所示。

按设计要求，施工过程中严格控制开挖进尺，遵循"短开挖、强支护、勤量测、早封闭"的基本原则。但在施工过程中爆破一个循环施作一个循环，即初期支护紧跟掌子面，支护完成后在进行下一循环的钻眼工序，周边眼的精度将会受到初期支护的较大影响。由于初期支护有一定的厚度,而钻孔作业也需要一定的操作空间,且钻杆需要一定的外插角,这就会造成一个循环范围内,开挖线在纵向上就有一定的欠挖和超挖,为了减少欠挖,那么超挖量就较大。

基于上述情况,能否调整初期支护的施作时间,即爆破一环出渣后,再进行一环或两环爆破掘进,然后再进行初期支护的施作,如果能保证施工的安全,施工的工序将简化,工序的相互干扰也较小,爆破开挖对初期支护的冲击振动影响也较小。下面通过数值计算方法进行研究。

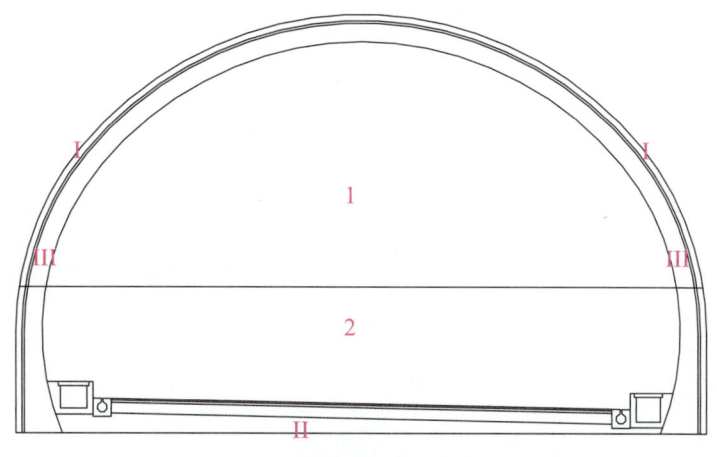

图 3.1-1　隧道围岩开挖、支护顺序

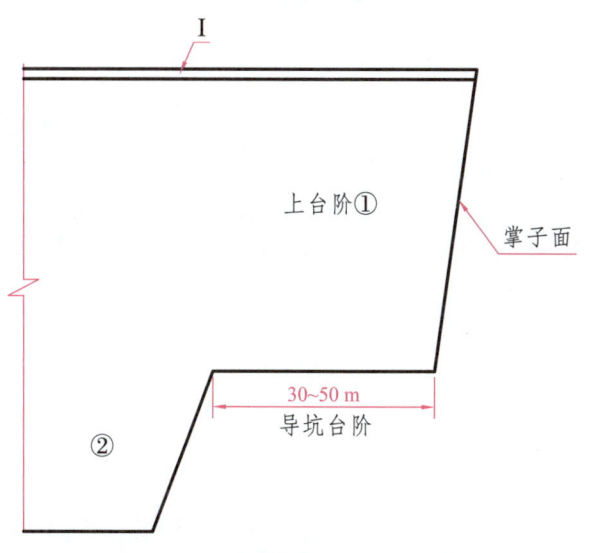

图 3.1-2　隧道围岩开挖纵向布置

3.1.2　Ⅲ级围岩超大扁平公路隧道施工力学及安全性分析

1. 计算模型及计算参数

围岩及支护体系的物理力学指标参数根据《公路隧道设计规范》(JTG D70/2—2014)选取,所确定的计算参数如表 3.1-1 及表 3.1-2 所示。

表 3.1-1　围岩计算参数

围岩	围岩重度 γ	弹性模量 E	泊松比 μ	黏聚力 c	内摩擦角 φ
Ⅲ级	24.0 kN/m³	2 000 MPa	0.28	900 kPa	45°

表 3.1-2　混凝土材料物理力学参数

混凝土	重度 γ/（kN/m³）	弹性模量 E/GPa	泊松比 μ
初期支护	23	20	0.25
二次衬砌	25	35	0.22

3 种计算工况 F-1～F-3 的计算模型如图 3.1-3～图 3.1-5 所示。

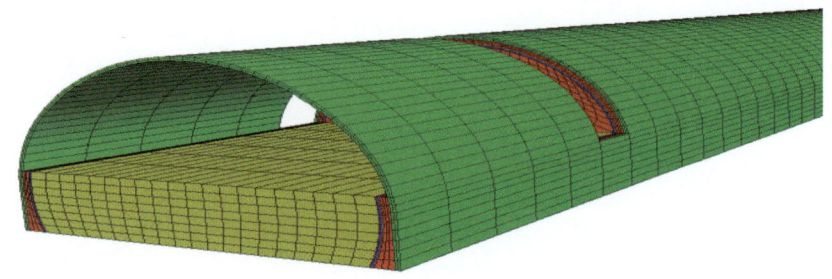

图 3.1-3　F-1 工况计算模型

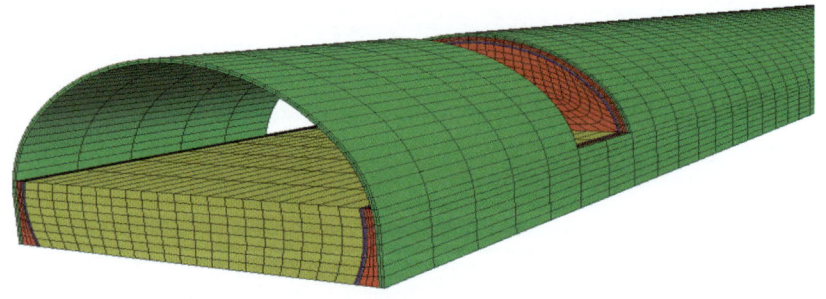

图 3.1-4　F-2 工况计算模型

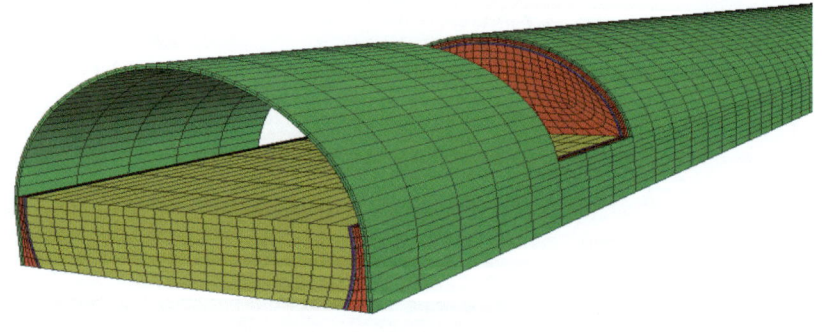

图 3.1-5　F-3 工况计算模型

2. 计算工况

计算中经综合考虑选取 3 种工况，即初期支护滞后掌子面 1 个开挖循环、初期支护滞后掌子面 2 个开挖循环、初期支护滞后掌子面 3 个开挖循环，如表 3.1-3 所示。

表 3.1-3　计算工况

计算工况	衬砌类型	计算埋深 /m	开挖支护方式	二次衬砌厚度 /m
F-1	Ⅲ级围岩复合式衬砌	Ⅲ级深埋	初期支护滞后 1 个开挖循环	0.45
F-2		Ⅲ级深埋	初期支护滞后 2 个开挖循环	0.45
F-3		Ⅲ级深埋	初期支护滞后 3 个开挖循环	0.45

3. 初期支护计算结果及分析

工况 F-1 ~ F-3 初期支护竖向应力云图如图 3.1-6 ~ 图 3.1-8 所示，初期支护水平应力云图如图 3.1-9 ~ 图 3.1-11 所示。

3 种工况的竖向应力最大值、水平应力最大值比较如图 3.1-12 ~ 图 3.1-13 所示。

从图 3.1-6 ~ 图 3.1-13 中可以得到：

（1）从初期支护最大的竖向应力和水平应力的情况来看，都没有超过初期支护材料的极限抗压强度，结构处于安全状态。

（2）初期支护施作时间越晚，应力越小。

（3）从各部位受力来看，无论哪种工况都是拱肩及拱腰受力较大，拱顶所受水平应力较大而竖向应力较小，拱脚则是所受水平应力相对较小而竖向应力相对较大。

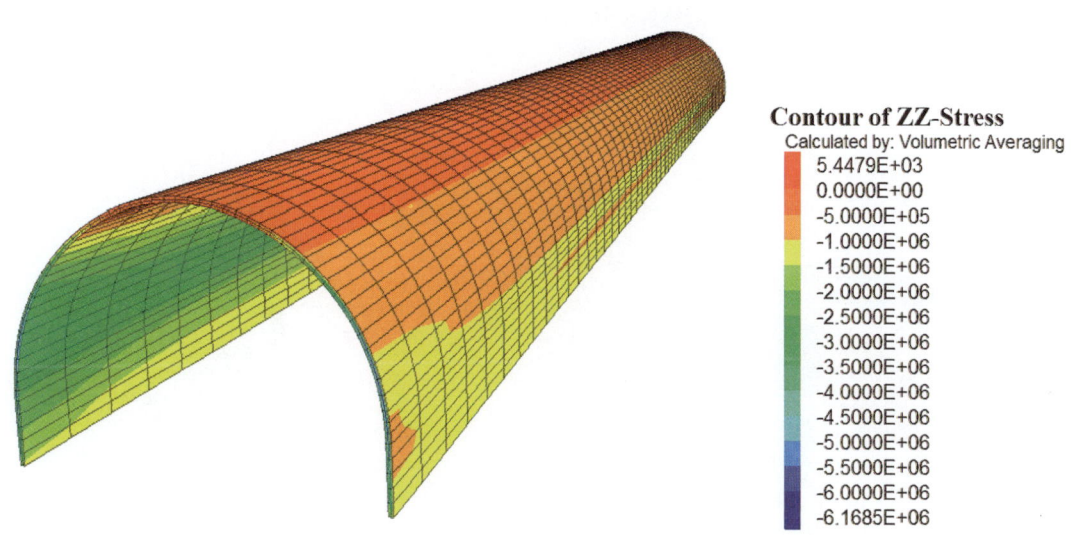

图 3.1-6　F-1 工况初期支护竖向应力（单位：Pa）

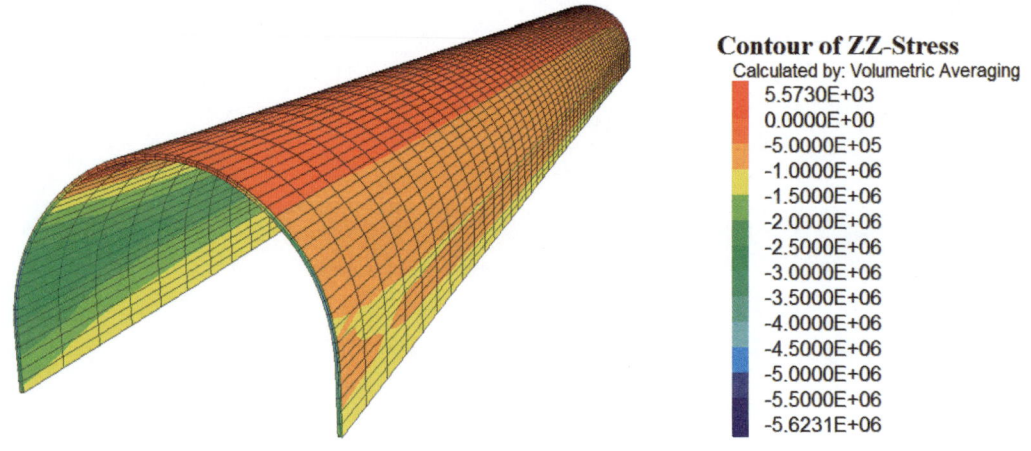

图 3.1-7　F-2 工况初期支护竖向应力（单位：Pa）

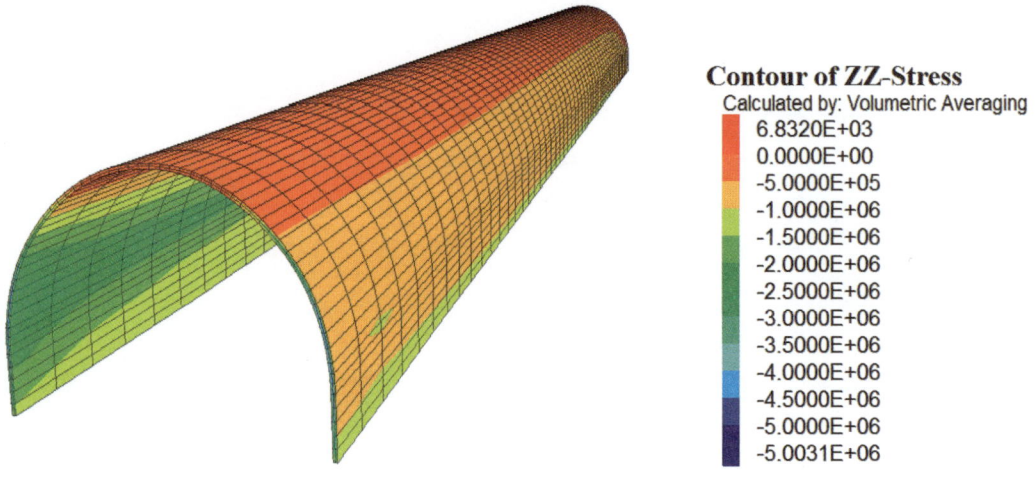

图 3.1-8　F-3 工况初期支护竖向应力（单位：Pa）

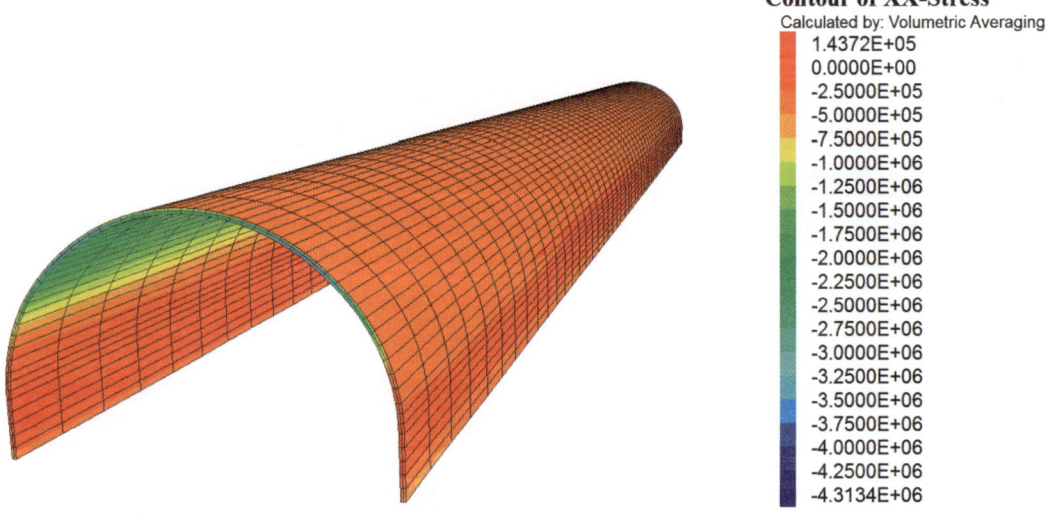

图 3.1-9　F-1 工况初期支护水平应力（单位：Pa）

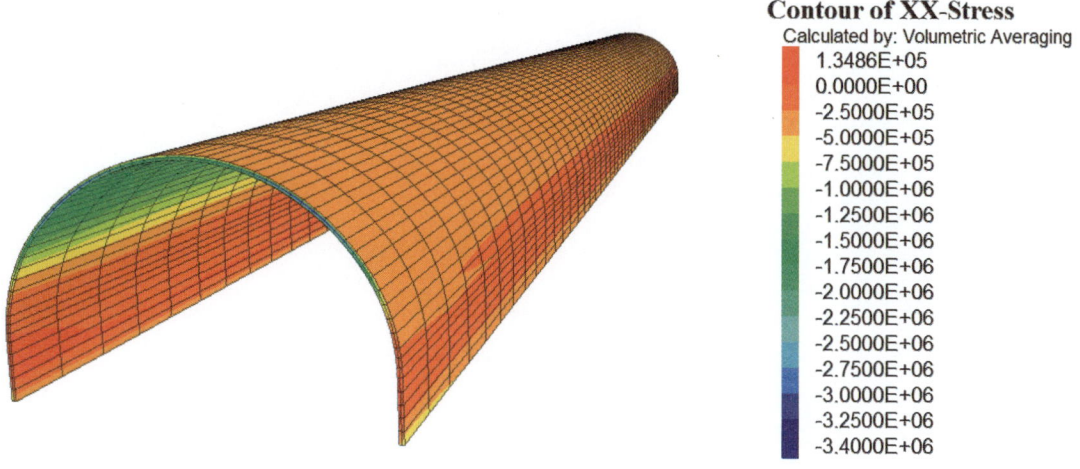

图 3.1-10　F-2 工况初期支护水平应力（单位：Pa）

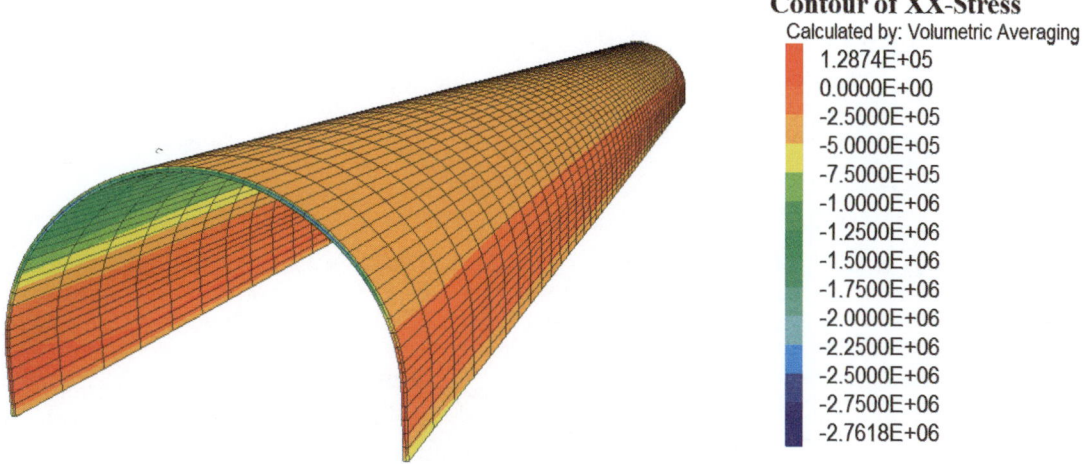

图 3.1-11　F-3 工况初期支护水平应力（单位：Pa）

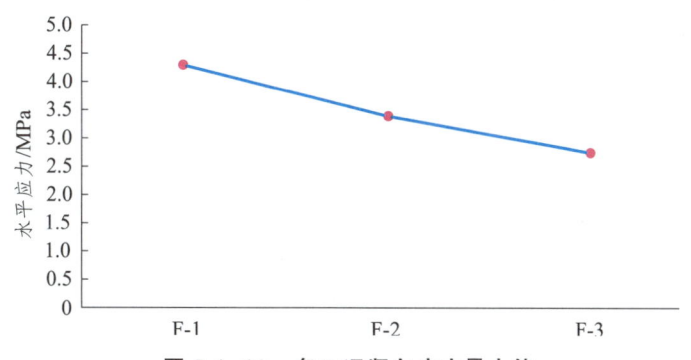

图 3.1-12　各工况竖向应力最大值

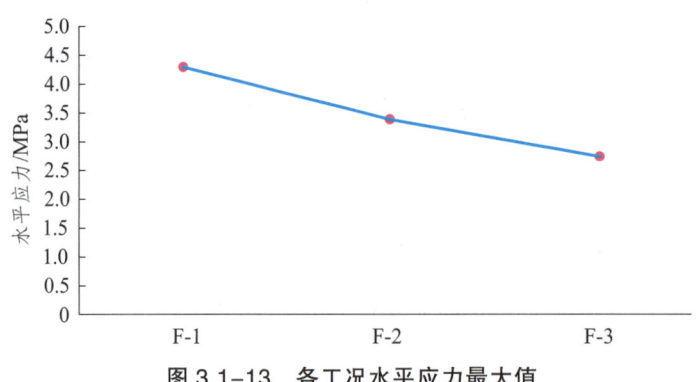

图 3.1-13　各工况水平应力最大值

4. 二次衬砌计算结果及分析

工况 F-1 ~ F-3 二次衬砌竖向应力云图如图 3.1-14 ~ 图 3.1-16 所示，二次衬砌水平应力云图如图 3.1-17 ~ 图 3.1-19 所示。

二次衬砌最不利断面的混凝土结构安全系数如表 3.1-4 所示。

从图 3.1-14 ~ 图 3.1-19 及表 3.1-4 中可以得到：

（1）二次衬砌的竖向应力较水平应力大，但是都不及初期支护的应力大，且都小于二次衬砌的设计极限强度，结构处于安全状态。

（2）初期支护施作越早的，二次衬砌的应力也较大。

（3）从二次衬砌混凝土结构内力推算得到的安全系数来看，拱顶的安全系数较边墙大，边墙的安全系数也都大于《公路隧道设计规范》（JTG D70/2—2014）的要求，整体结构处于安全状态。

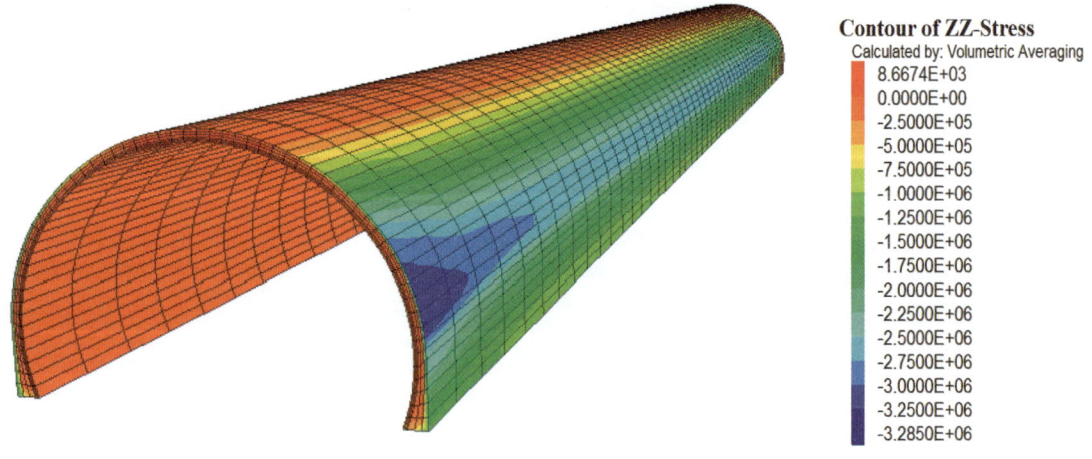

图 3.1-14　F-1 工况二次衬砌竖向应力（单位：Pa）

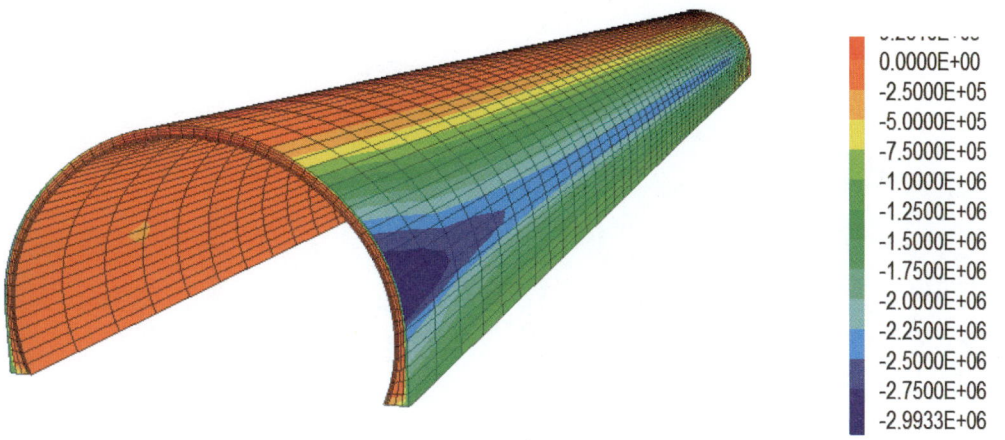

图 3.1-15　F-2 工况二次衬砌竖向应力（单位：Pa）

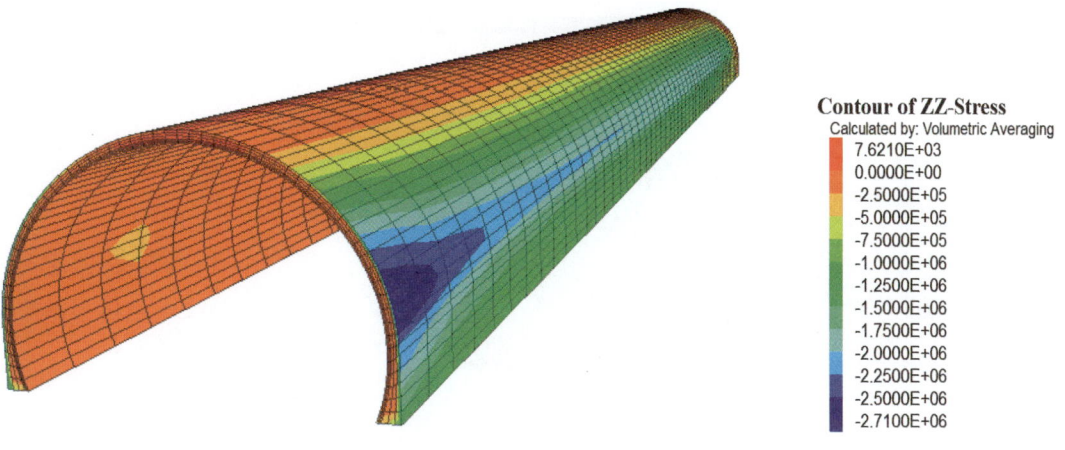

图 3.1-16　F-3 工况二次衬砌竖向应力（单位：Pa）

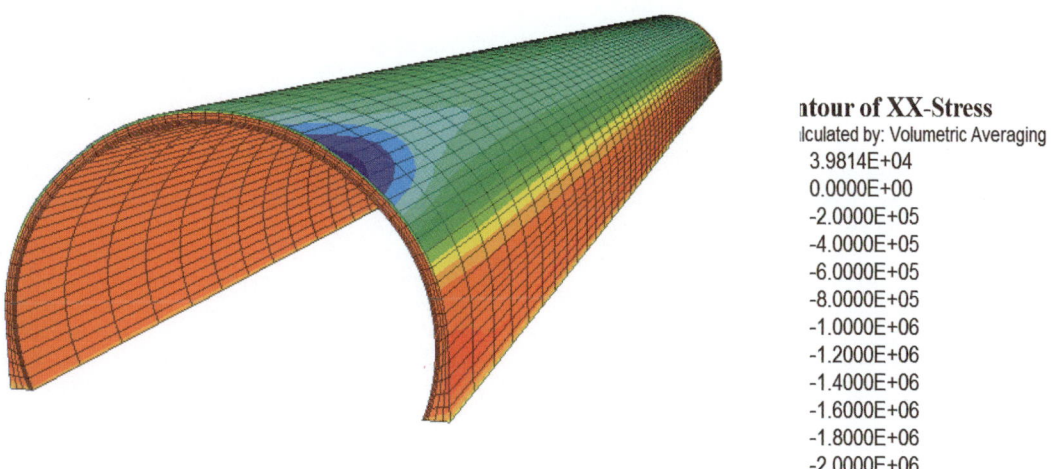

图 3.1-17　F-1 工况二次衬砌水平应力（单位：Pa）

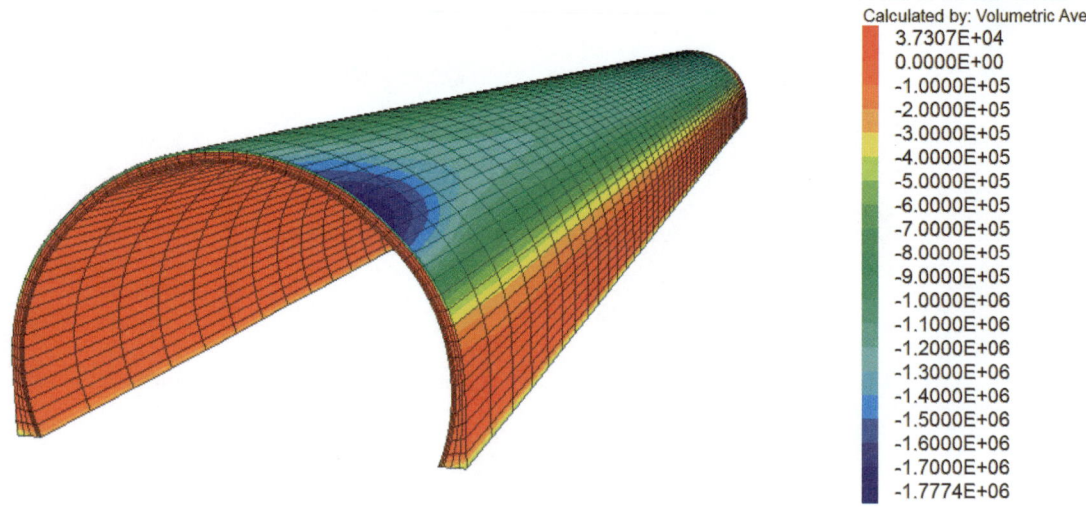

图 3.1-18 F-2 工况二次衬砌水平应力(单位:Pa)

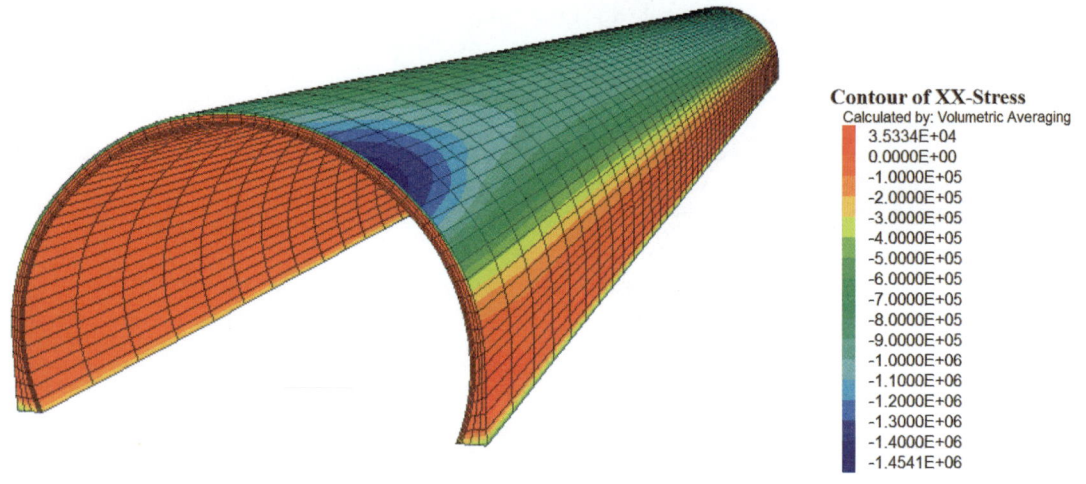

图 3.1-19 F-3 工况二次衬砌水平应力(单位:Pa)

表 3.1-4 二次衬砌控制截面安全系数

工况及位置	弯矩/(kN·m)	轴力/kN	e_0/mm	e_0/h	控制状态	安全系数	是否满足规范要求
F-1 拱顶	4.57	794.17	6	0.013	混凝土抗压控制	14.82	满足
F-2 拱顶	2.74	651.62	4	0.009	混凝土抗压控制	17.96	满足
F-3 拱顶	1.47	516.31	3	0.006	混凝土抗压控制	22.66	满足
F-1 边墙	31.21	1 762.67	18	0.039	混凝土抗压控制	6.68	满足
F-2 边墙	28.06	1 554.99	18	0.040	混凝土抗压控制	7.52	满足
F-3 边墙	25.78	1 389.21	19	0.041	混凝土抗压控制	8.42	满足

3.2 基于现场测试的初期支护时机及优化分析

针对浆水泉隧道Ⅲ级围岩地段,为进一步确定隧道初期支护施作时机的合理性,本节通过现场测试的技术手段,基于支护体系的受力特征对超大扁平高速公路隧道的初期支护时机及优化进行分析。

3.2.1 测试项目及测试断面

1. 初期支护测试断面

为掌握不同初期支护条件下围岩与初期支护之间的接触压力、初期支护的结构内力,在浆水泉隧道出口工区共布置3个监测断面,重点监测上半断面围岩与初期支护间的压力、初期支护喷射混凝土应力以及钢架应力。初期支护总计进行了3种工况测试。

(1)工况一:开挖里程段DK3+841~+838隧道上台阶,在里程DK3+840断面安装围岩压力盒、初期支护喷射混凝土应变计和钢架应变计,并喷射混凝土完成DK3+841~+838段上台阶初期支护,即"随爆随支";

(2)工况二:连续开挖2个循环,对应里程段分别为DK3+838~+835、DK3+835~+832,在里程DK3+833断面安装围岩压力盒、初期支护喷射混凝土应变计和钢架应变计,并喷射混凝土完成DK3+835~+832段上台阶初期支护,即"1个循环不支护";

(3)工况三:连续开挖3个循环,对应里程段分别为DK3+832~+826、DK3+826~+823、DK3+823~+820,在里程DK3+825断面安装围岩压力盒、初期支护喷射混凝土应变计和钢架应变计,并喷射混凝土完成DK3+826~+823段上台阶初期支护,即"2个循环不支护"。

2. 二次衬砌测试断面

二次衬砌进行两个断面的监测,里程分别为DK3+833和DK3+825,每个断面埋设5个测点,分别为左右边墙、左右拱腰和拱顶。初期支护和二次衬砌的测试断面、测试项目及所用传感器如表3.2-1所示。

表3.2–1 初期支护和二次衬砌测试断面、测试项目及所用传感器

序号	测试断面	初期支护时机	量测项目及仪器
1	DK3+840	随爆随支	围岩与初期支护之间的围岩压力:压力盒(量程0.6 MPa);初期支护混凝土应力:混凝土埋入式应变计(量程±1 500 με);初期支护钢架应力:钢架应变计(量程±1 200 με)
2	DK3+833	1个循环不支护	
3	DK3+825	2个循环不支护	
4	DK3+833	1个循环不支护	初期支护和二次衬砌之间的压力:压力盒(量程0.6 MPa);二次衬砌的混凝土应力:混凝土埋入式应变计(量程±1 500 με);二次衬砌的钢筋应力:钢筋应力计
5	DK3+825	2个循环不支护	

3.2.2　测试传感器布置

初期支护总计布置 3 个断面，每个断面的测试传感器布置如图 3.2-1 所示，每个测试断面布置 7 个测点，每个测点布置 1 个压力盒、2 个混凝土应变计（混凝土结构内外侧）、2 个钢架应变计（钢架内外侧）。

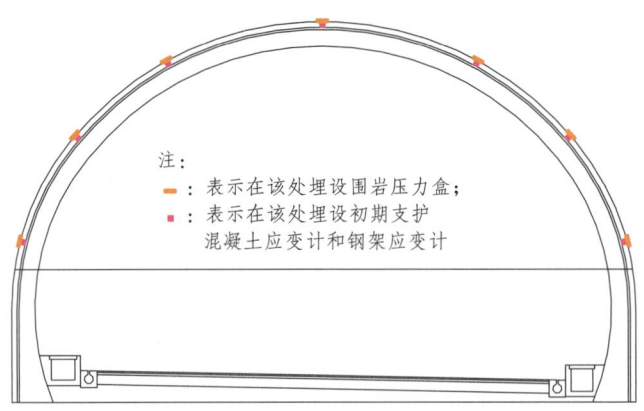

图 3.2-1　初期支护测试传感器布置示意

传感器具体埋设方法如下：

（1）混凝土应变计：混凝土埋入式应变计埋置到混凝土结构的内外侧，应保证其轴线与受力方向一致；安装混凝土表面应变计时，要注意表面计的轴向与隧道环向方向相同。

（2）钢架应变计：钢架应变计焊接在型钢钢架的内外侧，在焊接前应对钢架应变计的初始频率进行测试，测试结果应和标定表的零点频率相同，方可进行焊接，在焊接时必须对钢架应变计进行水冷却，以免由于焊接时的高温传到钢架应变计上，损坏钢架应变计内部电器元件。

（3）围岩压力盒：埋设时，将埋设处的围岩表面打磨平整，然后使压力盒就位。为了减小或消除结构中横向力对测量结果的影响，在埋设前，在压力盒周围包一层厚度为 1～2 mm 的橡胶圈。就位的压力盒工作面与结构物底面齐平，不要凹进或凸出，还要防止压力盒偏斜，以避免偏载造成的误差。

初期支护各测试传感器现场安装如图 3.2-2 所示。

（a）混凝土应变计

（b）钢架应变计

（c）压力盒

图 3.2-2　传感器现场安装

3.2.3　初期支护测试数据分析

图 3.2-3 ~ 图 3.2-6 为监测断面 DK3+840 喷射混凝土内外侧及钢架内外侧应力随时间的发展规律。

由图中可以看出，钢架和喷射混凝土的应力在早期增加比较快，随着时间的增加，整体上数据趋于收敛，表明整体结构趋于稳定；除了拱顶喷射混凝土处于受拉状态外，其余部位都是受压的。喷射混凝土的最大压应力为 8.34 MPa，钢架最大压应力为 125.7 MPa，均未超过材料的设计强度，结构安全性满足设计要求。

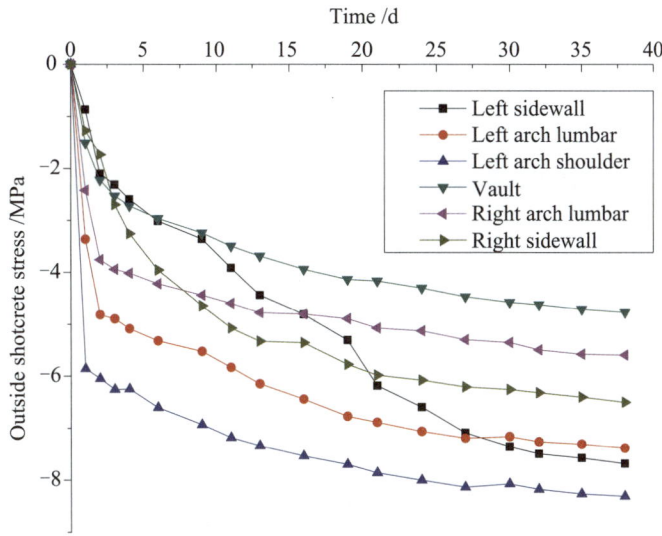

图 3.2-3　断面 DK3+840 喷射混凝土外侧应力变化规律

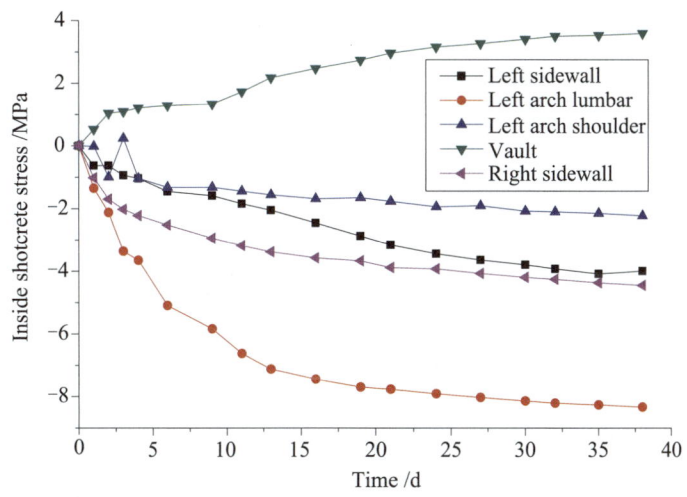

图 3.2-4　断面 DK3+840 喷射混凝土内侧应力变化规律

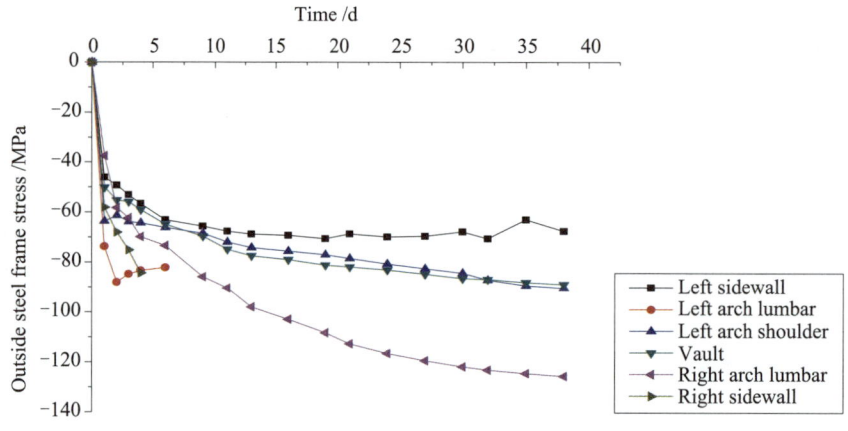

图 3.2-5　断面 DK3+840 钢架外侧应力变化规律

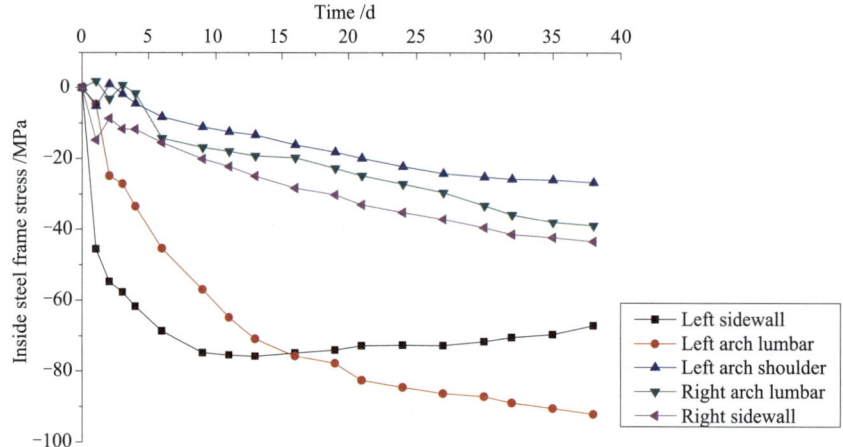

图 3.2-6　断面 DK3+840 钢架内侧应力变化规律

图 3.2-7 ~ 图 3.2-10 为监测断面 DK3+833 喷射混凝土内外侧及钢架内外侧应力随时间的发展规律。

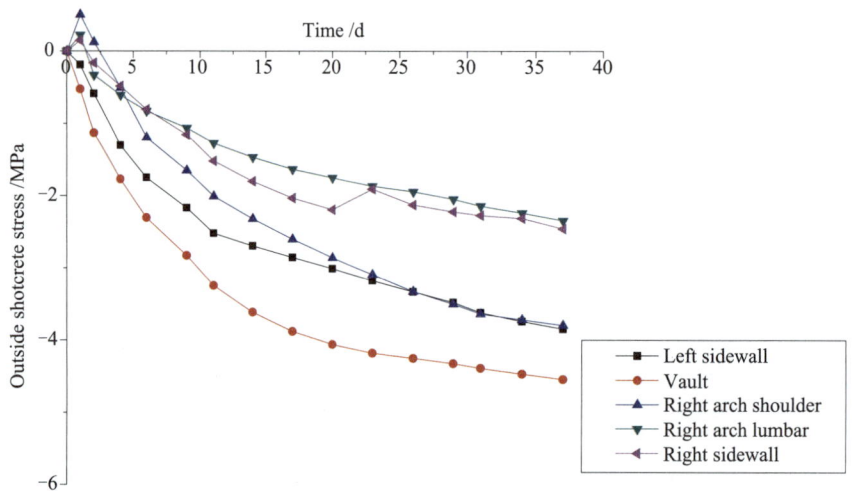

图 3.2-7　断面 DK3+833 喷射混凝土外侧应力变化规律

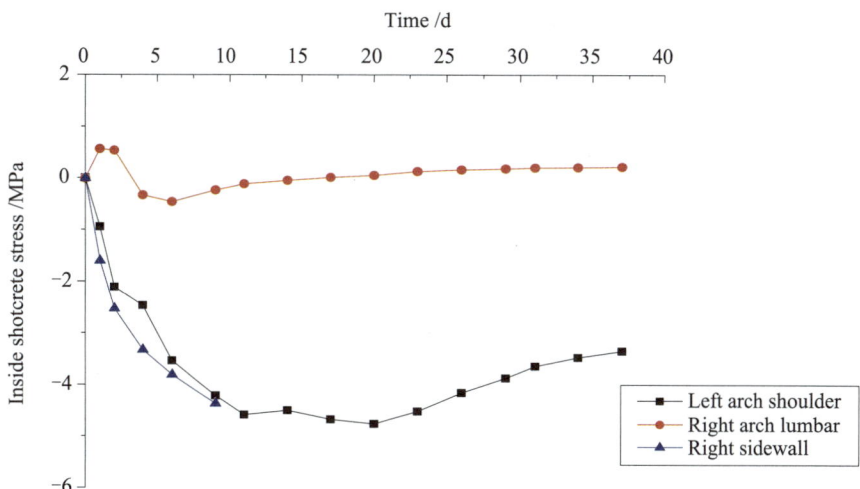

图 3.2-8　断面 DK3+833 喷射混凝土内侧应力变化规律

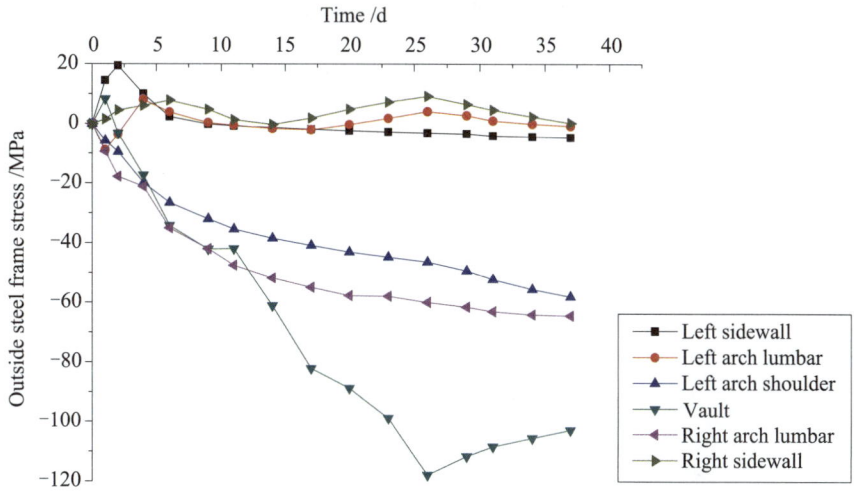

图 3.2-9　断面 DK3+833 钢架外侧应力变化规律

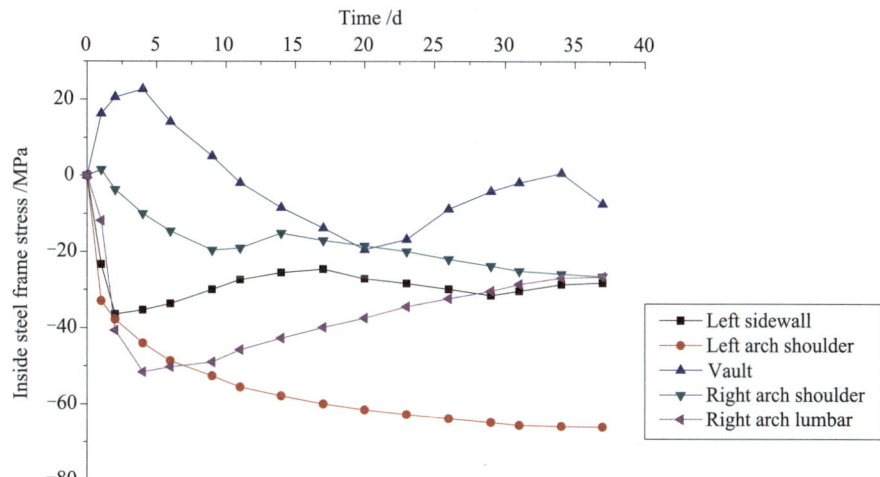

图 3.2-10　断面 DK3+833 钢架内侧应力变化规律

由图可以看出，整体的变化规律和断面 DK3+840 相似，开始时应力增加较快，随着时间的增长，应力数值趋于收敛；从最大的数值来看，喷射混凝土测到的最大压应力为 4.54 MPa，钢架的最大压应力为 117.8 MPa，整体上数值较断面 DK3+840 的数值要小。

图 3.2-11 ~ 图 3.2-14 为监测断面 DK3+825 喷射混凝土内外侧及钢架内外侧应力随时间的发展规律。

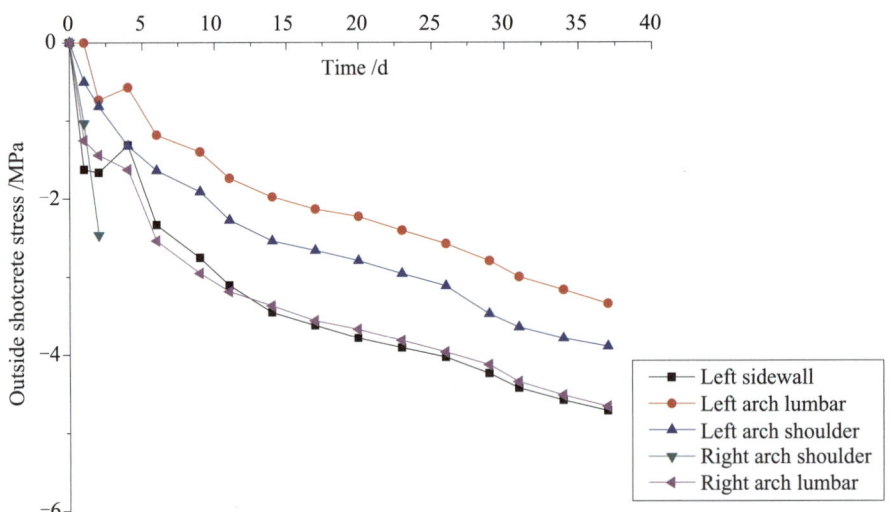

图 3.2-11　断面 DK3+825 喷射混凝土外侧应力的变化规律

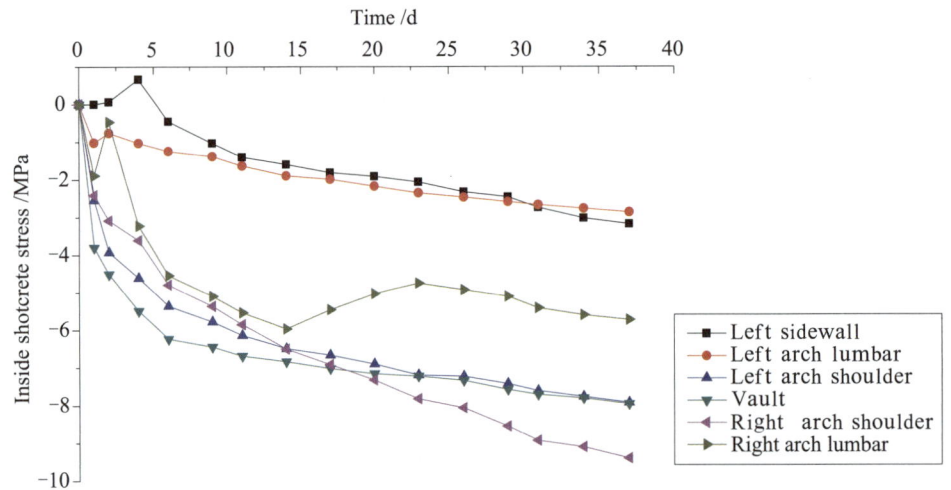

图 3.2-12　断面 DK3+825 喷射混凝土内侧应力的变化规律

由图可以看出，整体变化规律和断面 DK3+840、DK3+833 一致，应力增长呈现先快速后平稳的趋势，但是其最大的喷射混凝土应力为 9.4 MPa，最大的钢架应力为 208.3 MPa，大于另外 2 个断面的数据，且从整个断面的情况来看，受力是相对不均匀的。

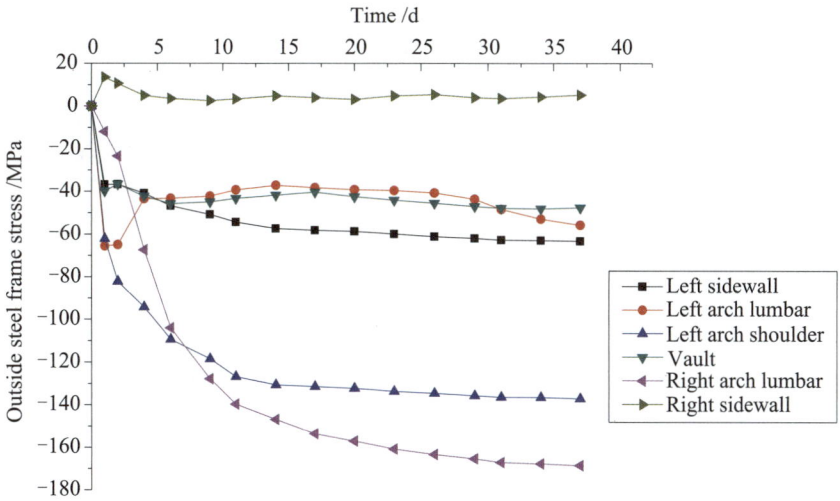

图 3.2-13 断面 DK3+825 钢架外侧应力的变化规律

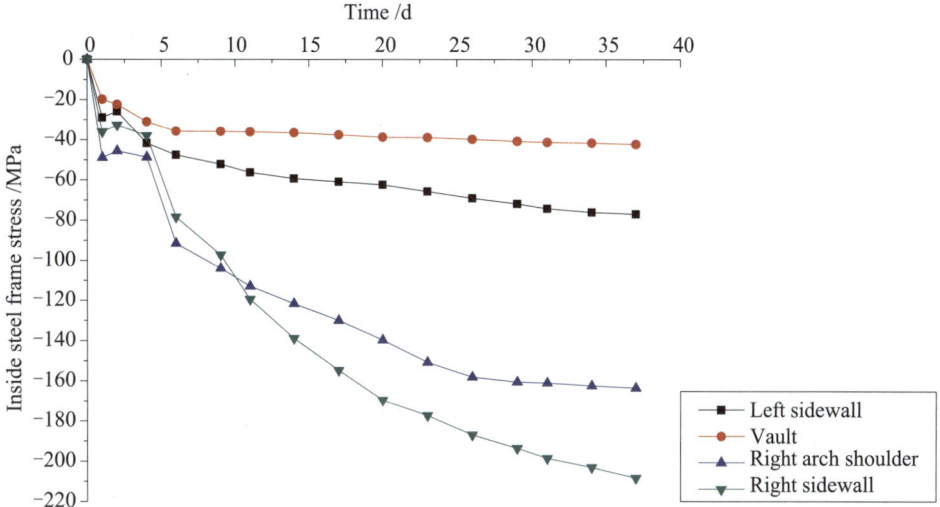

图 3.2-14 断面 DK3+825 钢架内侧应力的变化规律

通过数据处理,得到 3 种工况的围岩压力及初期支护结构内力图,如图 3.2-15 及图 3.2-16 所示。

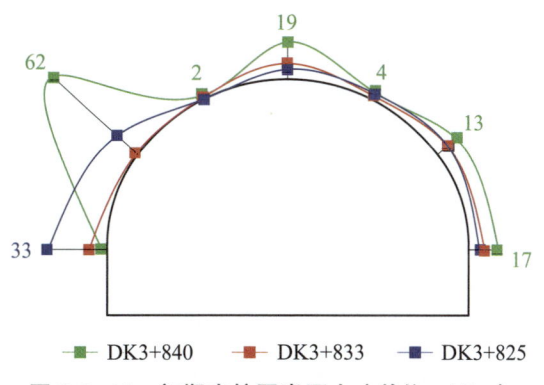

图 3.2-15 初期支护围岩压力(单位:kPa)

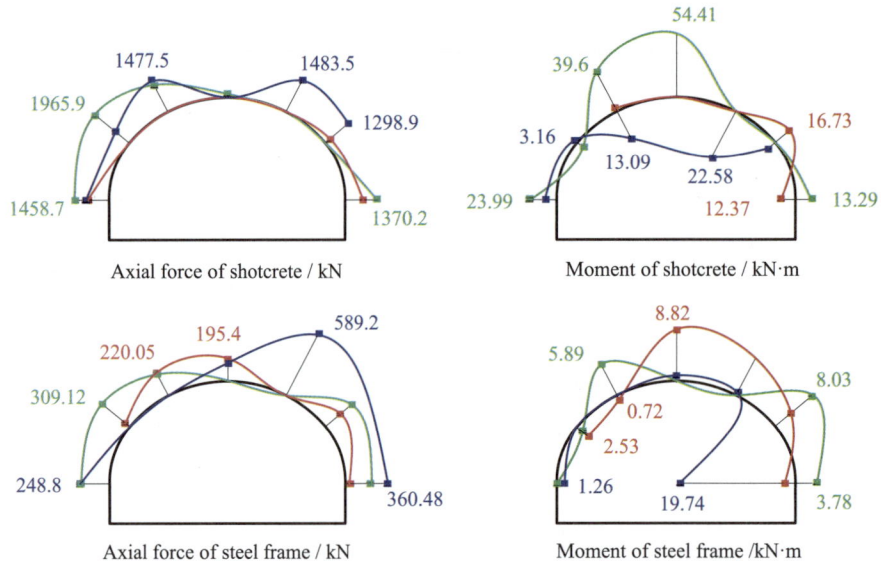

图 3.2-16　初期支护的内力

由图 3.2-15 可以看出，整体上 DK3+833 断面的围岩压力最小，DK3+840 断面的围岩压力也较为均匀，而 DK3+825 断面的围岩压力分布非常不均匀，左侧拱腰部位的压力较大。

由图 3.2-16 可以看出，钢架及喷射混凝土的轴力整体上是受压的，DK3+833 断面的轴力相对较小，而 DK3+825 断面的轴力则分布较为不均匀，且数值较大，DK3+840 断面的数值处于其余 2 个断面之间；从钢架及喷射混凝土的弯矩来看，喷射混凝土在弯矩中 DK3+833 断面的相对最小，钢架中的弯矩普遍都是较为不均匀的，特别是 DK3+825 的边墙存在较大的弯矩，而另外 2 个断面的数值则相对较小。

3.2.4　二次衬砌测试数据分析

为便于分析，将二次衬砌混凝土测试得到的内外侧应力转化成轴力和弯矩进行分析。如图 3.2-17 ~ 图 3.2-20 所示，分别为 DK3+833 和图 DK3+825 的弯矩和轴力时程曲线。

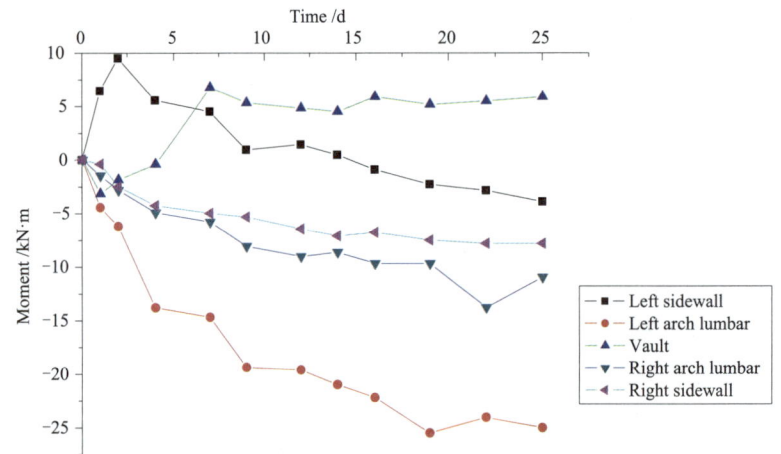

图 3.2-17　DK3+833 断面二次衬砌弯矩

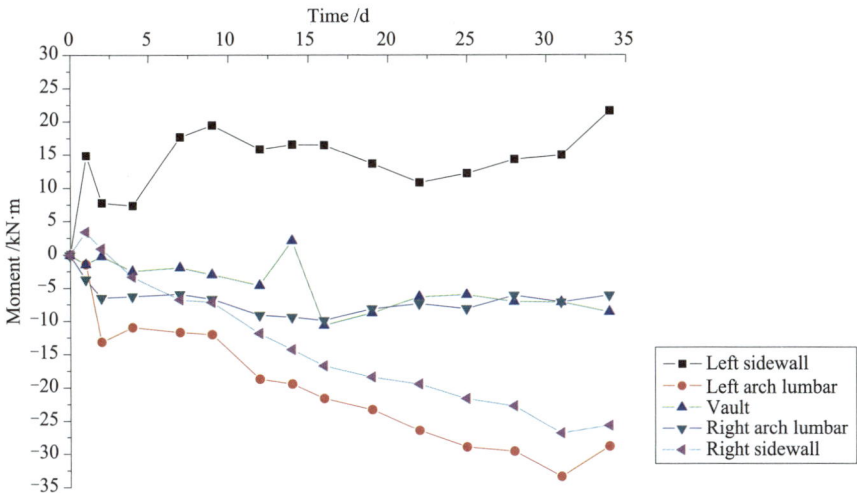

图 3.2-18　DK3+825 断面二次衬砌弯矩

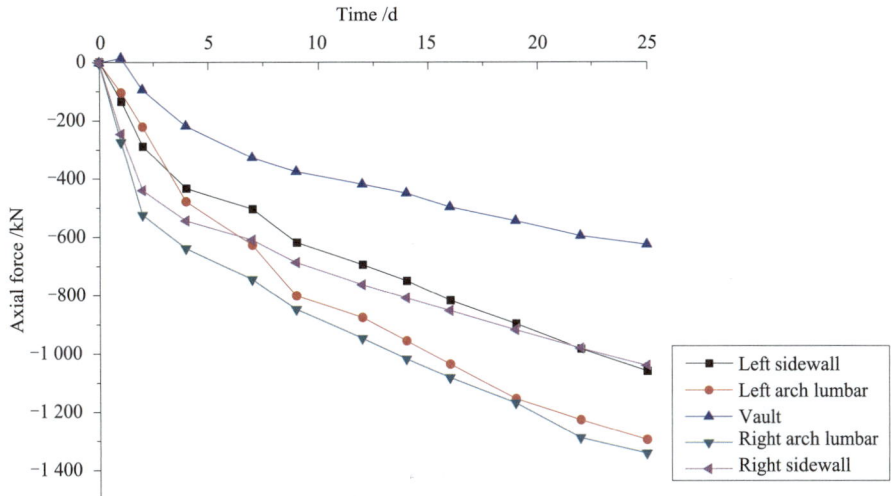

图 3.2-19　DK3+833 断面二次衬砌轴力

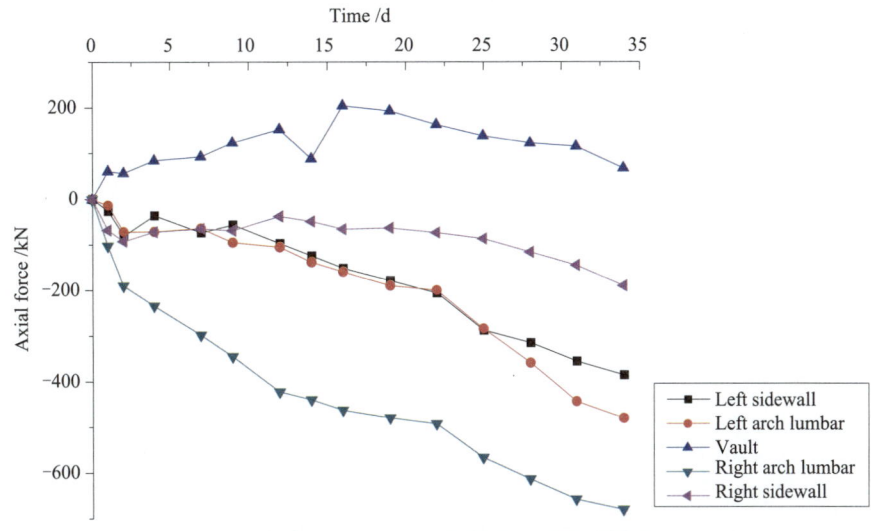

图 3.2-20　DK3+825 断面二次衬砌轴力

从图中可以看出，DK3+833 的弯矩除了拱顶是内侧受拉外，其余部位都是内侧受压，而 DK3+825 断面的弯矩则是左侧边墙内侧受拉，其余都是内侧受拉；DK3+833 断面的轴力都是受压的，增加的规律比较一致，而 DK3+825 断面的轴力分布并不均匀，特别是拱顶，基本处于受拉的状态。

图 3.2-21 和图 3.2-22，分别为 DK3+833 和 DK3+825 断面的钢筋应力图，从图中可以看出，DK3+833 断面基本处于受压的状态，而 DK3+825 断面的钢筋有部分是受拉的，这与混凝土轴力的情况是相似的。

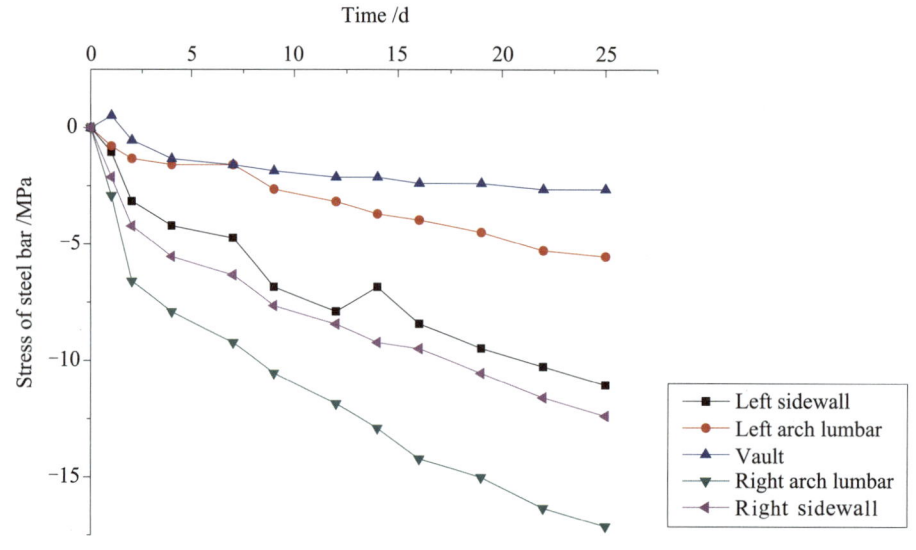

图 3.2-21　DK3+833 断面钢筋应力

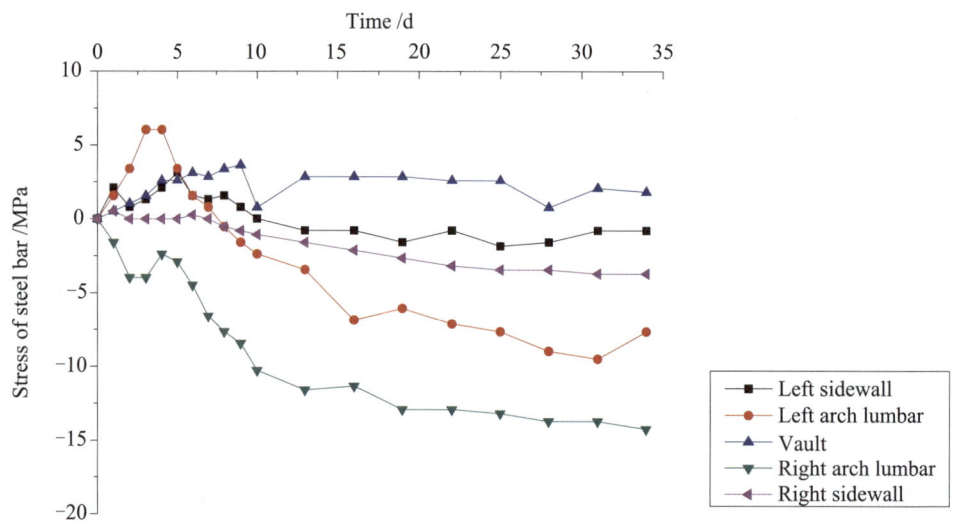

图 3.2-22　DK3+825 断面钢筋应力

综合分析二次衬砌内力、钢筋应力及围岩压力，如图 3.2-23 所示。

由图 3.2-23 可以看出，DK3+833 断面的围岩压力较小，且分布较为均匀，其内力分布也较为合理，而 DK3+825 断面的围岩压力较大且内力分布并不均匀。

图 3.2-24 及图 3.2-25 为断面 DK3+840 及 DK3+825 开挖后超挖量激光断面测试结果。

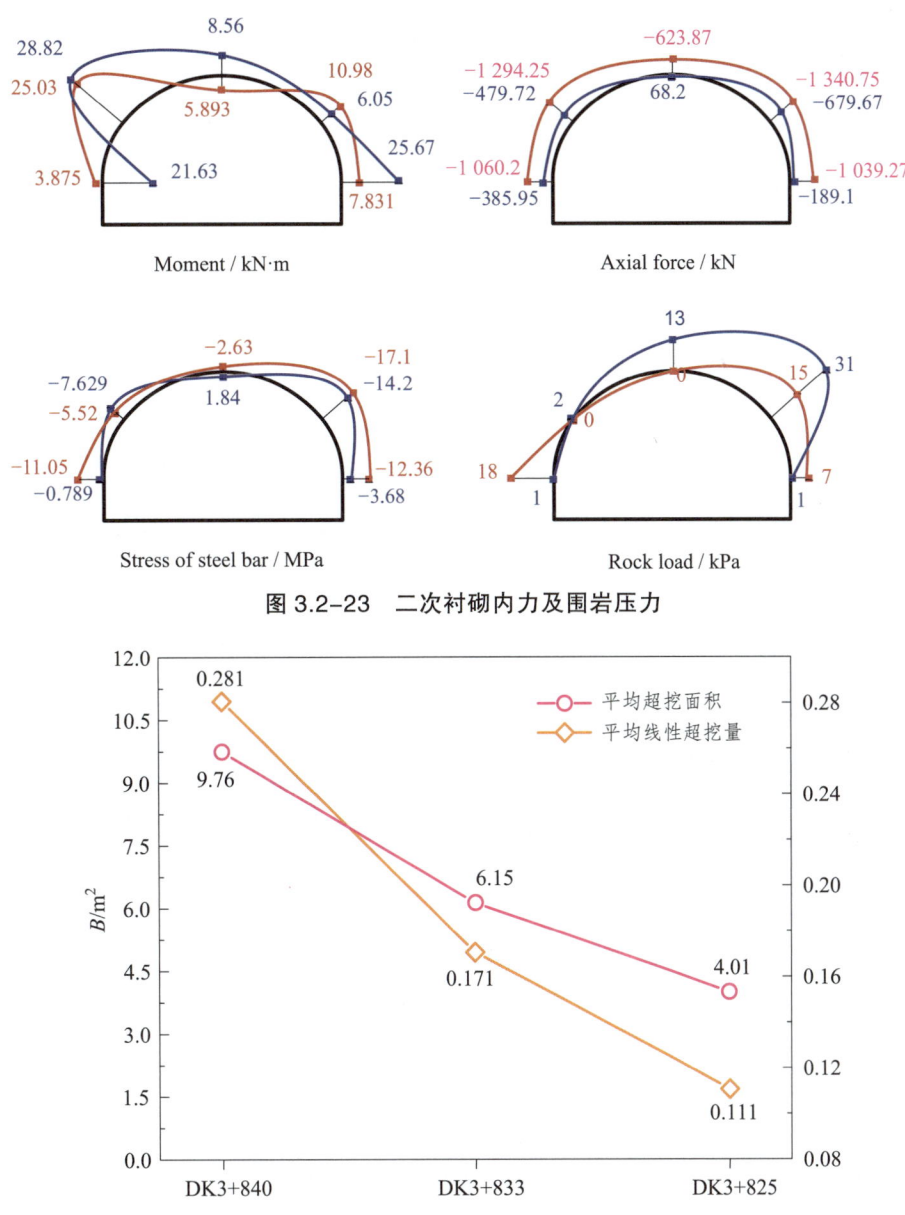

图 3.2-23　二次衬砌内力及围岩压力

图 3.2-24　断面的超挖面积及线性超挖量

图 3.2-24 为 DK3+840、DK3+833 以及 DK3+825 断面的超挖面积及线性超挖量。从图中可以看出，DK3+840 的超挖量是最大的，DK3+825 的是最小的，DK3+833 断面的数据是居中的。

3.2.5　基于支护体系受力特征的超大断面隧道合理初期支护时机分析

通过对 3 个监测断面的初期支护内力、二次衬砌内力、围岩压力及超挖量的测试结果分析可以看出，在浆水泉隧道的 Ⅲ 级围岩段，围岩有一定的自稳时间，支护时间越早，初期支护受到的围岩压力越大，但是当支护时间较晚时，初期支护在局部会受到较大的围岩压力，进而引起初期支护内力增加；从内力的分布情况来看，整体上 DK3+833 的内力分布更加均匀也更加合理，受到的围岩压力也是最小的；超挖量的分布情况可以看出，支护时间较晚的，可以提供较大的施工操作空间，其超挖量越小，且整体的开挖轮廓线也较好。

从现场施工的实际情况看，DK3+833 和 DK3+825 断面由于改善了钻机的操作空间，也有效地改善了施工质量，特别是超挖量有效减少。同时由于施工质量的改善，爆破后表面的平整度也得到了较大的提升，回弹量也得到了一定的降低，喷射混凝土的量也得到了有效的控制。经统计，采用"开挖2环支护1环"的模式，改变了施工工序，工序的相互干扰降低，超挖量减少，喷射混凝土每循环节约大约 9 m^3，直接材料成本节约 0.7 万元；施工进度为每月为 125 m，比及时支护的模式增加了 30 m。从安全性和经济性综合考虑，可得到如下结论：

（1）超大扁平硬质岩隧道本身有一定的自稳时间，支护时间越早，围岩压力越大，支护时间越晚，围岩受扰动的影响，会出现局部围岩压力增加的情况。

（2）经过对比分析实测的初期支护及二次衬砌内力数据表明："爆破2环支护1环"情况下，荷载较小，内力较小且分布合理，更晚的支护会带来局部的荷载增大和应力集中。

（3）施工实践表明，"爆破2环支护1环"的超挖量小、施工工序干扰小，整体的施工质量较优，且施工速度较快，具有良好的经济效益和社会效益。

3.3 隧道开挖围岩损伤测试及分析

为进一步掌握浆水泉隧道施工过程中的围岩扰动范围以及合理的支护时机，在浆水泉隧道出口工区进行了爆破损伤范围现场测试，并进一步为爆破参数和开挖步距优化设计提供数据支撑。

浆水泉隧道出口工区穿越围岩主要是灰岩为主，围岩等级为Ⅲ级，采用上下台阶法开挖。利用声波方法测试隧道爆破后的围岩声波速度，据此对比分析隧道采用非光面爆破掘进与光面爆破掘进时围岩的声波速度变化特征，判定其围岩损伤范围。

3.3.1 测试原理与设备

测试采用超声波双孔测试法。双孔测试法是在测试断面处钻设 2 个平行孔，然后将 2 个声波探头（1 个发射探头，1 个接收探头）分别置于 2 个钻孔中，并向孔内注满水。在每次测试时应使两个探头同步沿孔轴移动，以保证 2 个探头始终处在同一孔深的位置上。双孔法声波测试原理如图 3.3-1 所示。

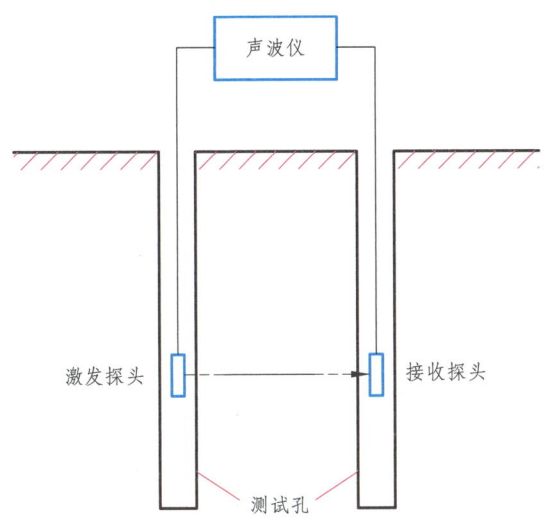

图 3.3-1 双孔法测试示意

采用双孔法测试时,在钻孔中放入发射探头与接收探头,发射探头换能器将电能转化为声波,当首波传播到接收探头时,将声波转换成电能,经接收器放大整形,同时经过计数器计数可以确定声波走时。测试仪器通过 $v=s/t$,可以得到岩体声波速度。

在浆水泉隧道出口工区现场采用武汉中岩科技生产的 RSM-SYS(T)非金属声波检测仪进行隧道围岩爆破后的声波速度测试,测试仪器设备的主要组成部分如图 3.3-2 所示。

(a)声波测试仪主机

(b)声波测试探头

图 3.3-2 声波测试设备

3.3.2 围岩损伤范围测试过程

利用 RSM-SY5(T)非金属声波检测仪在浆水泉隧道出口工区开展围岩声波探测工作,采用跨孔透射法进行声波测试,具体测试过程如下:

（1）隧道上台阶开挖爆破后，在上台阶下部距下台阶掘进工作面距离约 150～200 cm 处依次钻设 3 个声波测试孔，编号分别为 1 号、2 号、3 号，各声波测试孔与隧道横断面平行，考虑到注水要求、围岩损伤测试范围以及现场声波测试钻凿条件，声波测试孔距离上下台阶分界线高度约 80～90 cm，深度约为 180～200 cm，光面爆破时可适当减小，各孔间水平距离控制在 80～90 cm，测试孔与垂直竖向间的夹角约为 60°～65°，孔径为 42 mm，测试孔布置示意图如图 3.3-3 所示，测试孔现场布置如图 3.3-4 所示。

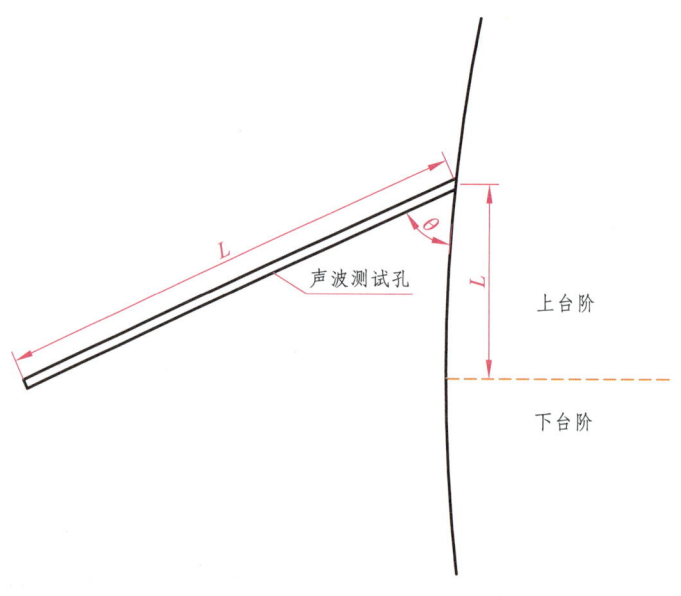

（a）测试孔剖面

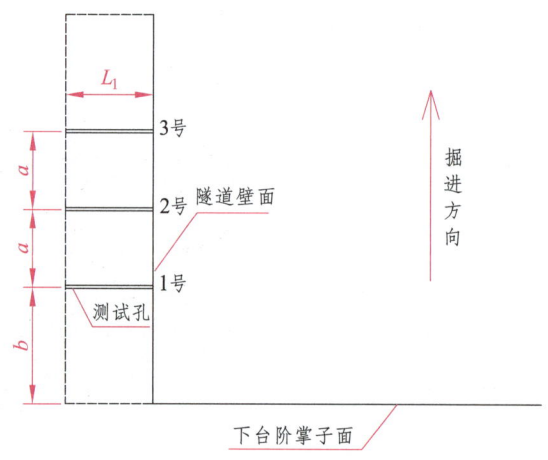

（b）测试孔平面

图 3.3-3　测试孔布置示意

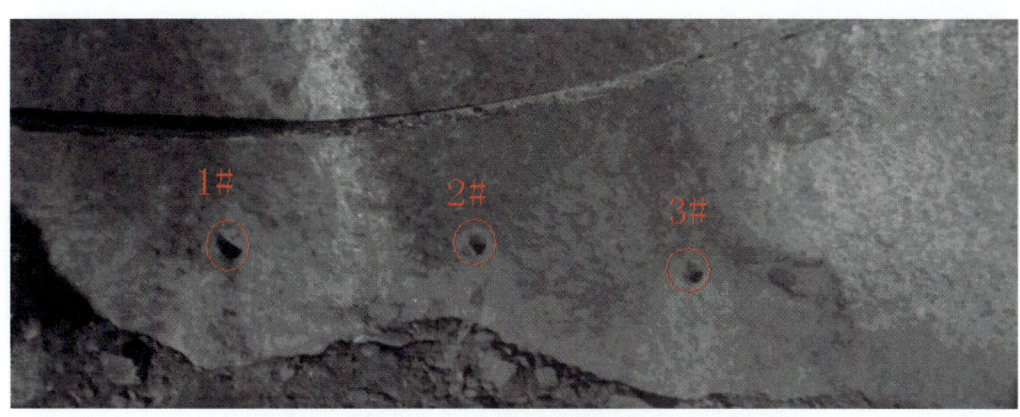

图 3.3-4 测试孔现场布置

（2）声波测孔钻设完毕后，将岩渣吹出，并复核孔深、孔高、孔间距、角度等参数。孔深和角度满足试验条件后进行注水，测试过程中应确保孔内水位始终保持恒定。注意测试前，必须准确将孔距信息输入测试仪器中，并仔细调整仪器参数。

（3）测试前应将声波发射和接收探头同测试仪器连接，且将仪器内探头的提升方式设置为手动提升。注水完毕后将声波发射探头和接收探头缓慢同步地放入测试孔内，如图 3.3-5 所示。当探头达到指定位置后，开始自孔底部位置进行岩体声波速度的测试和采集，采集时探头的每次提升长度约为 5.0 ~ 7.0 cm，注意两探头在整个测试过程中需始终保持平行。

图 3.3-5 探头放入测试孔

（4）测试过程中若孔内水位出现下降应及时补充注水，测试结束后关闭仪器并装箱，取出测试探头。

在隧道出口工区共设置 4 个声波速度测试点，各测试点对应一次爆破循环。其中，1 号（ZK4594.92）、2 号（ZK4589.92）位置测试点处上台阶岩体采用非光面爆破掘进，3 号（ZK4579.92）、4 号（ZK4574.92）位置测试点处上台阶采用光面爆破掘进。测试时，在测试孔内注水测试，将测试探头放入孔底，缓慢地以等间距朝孔口移动，光面爆破时共测试约 19 ~ 20 组数据，非光面爆破时共测试约 26 ~ 27 组数据，其中断面 1-2 测试表示 1 号与 2 号孔测试，断面 2-3 测试表示 2 号与 3 号孔测试，现场测试如图 3.3-6 所示。

图 3.3-6　现场测试

3.3.3　测试结果与分析

依据现场实测波速数据，分别绘制出浆水泉隧道上台阶开挖采用非光面爆破掘进与光面爆破掘进时围岩的声波速度变化曲线，如图 3.3-7～3.3-10 所示。

由图 3.3-7～3.3-10 可以看出：

（1）隧道围岩体声波速度值上下振荡变化，充分说明隧道围岩体的非均质性；一般情况下测点随着距隧道开挖轮廓线的距离增加声波速度逐渐增大至原岩的波速值，且呈现非线性变化规律。

（2）在浆水泉隧道掘进爆破采用非光面爆破掘进时对围岩的损伤范围约 100～110 cm，而采用光面爆破掘进时对围岩的损伤范围约 30～35 cm，非光面爆破掘进产生的损伤范围约为光面爆破掘进的 3～4 倍。

（3）图 3.3-7 中靠近隧道开挖轮廓线声波速度出现了增大的现象，可以判定该位置处于非光面爆破掘进产生的超挖区内，且超挖区的范围约 30 cm，声波速度增大是因为回填混凝土造成的，回填混凝土声波速度约 4 000 m/s。

（4）为了控制爆破对围岩的损伤扰动，降低爆破对围岩的超欠挖，以形成平顺光滑的开挖轮廓线，充分发挥围岩的自承能力，工程中须采用光面爆破施工。

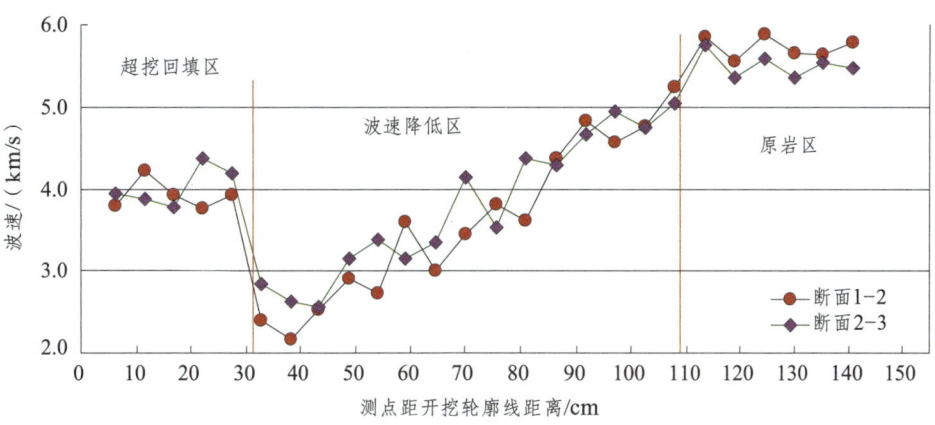

图 3.3-7　1号测试位置声波变化曲线（非光面爆破掘进）

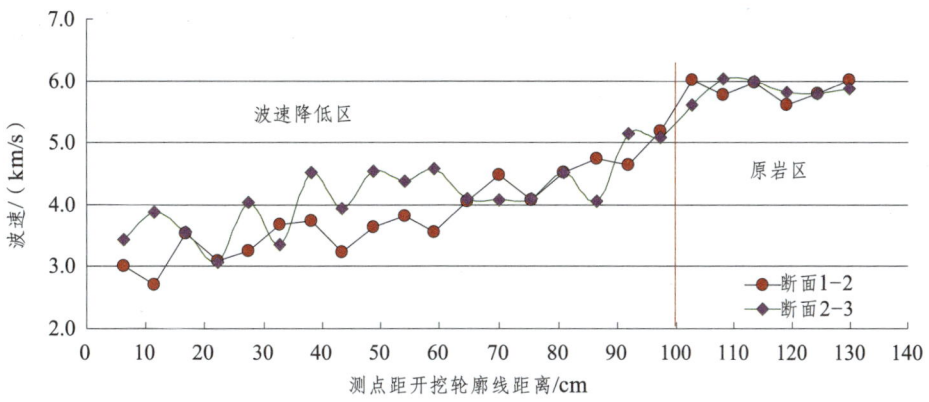

图 3.3-8　2号测试位置声波变化曲线（非光面爆破掘进）

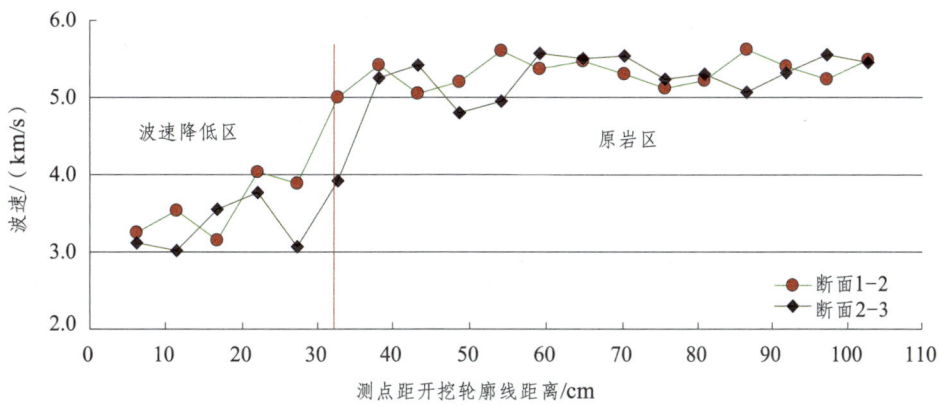

图 3.3-9　3号测试位置声波变化曲线（光面爆破掘进）

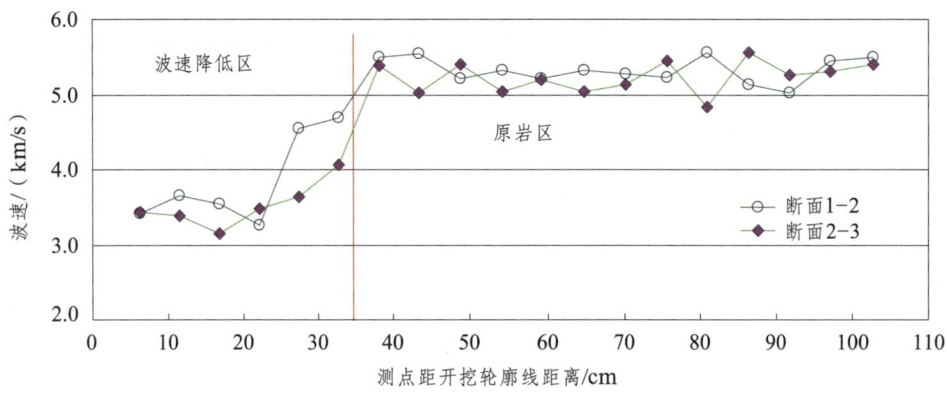

图 3.3-10　4 号测试位置声波变化曲线（光面爆破掘进）

4 Ⅲ级围岩超大扁平高速公路隧道快速施工技术

京沪高速公路济南连接线工程浆水泉隧道左线起讫里程K1+749～K4+850，长3 101 m；右线起讫里程YK1+747.3～YK4+832.7，长3 085.4 m，为双向8车道高速公路隧道，最大开挖面积为219.8 m²，扁平率为0.675。隧道穿越地层主要以水平分层石灰岩为主，Ⅲ级围岩占52.4%，其施工速度直接制约着整体工程的工期。本章针对这一问题，对Ⅲ级围岩超大扁平高速公路隧道快速施工技术进行阐述。

4.1 浆水泉隧道原爆破方案及存在问题

4.1.1 浆水泉隧道Ⅲ级围岩原爆破方案

浆水泉隧道Ⅲ级围岩地段采用上、下台阶法开挖掘进。

1. 上台阶爆破参数

上台阶掘进炮孔直径40 mm，设计单循环进尺3.0 m。由于隧道是单洞四车道公路隧道断面，属超大扁平断面，同时考虑到台架设计形式，掏槽方式采用楔形掏槽，共布置6对掏槽孔，掏槽孔排距仅30 cm，且中间两对排距达到80～90 cm，掏槽孔口距5.0 m，掏槽孔与掌子面的夹角35°～45°。辅助掏槽孔4对，间距60～80 cm。

周边光面爆破孔沿距开挖边界或边界内侧0.05 m布置，其钻孔角度与掌子面夹角大于2°，孔底落在轮廓线外。周边孔的孔间距分布不均匀，有的达到45～50 cm，有的甚至达到60～80 cm，光爆层厚度45 cm。掘进孔分布不均匀，孔间距最大达到1.4 m。考虑到台架的钻孔限制，掏槽孔上部一排掘进孔需要斜插一定角度钻进，以缩小爆破抵抗线。

各炮孔选用φ32 mm、长度为300 mm的药卷，单卷质量300 g。周边孔没有切割长药卷采取间隔装药，而是采用孔底集中装药，同时周边孔的导爆索连接没有形成一个整体连通的网络。现场使用的雷管段别分别为：1、3、5、7、9、11、13段，同时采取了孔外微差传爆。

2. 下台阶爆破参数

浆水泉隧道Ⅲ级围岩地段下台阶爆破区域为 9.5 m×2.5 m，循环进尺为 6.0 m 左右。周边孔间距为 0.5 ~ 0.7 m，周边孔抵抗线为 1.3 ~ 1.5 m，主爆区分两层掘进孔爆破，上层掘进孔间距为 2.0 ~ 2.5 m，抵抗线为 1.5 ~ 1.7 m，下层掘进孔间距为 2.0 m 左右，排距为 0.8 ~ 1.0 m。掘进孔的装药量为 10 卷，单孔药量为 3 kg，周边孔采用 6 卷，单孔药量为 1.8 kg，周边孔装药 8 卷，单孔药量为 2.4 kg。所有炮孔均采用连续装药结构，周边孔没有采用导爆索起爆，所有炮孔全部采用导爆管雷管起爆，每个炮孔均装有 1 ~ 2 发雷管。单个爆破循环共计装药 34.8 kg，单耗为 0.26 kg/m³。所有炮孔分为 3 个段别爆破，起爆雷管段别分别为 1、3、5 或 3、5、7 或 5、7、9。

4.1.2 爆破效果及存在问题

4.1.2.1 上台阶爆破效果及存在问题

根据上述爆破方案进行现场施工，爆破后观察到爆破块度大、光爆效果差、超挖量严重等现象，通过分析原爆破设计方案，主要存在以下问题。

1. 周边孔布置不均匀

如图 4.1-1 所示，周边孔布置很不均匀，有的间距 45 ~ 50 cm，有的甚至达到 60 ~ 80 cm，导致周边孔间距过大，周边孔间距应该控制在 45 ~ 50 cm。

图 4.1-1　周边孔布置

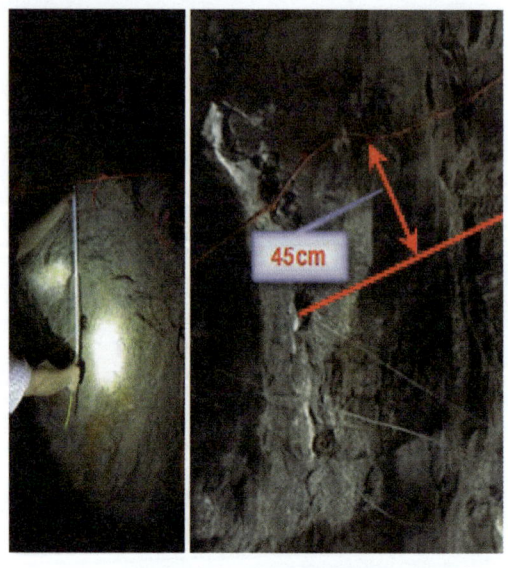

图 4.1-2　光爆层厚度

2. 光爆层厚度过小

如图 4.1-2 所示，经现场测量光爆层厚度最小为 45 cm，为保证良好的光面爆破效果，光爆层厚度应该控制在 70 cm 左右。

3. 掏槽孔排间距过小

如图 4.1-3 所示，经现场测量掏槽孔排间距最小为 30 cm，为保证良好的光面爆破效果，排间距应该控制在 50 ~ 70 cm。

4. 内圈眼间距过大

如图 4.1-4 所示，经现场测量内圈眼间距过大，最大达到 1.4 m，为保证良好的光面爆破效果，内圈眼间距应该控制在 1.0 ~ 1.2 m 之间。

图 4.1-3 掏槽孔排间距

图 4.1-4 内圈眼间距

5. 楔形掏槽孔倾角过小

如图 4.1-5 所示，经现场测量楔形掏槽孔倾角过小，仅为 35° ~ 45°，为保证良好的光面爆破效果，楔形掏槽孔倾角应控制在 50° ~ 70°。

6. 孔底集中装药

如图 4.1-6 所示，爆破方案中周边孔装药均塞至孔底，并未间隔装药，为保证良好的光面爆破效果，应采用间隔装药，线装药密度不得超过 0.18 kg/m。

图 4.1-5 楔形掏槽孔

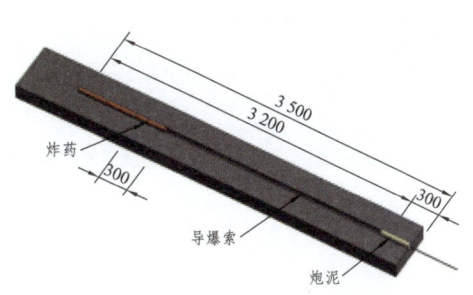

图 4.1-6 周边孔装药结构

另外，爆破方案中直接把雷管全部用胶带包裹，导爆索连接不规范，随手打结，如图 4.1-7 所示，容易将导爆索炸断，影响光面爆破效果；同时初期支护紧跟掌子面，由于现有钻眼机具的原因，使得炮孔外插角过大（图 4.1-8），形成较大超欠挖。

图 4.1-7　导爆管连接

图 4.1-8　初期支护紧跟掌子面导致外插角较大

4.1.2.2　下台阶爆破效果及存在问题

浆水泉隧道下台阶爆破效果如图 4.1-9 所示。可以看出，爆破效果较差，几乎观察不到残留的半壁炮孔，隧道轮廓线壁面凹凸不平，超欠挖现象严重，最大超挖量达到 0.5 ~ 0.6 m 左右，混凝土超喷量大。

（a）

（b）

图 4.1-9　下台阶爆破效果

根据下台阶爆破方案的炮孔布置、装药结构、起爆网络等综合分析可以看出，原爆破方案属于非光面爆破设计，周边孔的最小抵抗线过大，达到 1.3～1.5 m，周边孔的药量过大且采用连续装药结构，线装药密度达 0.3～0.4 kg/m，爆破后形成较大的粉碎区，造成严重的超欠挖现象。同时原爆破方案的循环进尺较大，达到 6.0 m 左右，难以控制钻杆的角度，且掘进孔数量较少，各个掘进孔装药量较大，均达到 3 kg，使得单个爆破循环炸药单耗降低，但爆破块度、爆破抛掷距离以及爆破振动强度均较大，对初期支护结构的影响以及围岩的扰动均增大，使得围岩性质大幅度恶化，围岩稳定性变差。采用该方案进行爆破作业时，施工成本增大，作业安全性降低。

基于原爆破方案中存在的弊端，对爆破方案进行了全方位的优化，实现 Ⅲ 级围岩地段超大扁平高速公路隧道的快速施工。

4.2　Ⅲ级围岩超大扁平高速公路隧道总体爆破方案

为了减弱爆破作用对围岩的扰动，尽可能降低爆破振动效应，在通过爆破形成平顺、光滑开挖洞壁的同时，降低洞身段的爆破振动强度以及减小爆破对围岩的损伤，开挖爆破设计和爆破作业过程中采取以下总体技术方案。

（1）为了有效地降低爆破振动效应，需严格控制每一循环开挖爆破炸药量和一次开挖方量，为此，需合理确定上台阶掘进爆破的单循环进尺，以达到有效控制单次爆破规模的目的。单循环进尺的确定应以掘进爆破振动强度（振动速度）监测结果为依据，通过综合分析后确定。原则上，Ⅲ级围岩大断面隧道掘进爆破的单循环进尺应控制在 3.5 m 以内。

（2）确定合理的掏槽方式及其相应的爆破技术参数。为了充分利用掌子面的自由空间条件，削弱掏槽孔爆破的夹制作用，以降低其爆破振动效应，应尽可能减小掏槽孔的轴线与掌子面的夹角（掏槽角）。对于开挖宽度达到 16～20 m 的上台阶掘进爆破而言，设计采用垂直楔形掏槽方式，单循环进尺在 3.0～3.5 m 时掏槽角选取为 50°～70°，而且掏槽角越小，掏槽爆破产生的振动会明显减弱。

（3）考虑到一次掘进爆破的炮孔数较多，需采用毫秒延迟的起爆技术来达到进一步降低爆破对围岩扰动的目的。一般将各类炮孔之间或同类炮孔中不同圈层炮孔之间的起爆时差控制在 50 ms 以上。

（4）开挖边界上的周边孔采用光面爆破技术，以减弱爆破作用对隧道围岩的扰动，同时使开挖轮廓线平整，减少超挖和欠挖。考虑到围岩溶沟发育等实际情况，应设计选取较小的炮孔间距和较小的线装药密度，光面爆破的炮孔间距在 40～50 cm 范围内选取，线装药密度不大于 0.2 kg/m。

（5）施工中周边光面爆破炮孔采用径向不耦合和轴向不耦合的装药结构，且使用小直径药卷和低猛度、低爆速的炸药，以削弱爆轰气体对炮孔壁围岩的强冲击作用，避免爆破在炮孔周围产生粉碎压缩圈，进一步缩小爆破对围岩的扰动范围。

4.3 隧道上台阶掘进爆破设计

4.3.1 爆破参数设计

1. 炮孔直径

上台阶掘进爆破的炮孔均设计为 40 mm。

2. 循环进尺

综合考虑隧道的围岩条件以及支护结构的设计情况，根据工程类比，单循环实际进尺达到 3.3 m。考虑到炮孔利用率，爆破设计按照 3.5 m 的炮孔深度计算。

3. 炸药单耗

根据隧道围岩的力学强度、开挖断面尺寸以及周边要求光面爆破的特点，并结合相关隧道施工的经验，在采用 2 号岩石乳化炸药时，设计选取掘进爆破的炸药单耗 $q = 0.7 \sim 0.9$ kg/m^3。

4. 掏槽孔爆破参数设计

掏槽孔的角度设计为 50°~70°，每对掏槽孔的孔底距一般为 0.1~0.3 m，硬岩取小值，软岩取大值。设计选取每对掏槽孔的孔底距 0.2 m，掏槽孔孔深一般比单循环设计进尺超深 $h_0 = 0.2 \sim 0.4$ m，且软岩取小值，硬岩取大值。因此，本隧道设计选取掏槽孔超深 $h_0 = 0.2$ m。为保证掏槽孔的爆破效果，每对掏槽孔之间的排距为 $b_0 = 0.5 \sim 0.7$ m。掏槽孔的线装药密度设计为 0.7 kg/m。

5. 周边孔爆破参数设计

周边孔的间距与炮孔直径、岩性和节理裂隙发育程度等因素有关。孔距过大，难以爆出平整光面，孔距过小会增加钻孔费用，且易产生大块。由于爆区岩体的强度较低，且节理、裂隙发育，光面炮孔的孔距不宜过大，经计算并根据工程类比，取周边炮孔的孔距 0.45~0.5 m。通常，周边孔最小抵抗线（最后一圈掘进孔与周边孔的距离）多为光面爆破孔孔距的 1.2~1.8 倍。岩石破碎、软弱时取小值。考虑到隧道围岩为强度较高的灰岩，设计选取周边孔的最小抵抗线 0.7 m。根据本隧道开挖岩体多为软岩的实际情况，结合经验，在采用乳化炸药时，选取周边孔线装药密度 0.13~0.17 kg/m。周边孔的堵塞长度和质量直接关系到周边孔的爆破效果，一般堵塞长度应不小于 0.4 m。

4.3.2 爆破施工设计

考虑到台架尺寸以及钻杆的顺利退出,上台阶的掏槽紧贴台架或适当地往台架内移动。掏槽孔采用矩形布置,共6对,掏槽孔孔深为3.7 m,辅助掏槽孔孔深为3.7 m。掏槽孔上下排距0.5 m,中间两对间距0.85 m,掏槽孔的孔口距5.0 m,与掌子面夹角为57°;辅助掏槽孔上下排距0.55 m,共6对,中间两对间距0.70 m,每对辅助孔的孔口距为5.8 m,与掌子面夹角为69°。

上部掘进孔呈水平布置,孔深为3.5 m,掘进孔的孔距约1.0~1.1 m,各排掘进孔的排距0.8 m,考虑到台架的钻孔限制,掏槽孔上部一排掘进孔需要斜插一定角度钻进,以缩小爆破抵抗线。

周边光面爆破孔沿距开挖边界或边界内侧0.05 m布置,其钻孔角度与掌子面夹角约为1~2°,即向外侧倾斜,孔底落在轮廓线外或轮廓线上。周边孔孔距0.5 m,光爆层厚度0.7 m,均匀布置在轮廓线上。

上台阶掘进爆破采用左右分区的复式垂直楔形掏槽施工技术,炮孔布置如图4.3-1及图4.3-2所示。施工作业时,掘进炮孔的位置允许在5~10 cm范围内调整,其余的调整间距则不能大于5 cm。

选用ϕ32 mm、长度300 mm的药卷,单卷质量300 g;周边孔需把30 cm药卷分割成3~4段,周边孔装药0.5 kg。掏槽孔装药量为10卷;辅助掏槽孔装药量为9卷;掘进孔与底板孔药量均为7卷。为改善爆破效果,所有炮孔均采用反向起爆方法引爆孔内炸药,即起爆药卷置于炮孔底部。

如果有使用导爆索的条件,周边孔以采用导爆索起爆为宜,这样能够保证所有周边孔同时起爆,获得更好的爆破效果。其装药结构如图4.3-3所示。炮孔堵塞采用配比为1:3的黏土与细砂的混合物或黏性较好的黏土堵塞。堵塞所用的炮棍采用木质或竹质材料制作。装药结构及炮孔堵塞示意如图4.3-4所示。

上台阶掘进爆破为同次分段起爆,起爆顺序为:由掏槽孔至辅助掏槽孔、掘进孔、底板孔、周边孔逐排微差起爆。相邻排的微差时间最小间隔为50 ms,最后一排掘进孔与光面爆破孔的微差时间不小于100 ms。所用的雷管段别分别为1、3、5、7、9、10、11、13、15,最后一段雷管起爆光面爆破孔的主传导爆索。上台阶掘进爆破起爆网络示意如图4.3-5所示。

上台阶掘进爆破主要参数列于表4.3-1中。一次爆破的总装药量约为305.6 kg,单循环爆破方量约403.95 m³,单位炸药消耗量约0.76 kg/m³。

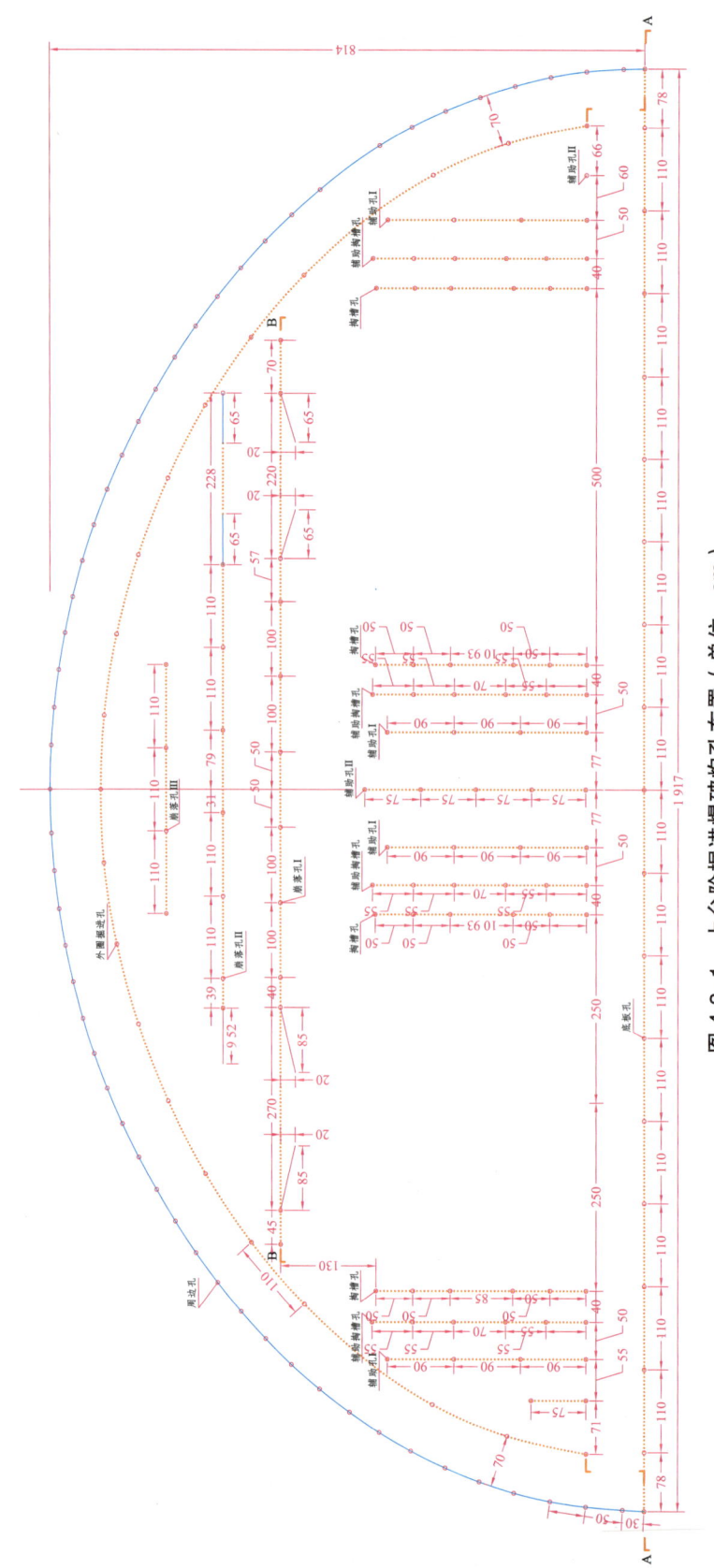

图 4.3-1 上台阶掘进爆破炮孔布置（单位：cm）

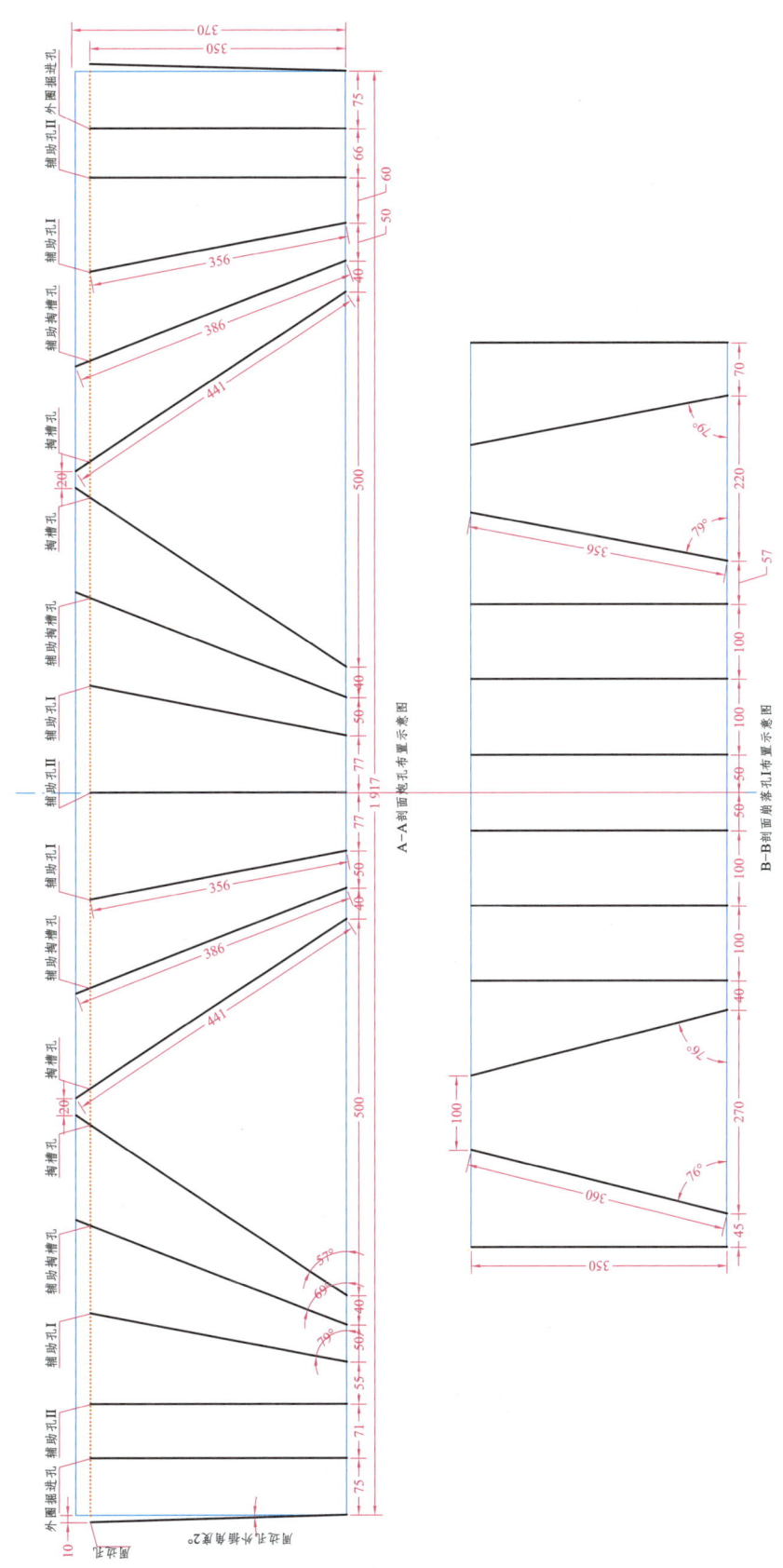

图 4.3-2 上台阶掘进爆破炮孔布置剖面（单位：cm）

图 4.3-3 周边光面爆破孔装药结构

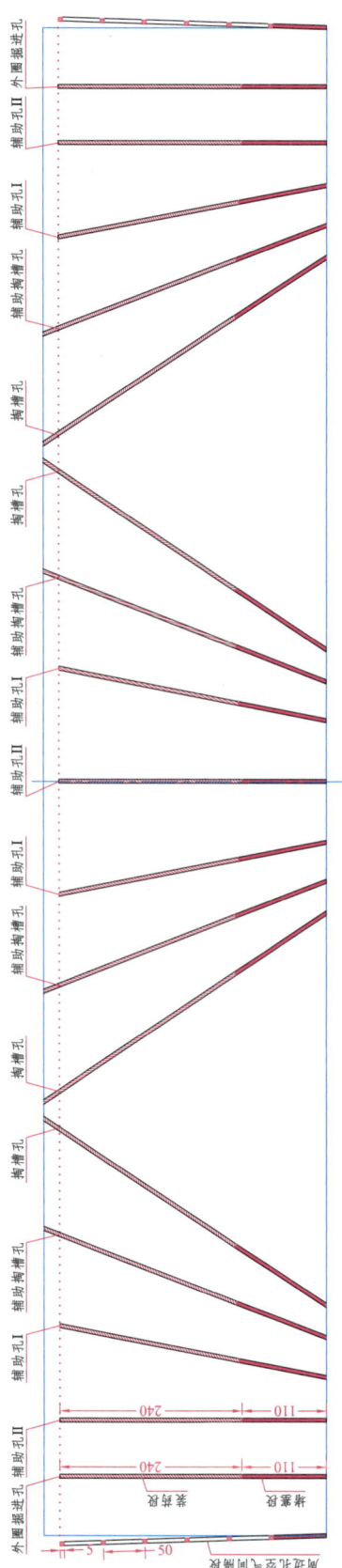

图 4.3-4 上台阶掘进爆破炮孔装药

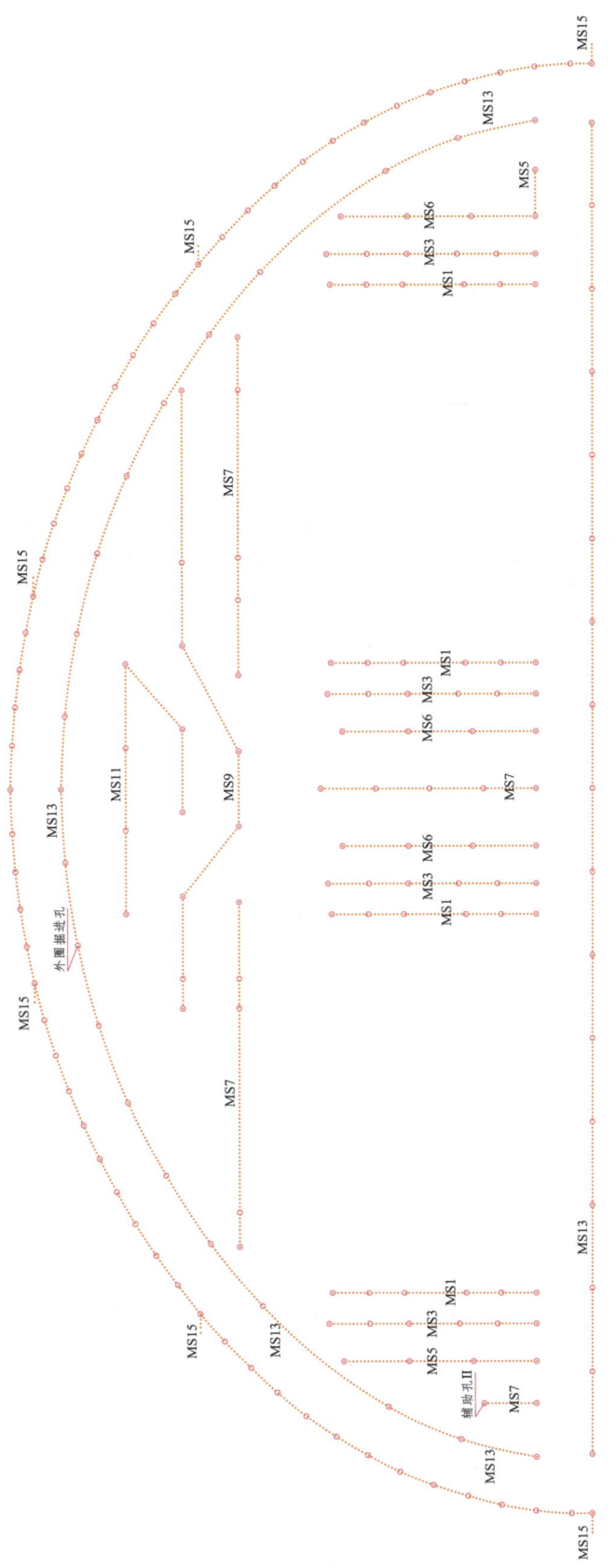

图 4.3-5 上台阶掘进爆破炮孔起爆网络

表 4.3-1　浆水泉隧道Ⅲ级围岩段上台阶掘进爆破参数

炮孔名称	孔深/m	孔长/m	孔数	装药长度/m	线装药密度/(kg/m)	卷数	药卷规格	堵塞长度/m	单孔药量	药量/kg
掏槽孔	3.7	4.41	20	3.0	0.68	10	32 mm×30 cm	1.41	3.0	60.0
辅助掏槽孔	3.7	3.96	17	2.7	0.68	9	32 mm×30 cm	1.26	2.7	45.9
掘进孔	3.5	3.54	63	2.1	0.59	7	32 mm×30 cm	1.44	2.1	132.3
底板孔	3.5	3.50	19	2.1	0.60	7	32 mm×30 cm	1.40	2.1	39.9
周边光爆孔	3.5	3.50	55	—	0.14	—	—	≥0.4	0.5	27.5
合计	—	—	—	—	—	—	—	—	—	305.6

注：进尺 3.3 m，断面面积 121.49 m²，爆破方量 403.95 m³，单耗 0.76 kg/m³。

4.4　隧道下台阶掘进爆破设计

4.4.1　爆破参数设计

下台阶光面爆破的炮孔直径均为 40 mm。综合考虑隧道的围岩情况以及支护结构的设计要求，单循环设计进尺取为 4.0 m。根据隧道围岩的力学强度、开挖断面尺寸以及周边光面爆破的具体要求，并结合上台阶光面爆破参数的爆破情况，采用水平浅孔台阶爆破方案。

选取开挖爆破的炸药单耗为 0.3 ~ 0.4 kg/m³，最上一排炮孔的最小抵抗线为 1.40 m，孔距 1.40 m、排距 1.10 m。上层炮孔堵塞长度为 1.30 m，下层炮孔堵塞长度为 1.90 m。

周边光爆孔的间距与炮孔直径、岩性和节理裂隙发育程度等因素有关。孔距过大，难以爆出平整的壁面，孔距过小会增加钻孔费用，且易产生大块。结合现场情况，周边光爆孔间距取为 0.50 m。周边孔最小抵抗线一般为光面爆破孔孔距的 1.2 ~ 1.8 倍。考虑到隧道围岩为强度较高的灰岩，设计选取周边孔的最小抵抗线为 0.7 m。采用乳化炸药时，选取周边孔线装药密度为 0.11 ~ 0.12 kg/m。周边孔的堵塞长度和质量直接关系到周边孔的爆破效果，一般堵塞长度应不小于 0.4 m。设计进尺为 4.0 m 的下台阶爆破参数如表 4.4-1 所示。

表 4.4-1　下台阶光面爆破参数

炮孔名称	孔深/m	孔长/m	孔数/个	装药长度/m	线装药密度/(kg/m)	卷数/卷	药卷规格	堵塞长度/m	单孔装药量/kg	总药量/kg
光爆孔	4.0	4.0	5	—	0.11 ~ 0.12	1.5	32 mm×30 cm，0.3 kg/卷	0.4	0.45	2.25
上层掘进孔	4.0	4.0	7	2.1	0.525	7	32 mm×30 cm，0.3 kg/卷	1.3	2.1	14.7
下层掘进孔	4.0	4.0	8	2.1	0.525	7	32 mm×30 cm，0.3 kg/卷	1.9	2.1	16.8
导向空孔	4.0	4.0	1	—	—	—	—	—	—	—
合计	—	—	21	—	—	—	—	—	—	33.75

注：单耗 0.36 kg/m³。

4.4.2 爆破施工设计

下台阶光面爆破上层炮孔采用水平布置，下层炮孔适当地下插一定角度，边墙周边孔沿开挖边界布置，其钻孔角度与隧道轮廓线夹角约为 2°，即向外侧倾斜，孔底落在开挖边界外。为保证靠近自由面处的轮廓线平整，在距自由面 0.4 m 处布置一个导向空孔，其炮孔布置如图 4.4-1 及图 4.4-2 所示。

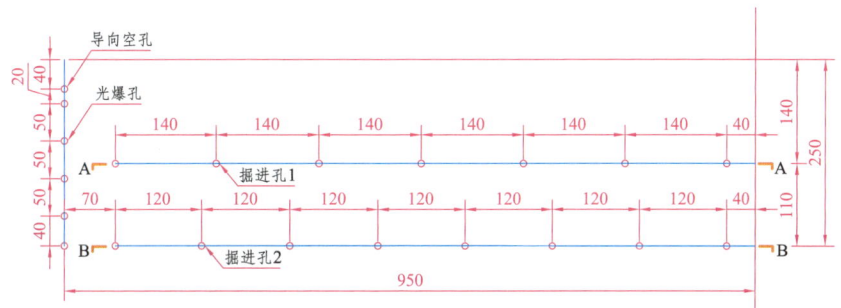

图 4.4-1　下台阶爆破炮孔立面布置（单位：cm）

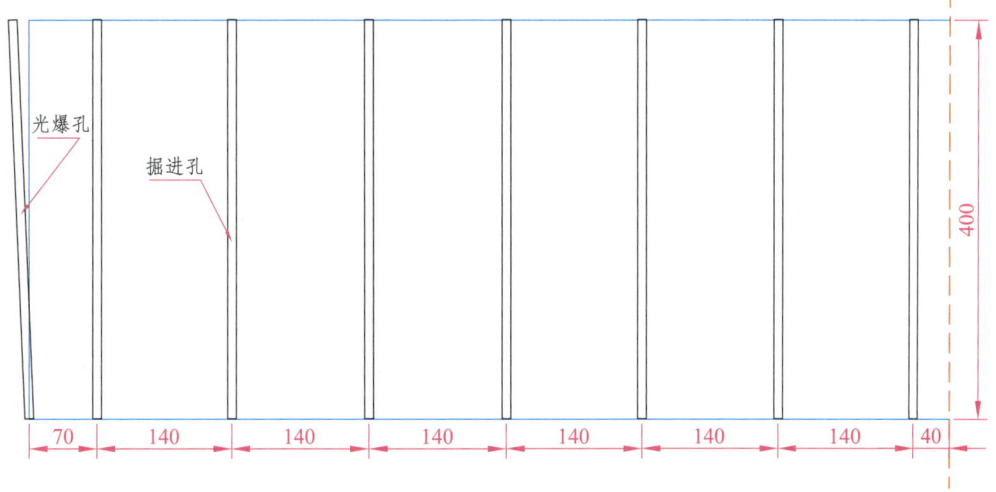

图 4.4-2　下台阶爆破炮孔平面布置（单位：cm）

选用 ϕ32 mm，长度为 300 mm 的 300 g 乳化炸药药卷。掘进孔装药量为 7 卷、周边孔装药量为 1.5 卷。为防止上层掘进孔爆破飞石对初期支护结构的飞散撞击破坏，上层掘进孔采用间隔装药结构，孔底连续装药 4 卷，中间间隔 0.6 m，再连续装药 3 卷，以减弱爆破的抛掷作用。下层掘进孔采用连续装药 7 卷。为改善爆破效果，掘进孔采用反向起爆方法，即起爆药卷置于炮孔底部。炮孔堵塞采用配比为 1∶3 的黏土与细砂的混合物或黏性较好的黏土堵塞。堵塞所用的炮棍采用木质或竹质材料制作。其装药结构及炮孔堵塞如图 4.4-3 及图 4.4-4 所示。

下台阶的起爆顺序为：上下两层炮孔采用斜线起爆，以防止拉裂周边孔，影响周边的平整度，最后起爆周边炮孔。相邻的微差时间最小间隔不小于 50 ms，最后起爆的掘进孔与周边孔的微差时间不小于 100 ms。

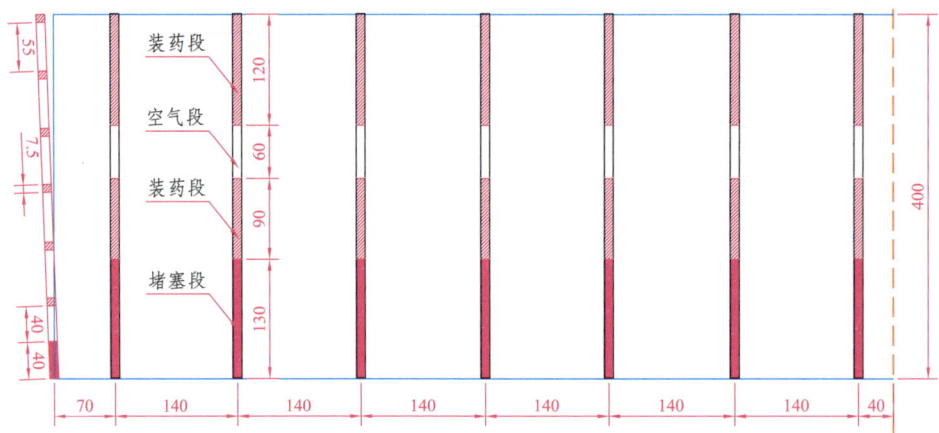

图 4.4-3　上层孔装药结构及炮孔堵塞示意（单位：cm）

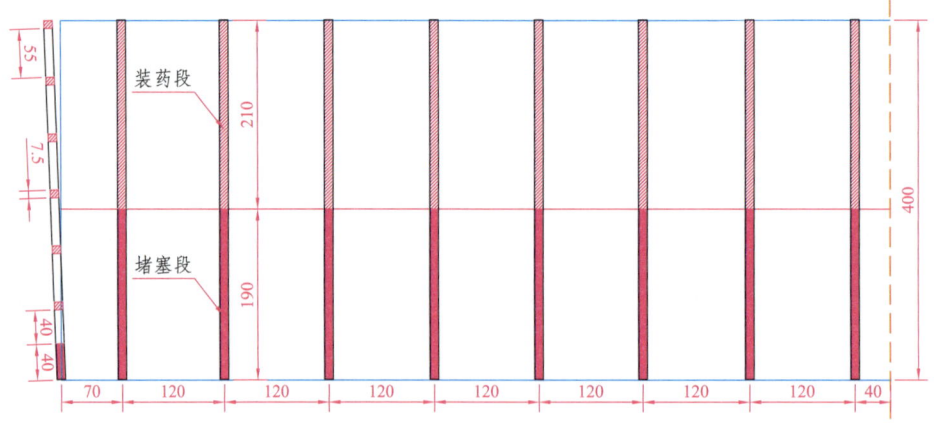

图 4.4-4　下层孔装药结构及炮孔堵塞示意（单位：cm）

主爆区采用同次起爆、孔内分段延迟的非电导爆管起爆网路。上层掘进孔每孔内装 2 发毫秒非电导爆管雷管，下层掘进孔每孔内装 1 发毫秒非电导爆管雷管。所有炮孔的导爆管起爆雷管采用簇并联方式连接，起爆网络的传爆雷管采用电雷管或导爆管雷管爆炸激发。

下台阶掘进开挖按雷管段别分别为 1、3、5、7、9、11 起爆。下台阶先行部分只有一个自由面，采用如图 4.4-5 所示的起爆网络，下台阶的后行部分有两个自由面，采用如图 4.4-6 所示的起爆网络。

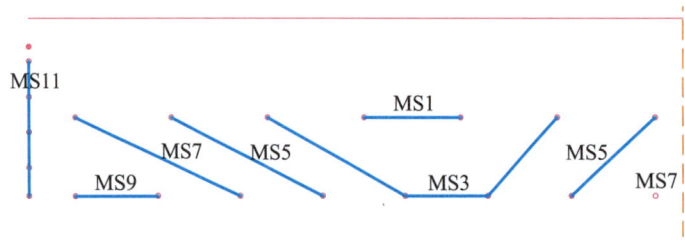

图 4.4-5　下台阶爆破斜线起爆网络（先行）

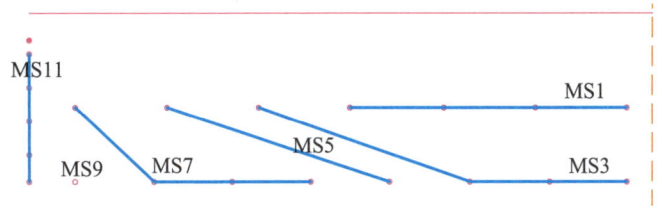

图 4.4-6 下台阶爆破斜线起爆网络（后行）

4.4.3 爆破施工工艺流程

爆破施工工艺流程如图 4.4-7 所示。

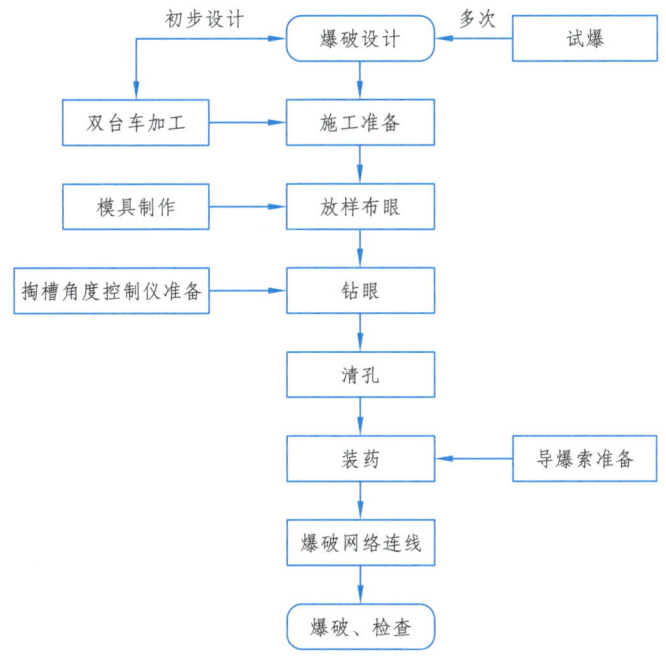

图 4.4-7 施工工艺流程

4.5 上台阶长短孔光面爆破技术

在浆水泉隧道施工过程中，有局部地段围岩因处于风化层内且自稳性较差，为确保施工安全，开挖后采用"紧封闭"措施，即初期支护需紧跟掌子面。但是，如果初期支护紧跟掌子面将导致现场钻孔作业空间受限，使得钻杆无法沿开挖轮廓线开孔，而需要向隧道空间内移动一定距离，这种钻孔方法在保证进尺的情况下不可避免地造成较为严重的超欠挖现象，使得隧道周边开挖面极不平整，大大地影响钻孔精度的控制，增加了施工成本。为解决这一问题，结合施工现场实际情况，在浆水泉隧道上台阶研究并采用了长短孔相结合的周边光面爆破技术。

4.5.1 长短孔光面爆破技术简述

周边眼长短孔光面爆破技术如图 4.5-1 所示。

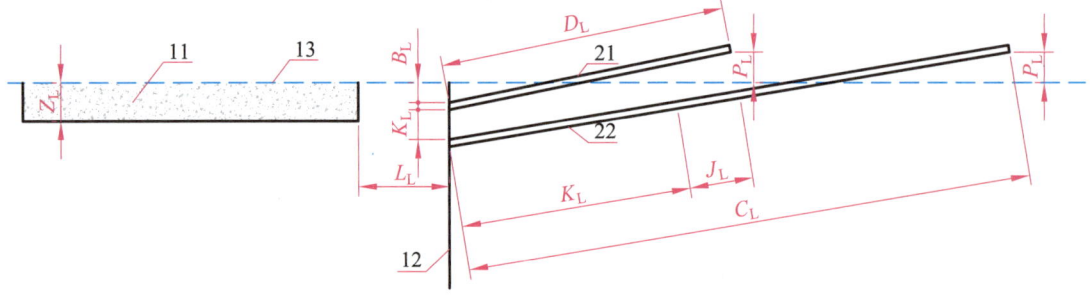

图 4.5-1　长短孔布置示意

初期支护结构编号为 11，厚度为 Z_L，初期支护结构与掌子面间距离为 L_L；短孔钻杆紧贴初期支护结构 21，起孔位置与开挖边界间距离为 B_L，钻孔长度为 D_L，孔底偏移距离为 P_L；长孔开孔位置自短孔孔口向内偏移即孔口距为 K_L，钻孔长度为 C_L，孔底偏移距离为 P_L。长短孔搭接长度为 J_L。

短孔采用轴向及径向不耦合的装药结构，孔口堵塞段长度 D_S 不小于 0.4 m，装药间隔长度为 J_G，孔内采用导爆索（编号为 33）起爆，导爆索与药卷应采用胶带捆绑。短孔装药结构参照图 4.5-2。

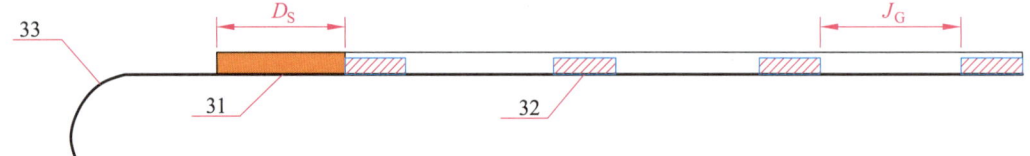

图 4.5-2　短孔装药结构

长孔采用轴向及径向不耦合的装药结构，孔口留空长度 L_K 应不大于 0.5 倍短孔长度 D_L，孔内堵塞段长度 D_S 不小于 0.4 m，装药间隔长度为 J_G，孔内采用导爆索起爆，导爆索与药卷应采用胶带捆绑。长孔装药结构参照图 4.5-3。

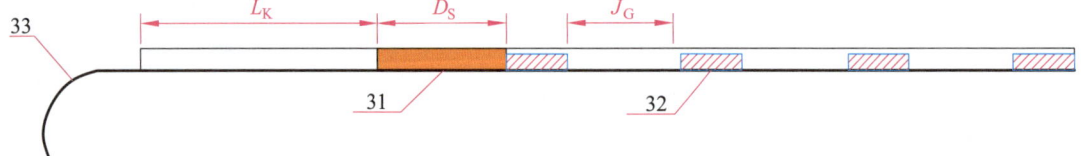

图 4.5-3　长孔装药结构

4.5.2 长短孔光面爆破设计

2017 年 4 月 13 日至 2017 年 4 月 19 日在浆水泉隧道出口左、右洞进行了为期 7 d 的现场试验。每次爆破试验结束后及清渣完毕后，进入隧道现场进行当次爆破试验的观测与相关数据指标的统计。

1. 爆破参数设计

上台阶长短孔光面爆破炮孔直径均采用 40 mm。综合考虑隧道的围岩情况以及支护结构的设计要求，单循环设计进尺取为 3.50 m。根据隧道围岩的力学强度、开挖断面尺寸以及周边光面爆破的技术要求，短孔长度为 1.90 m，短孔孔口位置处于轮廓线上，外插角 5°，孔底距隧道轮廓线约 15 cm。长孔长度为 3.51 m，长孔自轮廓线向洞内偏移，孔口位置距离轮廓线 10 cm，外插角 4°，孔底距隧道轮廓线约 15 cm。

现场采用直径为 32 mm、长度为 30 cm、质量为 300 g 的乳化炸药，则短孔单孔装药量为 0.225 kg，线装药密度为 0.118 kg/m。长孔单孔装药量为 0.225 kg，线装药密度为 0.064 kg/m。

孔距取为 0.5 m，光爆层厚度为 0.7 m 左右。炮孔的堵塞长度和质量直接关系到周边孔的爆破效果，一般堵塞长度应不小于 0.4 m。长短孔光面爆破参数如表 4.5-1 所示。

表 4.5-1 浆水泉隧道上台阶长短孔光面爆破参数

名称	孔口距轮廓线距离 /cm	孔底距轮廓线距离 /cm	孔深 /cm	孔长 /cm	外插角 /(°)	单孔装药量 /kg	线装药密度 /(kg/m)	堵塞长度 /cm
短孔	0	15	188	190	5	0.225	0.118	40.0
长孔	10	15	350	351	4	0.225	0.064	40.0
合计	—	—	—	—	—	0.450	—	—

2. 爆破施工设计

长短孔光面爆破炮孔采用水平布置，长短孔与隧道轮廓线的夹角 4°~5°，即向外倾斜，炮孔孔底落在轮廓线外约 0.15 m，其炮孔布置如图 4.5-4 和图 4.5-5 所示。

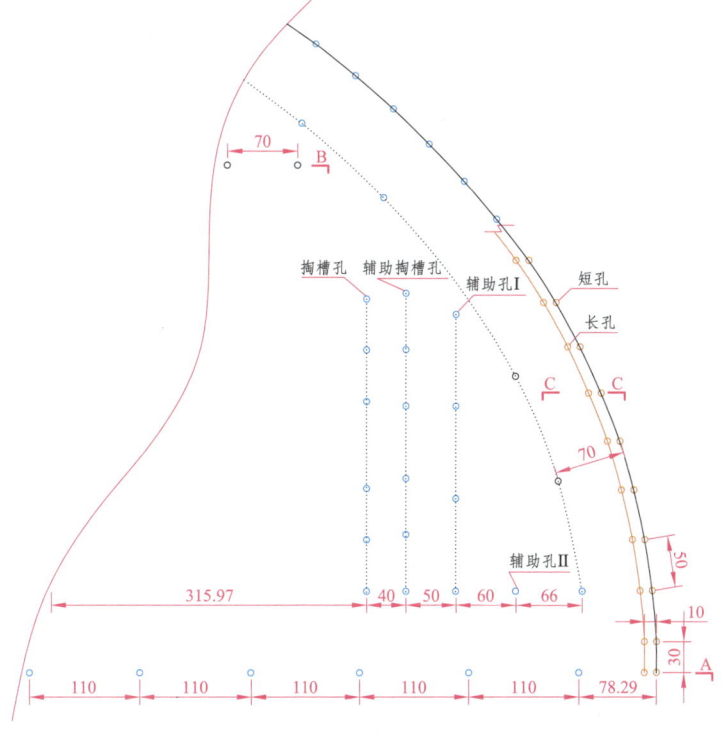

图 4.5-4 上台阶长短孔光面爆破炮孔立面布置（单位：cm）

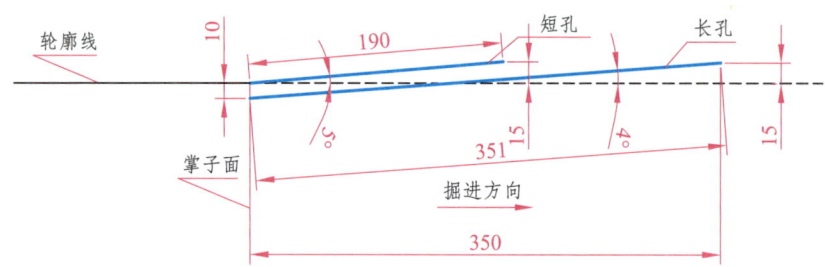

图 4.5-5　上台阶长短孔光面爆破炮孔平面布置（单位：cm）

现场选用 $\phi 32$ mm，长度为 30 cm 的 300 g 乳化炸药药卷。短孔装药 3 小节（每卷切割成 4 节），长孔装药 3 小节。为改善爆破效果，炮孔采用反向起爆方法，即起爆药卷置于炮孔底部。炮孔堵塞采用配比为 1∶3 的黏土与细砂的混合物或黏性较好的黏土堵塞。堵塞所用的炮棍采用木质或竹质材料制作。其装药结构及炮孔堵塞如图 4.5-6 所示。

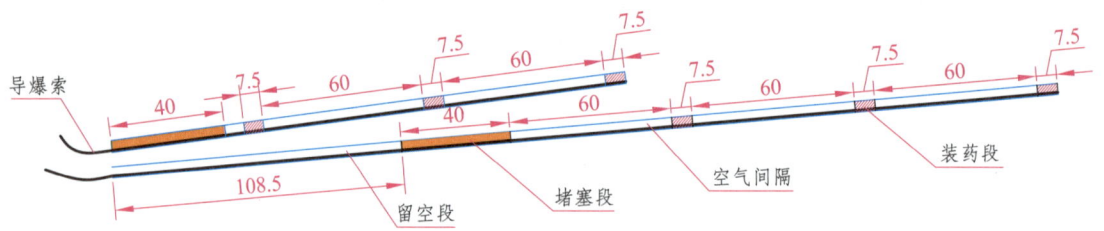

图 4.5-6　长短孔装药结构及炮孔堵塞（单位：cm）

长短孔的起爆网络采用导爆索连接，按照短孔 — 长孔 — 短孔 — 长孔……的顺序连接，最后起爆的掘进孔与长短孔的微差时间不小于 100 ms。采用 15 段毫秒非电导爆管雷管起爆。

4.5.3　长短孔光面爆破现场试验

长短孔光面爆破选择在浆水泉隧道出口右洞上台阶开展试验，主要根据现场掌子面与初期支护的实际距离以及钢拱架的纵向间距，调整长短孔的开孔位置与轮廓线的距离以及长短孔的外插角度，使得欠挖的部位位于两榀钢拱架的中间部位，不影响 I20a 钢拱架的立设，同时使得平均线超挖量控制在 10 cm 以内。

通过现场试验不断优化装药参数与孔网参数，动态调整长短孔的线装药密度以及长短孔的相关尺寸参数，使之达到较理想的光面爆破效果。其现场具体操作流程如下：

（1）根据右洞上台阶现场作业情况选择试验区域并确定长短孔孔口位置，如图 4.5-7 所示。

（2）在钻杆上标注所钻炮孔长度的标记，按照设计要求进行钻孔作业，如图 4.5-8 所示。

（3）钻孔结束后进行清孔，清理完成后认真复核长短炮孔的尺寸参数，使之达到设计要求。

（4）把乳化炸药药卷切割成 4 小节，长短孔内按照要求进行径向与轴向的不耦合装药，并进行炮孔有效地堵塞。

（5）使用导爆索连接并起爆，如图 4.5-9 所示。

（6）爆破结束一定时间之后，进入隧道内观察光面爆破效果并评价，在爆破效果的基础上决定是否需要进一步优化调整爆破参数。

图 4.5-7 长短孔孔位确定

图 4.5-8 长短孔钻孔作业

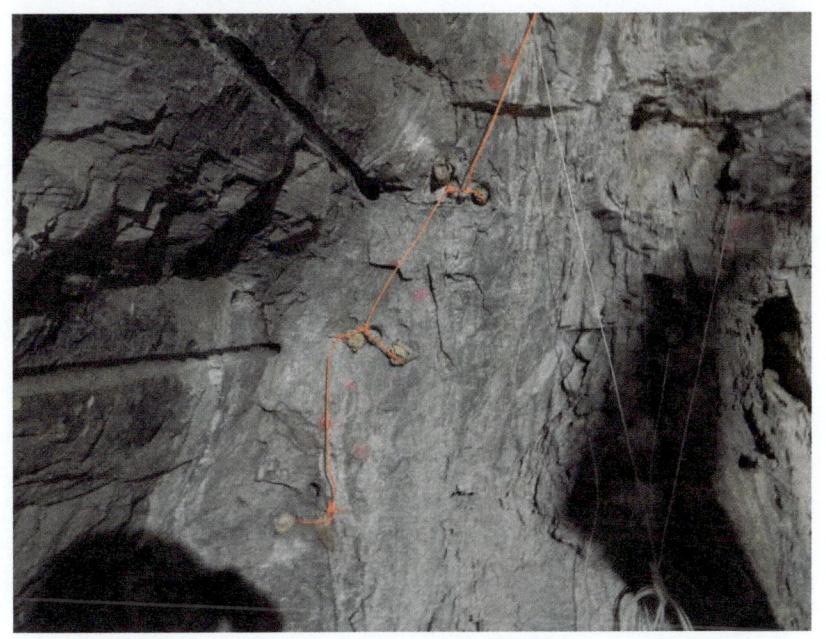

图 4.5-9 长短孔导爆索连接

4.5.4 试验结果及分析

1. 光面爆破试验效果

2017年4月15日在浆水泉隧道出口右洞上台阶局部范围进行第一次长短孔光面爆破现场

试验，试验在上台阶边墙连续布置 6 个位置的长短孔孔位，按照设计要求进行爆破作业，爆破后其光面爆破效果如图 4.5-10 和图 4.5-11 所示。

（a）

（b）

图 4.5-10　长短孔光面爆破效果（局部）

（a）　　　　　　　　　　　　　　　（b）

图 4.5-11　长短孔光面爆破效果（整体）

2017 年 4 月 18 日在浆水泉隧道出口右洞上台阶局部范围进行第二次长短孔光面爆破现场试验，试验在上台阶边墙连续布置 6 个位置的长短孔孔位，按照设计要求进行爆破作业，爆破后其光面爆破效果如图 4.5-12 和图 4.5-13 所示。

（a）

(b)

图 4.5-12　长短孔光面爆破效果（局部）

图 4.5-13　长短孔光面爆破效果（整体）

2. 数据统计

每次爆破结束之后，对光面爆破效果指标（炮孔利用率、最大超欠挖量、半孔率等）进行现场统计，结果如表 4.5-2 所示。

表 4.5-2　上台阶长短孔光面爆破效果指标

方案	试验地点	钻孔深度 /m	炮孔利用率	最大超欠挖量 /m	半孔率
非长短孔光面爆破	右洞上台阶	3.6~3.7	95%	0.15	93%
长短孔光面爆破	右洞上台阶	短孔：1.4~1.5 长孔：3.6~3.7	短孔：98% 长孔：90%	短孔：0.15 长孔：0.13	93%
非长短孔光面爆破	右洞上台阶	3.6~3.7	97%	0.14	92%
长短孔光面爆破	右洞上台阶	短孔：1.4~1.5 长孔：3.6~3.7	短孔：94% 长孔：96%	短孔：0.10 长孔：0.15	90%

由表 4.5-2 可以看出，浆水泉隧道出口右洞上台阶长短孔光面爆破试验取得了较理想的爆破效果，孔底最大超挖量为 15 cm 左右，但整个爆破循环的平均线性超挖量小于 10 cm，可以有效地控制超欠挖现象。同时炮孔利用率较高，炮孔利用率达到 90% 以上。整个循环内的半孔率达到 90% 以上，轮廓线壁面平整，大大地减小了壁面的应力集中现象，提高了围岩的整体稳定性。

3. 试验分析

通过本次现场试验优化调整爆破参数实现了上台阶长短孔光面爆破的目的，达到了较理想的光面爆破效果，通过试验分析得到：

（1）长短孔光面爆破技术可以有效地控制围岩的超欠挖现象，以形成平整的壁面，有利于围岩的整体稳定。

（2）长短孔光面爆破可以大大减少混凝土的喷射量，减少工程成本，整体加快了施工进度。

（3）长短孔光面爆破现场试验达到较理想的爆破效果，在初期支护紧跟掌子面的现场条件下，该技术相比于其他常规光面爆破技术在控制超欠挖方面具有较大的优势。

4.6　隧道掌子面开挖线智能定位测量技术

目前，传统隧道掌子面开挖线测量方式普遍采用利用全站仪后方交会或已知点建站，将待放样点的计算结果人工输入到全站仪，再进行轮廓线和炮眼位置的放样。主要缺陷是配合人员多、作业繁琐、测量作业效率低、占用隧道掌子面的工作时间长、出错概率大等。

基于传统隧道施工放样的缺陷，结合浆水泉隧道的施工，研发形成隧道掌子面开挖线智能定位测量技术。在研发过程中，"隧道掌子面开挖线智能定位测量系统"申请了软件著作权；"一种隧道掌子面开挖线智能定位测量方法"申报了国家专利，经归纳凝练总结，形成"隧道掌子面开挖线智能定位测量工法"。本节对隧道掌子面开挖线智能定位测量技术进行详细阐述。

4.6.1　隧道掌子面开挖线智能定位测量技术原理

隧道掌子面开挖线智能定位测量的技术原理是：首先将隧道设计的平面数据利用软件转换成图形数据，利用智能全站仪与移动数据处理终端的双向通信技术，实现现场采集数据与图形数据比对，自动判断隧道断面所处的空间位置，调用图形数据并生成放样点的技术参数，数据处理终端将放样点的放样数据通过数据通信和传输技术来驱动智能全站仪，利用全站仪的马达自动转向定位技术来实现掌子面的自动放样。其具有以下特点：

（1）测量放样效率高。由于采用 ATR 自动目标识别技术，从而减少了全站仪建站的时间；利用移动设备数据处理终端与全站仪的双向通信联系功能，完成全站仪从建站、数据采集、判断到智能测量放样的全过程，提高了测量放样的效率。

（2）测量放样结果准确可靠。采用图形数据转换技术，将平面测量坐标系统转换成隧道开挖断面所在的立面坐标系统，并计算出该隧道掌子面开挖线的坐标，并转换成计算机的图形数据。由于全过程放样坐标计算的批量化，故放样的结果准确可靠。

（3）测量放样的自动化程度高。由于采用图形数据转换技术，故坐标计算过程自动化；采用 ATR 自动目标识别技术，故全站仪建站棱镜搜索自动化、待放样点定位转向自动化；采用高效的、稳定的数据通信技术，故测量现场自动化。所以测量全过程实现了自动化。

（4）测量过程配合人员少，节省了劳动力。由于采用自动化的智能定位测量方式：过程中坐标计算实现批量化，减少内业计算工作量，节省了劳动力；全站仪建站的自动目标识别和高效、稳定的数据通信，更是加快了测量进度、减少了人员配合。

4.6.2　隧道掌子面开挖线智能定位测量关键技术

隧道掌子面开挖线智能定位测量系统的关键技术有：隧道断面的平面数据转换成图形数据的图形数据转换技术、智能全站仪 ATR 技术、数据通信和传输技术、软件编程技术。

4.6.2.1　图形数据转换技术

图形数据转换技术是将隧道的设计平面数据包括隧道所在的平曲线、竖曲线、断面尺寸等平面数据转换成计算机的图形数据。转换的内容包括隧道任意里程中桩点 P_0 平面坐标计算、P_0 高程计算、隧道全断面轮廓点坐标计算等。

1. 任意里程中桩点 P_0 平面坐标计算

在隧道开挖面上用全站仪测出所选取点 P 的三维坐标（x_{Pt}，y_{Pt}，z_{Pt}），通过坐标变换得到 P 点在局部坐标系 ZH-XYZ 中的三维坐标（x_P，y_P，z_P），如图 4.6-1 所示。

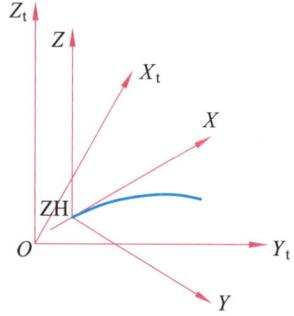

图 4.6-1　各坐标转换坐标系

$$\begin{bmatrix} x_P \\ y_P \\ z_P \end{bmatrix} = \begin{bmatrix} \cos\alpha & \sin\alpha & 0 \\ -\sin\alpha & \cos\alpha & 0 \\ 0 & 0 & 1 \end{bmatrix} \cdot \begin{bmatrix} x_{Pt} - x_{ZHt} \\ y_{Pt} - y_{ZHt} \\ z_{Pt} - z_{ZHt} \end{bmatrix} \quad (4.6\text{-}1)$$

其中，（x_{ZHT}，y_{ZHT}，z_{ZHT}）为腰线上直缓点 ZH 在测区统一左手坐标系 $O\text{-}X_tY_tZ_t$ 中的三维坐标，α 为局部坐标系的 X 轴正向在测区同一坐标系 $O\text{-}X_tY_tZ_t$ 中的坐标方位角。

假设 P 对应的中桩 P_0 局部坐标为（x_0，y_0，z_0），如图 4.6-2 所示。

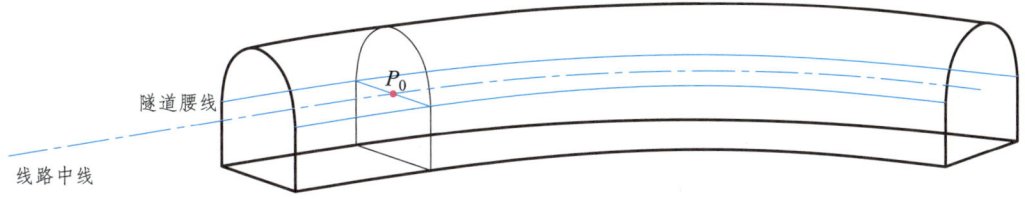

图 4.6-2 中桩 P_0 点示意

根据缓和曲线中桩坐标计算公式，得

$$\begin{cases} x_0 = L - \dfrac{L^5}{40R^2L_0^4} + \dfrac{L^9}{3\,456R^4L_0^4} \\ y_0 = \pm \left[\dfrac{L^3}{6RL_0} - \dfrac{L^7}{336R^3L_0^3} + \dfrac{L^{11}}{42\,240R^5L_0^5} \right] \end{cases} \quad (4.6\text{-}2)$$

其中，L_0 为缓和曲线总长，L 为 ZH 到 P_0 的弧长，R 为圆曲线半径。

令 x_0'，y_0'，x_0''，y_0'' 分别为 x_0，y_0 对 L 的一阶、二阶导数。若 $x_P \ne x_0$，$y_P \ne y_0$，则有 $\dfrac{y_0 - y_P}{x_0 - x_P} \cdot \dfrac{\mathrm{d}y_0}{\mathrm{d}x_0} = -1$，即得

$$(x_0 - x_P)x_0' + (y_0 - y_P)y_0' = 0 \quad (4.6\text{-}3)$$

将（4.6-2）代入（4.6-3）中并按照泰勒级数展开，取一次项得

$$\mathrm{d}L = -\dfrac{F_0}{\Delta F_0} \quad (4.6\text{-}4)$$

其中

$$F_0 = (x_0 - x_P)x_0' + (y_0 - y_P)y_0' \quad (4.6\text{-}5)$$

$$\Delta F_0 = (x_0')^2 + (y_0')^2 + (x_0 - x_P)x_0'' + (y_0 - y_P)y_0'' \quad (4.6\text{-}6)$$

若 $x_P = x_0 \ne 0$，代入（4.6-2）式，按泰勒级数展开，取一次项整理得（4.6-7）

$$F_0 = -x_P + L - \dfrac{L^5}{40R^2L_0^4} + \dfrac{L^9}{3\,456R^4L_0^4} \quad (4.6\text{-}7)$$

此时

$$\Delta F_0 = 1 - \frac{L^4}{8R^2L_0^2} + \frac{L^8}{384R^4L_0^4} \tag{4.6-8}$$

若 $y_P = y_0 \neq 0$，同理

$$F_0 = -y_P \pm \left(\frac{L^3}{6RL_0} - \frac{L^7}{336R^3L_0^3} + \frac{L^{11}}{42\,240R^5L_0^5} \right) \tag{4.6-9}$$

此时

$$\Delta F_0 = \pm \left(\frac{L^2}{2RL_0} - \frac{L^6}{48R^3L_0^3} + \frac{L^{10}}{3\,840R^5L_0^5} \right) \tag{4.6-10}$$

其中，（4.6-5）~（4.6-10）中右式均是由 L 初始值代入而得，L 是通过迭代求解的，第一次迭代可取 L 的初始值 $L_{00} = 1$（m），算出 F_0 和 ΔF_0，代入（4.6-4）的 L 的第一次改正数 $\mathrm{d}L_1$。同理令 $L_1 = L_{00} + \mathrm{d}L_1$ 为新初始值计算出 L 的第二次改正数 $\mathrm{d}L_2$，以此类推，直到 $|\mathrm{d}L_n|$（n 为自然数）小于某一限值，则有

$$L_n = L_{00} + \mathrm{d}L_1 + \mathrm{d}L_2 + \cdots + \mathrm{d}L_n \tag{4.6-11}$$

至此，即可计算得出 P_0 平面坐标，在计算过程中需做如下分类讨论：

① 当 $x_P = 0$，则 $L = x_0 = y_0 = 0$。

② 当 $x_P = x_0 \neq 0$，在迭代过程中若出现 $\Delta F_0 = 0$，停止迭代，此时 $\Delta F_0 = 0$ 的 L 初始值就是所求 L，反之则继续迭代，直至 $|\mathrm{d}L_n|$ 小于限值，得到 L 代入（4.6-2）下式求得 y_0，若 $y_P = y_0$ 则成立。

③ 当 $x_P \neq x_0 \neq 0$，假设 $x_0' = 0$，则有 $\frac{\pi}{2} = \frac{L^2}{2RL_0}$，得 $L = \pi RL_0$，代入（4.6-2）即可求出 x_0，y_0。若 $y_0 = y_P$ 则假设成立，反之则 $x_0' \neq 0$，则必有 $x_P \neq x_0$，$y_P \neq y_0$。在迭代过程中若出现 $\Delta F_0 = 0$，停止迭代，此时 $\Delta F_0 = 0$ 的 L 初始值就是所求 L，反之则继续迭代，直至 $|\mathrm{d}L_n|$ 小于限值，得到 L 代入（4.6-2）求得 x_0，y_0。

④ 当 $0 \leq L \leq L_0$，则 P 在缓和曲线段；否则，P 点不在缓和曲线段，此时 L 与 P_0 坐标无实际意义，故舍去；

⑤ 重复上述步骤，求出其他点对应中桩的平面坐标。

2. 任意里程中桩点 P_0 高程计算

因直缓点 ZH 桩号已知，L 在上述步骤中已经求出，则 P_0 桩号亦可求出，根据 ZH、P_0、HZ 三点桩号及 ZH 和 HZ 腰线上的高程，即可算出 P_0 的高程 Z_0。

3. 确定全断面轮廓点

如图 4.6-3 所示，已知 VV 为腰线，其高程为 Z_0，腰线以上半圆半径为 r，其顶高程 $z_顶 = z_0 + r$；腰线以下为矩形，宽为 $2r$，高为 $z_0 - z_底$，其中 $Z_底$ 为洞底中线的高程。VV 与 P_{i1}、P_{i2}（$i = 1, 2, \cdots$），O 表示采样点。

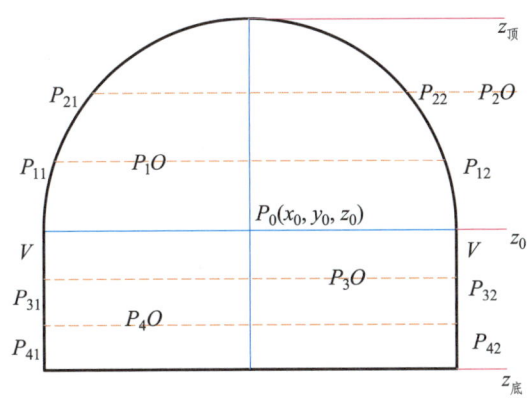

图 4.6-3 隧道全断面示意

① 若 $z_0 \leqslant z_P \leqslant z_顶$

令 $d_1 = \sqrt{(x_0 - x_P)^2 + (y_0 - y_P)^2}$; $d_2 = \sqrt{r^2 - (z_0 - z_P)^2}$

当 $d_1 = d_2$ 时，该点在边线上；

当 $d_1 < d_2$ 时，如图 P_1 点，则在断面内水平地从 P_1 点相向量取 $d_2 \pm d_1$ 得 P_{11} 和 P_{12}；

当 $d_1 > d_2$ 时，如图 P_2 点，则在断面内水平地从 P_2 点相向量取 $d_1 \pm d_2$ 得 P_{21} 和 P_{22}。

② 若 $z_底 \leqslant z_P \leqslant z_0$

令 $d_1 = \sqrt{(x_0 - x_P)^2 + (y_0 - y_P)^2}$; $d_2 = r$

当 $d_1 = d_2$ 时，该点在边线上；

当 $d_1 < d_2$ 时，如图 P_3 点，则在断面内水平地从 P_3 点相向量取 $d_2 \pm d_1$ 得 P_{31} 和 P_{32}；

当 $d_1 > d_2$ 时，如图 P_4 点，则在断面内水平地从 P_4 点相向量取 $d_1 \pm d_2$ 得 P_{41} 和 P_{42}。

③ 若 $z_P > z_顶$ 或 $z_P < z_底$，则该点无意义，舍去重新采点。

重复上述步骤，直至边点密度达到要求即可确定隧道边线的轮廓线。

4.6.2.2 ATR 技术

ATR（Automatic Target Recognition）自动目标识别系统是智能全站仪所具有的一种自动识别系统。它是利用自控马达和 CCD 相机来完成搜索目标、精确照准和自动观测 3 个过程。具有寻找合作目标、自动精确瞄准合作目标、自动锁定合作目标、跟踪测量移动目标等优点。

1. ATR 功能原理

和测距仪一样，自动目标识别（ATR）部件以同样的方法安装在全站仪的望远镜上。红外光束通过光学部件被同轴地投影在望远镜轴上，从物镜口发射出去。反射回来的光束，形成光点，由内置 CCD 相机接收，其位置以 CCD 相机的中心作为参考点来精确地确定。假如 CCD 相机的中心与望远镜光轴的调整是正确的，则以 ATR 方式测得的水平角和垂直角，可从 CCD 相机上光点的位置直接计算出来。

2. 精确定位

ATR 通过 3 个顺序过程形成了精确定位：搜索过程、目标照准过程和测量过程。在手动对棱镜粗略进行照准之后，ATR 的精确定位是完全自动的。首先 ATR 检查粗略照准的棱镜是否位于望远镜的视场里面，如果它探测不到棱镜，它将从头开始搜索过程即望远镜进行螺旋式的连续运动。扫描的速度可以选择以便使被扫描区域里影像之间没有间隙。一旦探测到棱镜，望远镜马上停止运动。

当使用 ATR 测量技术的时候，无需严格的手工照准棱镜中心来确定水平方向和垂直角。定位时，马达螺旋式地转动望远镜来照准棱镜的中心并使之处于预先设定的补偿范围内。一般情况下，为了优化测量速度，全站仪物镜十字丝只定位于棱镜中心附近，定位棱镜中心附近速度明显优于靠马达准确定位棱镜中心。

为了使工作更加简化，ATR 的角度测量与距离测量同时进行。在每一测量过程中，角度偏移量都被重新确定，相应地改正了水平方向值和垂直角，进而精确地测量出距离或计算目标点坐标。

ATR 标准设置中的测量精度与仪器本身的角度测量精度相一致。当使用 ATR 方式进行测量时，由于其望远镜不需要人工聚焦或精确照准目标，测量的速度将会得到非常明显的增加，其精度不依赖于观测员的水平，基本上保持常数。

3. ATR 测量过程

图 4.6-4 为 ATR 工作原理流程图。常规的 ATR 校准工作允许检查和测定 CCD 相机的中

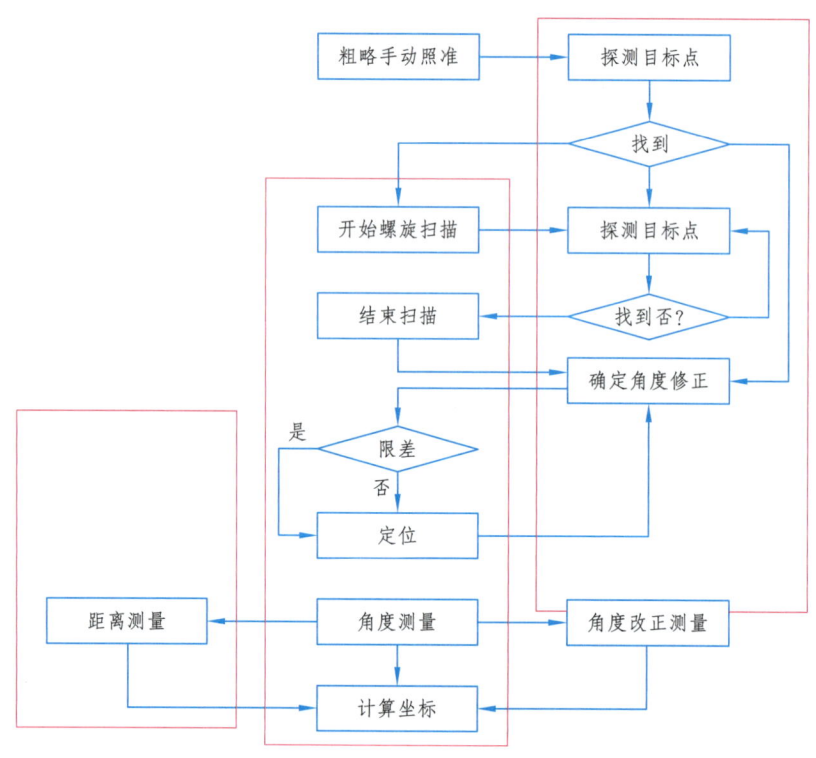

图 4.6-4　ATR 工作原理流程

心与望远镜光轴的重合度。测定 ATR 的照准差，必须人工将望远镜对准棱镜中心。视准线（十字丝）和 CCD 相机中心之间在水平和垂直方向上的偏差由仪器计算出来。校准过程中确定的偏差改正被应用在 ATR 方式下的角度测量上。当度盘扫描系统进行测量时，这些改正数被用来改正相对于视准线的值。由此可见 ATR 照准差的校准是提高其测量精度的重要一环。

4.6.2.3 数据通信技术

随着测量仪器计算机硬件技术的不断发展，测量自动化逐步走向现实。如何利用远程通信控制电子全站仪，有效地提高外业测量工作效率、减少人员劳动强度、保证外业数据采集质量的条件下，实现放样测量自动化。移动智能设备需具备便捷性、存储数据量大、系统稳定、二次开发方便、可视化程度高等特点，适合现代施工现场测量作业的需要。

1. 数据通信方式选择

目前，移动智能设备与外界通信主要有以下 3 种方式：串口通信、红外通信、蓝牙通信。其技术方案优选论证如表 4.6-1 所示。

表 4.6-1 数据通信技术方案选优论证

方案选定		设备要求	传输速率	稳定性	分析结论
IrPHY 红外通信技术	1.在移动端和数字全站仪上分别加设红外线发射装置。2.通过将信息调制在红外线上实现 2 个设备的信息传输和通信	开发难度大，需架设红外传输设备，设备要求高	传输速率最高可达到：4 Mbit/s	只能直线传输，传输角受限且信号易受干扰	不采用
蓝牙 4.0 通信技术	1.通过仪器设备自带的蓝牙模块将 2 台设备完成连接。2.通过蓝牙完成 2 台设备的数据通信	仪器本身自带蓝牙模块，但需对软件进行蓝牙配置	信息传输基于 2.4 GHz 的频段可到达 1 Mbit/s	在不稳定环境中连接容易中断，信号易受干扰	不采用
RS-232 串口通信技术	1.通过串口将 2 台设备连接起来并完成数据的通信传输	无需对软硬件进行额外的设备加装和配置	能够保持 1 Mbit/s 的稳定传输速率	能够保持稳定的传输信号，不易中断，抗干扰能力较好	采用

从表 4.6-1 可以看出，红外通信需要专门的设备，蓝牙通信应用开发相对较难，而串口（RS232C）成本较低，比较容易实现。

目前，大多数电子全站仪都将串口作为主要的通信方式，全站仪可通过串口与移动智能设备实现数据通信，通过向全站仪发送其所支持的仪器指令，实时地控制全站仪，利用全站仪上传来的数据，可以在移动智能设备上得到目标的实时观测信息，通过隧道掌子面开挖线智能定位测量系统的集成，实现数据转化、计算与智能放样的一体化。

2. 通信系统平台

（1）硬件平台。

系统所用的硬件包括移动智能设备（惠普 HP2210）1个、徕卡 TS30 全站仪 1 台、PC 计算机 1 台、通信电线数根，如图 4.6-5 所示。惠普 HP2210 采用了 Microsoft Mobile 2003 中文版操作系统，也是目前最为常用的 WinCE 操作系统，新的系统采用了 Windows CE.Net 4.2 为内核，通信端口为 COM1。

图 4.6-5 智能定位测量的硬件设备

（2）软件平台。

系统以 Visual Basic.NET 作为开发平台；Visual Studio.Net 是一个功能强大、高效并且可扩展的编程环境。.NET Compact Framework 包括完整 .NET Framework 基类库的一个兼容子集，并且含有专为移动设备所设计的新类，使用它可以有效地提高编写应用程序的速度。

3. RS-232 串口通信波特率的优化选择研究

要实现移动终端与全站仪之间的数据双向通信，必须事先对通信的传输速率进行合理的选择与设置。通信波特率选择的好坏直接关系到数据传输的效率和稳定性。

波特率（Boud Rate）就是计算机在串口通信中每秒能够发送的位数（bit/s）。

波特率将由计时/计数器来产生，通常设置定时器工作模式为自动再加模式。在此模式下波特率计算公式为：

$$波特率 = (1+SMOD) \times 晶振频率 / (384 \times (256 - TH1))$$

其中：SMOD——寄存器 PCON 的第 7 位，称为波特率倍增位；

TH1——定时器的重载值。

在选择波特率的时候需要考虑 2 点：首先，系统需要的通信速率。这要根据系统的运作特点，确定通信的频率范围。然后考虑通信时钟误差。使用同一晶振频率在选择不同的通信速率时通信时钟误差会有很大差别。为了通信的稳定，我们应该尽量选择时钟误差最小的频率进行通信。

下面举例说明波特率选择过程：

假设系统要求的通信频率在 20 kbit/s 以下，晶振频率为 12 MHz，设置 SMOD = 1（即波特率倍增）。则

$$TH1 = 256 - 62\,500/\text{波特率}$$

根据波特率取值表，我们知道可以选取的波特率有：1 200，2 400，4 800，9 600，19 200。列计数器重载值，通信误差如表 4.6-2 所示。

表 4.6-2 通信误差

波特率	计数器重载值	波特率误差
1 200	204	8.51%
2 400	230	6.99%
4 800	243	4.32%
9 600	249	0.16%
19 200	253	0.51%

要确保串口通信成功，要求通信双方的波特率、通信格式等一致，且波特率误差为最小。从表 4.6-2 可以看出，在通信中，波特率为 9 600 时，其波特率误差为最小，故通信的波特率最终选用为 9 600。

4. 全站仪的数据通信格式

在移动智能设备通信程序的控制下，全站仪将固定格式的字符串通过串口传输给移动智能设备，再根据全站仪的数据存储结构从字符串中提取出角度、距离、坐标等信息。不同型号的全站仪有着不同形式的数据结构，本次系统采用了徕卡系列的全站仪。其数据结构有 GSI8 和 GSI16 两种，对于 GSI8 型的数据结构，其每一条记录由一系列的数据块组成，每数据块都以数据类型的索引号开头，而以一个回车（CR）或回车/换行（CR/LF）符结束。每一数据块包括 15 个字符，其中 1 ~ 6 位记录着类型索引等信息，而 7 ~ 15 位表示了对应类型的数值；其都是以记录类型的索引号（占 2 位）开始，以空格符结束。如下是一条以徕卡 TS30 格式表示的记录：

110004+00001369　　21.124+0471357　022.104+07343410

其表示：点号为 1369、水平角为 47°13′57″、竖直角为 73°43′41″。徕卡全站仪的常见类型索引如表 4.6-3 所示。

表 4.6-3　徕卡全站仪数据类型索引

索引号	11	21	22	31	81	82	83	87
数据含义	点号	水平角	垂直角	斜距	东坐标	北坐标	高程	棱镜高

徕卡全站仪与移动智能设备通信的主要命令有以下 5 类，其命令的基本格式为：

命令符 / 参数类型 / 参数值 <CR/LF>：

① 仪器的参数设置。

SET/70/5：70 代表参数类型即仪器通信的数据传输速率；5 代表参数值即其传输的速率为 9 600 bit/s。

② 查询仪器的内部参数值。

CONF/70：读取仪器当前设置的数据传输速率，其将返回当前传输的速率值。如果说是 9600，即返回值为 0070/0005。

③ 设置全站仪的记录信息值。

PUT/21…2+00000000：设置当前的水平观测值为 0°00′00″。

④ 查询仪器中最后一次有效的观测值。

GET/I/WI21：查询仪器中最后一次有效的水平角的观测值，其返回值为水平角的数据块。

⑤ 驱动仪器测量并且获取仪器的观测值。

GET/M/WI22：驱动仪器测量并且返回当前所观测的竖直角。

5. 全站仪与 PDA 串行数据通信的实现

徕卡电子全站仪带有一个五针的串行接口，移动智能设备 PDA（Personal Digital Assistant）具有一个九针的通信线，利用一个九针与五针的转接线，将其与移动智能设备通过 RS-232 串行通信接口直接连接，如图 4.6-6 所示。

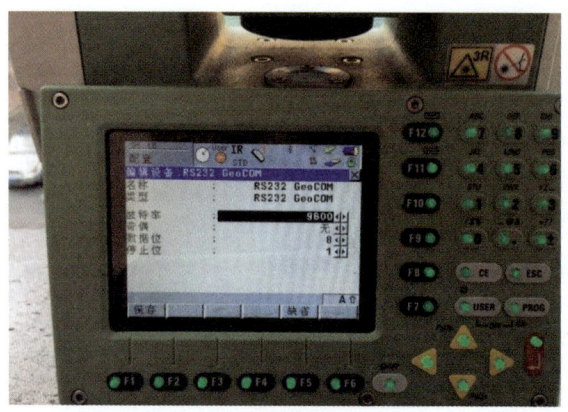

图 4.6-6　全站仪串口设置

在 .NET 的环境下，现通过调用底层的 Windows CE 操作系统的本机 API 进行串口通信。在 Windows 的桌面版本中，与串口通信相关的 API 函数都存储在名叫 kernel32.dll 的动态连接库文件中，而对应的 Windows CE API 都可以在 coredll.dll 中找到。同时可使用 DllImport 属性对引用函数进行声明。

用通信接口电缆将移动智能设备与全站仪的连接好之后，串行数据的通信可分为以下 4 个步骤：首先打开移动智能设备的串行通信端口，如 COM1；接着配置移动智能设备串行通信的相关参数；再往全站仪串口发送机器指令并同时从移动智能设备串口中读取数据信息，实现移动智能设备与全站仪之间的信息交换。在与徕卡全站仪通信接收和发送数据时，采用 CR/LF（回车/换行）作为传送字符结束的标识符，终止符意味着传送数据、指令、信息的结束；最后关闭通信端口。

（1）V 打开移动智能设备串行端口。

先用 DllImport 属性从 coredll.dll 文件中引用 CreateFile() 函数，再通过设置函数参数后调用打开串口，具体如下：

<DllImport("Coredll")> Private Shared Function CreateFile()As Integer;' 引用函数 intHandle= CreateFile ("COM1:",GENERIC_WRITE Or GENERIC_READ,0,0,OPEN_EXISTING,0,0)' 函数的返回值是已打开串口的句柄值。在移动智能设备中其打开的串口一般为 COM1。

（2）配置移动智能设备串口通信参数。

配置移动智能设备串口通信参数主要包括波特率、停止位、数据位、校验位等几个参数的设置。通信程序参数设置的值要与仪器中串行口设置的值一样，才能保证接收字符串的正确性。徕卡全站仪中通信参数一般可设置成：波特率为 9 600 bit/s，检验位为偶检验，数据位为 7 bit，停止位为 1 bit。配置串口主要是用 DCB 结构来完成，首先打开串口，调用 GetCommState() 函数获得当前打开的串口参数，然后根据需要修改 DCB 成员变量，然后调用 SetCommState() 函数设置新的串口参数。具体如下：

```
Dim lpDCB as new DCB                                  '引用 DCB 结构
intResul t = PurgeComm (int Handle,PURGE_RXCLEAR Or PURGE_T XCLEAR)
                                                      '清空缓冲区
intResult = GetCommState(intHandle,lpDCB)             '获取串口配置
            lpDCB. BaudRate = BaudRate                '设置波特率
            lpDCB. Parity = Parity                    '设置效验位
            lpDCB. ByteSize = DataBit                 '设置数据位
            lpDCB. StopBits = StopBit                 '设置停止位
intResult = SetCommState (intHandle,lpDCB)            '设置串口配
intResult = SetupComm(intHandle,rxbuffersize,txbuffers)  '设置输入输出缓冲区大小
```

（3）控制全站仪并读取观测值。

在成功打开并设置通信端口后，先调用 WriteFile() 由移动智能设备向全站仪发送控制指令，以 CR/LF 符标识发送指令的结束，全站仪接收到指令检核无误，便执行相应的操作，将操作的结果返回到移动智能设备的串口缓冲区里，同时激发串口通信事件，程序检测到相应事件后，便通过调用 ReadFile() 函数读取缓冲区中的数据到字符串变量中，最后按照徕卡全站仪的数据存储结构从字符串中提取角度、距离等信息。

esult=WriteFile(intHandle,mbytTxBuffer,nNumberOfBytesToWrite,lpNumberOfBytesWritten, lpOverlapped)' 向仪器发送控制指令

intResult=ReadFile(intHandle,mbytRxBuffer,number,lpNumberOfBytesRead,lpOverlapped) ' 读取全站仪发送的数据

（4）关闭串口，通信结束。

调用 CloseHandle（intHandle），关闭串口通信，测量完成。

利用串口通信控制和操纵全站仪，实现全站仪与外界的实时数据传输有利于拓宽全站仪的使用功能，提高全站仪的灵活性。通过本系统的设计方法可以将外业原始观测信息从全站仪完整的实时传输到移动智能设备或其他硬件设备上。移动智能设备接收到这些数据后，可以结合隧道掌子面开挖线智能定位测量系统，实现掌子面智能化放样测量。

4.6.2.4 软件编程

隧道掌子面开挖线智能定位测量技术通过软件编程的总体思路为：① 首先用带免棱镜测距功能的全站仪测量掌子面上任一点 A 的三维坐标 (X, Y, Z)；② 然后根据平面曲线要素，用点 $A(X, Y)$ 算出该点到线路中线的最短距离 D 及所对应的中桩里程 K；③ 再由里程 K 算出点 A 的设计高程；④ 然后再根据里程 k 所对应的设计断面图和测得的 A 点高程及最短距离 D，算出 A 点与所对应弧段上的设计点位在水平和铅直方向上的偏差分量 dx，dy；⑤ 最后根据偏差分量 dx，dy 的值，量取 A 点位置，并重测其坐标值，检查是否与设计坐标一致。整个计算过程均使用逐点接近法，直到 $\Delta D = \sqrt{dx^2 + dy^2}$ 满足放样精度要求为止。具体流程如图 4.6-7 所示。

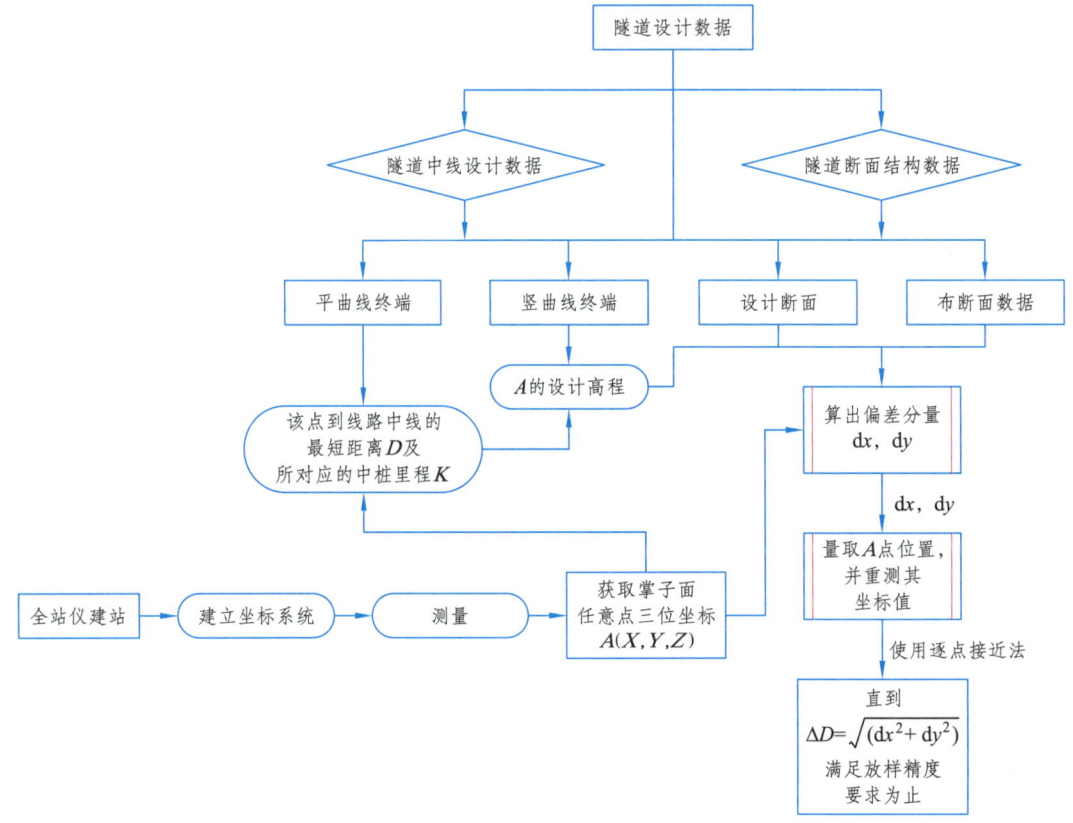

图 4.6-7　软件编程计算原理

隧道断面测设系统软件基于 C++ 语言编程，C++ 是 C 语言的继承，它既可以进行 C 语言的过程化程序设计，又可以进行以抽象数据类型为特点的基于对象的程序设计，还可以进行以继承和多态为特点的面向对象的程序设计。C++擅长面向对象程序设计的同时，还可以进行基于过程的程序设计，因而C++就适应的问题规模而论，大小由之。限于篇幅，编制源程序就不再论述。

4.6.3 隧道掌子面开挖线智能定位测量施工流程及操作要点

4.6.3.1 施工工艺流程

首先在隧道掌子面附近架设全站仪，连接移动设备数据处理终端，设置好通信参数，开展建站作业；在建站精度满足放样要求后，打开隧道掌子面开挖线智能定位测量系统软件，新建工程文件，检查并确认提前输入的平、竖曲线要素和隧道断面等参数无误后，开始测量放样流程。该软件首先能智能化判断掌子面所处的断面里程并取整，自动调取该里程区段的设计断面参数，并以人机对话的方式呈现给操作者，确认后，设置待放样点的间距，开展测量放样作业，软件会驱动全站仪自动用激光指向待放样点的位置，技术人员作出标识后，自动跳转下一点的放样，从而完成该掌子面的测量放样作业。

隧道掌子面开挖线智能定位测量系统的操作工序流程如图4.6-8所示。

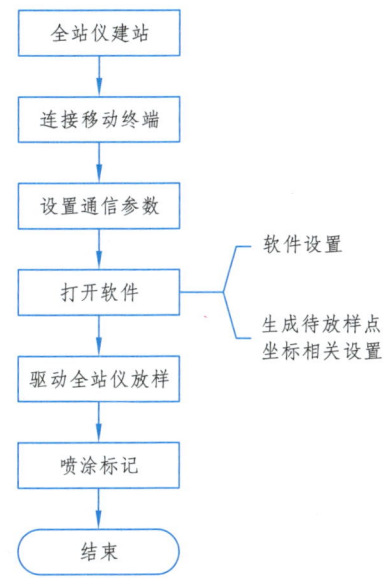

图 4.6–8　隧道掌子面开挖线智能定位测量系统的工序流程

4.6.3.2 施工操作要点

1. 全站仪建站

图4.6-9为全站仪建站示意图。

① 建站作业前按要求进行仪器检校，仪器或反光镜的对中误差不应大于2 mm；同时在作业过程中架站都要对全站仪光学对点器进行检查，确保其状态正常；

② 仪器对中整平过程中，气泡中心位置偏离整置中心不宜超过1格。当放样过程中现场

遇到扰动,必须重新整置气泡位置;

③ 测量放样前要进行气象和仪器常数改正,温度应读至 0.2 ℃、气压应读至 0.5 hPa;

④ 利用智能全站仪 ATR 自动目标识别系统所具备的搜索目标、精确照准和自动观测的 3 个特点,由于其望远镜不需要人工聚焦或精确照准目标,测量的速度将会得到非常明显的增加,其精度不依赖于观测员的水平,所以能够快速的、高效地完成建站。

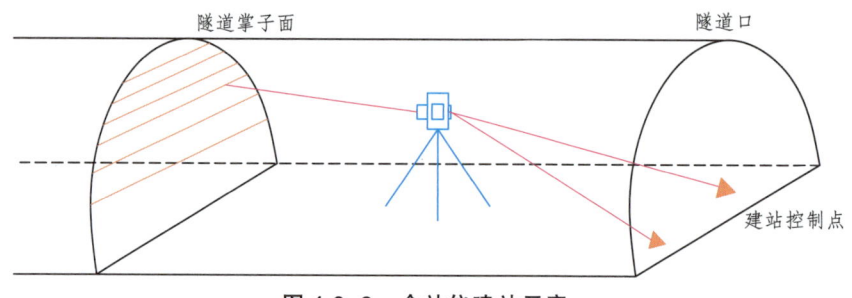

图 4.6-9　全站仪建站示意

2. 移动终端连接和通信参数设置

完成掌子面开挖线坐标的获取、全站仪的建站工作后,全站仪可通过串口与移动智能设备实现数据通信,通过向全站仪发送其所支持的仪器指令,实时地控制全站仪,利用全站仪回传来的数据,可以在移动智能设备上得到目标的实时观测信息。工业电脑与全站仪连接通信如图 4.6-10 所示。

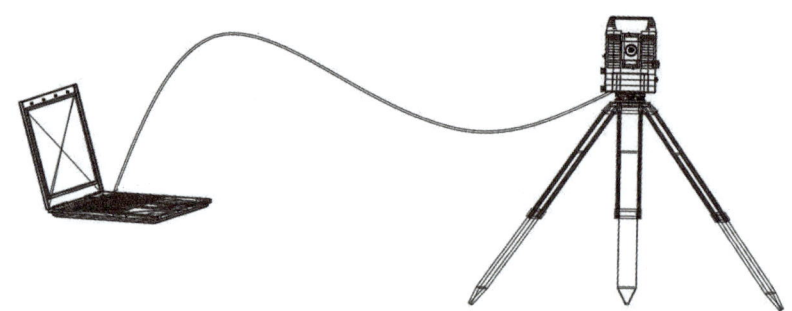

图 4.6-10　工业电脑与全站仪连接通信示意

在移动智能设备通信程序的控制下,全站仪将固定格式的字符串通过串口传输给移动智能设备,再根据全站仪的数据存储结构从字符串中提取出角度、距离、坐标等信息。然而数据通信传输的基础是全站仪与 PDA 串行数据通信的实现,如下为移动终端与全站仪的数据通信的具体步骤:

智能全站仪带有 1 个 5 针的串行接口,移动智能设备具有 1 个 9 针的通信线,利用 1 根 9 针与 5 针的转接线,将其与移动智能设备通过 RS-232 串行通信接口直接连接。

用通信接口电缆将移动智能设备与全站仪的连接好之后,串行数据的通信:首先,打开移动终端的串行通信端口,如 COM1;接着配置移动智终端串行通信的相关参数;然后再往全站仪串口发送机器指令并同时从移动终端串口中读取数据信息,实现移动终端与全站仪之间的信息交换;在与智能全站仪通信接收和发送数据时,采用 CR/LF(回车/换行)作为传送字符结束的标识符,终止符意味着传送数据、指令、信息的结束。具体体现在如下 3 个步骤:

① 打开移动智能设备串行端口。在移动智能设备中打开其串口，一般为 COM1，需操作人员手动设置。

② 配置移动智能设备串口通信参数，主要包括波特率、停止位、数据位、校验位等几个参数的设置。需操作人员手动设置，移动终端通信设置如图 4.6-11 所示。

③ 控制全站仪并读取观测值。在成功打开并设置通信端口后，由移动智能设备向全站仪发送控制指令，以 CR/LF 符标识发送指令的结束，全站仪接收到指令检核无误，便执行相应的操作，将操作的结果返回到移动智能设备的串口缓冲区里，同时激发串口通信事件，程序检测到相应事件后，便通过调用 ReadFile（）函数读取缓冲区中的数据到字符串变量中，最后按照智能全站仪的数据存储结构从字符串中提取角度、距离等信息。

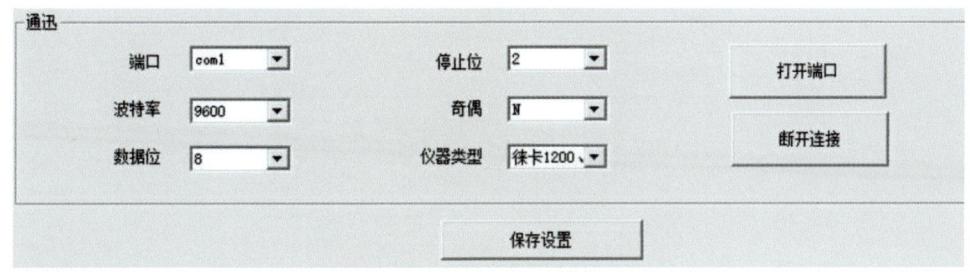

图 4.6-11　移动终端通信设置

3. 移动终端软件设置

通信参数设置完成即配对成功后，打开隧道掌子面开挖线智能定位测量系统软件界面，如下是软件的具体操作步骤：

（1）工程管理。

① 新建工程 —— 新建一个新的工程，在新建工程时需要输入工程名称，保存该工程的路径、观测时间、工程代号、建设单位、施工单位、测量单位、监理单位和备注等信息。

② 设置工程属性 —— 可以显示、修改当前工程的基本信息等。

（2）工程配置：

点击"工程配置"菜单中的"配置"选项即可打开工程配置的界面。

通过"工程配置"可以将当前的设计文件、测量文件、控制点文件等信息加以确定，当全部配置完成后，点击"保存设置"。

（3）设计数据。通过后处理软件的设计数据功能可以实现隧道断面数据的设计工作。

① 隧道断面设计。

根据里程划分，输入隧道几种不同尺寸的隧道断面图。

② 平曲线要素的输入。

③ 纵断面参数设计。

④ 控制点输入。

（4）放样点计算。选择掌子面里程，设置放样点间距，计算炮眼的坐标信息，生成坐标数据文件。

4. 驱动全站仪放样

放样点坐标获取成功后,选择"放样点号",然后再点击"转动"按钮,仪器即转到对应的放样点所在的方向,打开全站仪激光,更清楚看到放样点所在的位置,点击"测量"按钮,可以得出测量坐标与计算所得的 XYZ 坐标的差值,直到满足放样精度要求为止。该点放样完毕,技术人员即可喷点做标识,接着放样下一个待放样点,全部完成后留存资料归档。测量放样需遵循的步骤如图 4.6-12 所示。

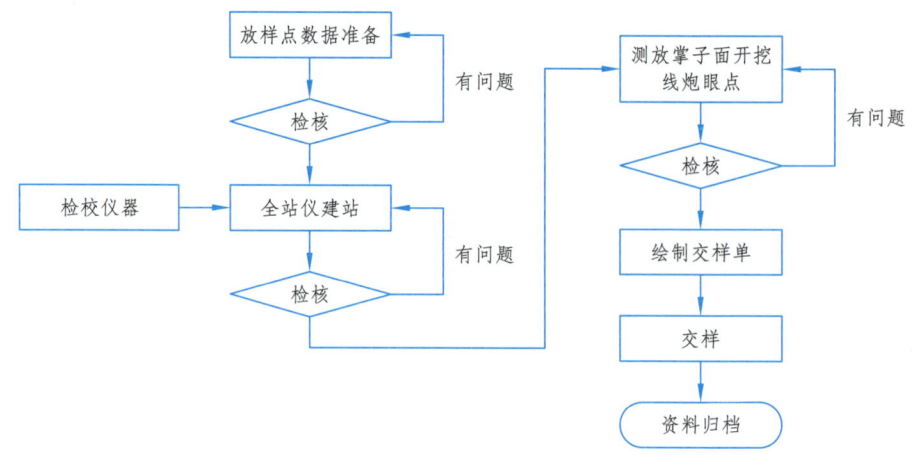

图 4.6-12　测量放样流程

4.6.4　隧道掌子面开挖线智能定位测量设备

1. 软件设备

软件安装对电脑系统的最低要求如表 4.6-4 所示。

表 4.6-4　软件安装最低系统配置

序号	项目	配　置
Win7	系统	32 位系统最低需求
	处理器	中央处理器 1 GHz
	内存	内存 1 GB
	显卡	显卡支持 DirectX 9.0
	显存	显存 128 MB
	硬盘容量	硬盘最小容量 16 GB
Win8	处理器	1 GHz 32 位或 64 位处理器
	内存	1 GB 内存(基于 32 位)或 2 GB 内存(基于 64 位)
	硬盘容量	16 GB 可用硬盘空间(基于 32 位)或 20 GB 可用硬盘空间(基于 64 位)
	显卡	带有 WDDM 1.0 或更高版本的驱动程序的 DirectX 9 图形设备

满足上述安装配置要求后,用户直接打开 exe 程序(本软件属于免安装软件),输入序列号后即可直接运行。智能定位系统软件界面如图 4.6-13 所示。

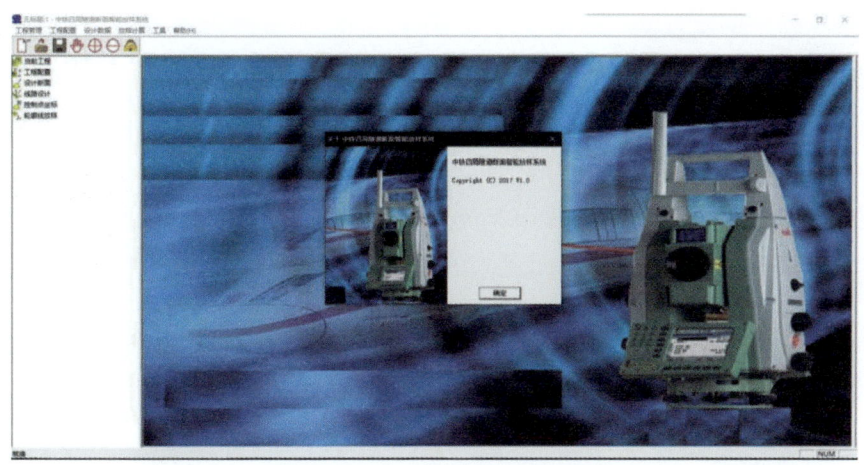

图 4.6-13　智能定位系统软件

2. 硬件设备

主要硬件设备包含移动终端和智能全站仪。

（1）移动端（平板/工业电脑）。

移动终端设备的数据存储量大、系统稳定、可视化程度及智能化程度高，适合现代测量作业的需要。随着软件开发技术的进步，移动终端处理设备已经广泛运用于现代工程测量的实际生产之中。

本软件是基于 Windows 移动操作系统平台开发，即目前最为常用的 WinCE 操作系统，平板电脑和工业电脑只要安装了该系统和通信端口均可运行本软件。我们对工业电脑和掌上平板进行主要性能进行了评估比选，如表 4.6-5 所示。

表 4.6-5　移动终端设备方案选优论证

方案	主要性能评估		分析结论
	优　点	缺　点	
工业电脑	待机时间长，运行性能稳定，隧道施工复杂环境适应能力强	体积略大，携带不便	采用
掌上平板	体积小质量轻，便于携带方便操作	性能稳定性差，环境适应能力弱，待机时间短	不采用

通过比选研究，本最终采用惠普 HP2210 工业电脑（图 4.6-14），采用了 Microsoft Mobile 2003 中文版操作系统，系统采用了 Windows CE.Net 4.2 为内核，通信端口为 COM1。

（2）智能全站仪及其附件。

智能全站仪附件包含棱镜、对中杆、脚架等。本测量系统主要对全站仪提出一定的要求，全站仪需要配备能够自动转向的马达驱动及自动搜索棱镜中心的 ATR 功能。经研究本项目采用徕卡 TS30 全站仪（图 4.6-15），其采用最新的压电陶瓷驱动技术，最大限度减少了仪器转向对全站仪对中整平的状态造成的影响，加上 0.5″ 超高的测角精度，可更好地实现目标。其具体配置如表 4.6-6 所示。

图 4.6–14　移动端硬件设备

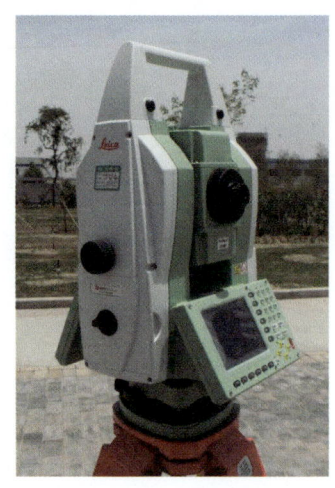

图 4.6–15　智能全站仪

表 4.6–6　智能全站仪技术参数

序号	参数项目	参数具体指标
1	测角精度	0.5″
2	角度测量方法	绝对编码，连续，四重角度探测，比对径测量精度提高 30%
3	测距精度	$0.6 \times (1 \pm 10^{-6})$ mm
4	无棱镜测距	测程 1 000 m、精度 2 mm+2 mm、测量时间 3 s、最大 1 000 m，一般天气及环境达 700 m，恶劣天气及环境仅可测 100～300 m 左右
5	ATR 精度	基本精度 1 mm，1 000 m 精度 2 mm
6	小视场技术	9.6′，100 m 分辨棱镜最小距离 0.3 m，1 000 m 分辨距离为 3 m
7	马达驱动技术	压电陶瓷驱动技术，无噪声
8	马达转动速度	最大速度 180°/s，加速度可达 360°/s
9	马达无故障周期	可连续转动 8 000 h
10	旋转 180° 定位	仅用 2.3 s
11	数字影像功能	有，需单独购买
12	检测软件配置	无
13	超级搜索功能	300 m 范围自动搜索棱镜
14	操作界面	彩色触摸屏、全中文界面操作、无线蓝牙
15	电源功耗	功耗低，锂电池，可测距 4 000 次

4.6.5　工程应用案例

隧道掌子面开挖线智能定位测量系统在京沪高速（港沟立交）济南连接线工程的浆水泉隧道得以成功应用。该隧道是京沪高速公路济南连接线的控制性工程，左线起讫里程 K1+749～K4+850，长 3101m；右线起讫里程 YK1+747.3～YK4+832.7，长 3 085.4m。下面以左线 K1+800 里程断面的智能定位放样为例进行详细说明。平曲线要素如表 4.6–7 所示，纵坡及竖曲线要素如表 4.6–8 所示，隧道断面图如图 4.6–16 所示。

表 4.6-7 平曲线要素

交点名称	桩号	转角	曲线要素					主点1位置								
			切线长 T1 切线长 T2	缓曲参数 A1 圆半径 Ry 缓曲参数 A2	缓曲长 Ls1 圆弧长 Ly 缓曲长 Ls2	曲线全长	外距	ZH 桩号 坐标 X(m) 坐标 Y(m)	HY/ZY 桩号 坐标 X(m) 坐标 Y(m)	QZ 桩号 坐标 X(m) 坐标 Y(m)	YH/YZ 桩号 坐标 X(m) 坐标 Y(m)	HZ 桩号 坐标 X(m) 坐标 Y(m)	交点间距 直线段长 方位角
JD2	K0+638.647 43477.06304 54031.76120												997.673 383.570 51°46′42.39″
JD4	K1+636.320 44094.32747 54815.55735	右 34°19′28.87″	614.104 614.104	564.9779 1680.0000 564.9779	190.000 816.452 190.000	1196.452	79.229	K1+022.217 43714.3791 54333.1028	K1+212.217 43829.0824 54484.5390	K1+620.443 44020.3899 54844.0270	K2+028.669 44119.5818 55238.9843	K2+218.669 44136.0624 55428.2411	2977.426 2363.322 86°06′11.26″
JD5	K4+581.991 44296.67577 57786.09944												

表 4.6-8 纵坡及竖曲线要素

序号	变坡点		凹凸	竖曲线					变坡点间距/m	直坡段长/m	坡度/%
	桩号	高程/m		R/m	T/m	R/m	起点桩号	终点桩号			
1	K0+320.000	212.652									
									350.000	259.743	2.122
2	K0+670.000	220.080	凹	65000.000	90.257	0.063	K0+579.743	K0+760.257			
									620.000	319.743	2.400
3	K1+290.000	234.960	凸	20000.000	210.000	1.102	K1+080.000	K1+500.000			
									740.000	350.000	0.300
4	K2+030.000	237.180	凸	40000.000	180.000	0.405	K1+850.000	K2+210.000			
									2790.000	2610.000	−0.600
5	K4+820.000	220.440									

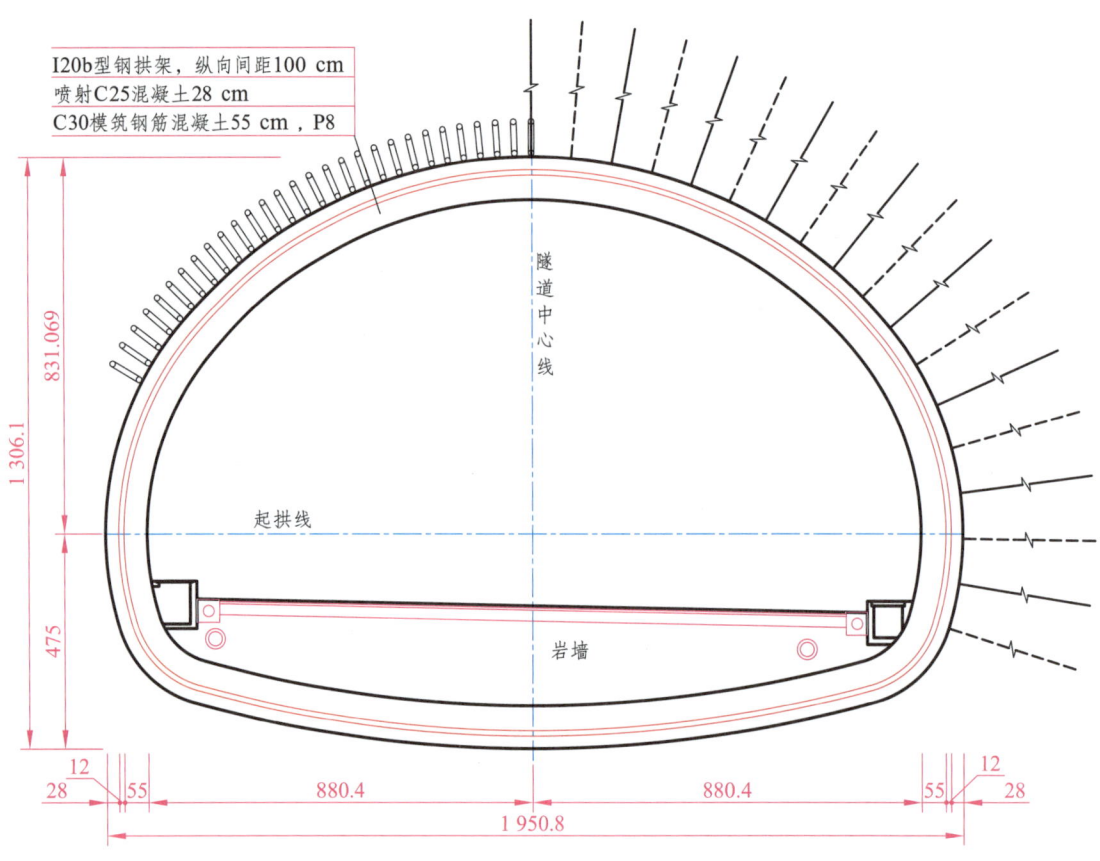

图 4.6-16 隧道断面图（单位：cm）

1. 具体操作步骤

首先在现场架设全站仪后视棱镜进行全站仪建站，建站精度满足放样要求后，进行电脑和全站仪的配对。配对成功后，打开隧道掌子面开挖线智能定位测量系统软件界面，软件的具体操作步骤如下。

（1）工程管理。

工程管理菜单功能如下：

新建工程——新建一个新的工程，在新建工程时需要输入工程名称，保存该工程的路径，观测时间，工程代号，建设单位，施工单位，测量单位，监理单位和备注等信息。

（2）工程配置。

点击"工程配置"菜单中的"配置"选项即可打开工程配置的界面，如图4.6-17所示。

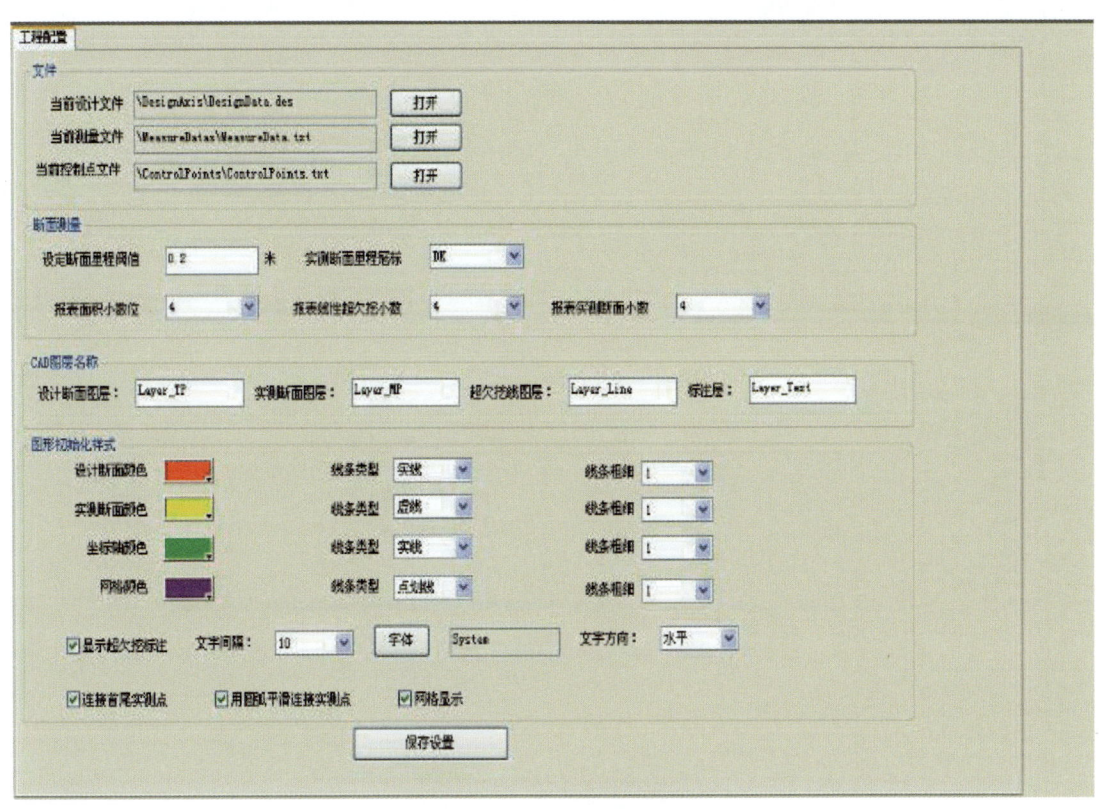

图4.6-17 工程配置界面

通过"工程配置"可以将当前的设计文件、测量文件、控制点文件等信息加以确定，当全部配置完成后，点击"保存设置"即可。

（3）设计数据。

通过后处理软件的设计数据功能可以实现隧道断面数据的设计工作，在完成准备工作后就可将设计成果导入全站仪，进行测量工作。

① 隧道断面设计。点击"设计数据"中的"设计隧道断面"选项，打开"设计断面"界面，如图4.6-18所示。

② 平曲线设计。点击"设计数据"中的"设计平曲线"选项，打开设"平面参数"界面，如图4.6-19所示。

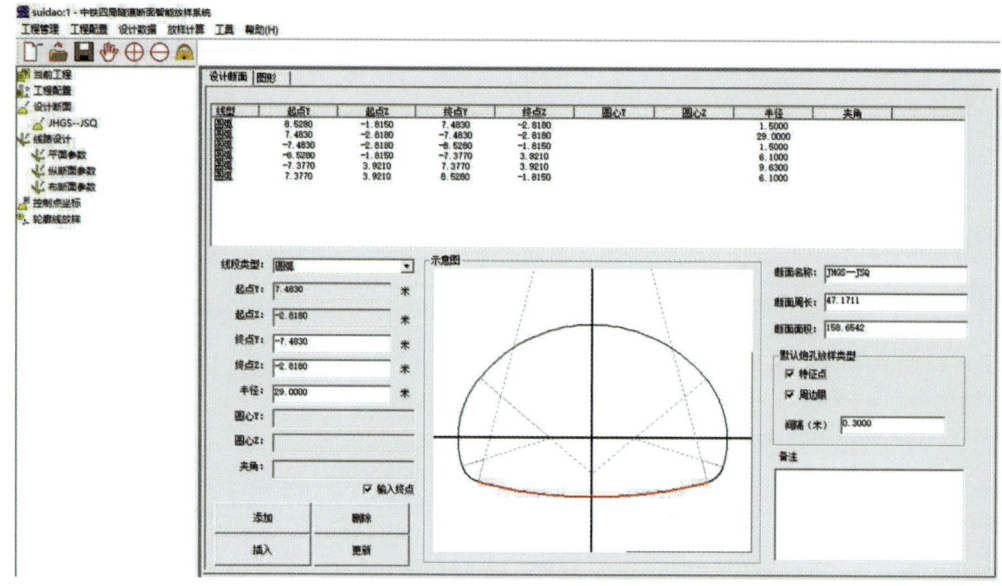

图 4.6-18 设计断面界面

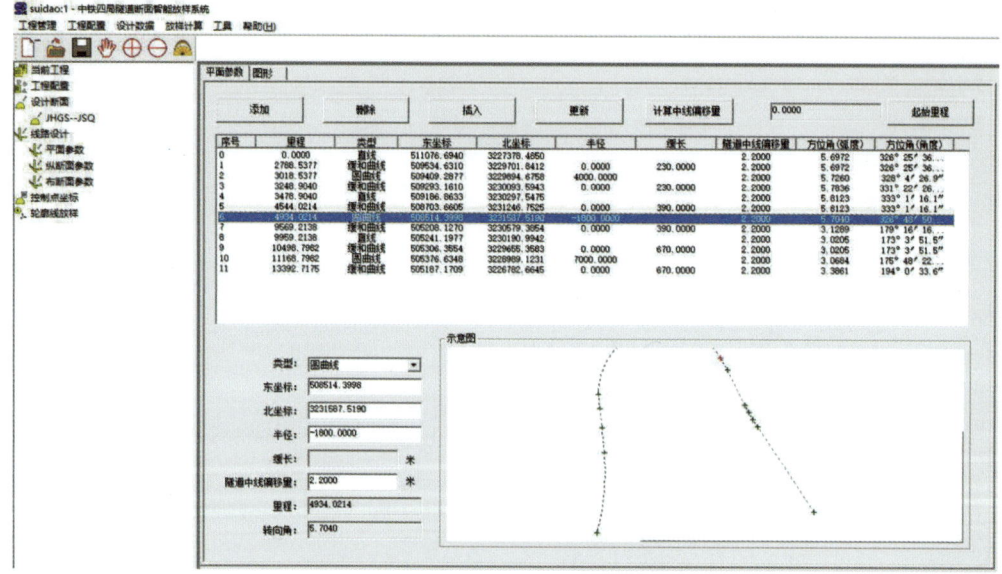

图 4.6-19 线路平面参数设计界面

③纵曲线设计。点击"设计数据"中的"设计纵曲线"选项,打开设计"纵断面参数"界面,如图 4.6-20 所示。

④布断面参数。点击"设计数据"中的"布断面参数"选项,打开设计"布断面参数"界面,如图 4.6-21 所示。

⑤控制点。点击"设计数据"中的"控制点"选项,打开设计"控制点坐标"界面,如图 4.6-22 所示。

(4)放样计算。

点击"放样计算"菜单中的"轮廓线放样"进入"轮廓线放样"界面,如图 4.6-23 所示。

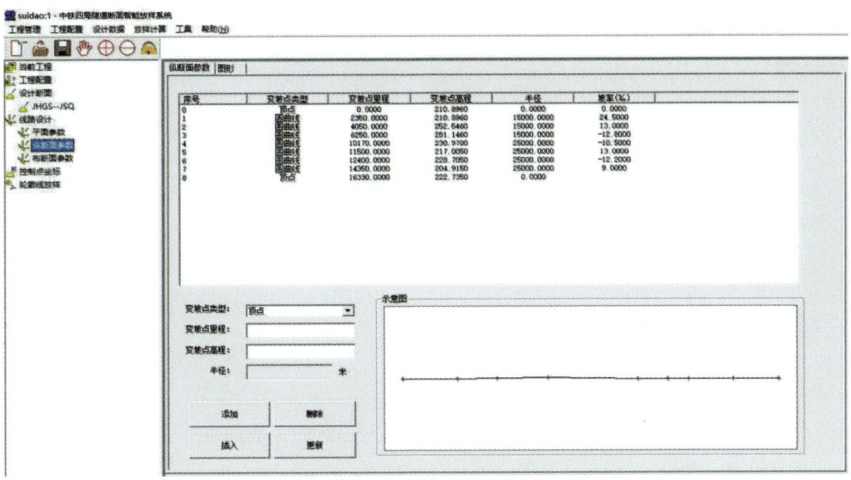

图 4.6-20　线路纵断面参数设计界面

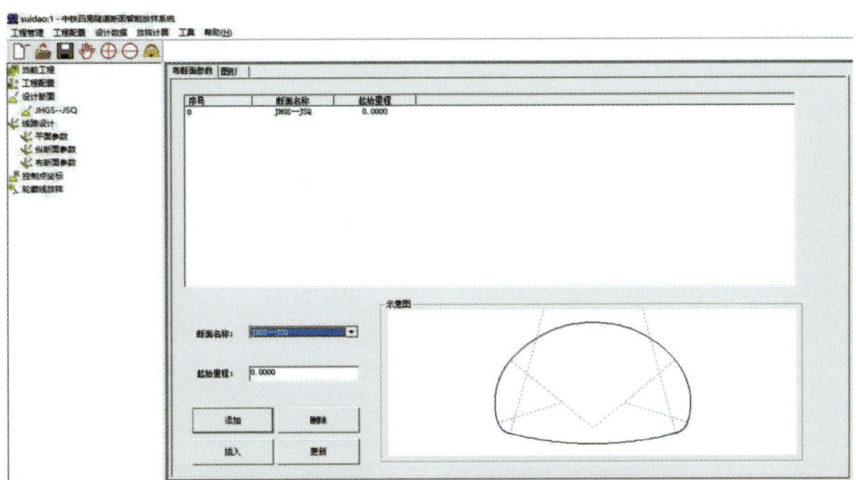

图 4.6-21　隧道布断面参数设计界面

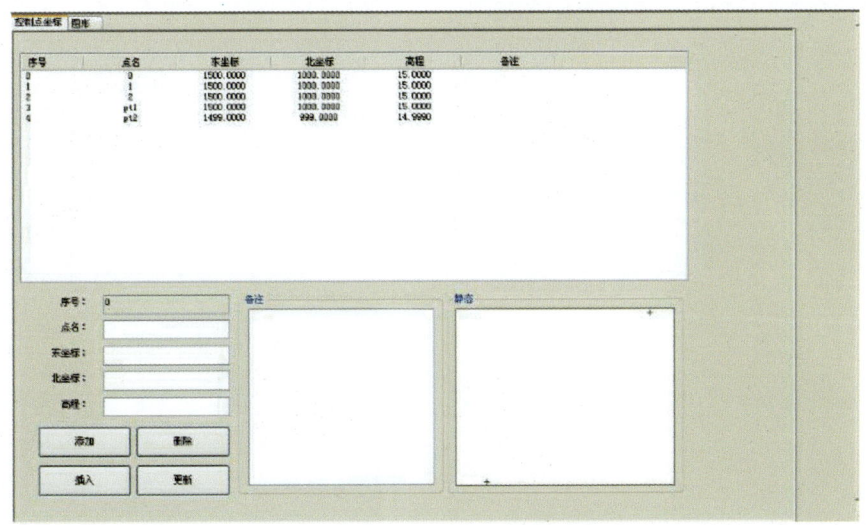

图 4.6-22　放样控制点坐标输入界面

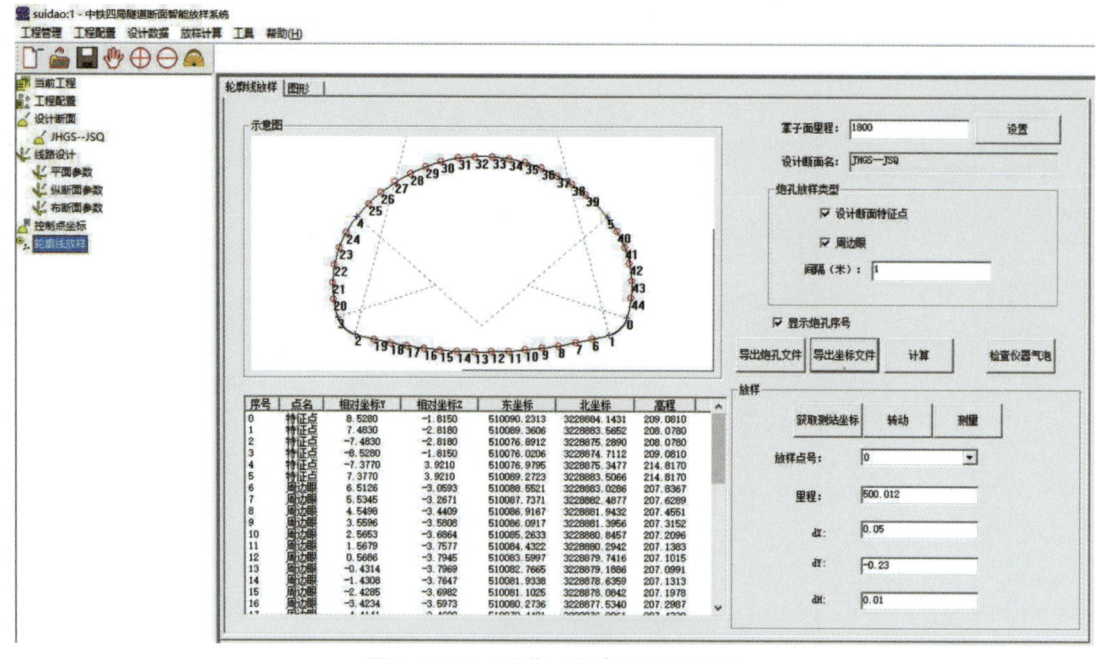

图 4.6-23　隧道 a 轮廓线放样界面

选择"掌子面里程",点击"设置",输入所要计算的掌子面的里程数据,点击"计算"软件则会自动计算周边眼的坐标信息,点击"导出炮孔文件",则软件会生成坐标数据文件。

点击"获取测站坐标",获取成功以后,选择"放样点号",然后再点击"转动"按钮,仪器即转到对应的放样点所在的方向,可以打开全站仪激光,这样更清楚放样点所在的位置,点击"测量"按钮,可以得出测量坐标与计算所得的 XYZ 坐标的差值。现场放样过程,如图 4.6-24 及图 4.6-25 所示。

图 4.6-24　智能定位系统在项目的实际应用

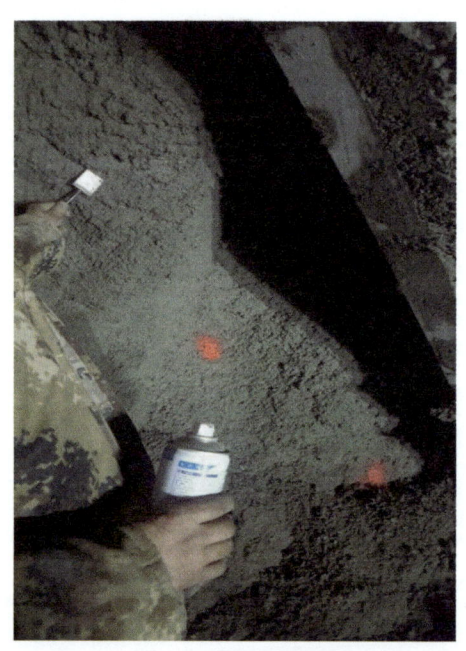

图 4.6-25　待放样点标记

为了最大限度的减少占用现场时间，上述参数可以提前输入。然后，在现场只要输入待放样掌子面的里程，设置待放样点的间距，即可立刻算出待放样点的坐标，此时，软件会驱动全站仪自动转向到单个待放样点的位置，该点放样完毕，技术人员即可喷点做下标识。接着放样下一个待放样点。

2. 功效分析

运用本系统缩短了京沪高速（港沟立交）济南连接线工程的浆水泉隧道开挖的时间，为后续路面工程赢得了时间，为以后类似工程建设赢得了宝贵的经验，同时节省了人力、减少了测量占用开挖循环的时间。各级围岩掌子面开挖传统放样方法和智能定位方法各自的分项占用时间及合计时间如表 4.6-9 ~ 表 4.6-11 与图 4.6-26 所示。

表 4.6-9　Ⅲ级围岩掌子面施工传统与智能定位放样方法时间

项目	放样时间占用类型	传统放样占用时间		智能放样占用时间		传统放样时间合计	智能放样时间合计	节省时间
架设全站仪	仪器对中整平，建站	15 min	0.25 h	15 min	0.25 h	9.7 h	3.72 h	5.98 h
计算待放样点坐标	放样点个数	189 个	3.15 h	189 个	0 h			
	计算单个点时间	1 min		0 min				
放样	放样点个数	189 个	3.15 h	189 个	0.32 h			
	放样单个点时间	1 min		0.1 min				
放样点做标记	放样点个数	189 个	3.15 h	189 个	3.15 h			
	标记单个点时间	1 min		1 min				

表 4.6-10　Ⅳ级围岩掌子面施工传统与智能定位放样方法时间

项目	放样时间占用类型	传统放样占用时间		智能放样占用时间		传统放样时间合计	智能放样时间合计	节省时间
架设全站仪	仪器对中整平，建站	15 min	0.25 h	15 min	0.25 h	9.79 h	3.75 h	6.04 h
计算待放样点坐标	放样点个数	191 个	3.18 h	191 个	0 h			
	计算单个点时间	1 min		0 min				
放样	放样点个数	191 个	3.18 h	191 个	0.32 h			
	放样单个点时间	1 min		0.1 min				
放样点做标记	放样点个数	191 个	3.18 h	191 个	3.18 h			
	标记单个点时间	1 min		1 min				

表 4.6−11　Ⅴ级围岩掌子面施工传统与智能定位放样方法时间

项目	放样时间占用类型	传统放样占用时间		智能放样占用时间		传统放样时间合计	智能放样时间合计	节省时间
架设全站仪	仪器对中整平，建站	15 min	0.25 h	15 min	0.25 h	10.96 h	4.18 h	6.78 h
计算待放样点坐标	放样点个数	214 个	3.57 h	214 个	0 h			
	计算单个点时间	1 min		0 min				
放样	放样点个数	214 个	3.57 h	214 个	0.36 h			
	放样单个点时间	1 min		0.1 min				
放样点做标记	放样点个数	214 个	3.57 h	214 个	3.57 h			
	标记单个点时间	1 min		1 min				

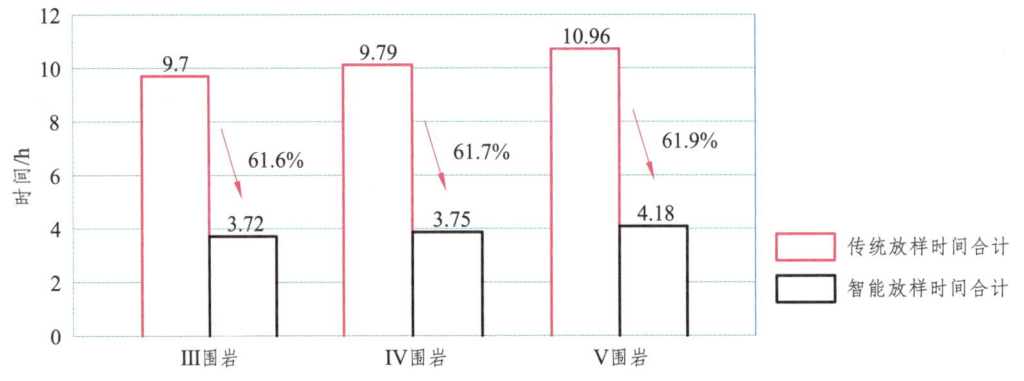

图 4.6−26　传统放样与智能放样时间对比

从上述传统放样方法和智能定位测量掌子面放样方法的时间统计表可以看出，使用隧道掌子面开挖线智能定位测量技术可以很好的节约测量技术人员的工作时间，为隧道施工留出了宝贵的时间，为加快隧道施工进度提供了有力保障，也进一步地解放了测量放线人员的双手，对施工的施工质量特别是隧道的超欠挖提供了有力的技术保障。大大节省了机械费用和人员费用，以及施工用的材料费用，取得了良好的经济效益。

4.7　光面爆破作业技术创新

自 2016 年 8 月 10 日至 2017 年 7 月 9 日历时 11 个月的隧道爆破施工中，全面应用光面爆破技术掘进了左右洞剩余的 2 250 m。为将光面爆破技术落实到位，从作业台架、钻孔、装药以及工序管理等多方面进行了技术革新，组成隧道光面爆破应用攻关技术组，制定了相应的钻爆作业管理制度。通过 11 个月的应用与实践表明，浆水泉隧道的爆破作业达到了预期的控制超欠挖、加快施工进度和确保施工安全的目的，比原定工期提前 8 个月实现双洞的安全贯通。

4.7.1 分离式爆破作业台车

根据左右分区的双垂直楔形掏槽（图 4.7-1）技术的设计，并结合前期洞口段 CD 法施工的实际情况，设计作业台车时，考虑施工工法的转换，创新性研发出分离式爆破作业台车（图 4.7-2）。图 4.7-3 及图 4.7-4 为分离式爆破作业台车分别应用于台阶法和 CD 法现场施工。

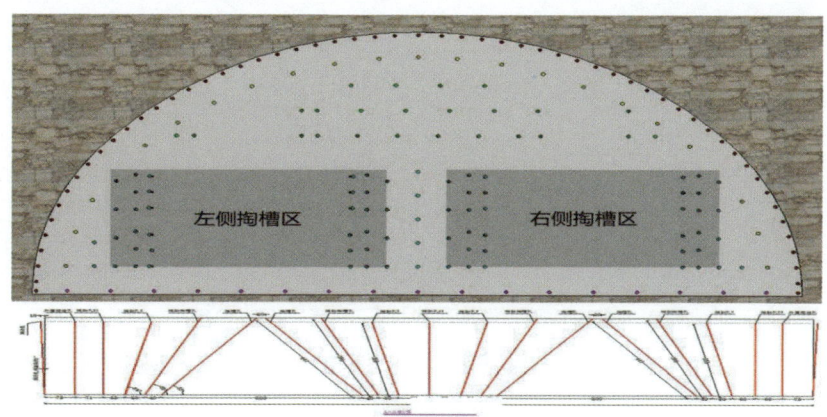

图 4.7-1　左右分区的双垂直楔形掏槽设计

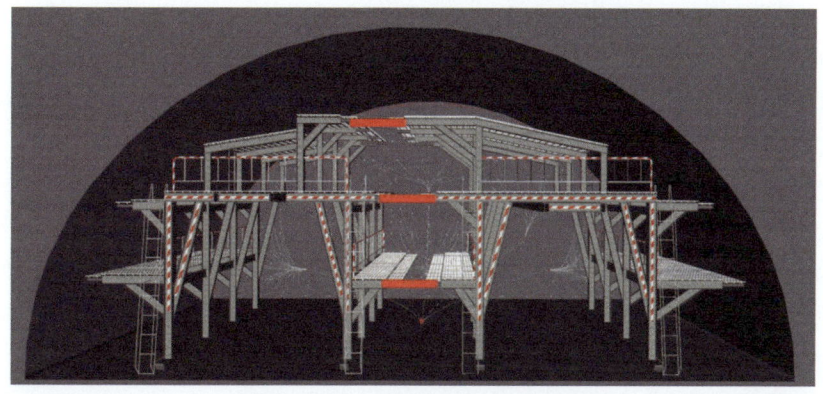

图 4.7-2　分离式爆破作业台车

图 4.7-3　分离式爆破作业台车应用于台阶法施工

图 4.7-4　分离式爆破作业台车应用于 CD 法施工

4.7.2　掏槽孔快速定位技术

掏槽爆破是隧道掘进爆破成败的关键，掏槽的成功与否直接影响爆破效果。楔形掏槽具有围岩适应能力强、抛掷效果好等优点，在隧道掘进施工中是常见的掏槽形式。楔形掏槽孔位置和角度的精度对掏槽效果的影响较大，因此在现场试验过程中采用了一种掏槽孔定位装置，以提高掏槽孔钻设速度和质量。

掏槽孔定位装置主要由罗盘盒、罗盘组成，配合 YT-28 型凿岩机使用。罗盘盒、罗盘及与凿岩机间的装配方式分别见图 4.7-5 ~ 图 4.7-7，该装置应用如图 4.7-8 所示。在实际钻孔作业中，首先应根据掌子面的方位和钻孔的方向确定罗盘的角度，利用罗盘盒安装罗盘，固定在凿岩机的钻杆上，调平罗盘，左右平移凿岩机使罗盘的角度与预定的角度吻合，再取下罗盘盒进行钻孔作业。

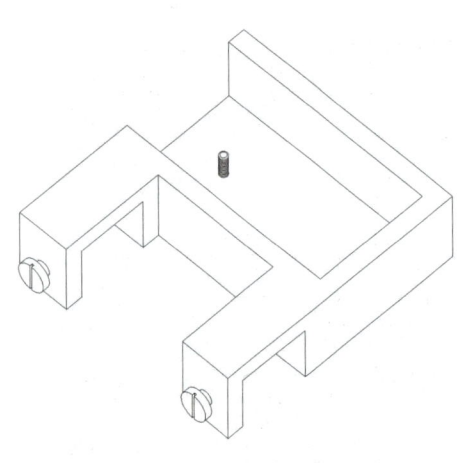

图 4.7-5　罗盘盒

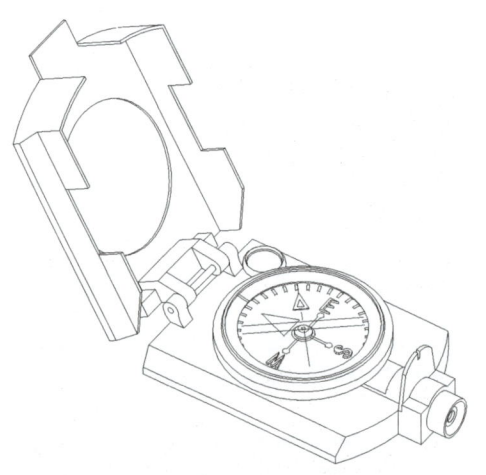

图 4.7-6　罗盘

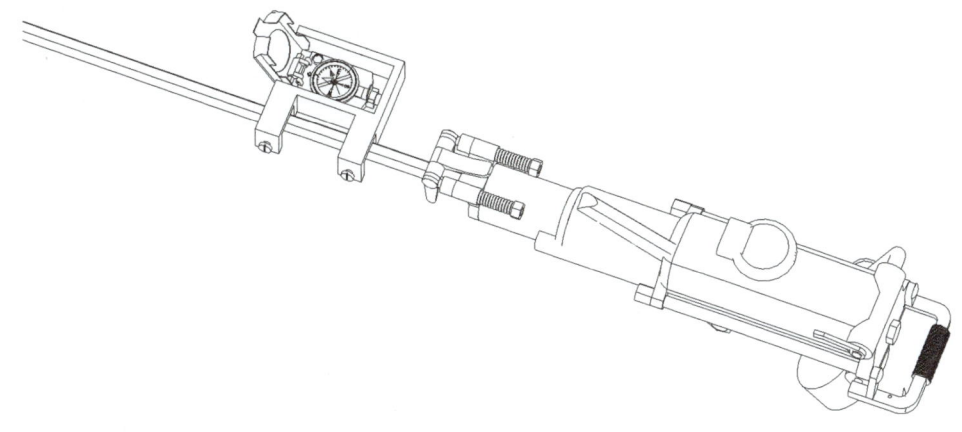

图 4.7-7　定位装置与凿岩机装配示意

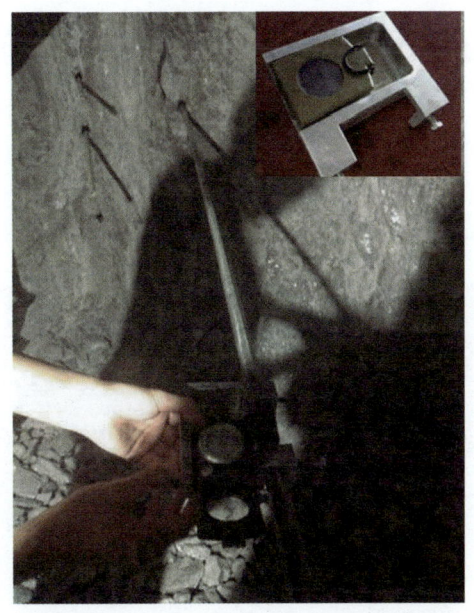

图 4.7-8　钻杆方向定位装置应用演示

4.7.3　周边孔快速定位技术

周边孔定位准确性直接影响开挖轮廓效果，炮孔能否快速定位直接影响后续工序时间。传统炮孔位置定位采用激光投影或是隧道断面仪内置程序放样定位，但是都无法克服掌子面不在同一里程断面上放样带来的误差，现场掌子面并不是唯一铅直断面，而是凹凸不平，不论是直线隧道还是曲线隧道，利用激光投影或是指向方法所投的点都会产生纵、横两个方向的误差，克服误差就需要渐近法达到正确炮孔位置布置，需要现场计算找点位，耗时较长。为了加强周边眼放样效率和精度，提出按照周边眼的设计情况制作定型化模具，快速精确定位周边孔。模具采用高强度、轻质塑胶板制作。分 3 个单元制作，每单元预留搭接长度 10 cm，模具宽度 6 cm、厚 5 cm。具体构造如图 4.7-9 所示。

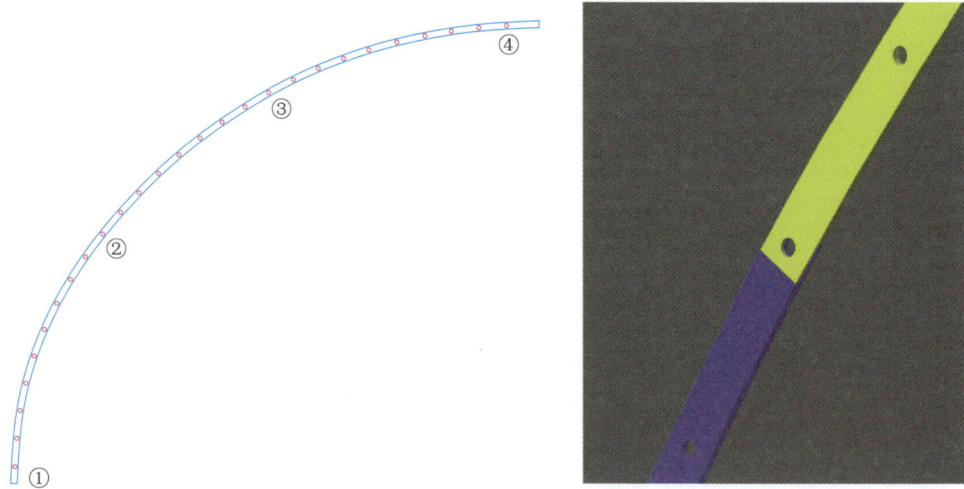

图 4.7-9　周边孔放样模具

如图 4.7-10 所示，精确放样出模具定位所需 1、2、3、4 号点位，用加工好的第一段模具对好 1、2 号孔，并辅以人工临时固定模具，用记号油漆笔标出 1～2 之间点位，结束后，再用第二段模具对准 2、3 号点位，再用记号油漆笔标出 2～3 之间点位，最后，再用第三段模具对准 3、4 号点位，再用记号油漆笔标出 3～4 之间点位，到此完成半侧点位放样，再用同样方法即可快速定位出另外半侧周边眼起钻位置。其他炮眼可采用坐标法准确定位。

图 4.7-10　周边孔快速放样

4.7.4　装药结构的快速实现方法

周边孔采用空气间隔装药，药卷间距 45 cm，为保证药卷同时起爆，采用导爆索起爆网路，炮孔口炮泥堵塞长度不小于 30 cm。

周边孔装药需分片、分组按炮孔设计图确定的装药量自上而下进行,雷管要"对号入座",将药卷用刀片均匀切成 4 段,每孔装 7 段,靠近底孔段炸药需将导爆索反插入炸药,再用胶布缠绕紧实,每节药卷采用标记好的炮棍均匀安放在指定位置,炮棍应有标识,如图 4.7-11 所示。

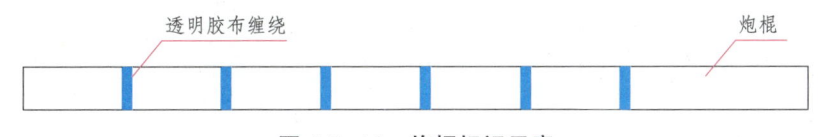

图 4.7-11 炮棍标识示意

所有炮孔均要用炮泥堵塞,尤其是周边孔必须用炮泥堵塞密实之后才能进行导爆索连接,以防止连接导爆索时将孔内药段拉出,周边孔堵塞长度不小于 30 cm,其他炮孔不小于 60 cm,填塞炮泥时需用炮棍击实。炮泥使用专门的炮泥机制做,如图 4.7-12 所示,图 4.7-13 是周边孔采用 T 形连接的现场照片。

图 4.7-12 专用炮泥机制作炮泥

图 4.7-13 周边孔导爆索的 T 形连接

4.8 光面爆破施工作业效果及分析

4.8.1 上台阶掘进爆破效果

自 2016 年 8 月 10 日在浆水泉隧道开展现场光面爆破试验,并根据试验结果调整爆破参数后,浆水泉隧道一直按照光面爆破的技术要求和实施细则进行作业。其中,左线施工里程 ZK1+969 ~ ZK4+620,掘进长度 2 651 m,右线施工里程 YK1+993 ~ YK4+580,掘进长度 2 587 m。

图 4.8-1 ~ 图 4.8-4 是 2016 年 8 月 10—11 日光面爆破后的现场照片。

图 4.8-1　右线光面爆破照片一（2016-8-10）

图 4.8-2　右线光面爆破照片二（2016-8-10）

图 4.8-3　右线光面爆破照片一（2016-8-11）

图 4.8-4　右线光面爆破照片二（2016-8-11）

2016年8月10日采用光面爆破后隧道开挖轮廓平顺、光滑，没有出现过大的凹凸现象，除了局部部位因初期支护距离掌子面太近导致周边孔外插角偏大而形成孔底"错台"外（周边孔底最大线性超挖 0.25～0.35 m，钻具施工必须的合理的周边孔底外插应向外偏斜 0.1～0.15 m），孔口部位没有明显出现超挖现象。爆破后对围岩的损伤监测结果表明，光面爆破由于采用轴向与径向不耦合装药结构，使炮孔爆炸压力得到极大降低，对围岩的扰动范围在 0.5～0.7 m 以内，围岩自承拱能力明显增强，不仅保证了后期施工安全，而且在未对前一次爆破进行初期支护的状态下直接施作下一次爆破，节省了一次初期支护喷射混凝土的衔接时间。

连续 2 次上台阶掘进爆破的单循环进尺均达到 3.3～3.4 m，且第 2 次爆破的周壁平顺度比第 1 次爆破有了明显提高。

图 4.8-5 是掌子面出现较大结构面的光面爆破照片，尽管爆破效果受到结构面空间展布的影响，但仍然取得了较好的光面爆破效果，实现了连续 2 次爆破，且 2 次爆破之间没有出现"错台"现象，有效地控制了超欠挖。

图 4.8-5　光面爆破现场照片

图 4.8-6 及图 4.8-7 是 2016 年 12 月 19 日初期支护滞后掌子面 3 个爆破循环时的上台阶掘进爆破照片，开挖轮廓面不仅平顺光滑，而且对围岩的扰动很小，保持了隧道围岩的稳固性，极大地节省了频繁进行初期支护的工序转换时间。

图 4.8-6　左线连续第 3 次光面爆破前的照片（2016-12-19）

图 4.8-7　左线连续第 3 次光面爆破后的照片（2016-12-19）

图 4.8-8 是 2017 年 4 月 27 日右线贯通时的光面爆破照片。

由于应用了光面爆破技术，周壁围岩的稳定性和稳固性得到很大提高，施工安全有了充分保障，因此，每次钻爆施工时基本上都有 2～3 个循环的爆破开挖壁面没有进行初期支护，即初期支护滞后掌子面 2～3 个爆破循环，为周边孔钻孔创造了足够的空间，保证了完全按照钻孔角度钻进，避免了因周边孔外插角较大而引起的爆破超挖。

图 4.8-8 右线光面爆破贯通的照片（2017-4-27）

在现场爆破施工过程中，对半孔率和超欠挖量等参数进行了统计，具体如下：

（1）半孔率统计。

浆水泉隧道原爆破方案的半孔率仅 60% 左右，优化后的光面爆破方案半孔率可达 90% 以上。

（2）断面超欠挖量统计。

对浆水泉隧道左右线从 2016 年 8 月 7～12 日进行爆破后断面超欠挖量统计，每个爆破循环统计 2～3 个断面，主要统计最大超挖量、最大欠挖量以及平均线性超挖量。经过不断优化调整后，其统计结果如表 4.8-1 所示。

表 4.8-1 隧道各断面超欠挖数据统计

测试时间	断面里程	最大超挖量/m	最大欠挖量/m	平均线性超挖量/m
2016-8-7	YK4+643.66	1.138	0.130	0.347
2016-8-7	YK4+642.35	0.789	0.118	0.216
2016-8-7	YK4+641.05	0.523	0.077	0.184
2016-8-11	YK4+628.41	0.398	0.005	0.190
2016-8-11	YK4+628.94	0.379	0.000	0.140
2016-8-8	ZK4+528.75	0.426	0.026	0.187
2016-8-8	ZK4+529.31	0.412	0.012	0.155
2016-8-11	ZK4+517.31	0.357	0.019	0.123
2016-8-12	ZK4+512.61	0.532	0.005	0.163
2016-8-12	ZK4+510.87	0.371	0.009	0.112
2016-8-12	ZK4+510.35	0.321	0.002	0.110

（3）炮孔利用率统计。

对浆水泉隧道左右线爆破方案优化前后的炮孔利用率进行统计，其统计结果如表 4.8-2 所示。

表 4.8-2　隧道爆破方案优化前后炮孔利用率数据统计

日　期	钻孔深度 /m	有效深度 /m	有效利用率
方案优化前	3.7	3.30	89%
2016.8.10	3.6	3.20	89%
2016.8.11	3.7	3.40	92%
2016.8.12	3.7	3.55	96%

（4）喷射混凝土超喷量统计。

对浆水泉隧道左右线从 2016 年 8 月 7～13 日进行喷射混凝土的使用量统计，以了解混凝土的超喷情况，其统计结果如表 4.8-3 所示。

表 4.8-3　隧道喷射混凝土数据统计

日　期	进尺榀数	设计混凝土使用量 /m³	实际混凝土使用量 /m³	超喷比例
2016-8-7	4	22	55	150%
2016-8-10	4	22	45	105%
2016-8-11	4	22	43	95%
2016-8-12	3	16.5	30	82%
2016-8-13	4	22	42	91%

从半孔率、超欠挖量、炮孔利用率、喷射混凝土的超喷量的统计数据可以看出，原爆破设计的残眼率仅 60% 左右，优化后的爆破方案半孔率达到 90% 以上；原爆破方案平均线性超挖量达到 40～50 cm，现场通过不断优化爆破方案，最终平均线性超挖量右洞降至 14 cm，左洞降至 10 cm；原爆破方案的炮孔利用率从 89% 逐渐增大到 96%；爆破方案优化后的混凝土超喷量逐渐降低至 90% 左右。通过以上的统计数据可以明显看出，通过现场不断调整爆破参数，优化后的爆破方案轮廓线成型规整、超欠挖量达到控制要求、炮孔利用率较高，最大限度地节省了混凝土的超喷量，降低了工程成本，加快了工程进度，创造了较大的经济和社会效益。因此，优化后的爆破方案光爆效果较好，现场应用取得了成功。

4.8.2　下台阶掘进爆破效果

每次现场爆破试验严格按照设计图纸执行，根据现场的围岩情况适当地调整爆破参数，以适应地质条件的变化，获得较理想的爆破效果。现场试验中具体的流程如下：

（1）选择下台阶的试验区域，并确定各炮孔的孔口位置，如图 4.8-9 所示。

（2）按照设计要求进行钻孔作业。

（3）钻孔结束后进行清孔，清理完成后认真复核各炮孔的尺寸参数，使之达到设计要求。

（4）周边孔按照要求进行径向与轴向的不耦合装药，上层掘进孔采用空气间隔装药，下层掘进孔采用连续装药，均进行有效的堵塞，以保证破碎效果。

（5）周边孔采用导爆索连接，掘进孔采用导爆管雷管簇并联连接，电雷管起爆，如图 4.8-10 所示。

图 4.8-9　下台阶爆破布孔

图 4.8-10　下台阶爆破导爆索连接

（6）爆破结束一定时间之后，进入隧道内观察光面爆破效果并评价，在爆破效果的基础上决定是否需要进一步优化调整爆破参数。

2017 年 4 月 17 日 ~ 2017 年 4 月 18 日在浆水泉隧道出口右洞下台阶进行 3 次光面爆破现场试验，其爆破效果如图 4.8-11 ~ 4.8-13 所示。

图 4.8-11 下台阶第 1 次光面爆破效果

图 4.8-12 下台阶第 2 次光面爆破效果

图 4.8-13　下台阶第 3 次光面爆破效果

隧道壁面得到极大改善，已经较为平整，部分位置由于节理裂隙的存在导致一定的超挖，可通过调整炮孔位置与炮眼间距进行调整。

隧道半孔率得到有效提高，围岩超挖得到较大控制，围岩完整性得到较好保护，除部分位置由于岩体风化、节理的存在导致围岩存在超欠挖的情况，其余部位光爆效果较好。对爆破效果指标（炮孔利用率、最大超欠挖量、半孔率等）进行统计，统计结果如表 4.8-4 所示。

表 4.8-4　下台阶爆破效果指标

方案	试验时间	试验地点	钻孔深度/m	炮孔利用率	最大超欠挖量/m	半孔率
原非光爆方案	2017-4-17	左右洞	5.60～5.70	85%	0.60	30%
光面爆破方案	2017-4-17	右洞	5.60	95%	0.50	95%
光面爆破方案	2017-4-17	右洞	5.65	96%	0.20	95%
光面爆破方案	2017-4-18	右洞	5.60	98%	0.10	90%

由此可见，下台阶采用非光面爆破进行开挖时，围岩的超欠挖量较大，半孔率较低，形成的隧道轮廓壁面凹凸不平，极易产生应力集中现象，而且爆破过程中振动大，对围岩造成较大的扰动损伤，不利于围岩的稳定，同时造成喷射混凝土量增大，增加了工程成本。采用光面爆破进行开挖后，可以看出形成的壁面平整，残留的半孔清晰可见，围岩的超欠挖现象明显减小。

由光爆效果照片可以看出，下台阶上部超欠挖较大，主要由于上台阶钻孔过程中施工用水下渗以及底板孔的下插使得上台阶爆破后造成下台阶顶部上体结构松散，裂隙较发育，性质恶化，上部 1.5 m 左右基本上都是浮渣，钻孔过程中极易出现卡钻、塌孔等现象，严重影响钻孔，导致上部周边孔不得已而下移，从而导致爆破过程中产生较大的超欠挖，但是通过适当减小周边孔的药量，控制围岩的爆破振动可以使得上部的超挖量控制在合理的范围内。

下台阶光面爆破除上部由于浮渣影响导致的超欠挖，其他部分壁面较为平整，存在清晰可见的半孔，围岩超欠挖得到有效控制。另外，在实施光面爆破过程中，由于钻孔的角度控制不合理与施作空间的限制，在形成光滑平整壁面的同时产生了一定的超欠挖现象，因此在实际钻孔作业过程中，由于掘进距离较大，钻孔角度的偏差容易导致较大的围岩超欠挖，因此需严格控制钻孔的角度，使孔口位置处在轮廓线上，孔底落在轮廓线外 10 ~ 15 cm 左右。在围岩稳定的情况下，下台阶初期支护可适当滞后 1 ~ 2 个开挖循环，可为下台阶光面孔钻凿提供一定的空间，有利于围岩超欠挖的控制。

5　Ⅳ（Ⅴ）级围岩超大扁平高速公路隧道快速施工技术

京沪高速公路济南连接线工程浆水泉隧道左线起讫里程 K1+749～K4+850，长 3 101 m；右线起讫里程 YK1+747.3～YK4+832.7，长 3 085.4 m。其中，Ⅳ级围岩占 35.8%，Ⅴ级围岩占 11.8%，岩性主要为中风化灰岩，青灰色，中厚层状，层理结合较好，产状缓倾，岩质坚硬，软化性弱。局部夹薄层泥灰岩和灰白色白云质灰岩，相对较软弱。岩体节理裂隙发育，产状陡立，结合差，岩体中厚层状结构。这类四车道公路隧道往往伴随着跨度大、断面大的特征，为了保证施工过程中围岩和支护结构的稳定，施工工法多选择分部开挖的方法，然而诸如 CD 法和 CRD 法等分部开挖的工法，开挖工序烦琐，效率相对低下，施工效率与施工安全之间的矛盾成为大断面隧道施工中的主要矛盾之一，因此迫切需要寻求一种满足安全需要的快速施工工法。

大断面隧道施工往往开挖与支护交错进行，这种动态的施工模式使得支护结构的受力和变形难以把控，基于此，已有许多学者做了相关研究。对于常用的软弱围岩大断面隧道施工工法已有很多学者通过数值模拟进行了细致的对比分析，并得出了各工法在施工中的优劣，对比的结论表明各施工工法并不存在明显的优劣，只是施工安全与施工效率的博弈，没有好坏之别，只有合适与否。还有一部分学者讨论了小间距、偏压等工况下施工工法的选择。施有志等以牛寨山双洞八车道公路隧道为研究对象，通过数值模拟探讨了小净距大断面隧道近接施工的施工力学特性。于科等以港沟隧道为工程依托，通过数值模拟对浅埋小间距情况下超大断面隧道采用双侧壁导坑法施工过程中的围岩及衬砌结构的行为力学特性进行研究，得出采用双侧壁导坑法能较好地满足超大断面隧道浅埋小间距段施工。蒋坤等针对节理岩体中超大断面小净距隧道施工方案进行了优化分析，分别研究了双侧壁导坑法、CRD 法和 CD 法 3 种施工方案下隧道拱顶下沉、中间岩柱水平位移、围岩水平位移和围岩塑性区的变化规律。聂建春等通过对双侧壁导坑法、改进台阶法、交叉中隔壁（CRD）法的数值模拟，分析不同偏压情况下的大断面浅埋隧道施工中的位移控制效果与支护承载情况，并最终提出不同地表倾角时适合的施工工法。此外也有部分研究采用了模型试验的手段。吴梦军等对四车道公路隧道在不同施工方法下的施工动态过程进行相似模型试验与数值模拟，得出在Ⅳ围岩中建议采用双侧壁导坑法，当采用上下台阶法时，必须设计较强的超前支护措施。刘聪等以京沪高速济南连接线港沟隧道穿越断裂破碎带区域为依托工程，通过室内模型试验研究了超大断面隧道穿越断裂破碎带施工过程的力学演化规律。赵勇等以兰渝铁路两水隧道为工程背景通过模型试验对开挖过程中的围岩荷载释放过程进行研究，详细介绍了试验支护开挖的模拟。

大断面隧道施工工法的选择主要依据围岩条件，对于较好的围岩可采用分部少、效率高的台阶法,但对于较弱的破碎围岩不可避免地采用分部开挖法。然而,目前对大断面隧道分部开挖法的施工力学研究一方面局限于传统工法,多是工法之间的对比分析和适用性分析;另一方面研究手段较单一,多采用数值模拟的手段,在为数不多的模型试验研究中也并未详细说明试验中围岩开挖和结构支护的模拟过程。本章针对Ⅳ(Ⅴ)级围岩条件下大断面公路隧道施工存在的效率低下问题,提出钢架岩墙组合支撑分部开挖工法,通过数值模拟和模型试验对其动态施工力学进行研究,并将该工法应用于浆水泉双向八车道公路隧道施工。现场实测资料表明,在确保安全的前提下,显著加快了施工进度,取得了良好的效果。

5.1 钢架岩墙组合支撑法工法特点

浆水泉隧道Ⅳ级围岩衬砌断面如图 5.1-1 所示,初期支护全环采用 I20b 型钢钢架,纵向间距 100 cm,喷射 C25 混凝土厚度 28 cm,采用直径 25 mm 的中空注浆锚杆,长度 400 cm,间距 100 cm(纵)×100 cm(环);二次衬砌采用 C30 模筑混凝土,厚度 55 cm。

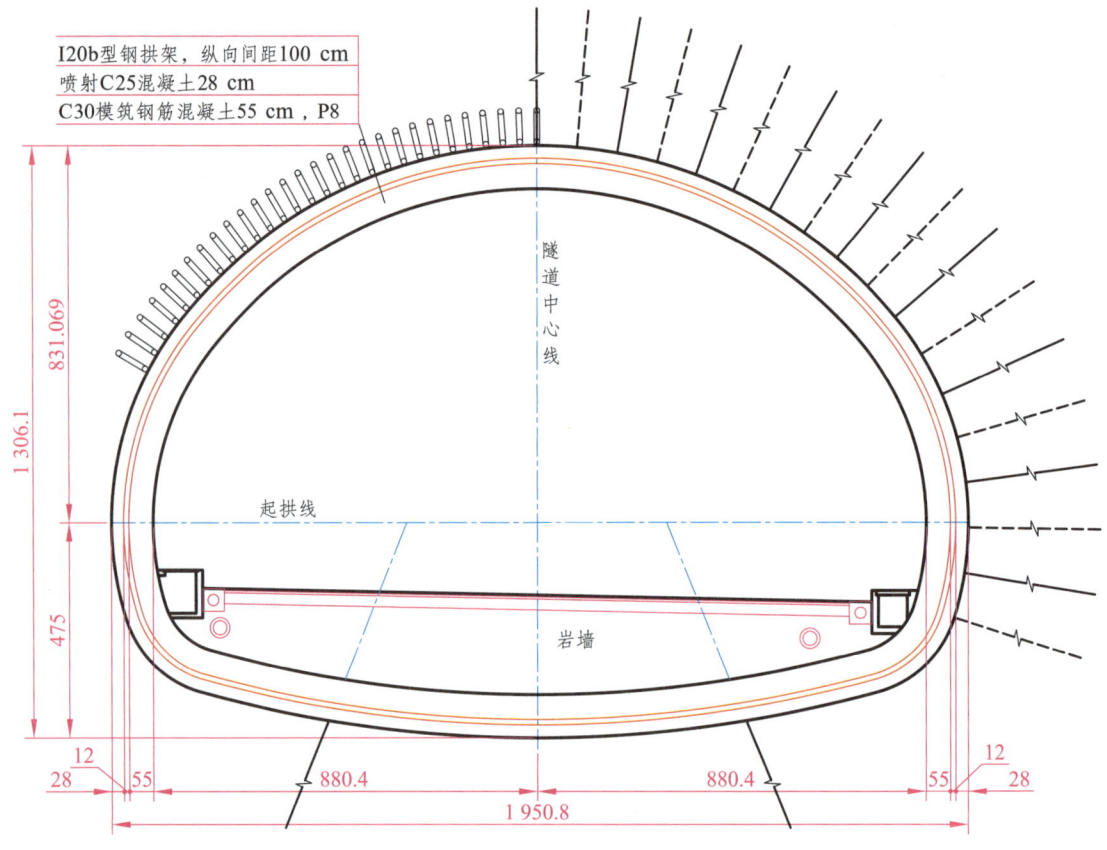

图 5.1-1　Ⅳ级围岩衬砌断面(单位:cm)

超大断面隧道钢架岩墙组合支撑分部开挖工法特点主要是将隧道断面分成上下两台阶五

步进行开挖。上台阶采用临时钢架支撑，左右交错开挖，减少了一次开挖跨度；下台阶采用左右边墙分步开挖，通过后文的分析可知，边墙落地后岩墙左右侧拱架有较大隆起变形，因此边墙钢架落地后通过在岩墙两侧设置锁脚锚杆、及时支护确保边墙稳定，再通过中间预留岩墙和上台阶临时钢架支撑组合临时体系形成整体开挖支护体系，有效控制了隧道变形；最后拆除临时钢架支撑和开挖预留岩墙，完成初支封闭成环。其中预留岩墙保留车行宽度作为上台阶施工便道，确保上下台阶5步同时快速施工。

钢架岩墙组合支撑分部开挖工法施工工序如图5.1-2～图5.1-3所示。

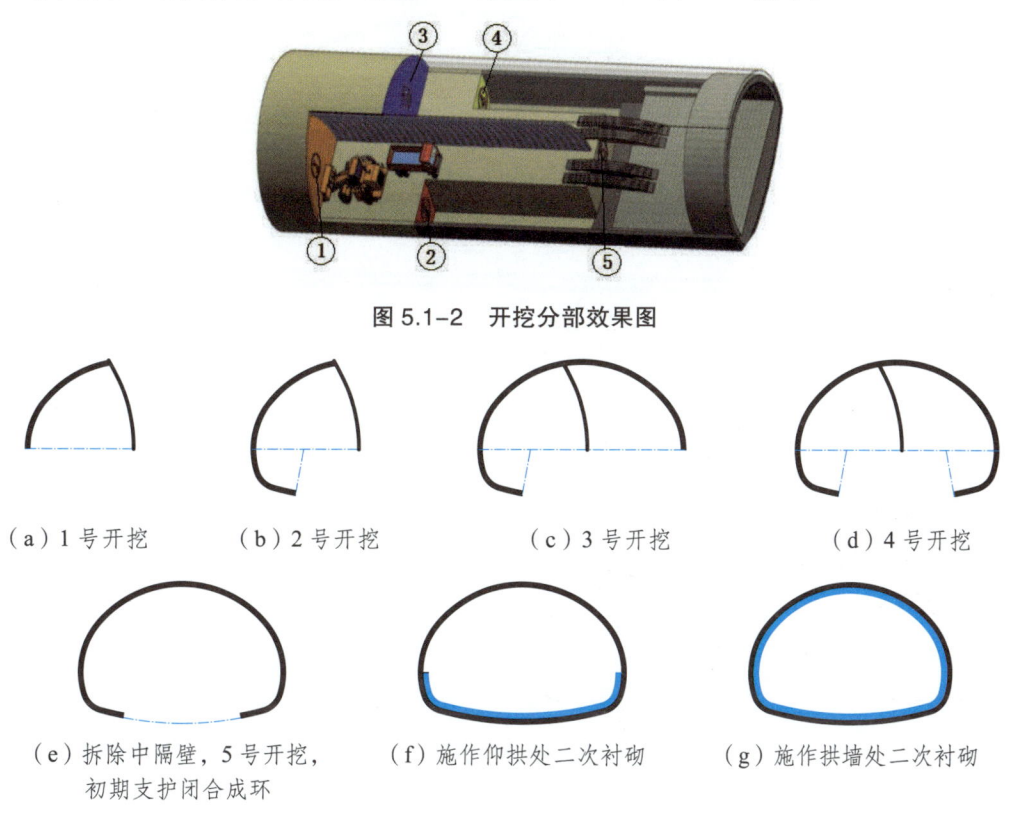

图 5.1-2 开挖分部效果图

（a）1号开挖　（b）2号开挖　（c）3号开挖　（d）4号开挖

（e）拆除中隔壁，5号开挖，初期支护闭合成环　（f）施作仰拱处二次衬砌　（g）施作拱墙处二次衬砌

图 5.1-3 施工工序

5.2 钢架岩墙组合支撑工法施工力学特性分析

5.2.1 施工力学特性模型试验分析

为了研究钢架岩墙组合支撑法的动态施工力学特性，基于相似理论，通过模型试验细致地模拟了此工法的实际施工过程，并对整个施工过程实时监测。

1. 相似关系

在静力学问题中，只需要确定 2 种量纲的相似比即可得到所有量纲的相似比。本试验以几何相似比和重度相似比为基础相似比，根据相似理论，试验中涉及的物理量的相似比如下：几何相似比满足 $C_l=50$、重度相似比满足 $C_\gamma=1$，泊松比、应变、摩擦角相似比满足 $C_\mu=C_\varepsilon=C_\varphi=1$，强度、应力、凝聚力、弹性模量相似比满足 $C_R=C_\sigma=C_c=C_E=50$。根据几何相似比得到支护结构几何尺寸，如图 5.2-1 所示。

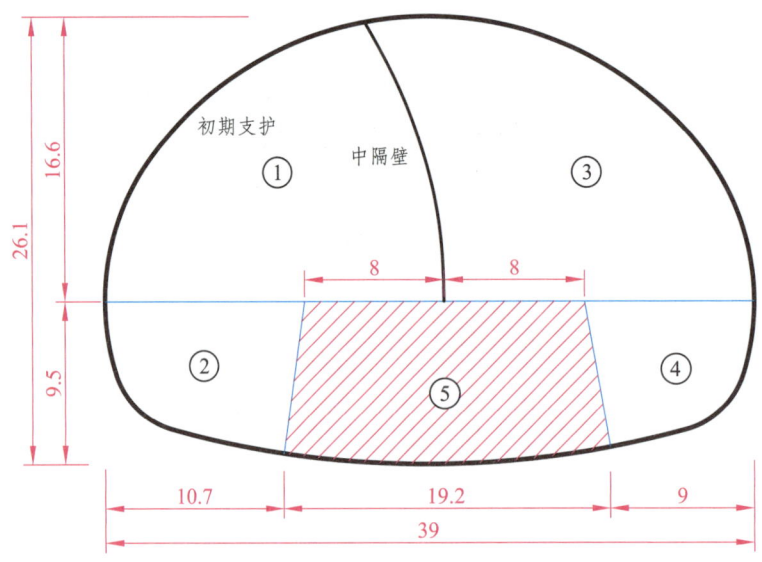

图 5.2-1 支护结构几何尺寸（单位：m）

2. 围岩相似材料

试验模拟Ⅳ级围岩，通过前期调研，围岩相似材料选用重晶石粉、河砂、粉煤灰、石英砂和机油的混合物模拟。这几种材料组合一方面材料性能稳定，更能适应环境要求；另一方面各材料作用明确，重晶石粉能有效增大重度，石英砂能增大摩擦角，机油能改变内摩擦角，方便试验过程中调整配比。通过大量前期试验，最终得出相应的模型参数和围岩材料的配比。相似材料的配合比见表 5.2-1，原型和模型的力学参数见表 5.2-2。

表 5.2-1 模型围岩相似材料配合比

围岩材料	重晶石	粉煤灰	河砂	粗石英砂	细石英砂	机油
配比	28%	28%	14%	7%	14%	9%

表 5.2-2 Ⅳ级围岩原型及模型围岩物理力学参数

力学参数	凝聚力 /kPa	内摩擦角 /(°)	泊松比	重度 /(kN/m³)
原型	9	33	0.33	21.5
模型	9.046	33.67	0.33	21.5

3. 初期支护相似材料

喷射混凝土采用石膏模拟。石膏采用的水膏比为 1∶1.2，每次用量为石膏 0.6 kg，水 0.5 kg，经测定石膏物理力学参数见表 5.2-3。石膏的主要成分是无水硫酸钙，在与水接触后，充分搅拌，硫酸钙分子与水结合为含水结晶体，该结晶体有一定的硬度，不易变形，是理想的喷混凝土模拟材料。混合物会从开始的流动状态变成黏性状态，直至最终完全硬化，整个过程需要 10～15 min，当石膏为黏性状态时，才是支护的最佳时机，此状态持续 3 min 左右，石膏的流动状态和黏性状态如图 5.2-2 所示。

表 5.2-3 石膏物理力学参数

支护结构	弹性模量	泊松比	抗压强度
初期支护	269 MPa	0.21	2.4 MPa

（a）流动状态　　　　　　　　　　　　（b）黏性状态

图 5.2-2 石膏状态

钢拱架采用铜条模拟。铜条采用尺寸为 4 mm×1 mm 的紫铜，弹性模量为 108 GPa，紫铜可塑性强，易弯曲成所要求的隧道断面形状。根据设计中钢架岩墙组合支撑法每部所需铜条的尺寸，便可得到每部支护时铜条的长度，详见图 5.2-3。

图 5.2-3 铜条尺寸及实物

预先埋入的铜条会预留一定的搭接长度,各分部铜条的搭接采用热缩管,如图 5.2-4 所示。热缩管在简单加热后会剧烈收缩,紧紧黏附在铜条上,对于隧道环向轴力和弯矩的传递有很好的效果,并且操作简单。通过多次试验,搭接长度控制在 2 cm 比较合适,若想要更好的搭接效果,热缩管也可以套用两层。

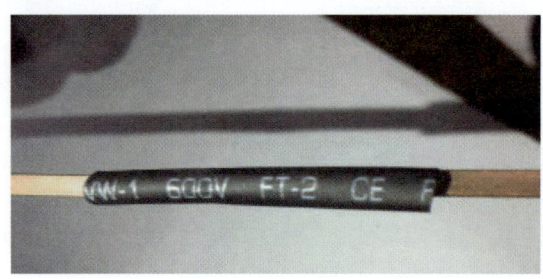 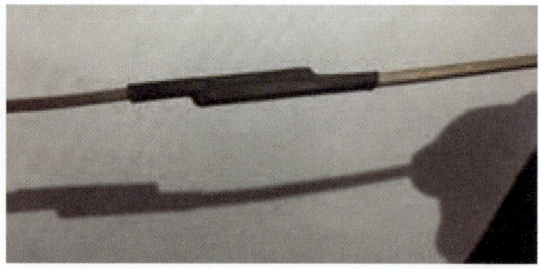

图 5.2-4 铜条的搭接

钢筋网采用铁丝网模拟。铁丝网铁丝直径为 0.4 mm,孔距为 0.6 cm×0.6 cm。由于每个循环为 6 cm,因此铁丝网宽度为 6 cm,长度及数量与铜条相对应。再分别制作好铜条和铁丝网后,将铜条穿入铁丝网中,形成一个整体,立架时一并埋入。详见图 5.2-5 所示。

(a)铜条穿入铁丝网　　　　　　　　(b)铜条与铁丝网弯曲成环

图 5.2-5 铜条与铁丝网嵌合

4. 测试系统

模型箱尺寸 3 m×3 m×1 m,材料采用一定厚度的钢板,钢板上焊有一定密度的肋板,用于保证模型箱的侧向变形不会影响到试验结果。隧道长度为 1 m,底部距离箱底 1 m。模型箱见图 5.2-6。

测试系统主要监测衬砌结构内力。开挖过程设计为两端向中间轮流开挖,每个方向设置一个监测断面,结合模型箱尺寸以及实际的填土高度,监测断面以及每个断面测点布置分别见图 5.2-7 ~ 图 5.2-8。

由于对于喷混凝土的监测无法实现,结构内力只能监测铜条的应变。共设置 11 个监测点,每个测点设置 2 个应变片,分别贴在铜条两侧。贴好应变片后,再通过预先准备好的导线将其与采集仪连接,为了确保连接的牢靠稳定,连接后用硅胶覆盖,并用欧姆表测其电阻,若其值稳定在 120 Ω 左右,则连接无误,实际贴片见图 5.2-9。

图 5.2-6 模型箱实物

图 5.2-7 监测断面布置

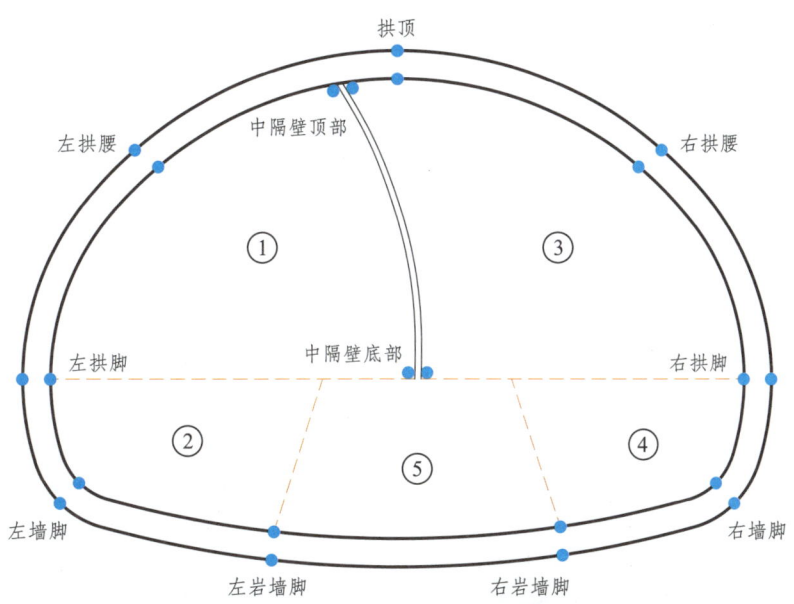

图 5.2-8 监测断面测点布置

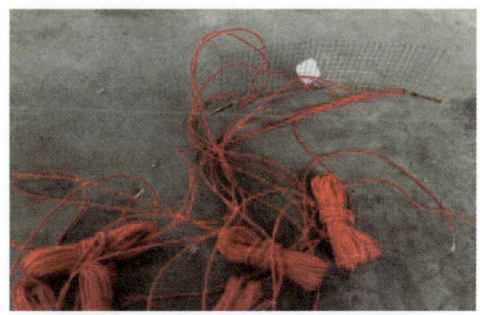

图 5.2-9 应变片测点布置

5. 开挖过程模拟

开挖之前，分层填筑围岩材料，并在指定位置埋入压力盒，最终围岩顶部至拱顶的填土高度为 69 cm，然后通过千斤顶在顶部施加 12 MPa 的荷载，经过一夜的压实，围岩顶部至拱顶的高度为 60 cm，起到了很好的压实效果。

开挖通过人工模拟，从两端轮流开挖，主要问题在于开挖进尺和滞后，结合实际施工，并考虑到可操作性，拟定实际进尺为 3 m，即模型中进尺为 6 cm，各部滞后情况见表 5.2-4。

表 5.2-4 各部滞后 1 号距离

滞后	2 号	3 号	4 号	5 号
模型滞后 /cm	12	36	48	60
实际滞后 /m	6	18	24	30

开挖过程主要分开挖、架设钢支撑和抹浆 3 道工序。开挖会超挖 2 cm，一方面使衬砌厚度能维持在 2 cm，另一方面使得洞室维持较大空间，以便后续开挖。架设钢支撑过程中尽量不弯曲铜条，难点在于使铁丝网保持稳定，以便于抹浆。抹浆过程中时机的掌握非常重要，首先应在石膏稍有黏稠时在钢筋网上抹上少许石膏，而后石膏慢慢硬化后会更易与后抹上的石膏黏结，最后形成一个整体，抹石膏的过程中要注意与前一环的支护结构形成整体，注意交界处的连接。开挖过程见图 5.2-10。

6. 试验结果分析

根据 $\sigma = E\varepsilon$，由试验直接测到的应变值可得到每个测点的应力值，从应力数据来看，绝大多数均为压应力，因此考虑取内外侧应力的平均值，再乘以铜条截面面积得到测点所在断面的轴力，从而得到两测试断面的支护结构轴力时程曲线，如图 5.2-11 ~ 图 5.2-12 所示。

（a）1 号洞开挖

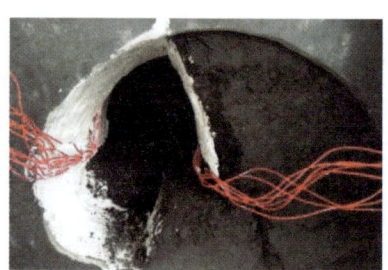

（b）2 号洞开挖

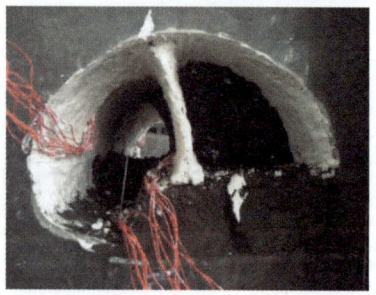

（c）3 号洞开挖，1 号洞贯通

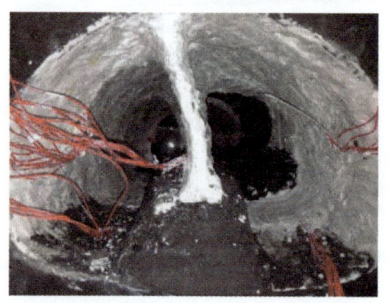

（d）4 号洞开挖，2 号、3 号洞贯通

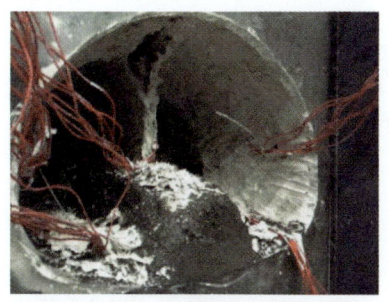 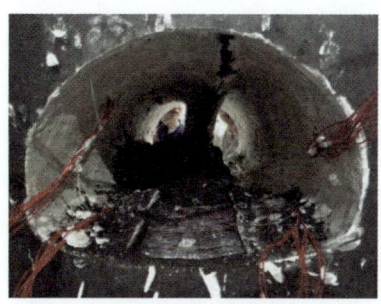

（e）拆除中隔壁　　　　　　　　（f）开挖岩墙

（g）闭合成环

图 5.2-10　钢架岩墙组合支撑法开挖过程

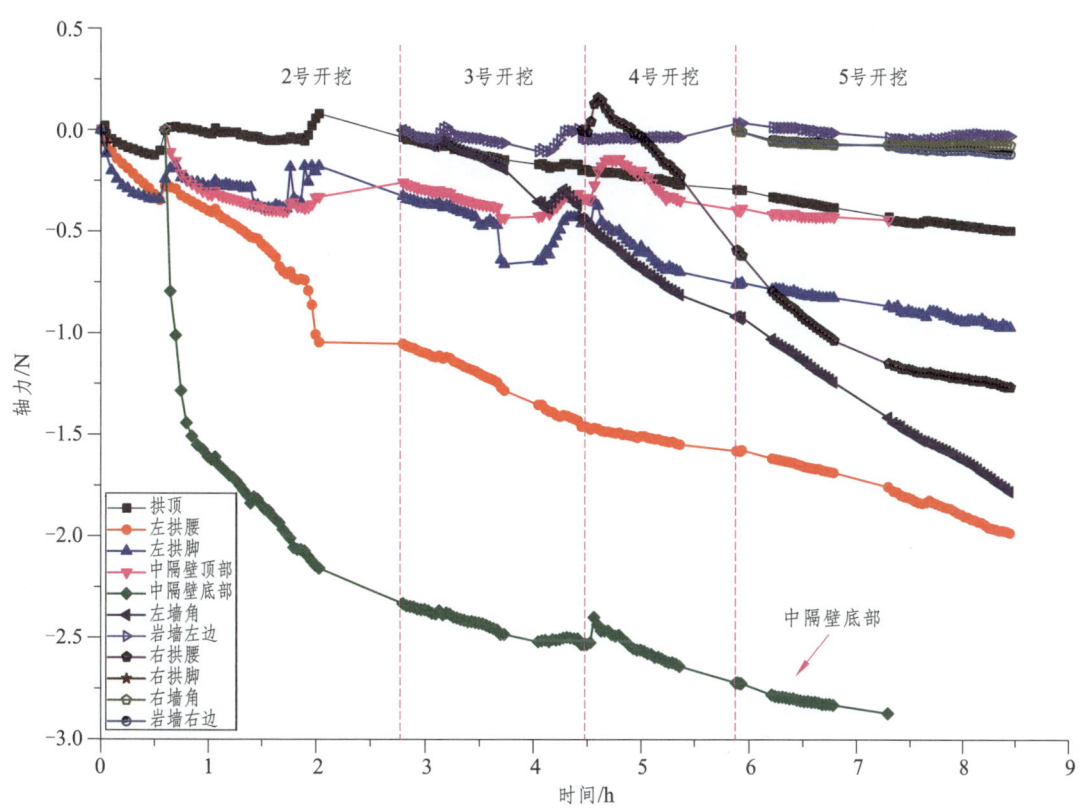

图 5.2-11　断面 1 支护结构轴力时程曲线

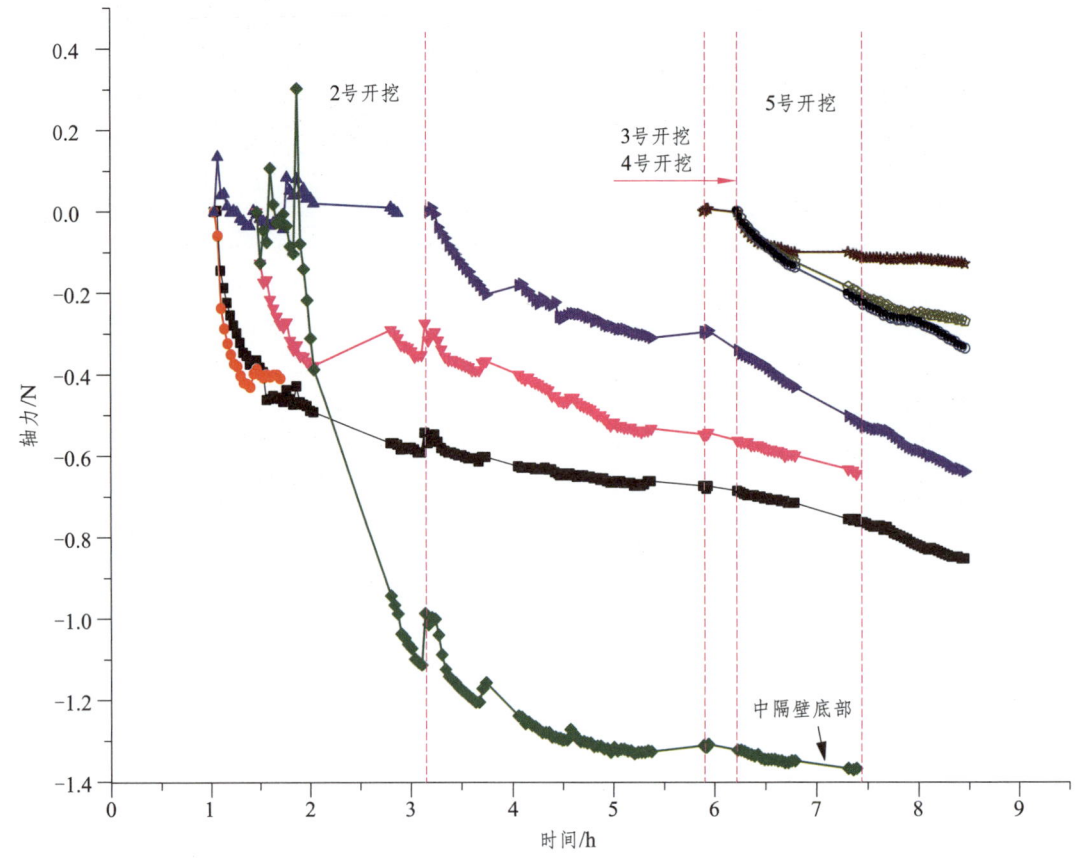

图 5.2-12　断面 2 支护结构轴力时程曲线

从受力部位来看，中隔壁底部是受力最大的部位，在中隔壁施作后短时间内陡然增大，而后趋于平缓，先开挖分部支护结构受力大于后开挖分部。从掘进时间来看，1号、2号和3号开挖的时间段是支护结构受力最不利时期，4号和5号洞的开挖虽然对支护结构内力有一定影响，但十分有限，其对应的支护结构轴力也在 0.3 N 以内，相对于其他分部的衬砌结构轴力较小。从安全角度来看，支护结构最大轴力为 2.87 N，位于中隔壁底部，再结合铜条截面尺寸，得到其截面压应力为 0.72 MPa，换算到实际工程中压应力为 35.9 MPa，远小于初支采用的 I20b 钢拱架的容许应力，因此该工法能满足施工过程的安全条件。

5.2.2　施工力学特性数值模拟分析

为了进一步研究钢架岩墙组合支撑法施工力学特性，运用 FLAC^{3D} 有限元差分软件进行三维数值模拟计算，采用弹塑性莫尔-库仑本构模型，计算模型以模型试验为依据，围岩参数、支护参数和支护时机均保持一致，见表 5.2-2 和表 5.2-4。计算模型埋深为 0.6 m，并在顶部施加 12 MPa 的荷载，计算模型如图 5.2-13 所示。

（a）总体模型　　　　　　　　　　（b）局部开挖模型

图 5.2-13　数值计算模型

1. 初期支护结构内力分析

通过数值模拟对初期支护结构主要应力集中部位进行观测，得到其最大应力随开挖进尺的变化曲线，如图 5.2-14 所示。从开挖进程来看，先支护部分的最大应力大于后支护部分，这也是符合围岩应力释放理论的。从压拉关系来看，中隔壁和拱脚受压应力，拱顶、仰拱和岩墙左右侧受拉应力，且岩墙左右侧所受拉应力与拱顶所受拉应力十分接近。从承载部位来看，除中隔壁以外的其他部位应力增长过程中并未明显地受后续开挖支护的影响，反而是中隔壁的顶部和底部，上部围岩（1 号和 3 号）的开挖会明显增加支护结构应力，而下部围岩（2 号和 4 号）开挖则会减缓支护结构应力增大的速率，表明 2 号和 4 号洞室的及时支护能有效缓解中隔壁承受荷载。

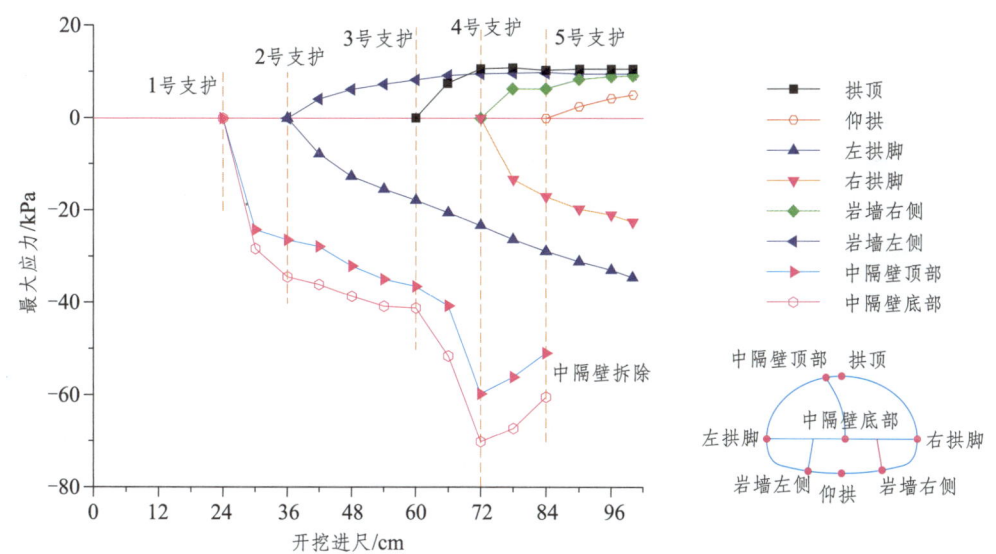

图 5.2-14　初期支护结构最大应力

2. 围岩变形分析

围岩变形分析针对支护结构变形最大的拱顶、仰拱和拱脚部位的位移进行观测，得到围岩的拱顶沉降和仰拱隆起，如图 5.2-15 所示；围岩左右拱脚的水平收敛，如图 5.2-16 所示。从整体上看，变形主要发生在 4 号洞开挖之前，到 5 号洞开挖时围岩变形基本稳定，可以认为中隔壁的拆除和岩墙的开挖对围岩变形几乎没有影响。从竖向位移来看，从 1 号洞开挖后拱顶沉降和仰拱隆起一直在增长，特别是 3 号洞的开挖更是促进了拱顶和仰拱变形的增长，

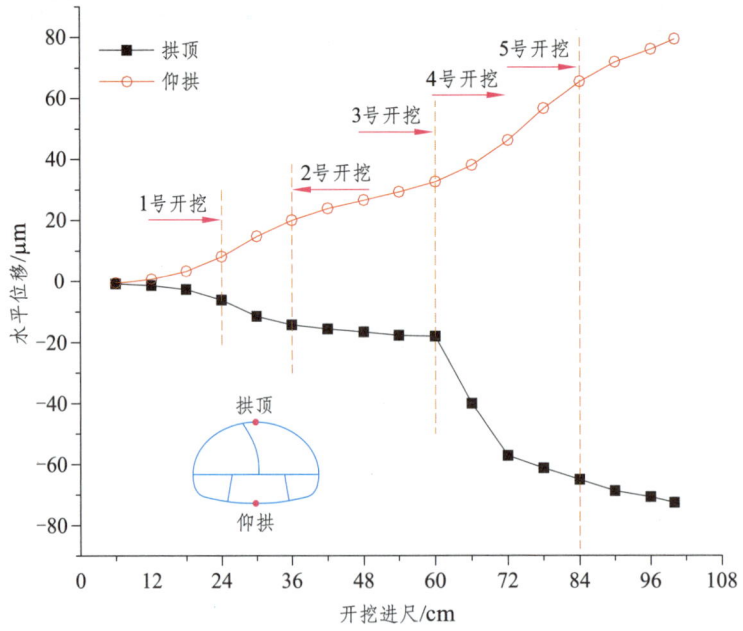

图 5.2-15　围岩竖向位移

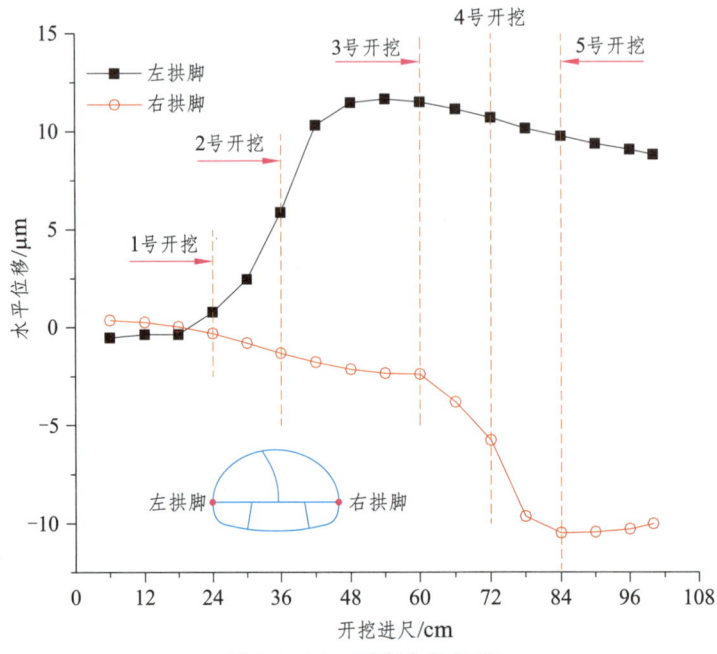

图 5.2-16　围岩水平位移

表明影响拱顶沉降和仰拱隆起的主要是上部围岩的开挖，下部围岩开挖的影响较小。从水平位移来看，左右拱脚呈现出一致的变化规律，均是在下部围岩开挖后的2个循环里剧烈增长，达到最大变形值，而后有略微减小后趋于稳定，且最终向洞内方向的变形达到稳定后，左右拱脚的变形值相同，表明影响拱脚围岩水平变形的主要是下部围岩的开挖，上部围岩开挖的影响有限，且开挖的先后顺序并不会影响拱脚稳定后的水平收敛。

3. 模型试验与数值计算结果对比分析

将试验结果与数值计算结果对比可以发现：首先，施工过程中，中隔壁均为受力最大处，且应力的增长主要是在1号、2号和3号开挖期间；其次，先行洞室受力稍大于后行洞室，开挖对支护结构应力的增长影响有限，试验结果在一定程度上验证了数值计算结果的可靠性。另外，模型试验与数值计算结果最大的差异在于模型试验岩墙左右侧支护结构受压应力，而数值计算岩墙左右侧支护结构受拉应力。事实上，在岩墙未开挖、初支还未闭合之前，岩墙左右的支护结构受地基反力的作用更易受拉应力，因此在岩墙左右侧受力上，数值计算结果更为可靠。归纳总结模型试验、数值计算结果如下：

（1）由于开挖过程中围岩应力释放，先行洞比后行洞结构内力要大。1号、2号和3号开挖的时间段是支护结构受力最不利时期，支护结构内力在此期间增长迅速，波动较大。

（2）中隔壁是受力最大处，并且受开挖过程影响较大，上部围岩的开挖会明显增加支护结构应力，而下部围岩开挖则会减缓支护结构应力增大的速率，表明2号和4号洞室的及时支护能有效缓解中隔壁承受荷载；而除中隔壁以外的其他部位应力增长过程中并未明显地受后续开挖支护的影响。

（3）围岩的变形主要发生在4号洞开挖之前，到5号洞开挖时围岩变形基本稳定。影响拱顶沉降和仰拱隆起的主要是上部围岩的开挖，下部围岩开挖的影响较小。影响拱脚围岩水平变形的主要是下部围岩的开挖，上部围岩开挖的影响有限。

5.2.3　施工力学特性现场测试分析

为了进一步验证钢架岩墙组合支撑工法在实际施工过程中的应用效果，在浆水泉隧道Ⅳ级围岩地段对围岩压力、支护结构受力状态进行了现场测试，以下以监测断面YK2+283为例，对测试方法和测试结果进行详细分析。

1. 量测项目及测试断面

对于初期支护结构，重点监测围岩与初期支护间的压力、初期支护喷射混凝土应力以及钢架应力；对于二次衬砌结构，重点监测初期支护与二次衬砌间压力、二次衬砌模筑混凝土应力以及二次衬砌钢筋应力。YK2+283测试断面信息如表5.2-5所示。

表 5.2-5　YK2+283 测试断面信息

序号	里程	支护结构	施工方法	起止时间	测试天数
1	YK2+283	初期支护	钢架岩墙组合支撑工法	2017/3/8 ~ 2017/4/28	40
		二次衬砌		2017/6/17 ~ 2017/8/24	68

2. 测试传感器布置及埋设

图 5.2-17 为测试传感器布置图。初期支护和二次衬砌均布置 5 个测点，对于初期支护，每个测点布置 1 个压力盒、2 个混凝土应变计（混凝土结构内外侧）、2 个钢架应变计（钢架内外侧）；对于二次衬砌，每个测点布置 1 个压力盒、2 个混凝土应变计（混凝土结构内外侧）、2 个钢筋计（内外侧钢筋主筋）。传感器具体埋设方法如下：

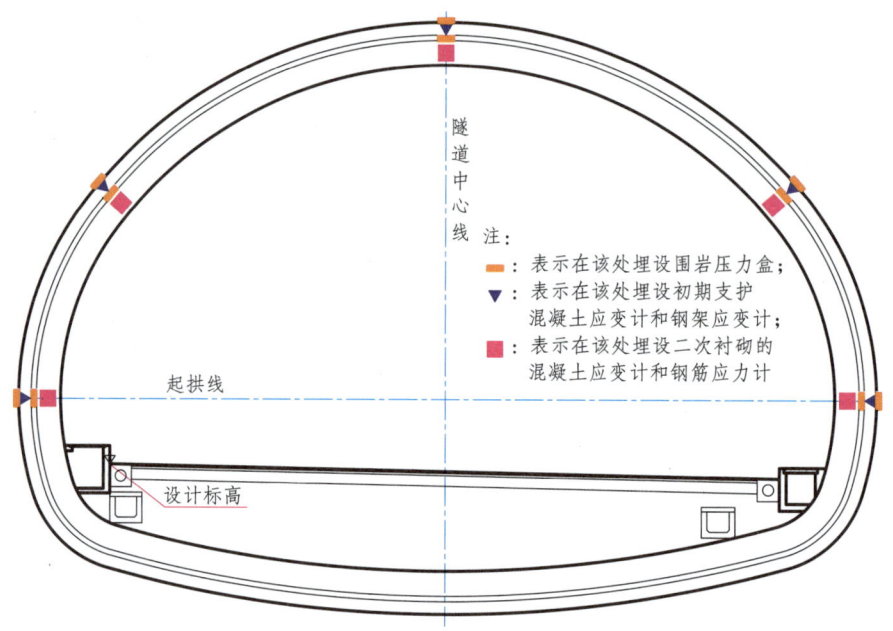

图 5.2-17　测试传感器布置

（1）混凝土应变计：混凝土埋入式应变计埋置到混凝土结构的内外侧，应保证其轴线与受力方向一致；安装混凝土表面应变计时，要注意表面计的轴向与隧道环向方向相同。

（2）钢架应变计：钢架应变计焊接在型钢钢架的内外侧，在焊接前应对钢架应变计的初始频率进行测试，测试结果应和标定表的零点频率相同，方可进行焊接，在焊接时必须对钢架应变计进行水冷却，以免由于焊接时的高温传导到钢架应变计上，损坏钢架应变计内部电器元件。

（3）围岩压力盒：埋设时，将埋设处的围岩表面打磨平整，然后使压力盒就位。为了减小或消除结构中横向力对测量结果的影响，在埋设前，在压力盒周围包一层厚度为 1 ~ 2 mm 的橡胶圈。就位的压力盒工作面与结构物底面齐平，不要凹进或凸出，还要防止压力盒偏斜，以避免偏载造成的误差。

（4）钢筋计：先将钢筋计通过螺帽与钢筋杆连结后，然后将钢筋杆与受力钢筋同轴线对焊，注意保持钢筋应力计、钢筋杆与受力钢筋在同一轴线上，采用坡口焊或熔槽焊将钢筋计焊接在被测钢筋上；在焊接时要注意传感体部分的温升不得超过 70 ℃，过热会损坏环氧防潮层，破坏绝缘性能。为此焊接过程中必须对钢筋计焊接端进行边焊接边淋水冷却，以免仪器过热损坏。

表 5.2-6 为 YK2+283 里程隧道断面的量测项目及所用传感器；图 5.2-18 为现场传感器的安装图。

表 5.2-6　YK2+283 里程隧道断面量测项目及所用传感器

	序号	测试断面	量测项目	量测仪器及工具
初期支护	1	YK2+283	围岩与初期支护间围岩压力	压力盒（0.6 MPa）
	2		初期支护混凝土应力	混凝土埋入式应变计（±1 500 με）
	3		初期支护钢架应力	钢架应变计（±1 200 με）
二次衬砌	1	YK2+283	初期支护与二次衬砌间围岩压力	压力盒（0.6 MPa）
	2		二次衬砌混凝土应力	混凝土埋入式应变计（±1 500 με）
	3		二次衬砌环向主筋轴力	钢筋计（±80 kN）

（a）混凝土应变计

（b）钢架应变计

（c）压力盒

（d）钢筋计

图 5.2-18　传感器现场安装

3. 数据处理方法

对于混凝土应变计和钢架应变计，直接测得的数据是微应变，计算时通过公式：$\sigma = E\varepsilon$，得到各测点的应力值，再分别与混凝土强度设计值和钢架强度设计值进行对比，由此判断结构是否安全；对于二次衬砌环向主筋的钢筋计，直接测得的数据是轴力，计算时通过公式：$\sigma = F/A$，得到环向主筋上各测点的应力，再与钢筋强度设计值进行对比，由此判断结构是否安全；对于压力盒，直接测得的数据是压力（单位为 MPa），计算时不做任何处理。

根据《公路隧道设计细则》（JTG/T D70—2010），支护结构弹性模量和容许应力分别见表 5.2-7 和表 5.2-8。现场测试中，混凝土应力、钢架应力和钢筋应力测试值负值均为受压、正值均为受拉；压力盒只能测试压力，正值为受压。

表 5.2-7　支护结构弹性模量

参数	喷射混凝土（C25）	模筑混凝土（C30）	钢架（I20b）	环向主筋（HRB400）
弹性模量 /GPa	23	31	206	210

表 5.2-8　支护结构容许应力

参数		喷射混凝土（C25）	模筑混凝土（C30）	钢架（I20b）	环向主筋（HRB400）
极限强度 /MPa	抗压	13.5	22.0	215	400
	抗拉	1.3	2.01	215	400

4. 现场测试数据分析

初期支护体系现场测试结果如图 5.2-19～图 5.2-28 所示；二次衬砌现场测试结果如图 5.2-29～图 5.2-38 所示。

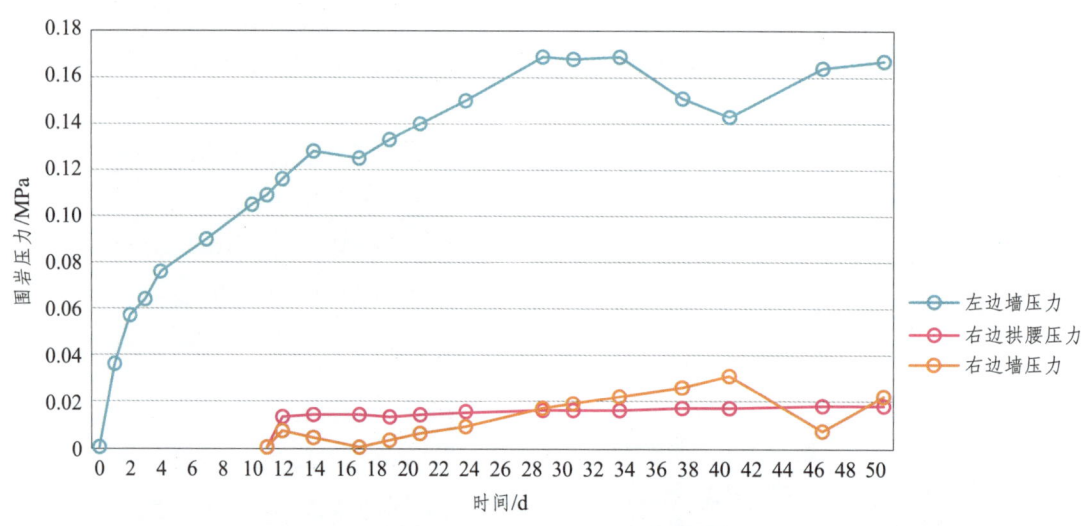

图 5.2-19　围岩压力 – 时间关系曲线

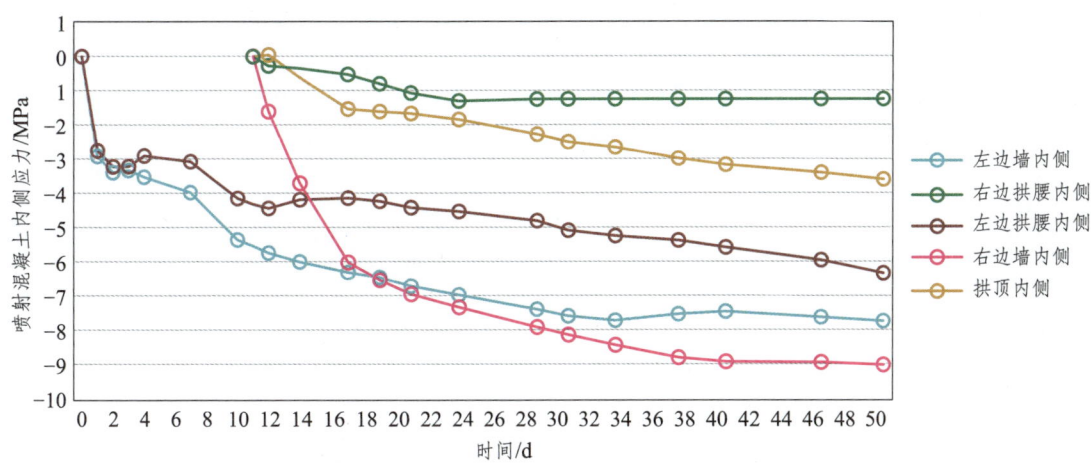

图 5.2-20 喷射混凝土内侧应力 – 时间关系曲线

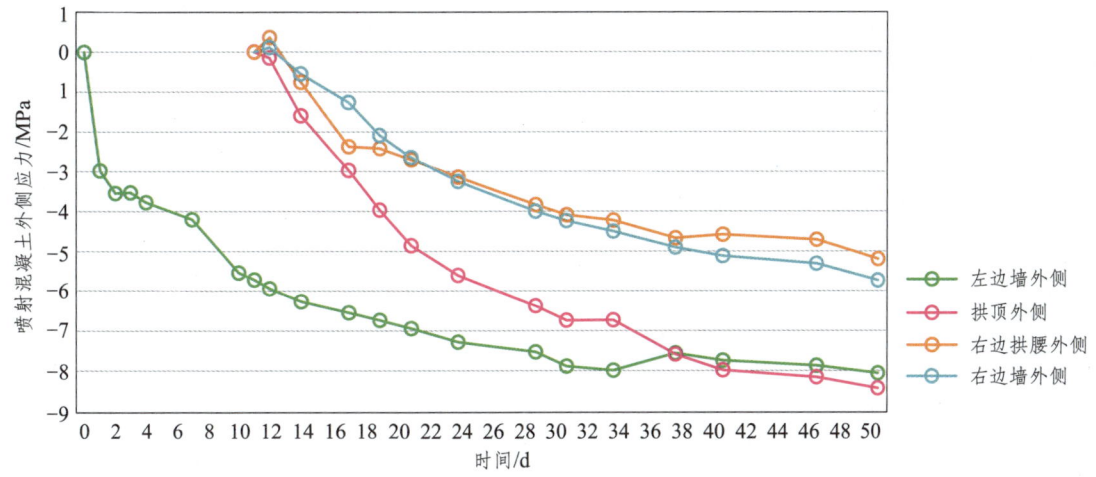

图 5.2-21 喷射混凝土外侧应力 – 时间关系曲线

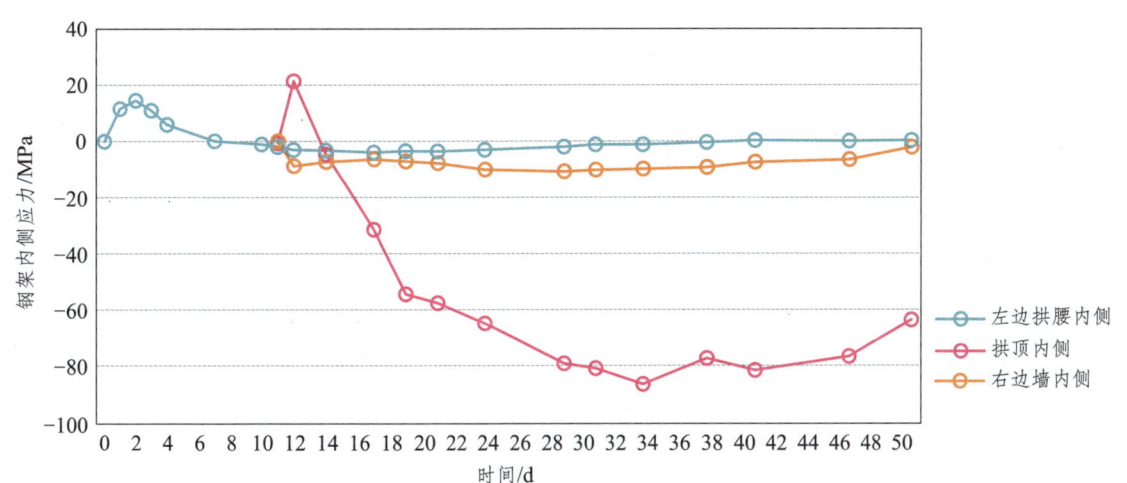

图 5.2-22 钢架内侧应力 – 时间关系曲线

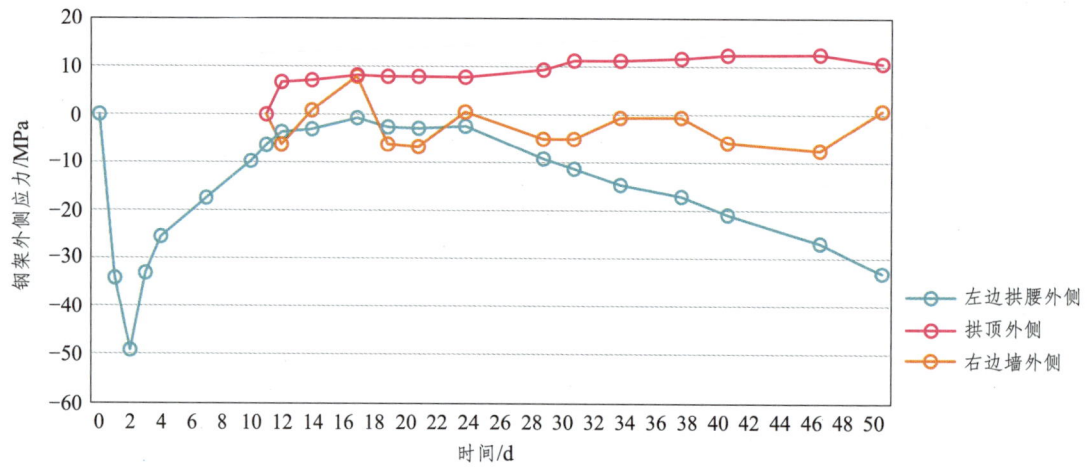

图 5.2-23 钢架外侧应力-时间关系曲线

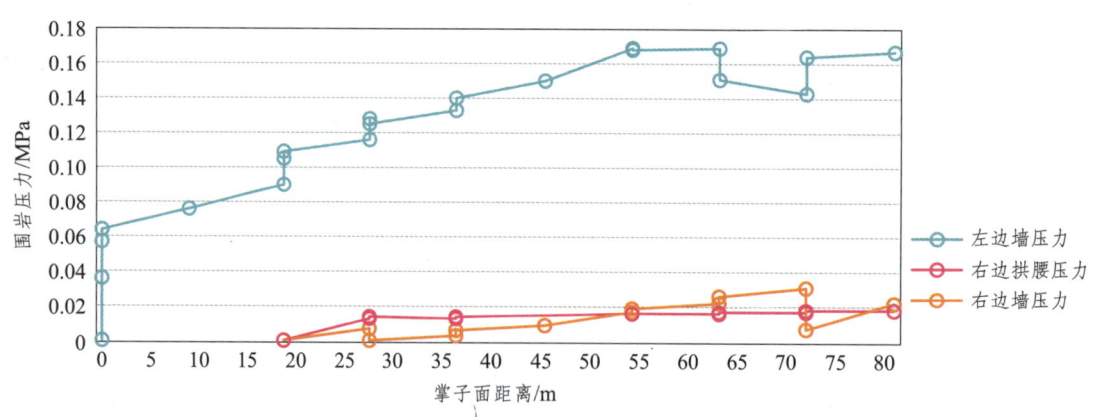

图 5.2-24 围岩压力-掌子面距离关系曲线

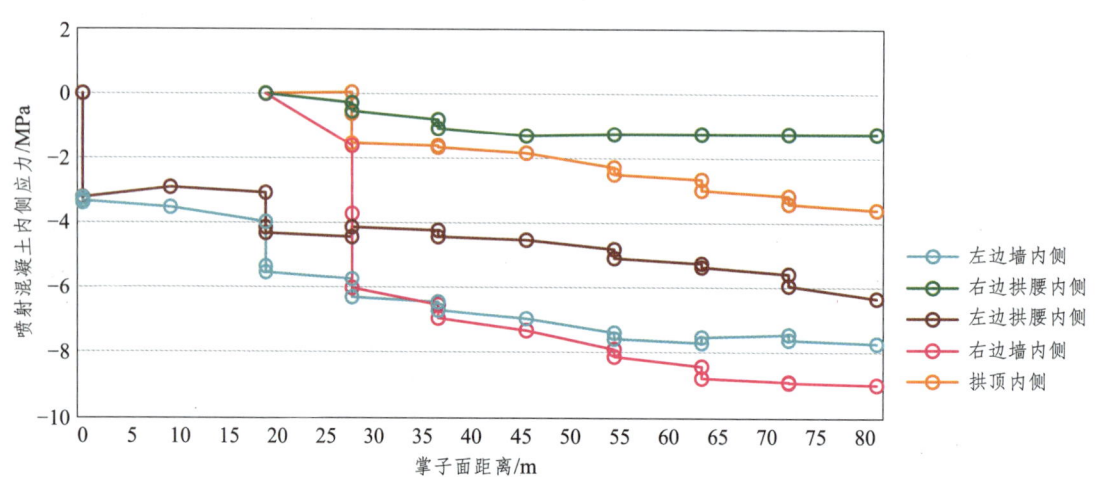

图 5.2-25 喷射混凝土内侧应力-掌子面距离关系曲线

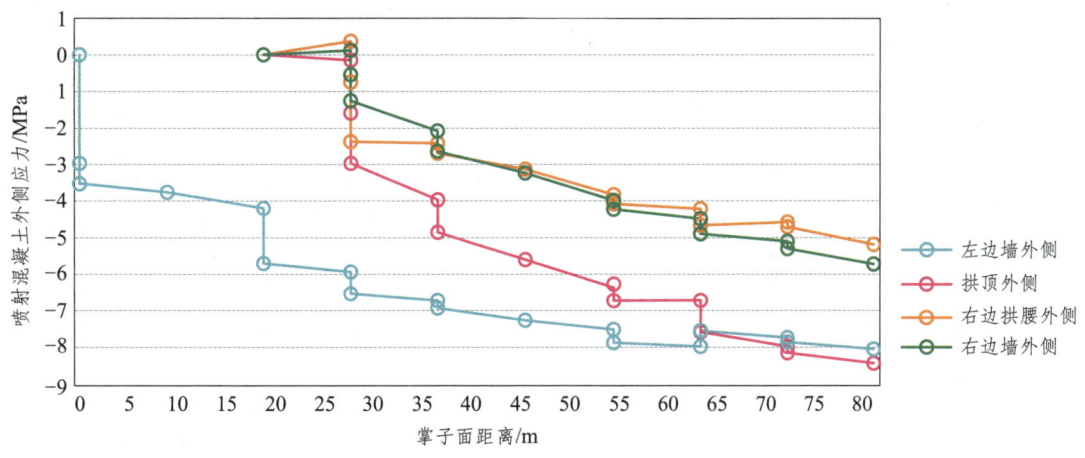

图 5.2-26 喷射混凝土外侧应力 – 掌子面距离关系曲线

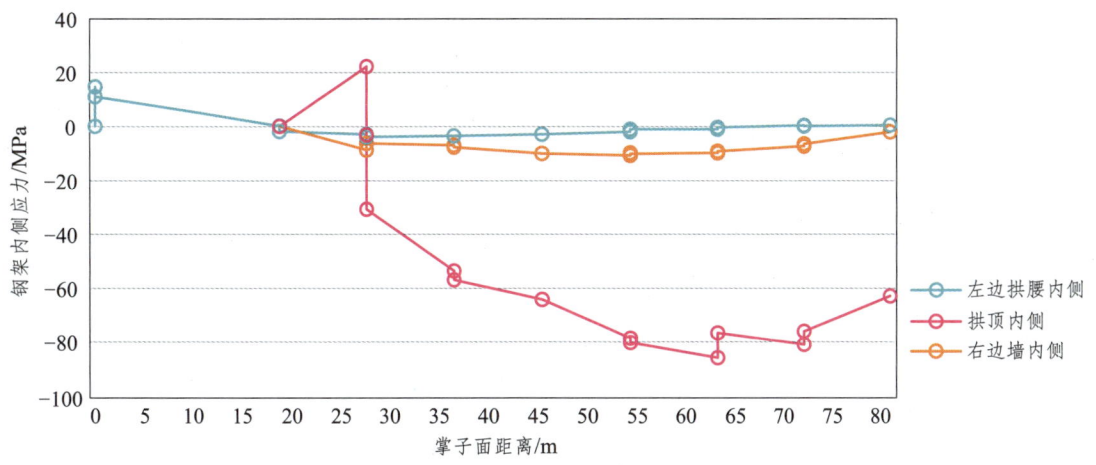

图 5.2-27 钢架内侧应力 – 掌子面距离关系曲线

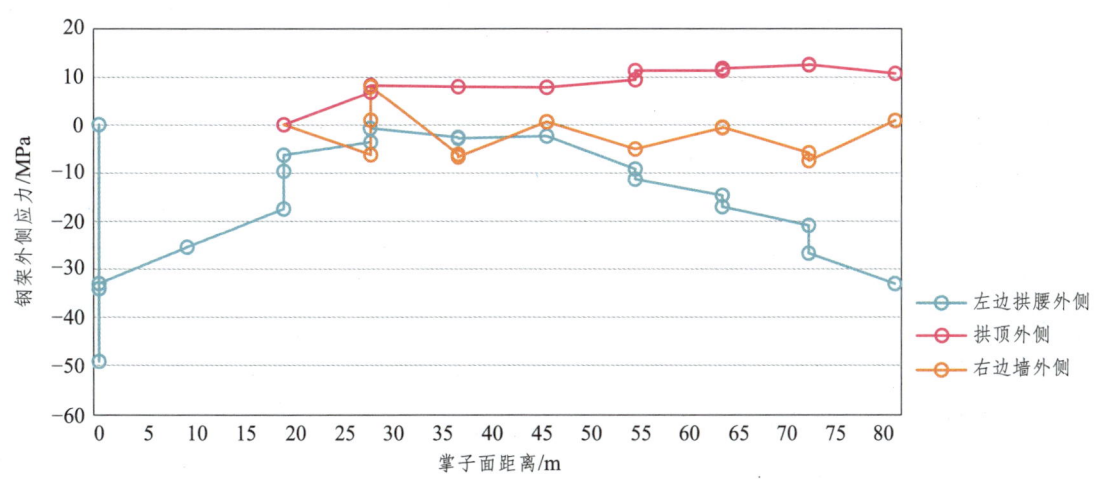

图 5.2-28 钢架外侧应力 – 掌子面距离关系曲线

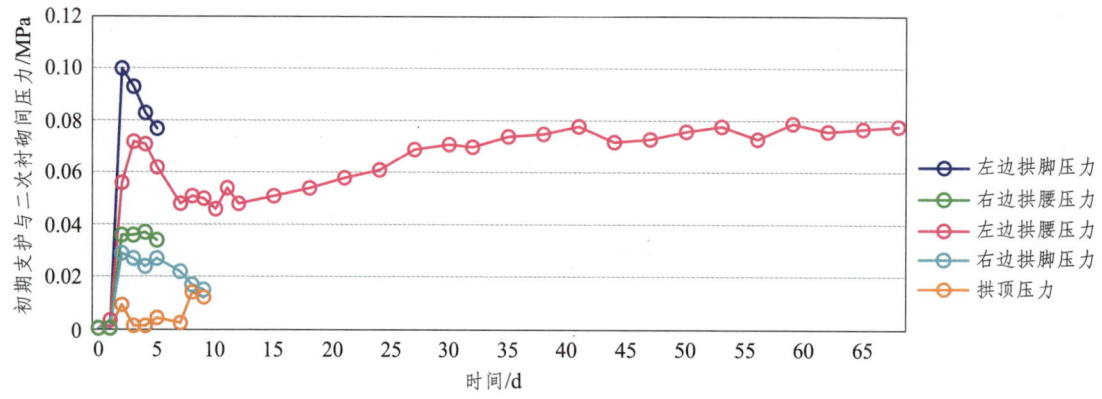

图 5.2-29 初期支护与二次衬砌间压力 – 时间关系曲线

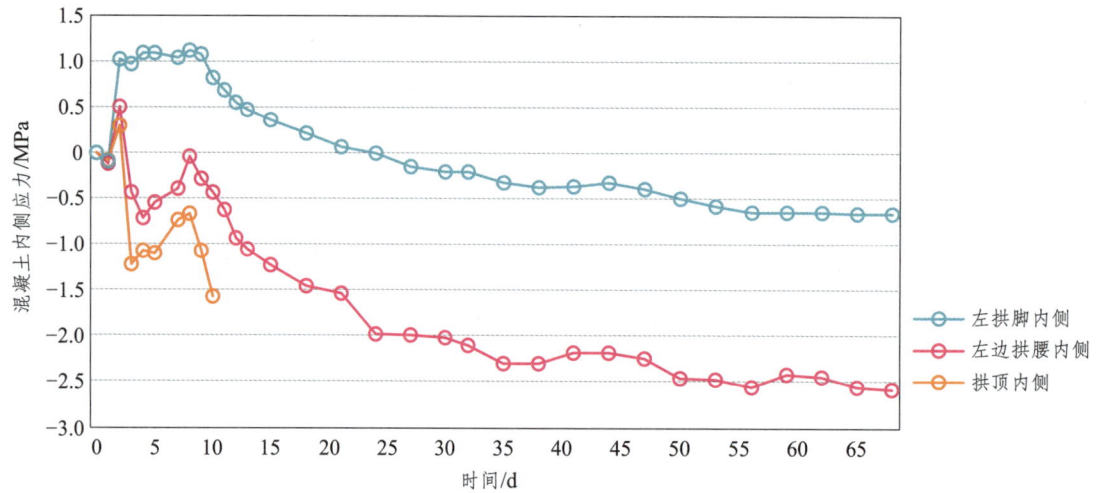

图 5.2-30 混凝土内侧应力 – 时间关系曲线

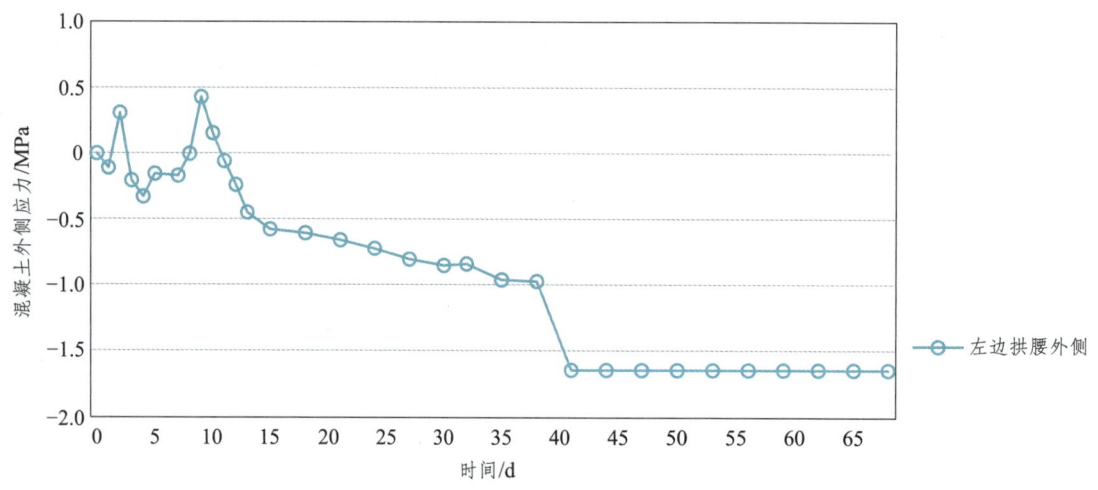

图 5.2-31 混凝土外侧应力 – 时间关系曲线

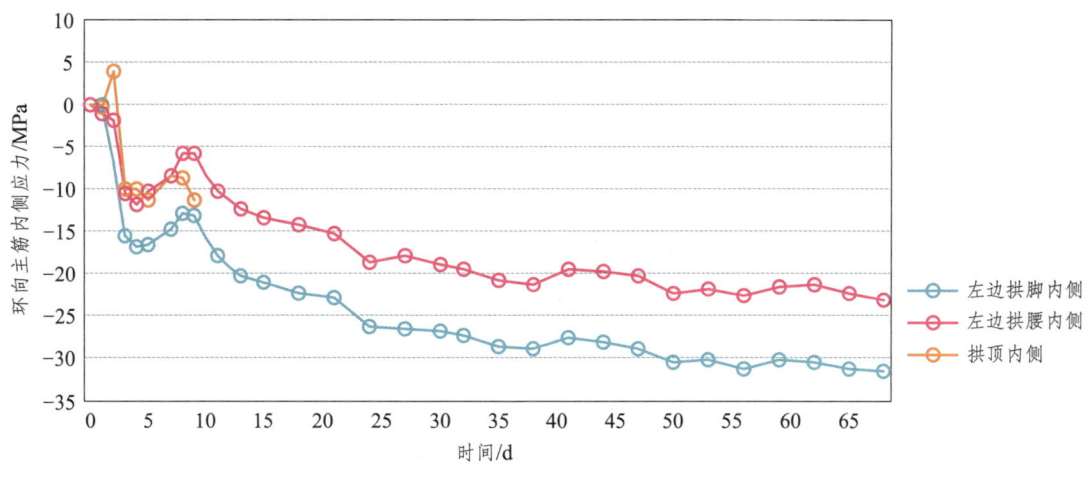

图 5.2-32 环向主筋内侧应力-时间关系曲线

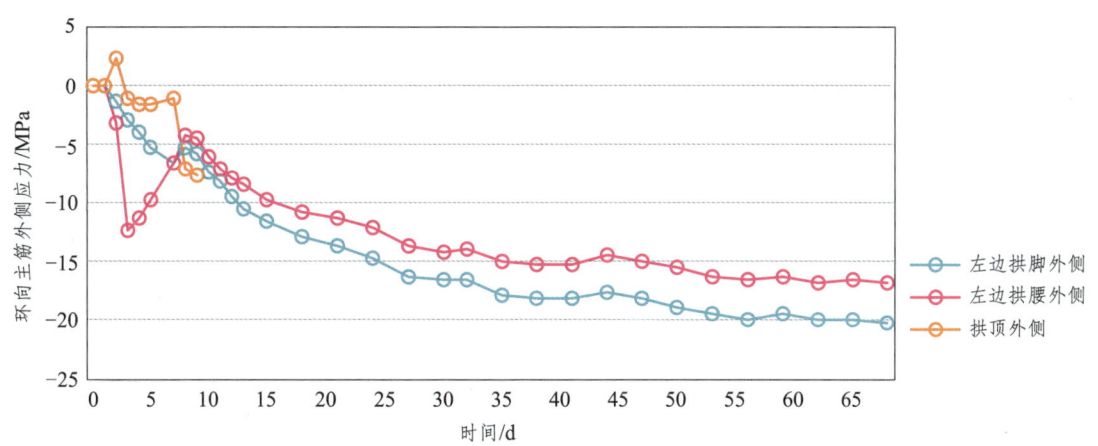

图 5.2-33 环向主筋外侧应力-时间关系曲线

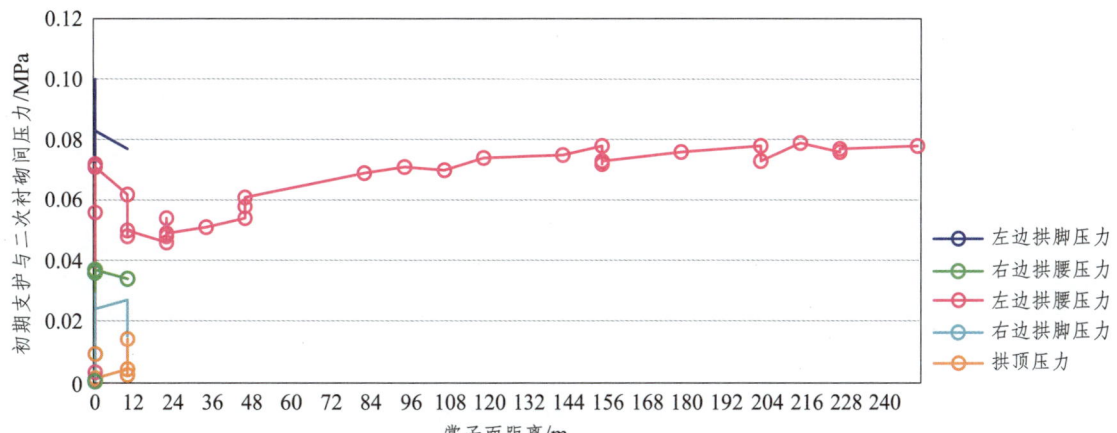

图 5.2-34 初期支护与二次衬砌间压力-掌子面距离关系曲线

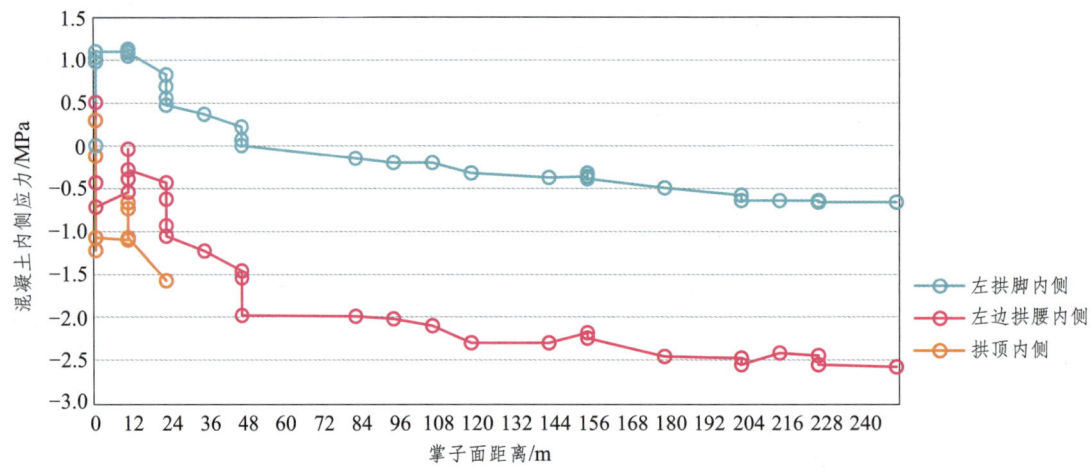

图 5.2-35　混凝土内侧应力－掌子面距离关系曲线

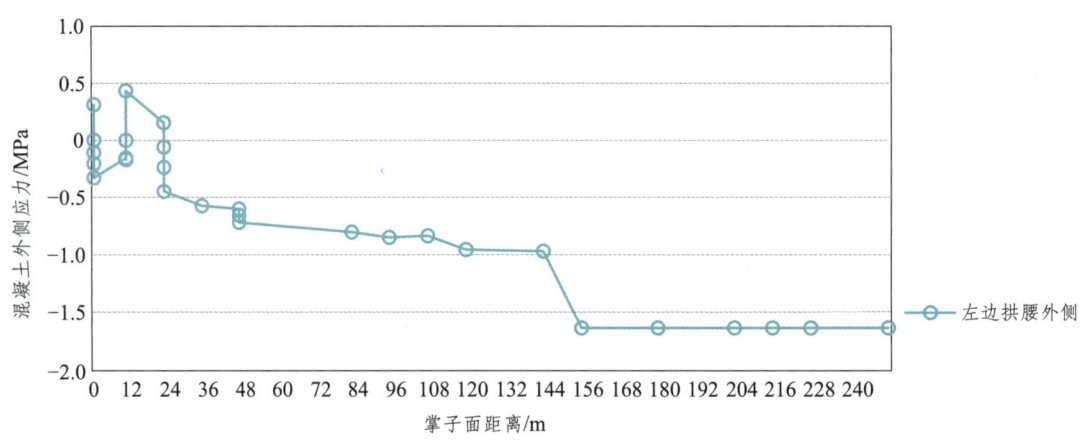

图 5.2-36　混凝土外侧应力－掌子面距离关系曲线

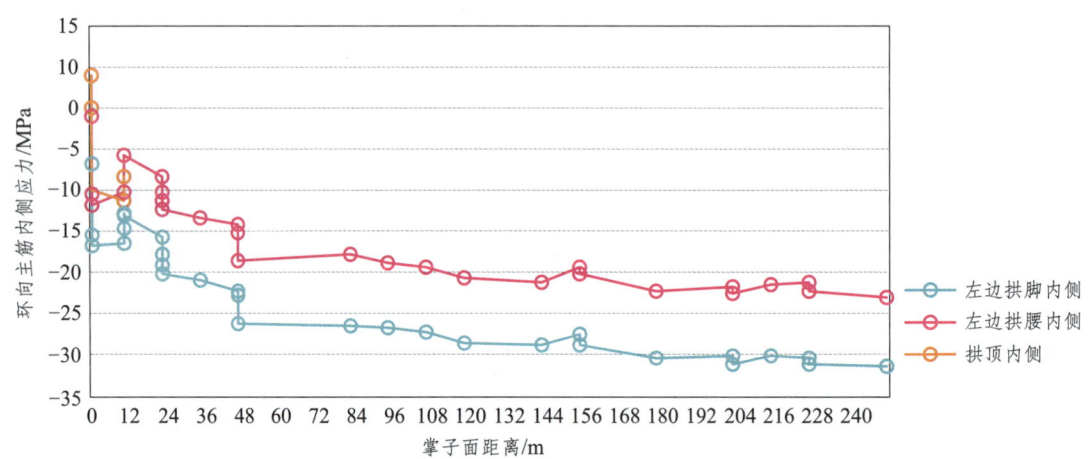

图 5.2-37　环向主筋内侧应力－掌子面距离关系曲线

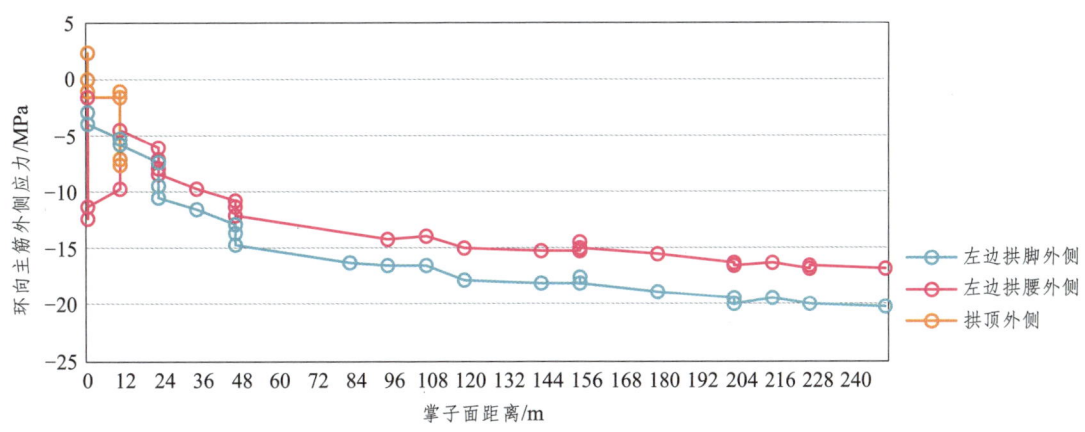

图 5.2-38 环向主筋外侧应力 – 掌子面距离关系曲线

初期支护及二次衬砌结构各部位测试最大值如表 5.2-9 ~ 表 5.2-10 所示。

表 5.2-9 初期支护结构应力最大值　　　　　　　　　　　　　MPa

部位		初期支护		围岩压力
		喷混凝土	钢架	
左拱脚	内侧	-7.73	—	0.17
	外侧	-8.06	—	
左拱腰	内侧	-6.34	14.63	
	外侧	—	-49.25	
拱顶	内侧	-3.60	-85.90	
	外侧	-8.44	12.57	
右拱腰	内侧	-1.30	—	0.02
	外侧	-5.19	—	
右拱脚	内侧	-9.02	-10.75	0.03
	外侧	-5.73	-7.50	

表 5.2-10 二次衬砌结构应力最大值　　　　　　　　　　　　　MPa

部位		二次衬砌		初支二衬间压力
		模筑混凝土	环向主筋	
左拱脚	内侧	1.12	-31.57	0.10
	外侧	—	-20.26	
左拱腰	内侧	-2.58	-23.15	0.08
	外侧	-1.65	-16.84	
拱顶	内侧	-1.57	-11.31	0.01
	外侧	—	-7.63	
右拱腰	内侧	—	—	0.04
	外侧	—	—	
右拱脚	内侧	—	—	0.03
	外侧	—	—	

从表 5.2-9 ~ 表 5.2-10 中可以得到如下的结论：

（1）初期支护左侧受到的围岩压力明显大于右侧，这和施工顺序相吻合。

（2）初期支护结构的应力整体上是受压的，喷射混凝土最大压应力为 9.02 MPa，小于喷射混凝土的容许应力，钢架最大压应力为 85.90 MPa，亦小于钢架的容许应力；整体上初期支护结构左侧的内力大于右侧，这和施工顺序相吻合。

（3）二次衬砌的内力明显小于初期支护的内力，印证了复合式衬砌结构中主要承载结构为初期支护；二次衬砌混凝土最大压应力为 2.58 MPa，钢筋压应力为 31.57 MPa，远小于材料的容许应力，结构有较高的安全冗余。

（4）支护结构主要承受压应力，从初期支护和二次衬砌的应力数值来看，均未超过材料的容许应力，且有较大的安全冗余，结构整体上是安全的，表明钢架岩墙组合支撑工法在实际施工中能保证支护结构安全，是一种可行的施工工法。

5.3 钢架岩墙组合支撑工法在浆水泉隧道中的实施及其效果

京沪高速公路济南连接线工程浆水泉隧道全长 3 101 m，最大开挖断面为 219.8 m²，扁平率 0.675，Ⅳ级及Ⅴ级围岩占 47.6%，以水平分层石灰岩为主。原设计 CD 法施工，工序复杂且施工进度慢，无法满足总工期的要求。基于以上背景，通过方案优化，在本工程中成功应用了超大断面钢架岩墙组合支撑分部开挖工法，施工过程围岩整体稳定、隧道结构安全，满足隧道施工要求，且有效加快了施工进度。

5.3.1 施工工艺流程

钢架岩墙组合支撑分部开挖工法施工流程详见图 5.3-1，施工工法横断面、纵断面、平面示意图见图 5.3-2 ~ 5.3-4 所示。具体施工步骤如下：

（1）开挖左侧上台阶 1 部；
（2）施工上部左侧导坑初期支护、中隔壁临时支护；
（3）开挖右侧上台阶 2 部；
（4）施工上部右侧导坑初期支护；
（5）开挖左侧导坑下台阶 3 部；
（6）施工下部左侧导坑初期支护；
（7）开挖右侧导坑下台阶 4 部；
（8）施工下部右侧导坑初期支护；
（9）监控量测数据稳定后，拆除上台阶临时竖撑；
（10）开挖中部岩墙 5 部；
（11）施作仰拱初期支护，封闭成环；
（12）施作二次衬砌等。

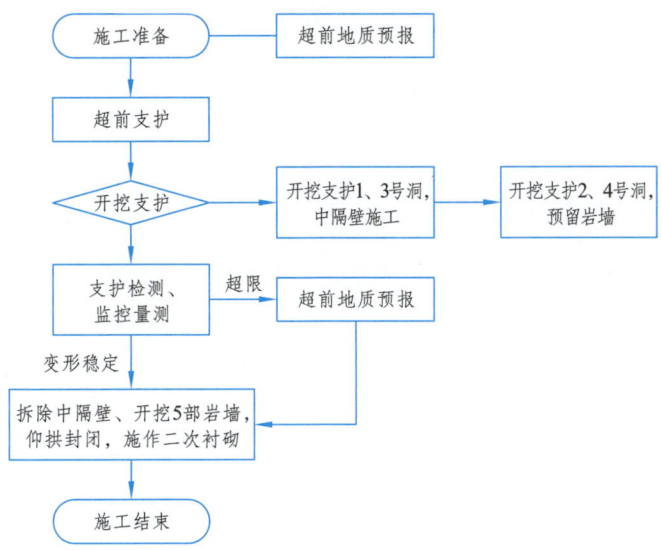

图 5.3-1　施工工法流程

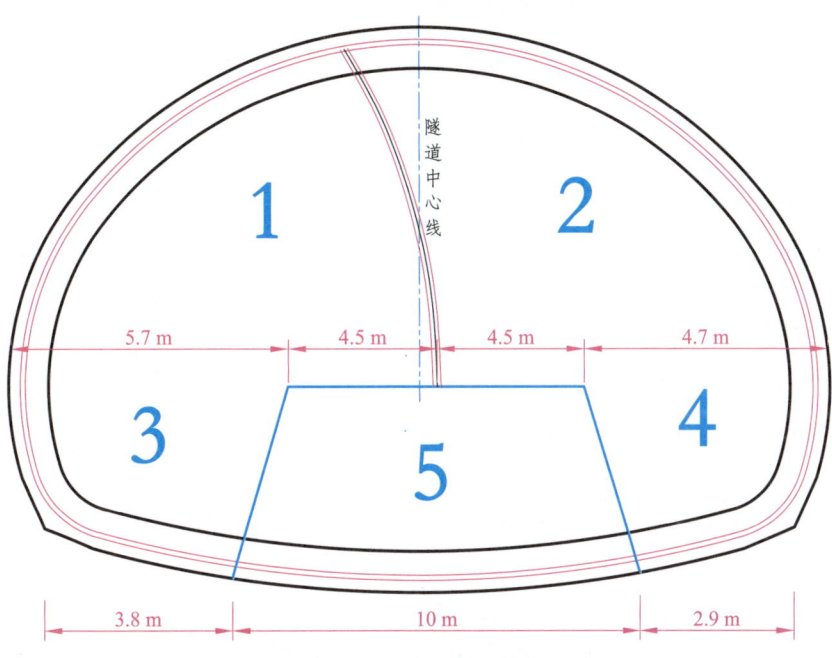

图 5.3-2　施工工法横断面

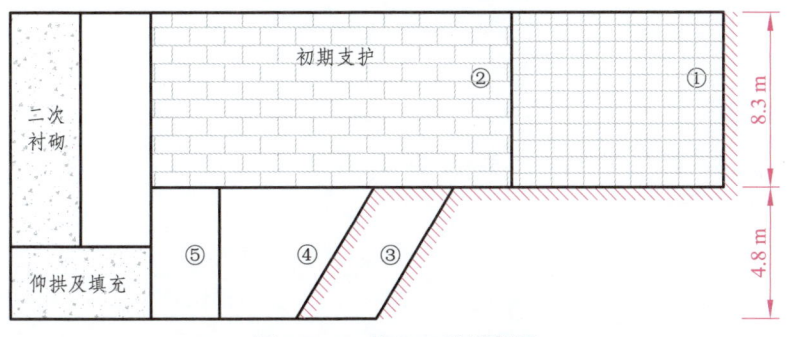

图 5.3-3　施工工法纵断面

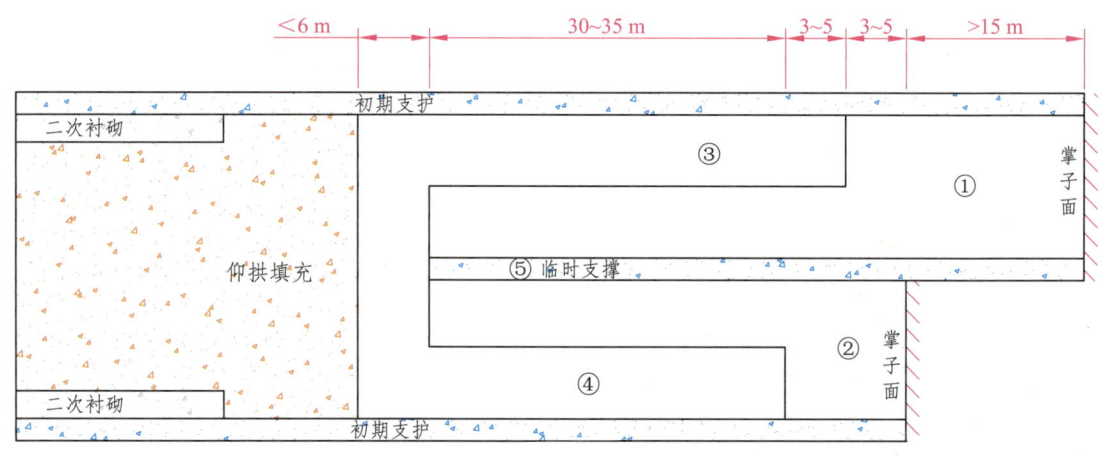

图 5.3-4　施工工法平面

5.3.2　关键施工工序及操作要点

1. 超前支护

隧道 1 部开挖施工前,采用单排 $\phi 50$ mm×5 mm 小导管对拱腰以上部位进行超前支护。首先采用风动凿岩机钻孔,钻孔长度为 3.5 m,外插角 5°～7°,将超前小导管在加工场制作完毕后,运至掌子面并插入钻孔,安装完毕后进行 1∶1 水泥浆注浆,注浆压力为 0.5～1.0 MPa,注完浆后采用锚固剂进行封堵,至此 1 部注浆预加固处理完毕。在开挖 2 部前用同样方法进行超前支护。

2. 上台阶施工

先钻眼爆破开挖上台阶左侧 1 部,开挖进尺控制在 2 榀钢架（2 m）距离,开挖完成后施作洞身 $\phi 22$ mm 砂浆锚杆、$\phi 8$ mm 钢筋网片、I20b 型钢拱架、环向 $\phi 25$ mm 纵向连接钢筋,对拱架拱脚处施作 2.5 m 长 $\phi 22$ mm 锁脚锚杆；同时施作竖撑位置 $\phi 8$ mm 钢筋网片、环向 $\phi 25$ mm 纵向连接钢筋、I18 临时型钢拱架,对竖撑拱脚处施作 1.5 m 长 $\phi 22$ mm 锁脚锚杆,最后进行喷射混凝土施工。

当左侧 1 部开挖支护长度大于 15 m 后,开挖支护上台阶右侧 2 部。施工时,要采用短进尺、弱爆破进行开挖施工,同时周边眼和临时钢架支撑之间间距保持在 50～80 cm 之间,以减少爆破时对临时钢架支撑的扰动,开挖完毕后及时支护,确保临时竖撑的稳定性。上台阶现场施工如图 5.3-5 所示。

3. 下台阶施工

下台阶 3 部开挖落后于 2 部 3～5 m,开挖上宽为 5.7 m,下宽 3.8 m,开挖完毕后,施作边墙初期支护,拱架落在坚实的围岩上,如出现虚渣导致拱架不能落底,需清理虚渣,用预制混凝土块垫实；4 部落后 3 部 3～5 m 开挖,开挖上宽为 4.7 m,下宽 2.9 m,按 3 部同样支护方法施工。预留岩墙 5 部顶部预留宽度为 9 m,底部预留宽度为 10 m,既满足承载力要求又满足上台阶 1、2 部同时施工运输道路功能,上、下台阶施工不受相互干扰,5 部预留纵向长度宜为 30～35 m 左右，便于各工作面拉开工作距离。在下台阶左右两侧 3 部和 4 部开挖时采用水平掏槽光面爆破，尽可能减小对下台阶中部预留岩墙 5 部的扰动。下台阶现场施工图如图 5.3-6 所示。

图 5.3-5　上台阶现场施工

图 5.3-6　下台阶现场施工

4. 钢架岩墙组合体系拆除及仰拱封闭

（1）监控量测显示初期支护稳定后，先拆除上台阶临时钢架支撑，采用人工配合机械施工，防止对初期支护系统形成大的振动和扰动；一般一次拆除长度不宜超过 4 榀钢架间距。

（2）临时支撑拆除后，立即进行预留岩墙 5 部开挖，并及时进行仰拱钢拱架整体安装，喷射混凝土封闭成环。

5.3.3　施工质量保证措施

（1）隧道施工应坚持"短进尺、强支护、早封闭、勤量测"的原则；

（2）初期支护钢架的接头位置及各单元的长度可根据本工法做相应的调整；

（3）钢架之间纵向连接钢筋应按要求设置，及时施作并连接牢靠；

（4）施工中，应按相关设计规范进行监控量测，为支护参数调整提供依据，做好拆除过程中监控量测工作，随时检测支护稳定性；

（5）临时拆除作业全程严禁交叉作业，必须分段、流水作业，在拆除作业区两端设置防护设施，并安排专人看守，严禁非作业人员进入，存在物体掉落危险的区段，任何人不得进入；

（6）临时支撑拆除时，如无法卸除中隔壁钢架与永久初支钢架接触节点处的螺栓和连接钢板，应向初期支护开凿 2～3 cm，然后再切割工字钢，在连接处，采用 1∶1 砂浆找平初期支护喷射混凝土，严禁中隔壁拱架切口头或钢筋露出初期支护表面，防止刺穿防水板；

（7）如遇围岩较为破碎，左右侧下导坑爆破开挖后中部核心土 5 部出现破碎状或自身承载力无法达到承载临时钢拱架的情况，应及时将临时钢拱架接长并落底；

（8）钢架安装和拆除过程中，测量人员发现拱顶下沉异常时，暂停钢架安装或拆除并适当采取加固措施；

（9）根据超前地质预报结果，指导掌子面前方下一循环施工工法，对于出现有溶洞、破碎带等特殊地质情况时，应采取加固措施并考虑转化为更为安全可靠的工法进行施工。

5.3.4　施工效果

浆水泉隧道采用钢架岩墙组合支撑分部开挖工法后，每月进尺达到 63 m，相对于原设计 CD 法每月进尺 50 m 效率有了较大提高。经分析每 10 m 节约成本 4.8 万元，本项目Ⅳ级围岩长度 2 170 m，施工时间节省 135 天，共计节约成本 1 042 万元，取得了较好的经济效益，表明钢架岩墙组合支撑分部开挖工法在大断面软弱围岩中有一定的应用推广价值。

6 特殊工程环境超大扁平高速公路隧道快速施工技术

京沪高速公路济南连接线工程浆水泉隧道左线起讫里程K1+749～K4+850，长3 101 m；右线起讫里程YK1+747.3～YK4+832.7，长3 085.4 m，为双向8车道高速公路隧道，主要以水平分层石灰岩为主，隧道最大开挖面积为219.8 m²，扁平率为0.675。浆水泉隧道左线K2+230～K2+310段位于济南黄金谷风景区冲沟内，受自然季节性洪水冲刷和人为整修景观区影响，造成隧道线路方向80 m范围内浅埋、超浅埋、局部隧道拱顶外露等突变地形，围岩等级为Ⅴ级。同时，为加快施工进度，隧道设施工斜井1处，长565.18 m，与正洞正交于ZK3+000处，斜井转正洞区域为Ⅲ级围岩，存在斜井转超大扁平断面隧道施工。在如此特殊工程环境中，实现超大扁平高速公路隧道的快速施工，存在以下施工难点：

（1）地形、地质、工程环境复杂，采用一般施工工法不能有效解决施工技术难题，施工方法没有针对性往往给工程带来安全风险，且施工进度、效益不可控。

（2）K2+240～K2+255段洞身一侧埋深相对较深，置于岩层内；另一侧埋深超浅，且为冲积土，开挖时方法不当，极易造成坍塌，安全隐患大。

（3）K2+288～K2+308段受自然季节性洪水冲刷和人为整修景观区影响，造成隧道拱顶外露，最大露出高度为1.78 m，施工技术难度大，施工风险高。

（4）斜井转超大扁平断面隧道施工，如采用传统的"大包法"施工技术，临时支护工程量大，工序繁琐，施工空间小，反拆临时拱架时安全系数小，不适用于断面面积超大的隧道。

基于以上工程背景，针对工程中存在的问题，通过研究并经现场实践，形成拱顶外露超大扁平高速公路隧道盖挖施工技术、浅埋半明半暗超大扁平高速公路隧道施工技术、微超挖无临时支护斜井转正洞施工技术，实现快速施工，现分述如下。

6.1 浅埋半明半暗超大扁平高速公路隧道施工技术

浅埋半明半暗超大扁平高速公路隧道施工技术主要适用于浆水泉隧道左线 K2+240 ~ K2+255 段，该段因受自然季节性洪水冲刷和人为整修景观区影响，造成隧道洞身一侧埋深相对较深，置于岩层内，另一侧埋深超浅，且为冲积土，开挖时方法不当，极易造成坍塌，安全隐患大。根据现场调查，并结合地表钻孔勘探资料，得到浆水泉隧道左线 K2+240 ~ K2+255 段的地质纵断面如图 6.1-1 所示，典型横断面如图 6.1-2 ~ 图 6.1-4 所示。

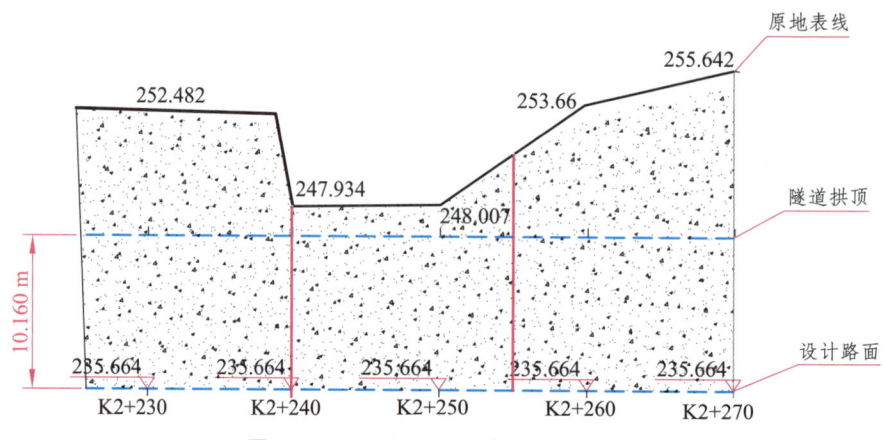

图 6.1-1 纵断面图（高程单位：m）

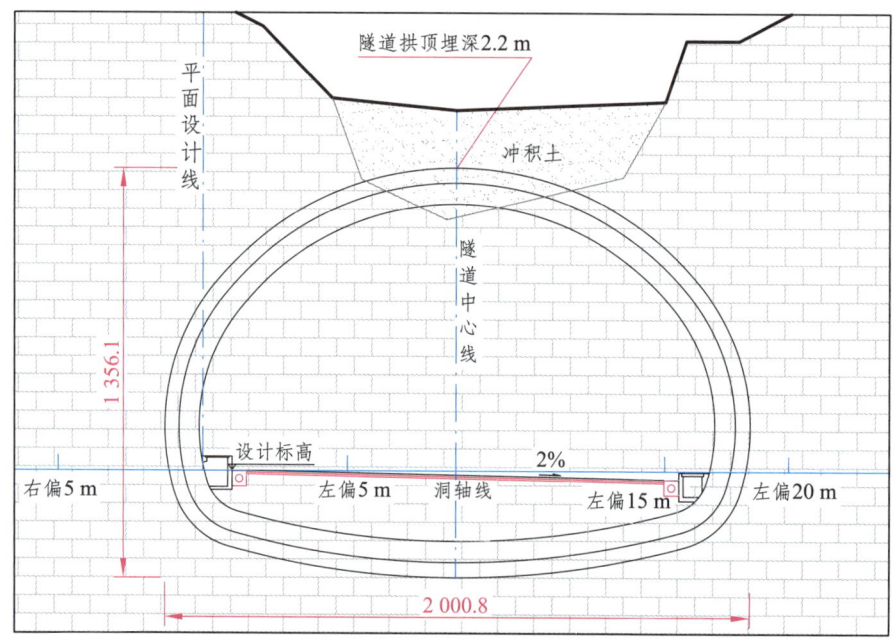

图 6.1-2 K2+240 横断面

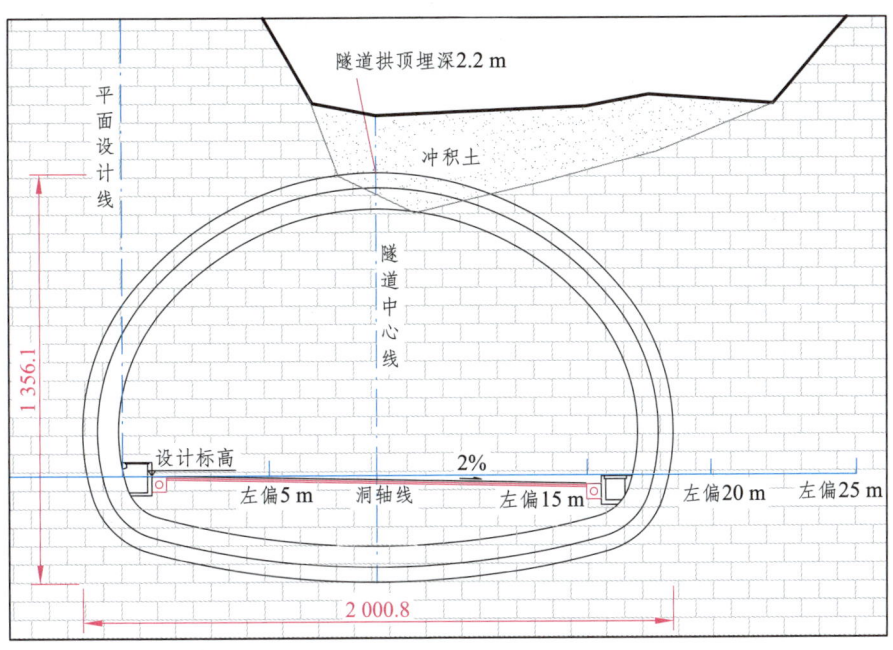

图 6.1-3　K2+245 横断面

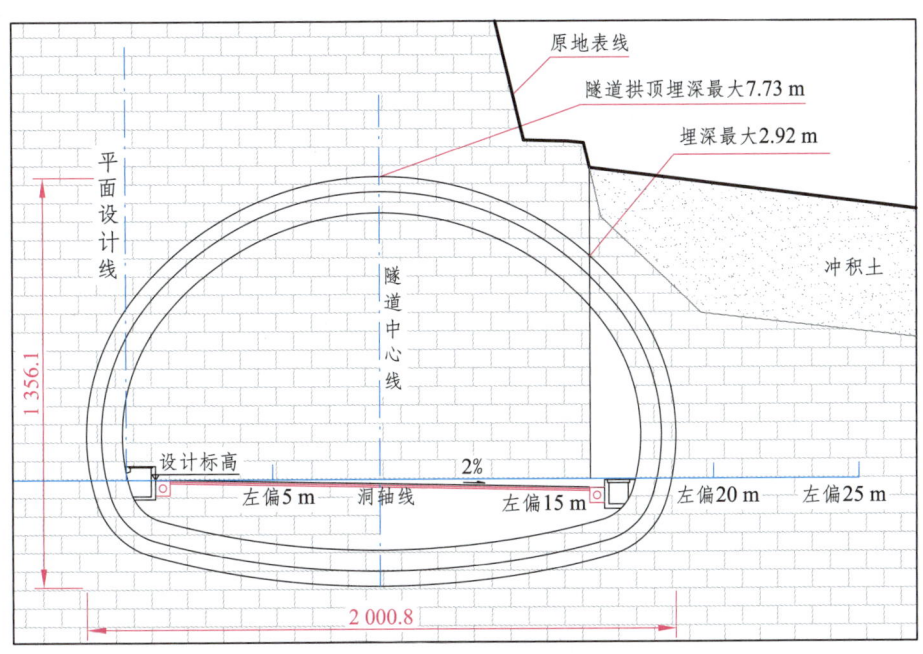

图 6.1-4　K2+255 横断面

6.1.1　施工原理及总体工艺流程

1. 施工原理

（1）根据测量放样的结果，在隧道上方采用明挖法将隧道浅埋一侧的冲积土清理完成；
（2）沿隧道纵向运用 CD 法从洞内开挖低侧的岩层，同时清理危岩，支护体系封闭成环，并回填低侧洞顶土方；

（3）沿隧道纵向运用 CD 法从洞内开挖高侧的岩层，使支护体系整体成环；

（4）拆除临时支撑，施作二次衬砌，并回复洞顶绿化。

本方法的优点：

（1）针对地形地质、开挖断面特点及环保要求，采用局部明挖覆盖土，再回填利用，大部分渣土暗挖出洞，减少了土方开挖量，保护了环境，节约了施工成本；

（2）充分利用水平围岩自稳性强、侧压力小的特点，低侧上部冲积土采用明挖清理，下部石质采用爆破明挖，不做任何超前预支护处理，减少了工序，加快了施工进度；

（3）施工只需要一台小型挖机即可，解决了峡谷地段施工场地受限问题。

本方法的缺点：

（1）需要对围岩的稳定性进行分析，确保围岩在自稳性强的情况才允许施工；

（2）施工成本较高。

2. 施工工艺流程

浅埋半明半暗超大扁平高速公路隧道施工工艺流程如图 6.1-5 所示。

6.1.2　施工技术要点

6.1.2.1　施工准备

（1）测量放样：施工前测量人员准确测出地形地貌，并测出隧道施工地表轮廓线，根据测量结果绘制地形图。

（2）监控量测：施工前，洞内、洞外及时设置监控量测点，量测断面按 5 m 间距布设，准确、完整地收集数据；施工过程中，监测人员随时监测地表及支护状态的稳定性，做到动态信息化施工。

（3）超前预报：施工前进行综合地质超前预测预报工作，采取断面地质素描、TSP、超前水平钻孔等综合物探和钻探相结合的手段，准确预报掌子面前方的围岩情况，并根据预报结果，采取相应措施。

（4）施工前根据隧道轮廓线进行地表钻眼勘探，准确掌握冲积土范围、埋深变化、土石分界点，根据地表勘探结果绘制详细地质图。

（5）便道准备：浅埋外露段处于黄金谷风景区，施工场地受限，且无现有施工便道便于机械进入，因此前期必须修筑一条施工便道，保障小型机具能够进场施工。

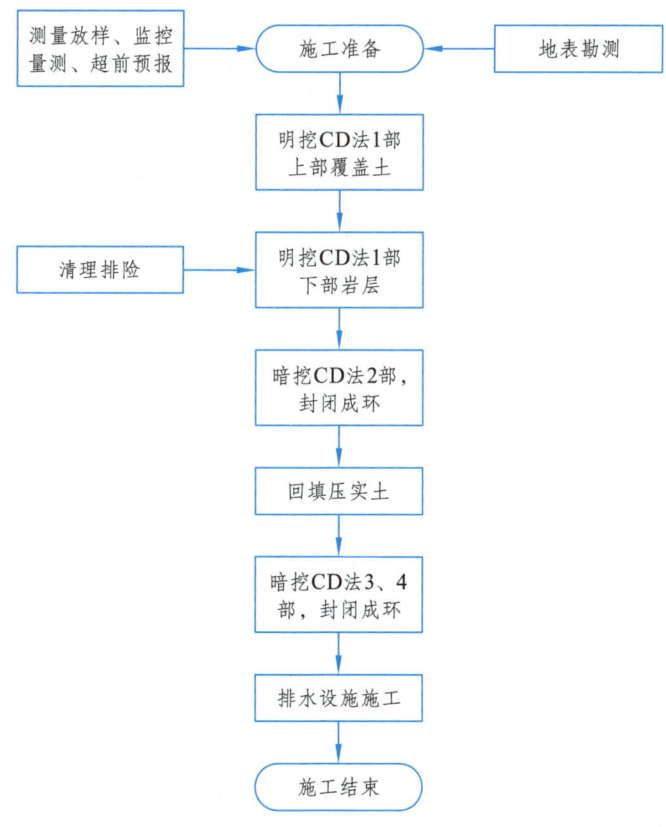

图 6.1-5 施工工艺流程

6.1.2.2 各工序施工

1. 开挖低侧覆盖土

根据开挖线由小里程向大里程施工，将 K2+240 ~ K2+255 段拱顶低侧上部范围内所有的冲积土清理完成，并堆放在开挖边线外侧 3 m 范围以外，深度开挖至基岩即可，开挖边坡坡度为 1：0.75，堆积高度不超过 1.5 m，具体如图 6.1-6 所示。

2. 开挖拱顶低侧下部岩体

隧道拱顶低侧上部冲积土清理完成后，进行拱顶低侧下部岩体爆破开挖，为了减少对两侧围岩及边坡的扰动，每次开挖不超过 1 榀钢架进尺（其他分部开挖均为 1 榀钢架进尺），架设拱架并及时喷射混凝土。需要注意的是，在架设拱架前采用湿喷混凝土机械手对隧道岩面两侧、掌子面及边坡岩层表面进行喷射作业，防止施工时零散石块掉落，具体如图 6.1-7 所示。

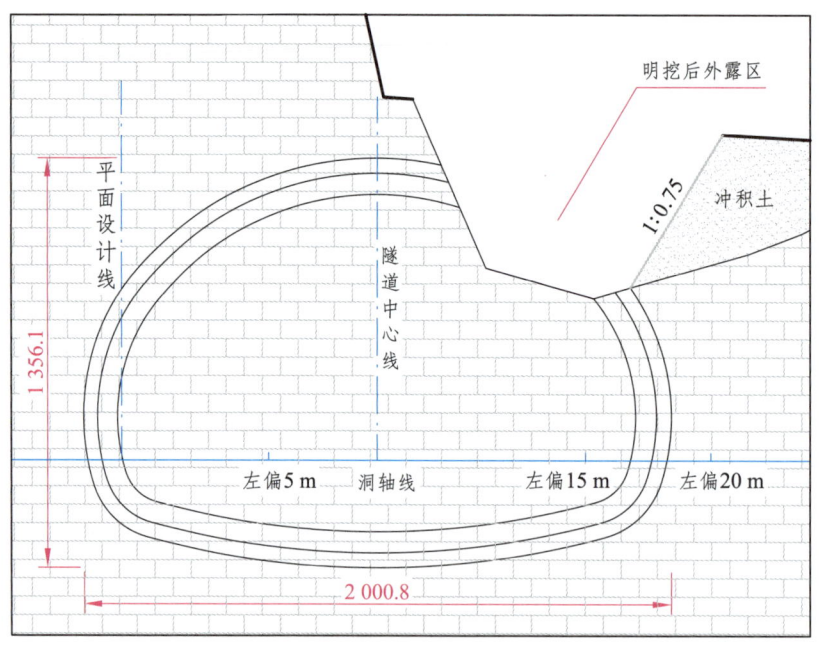

图 6.1-6 隧道拱顶低侧冲积土开挖

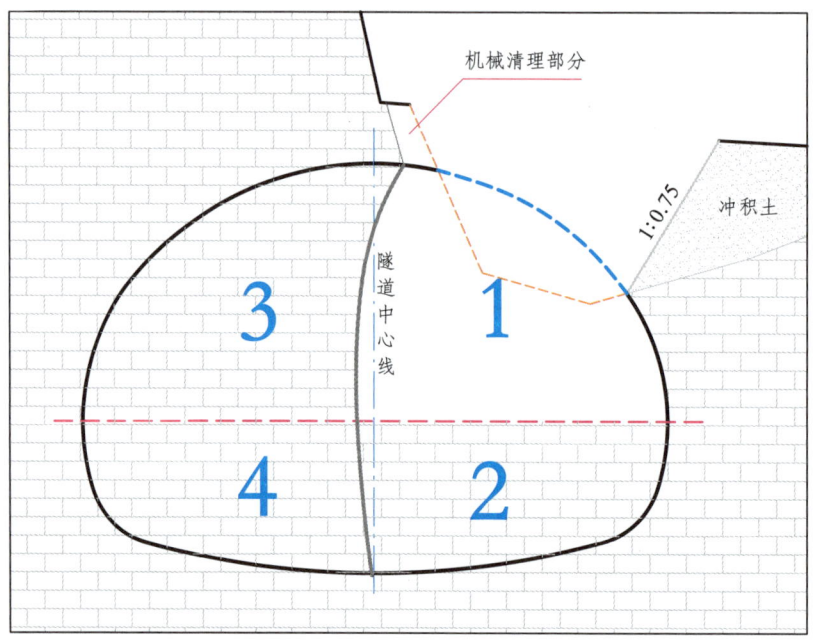

图 6.1-7 隧道拱顶低侧围岩爆破开挖并进行支护

3. 沿隧道纵向运用 CD 法开挖 2 部

当 1 部开挖进尺 3～5 m 后,开始 2 部爆破施工,并按设计支护参数及时喷射混凝土封闭成环;当 CD 法 1、2 部全部进入山体岩层后,将原有开挖土回填压实,确保另一侧爆破时支护体系的整体稳定性,具体如图 6.1-8 所示。

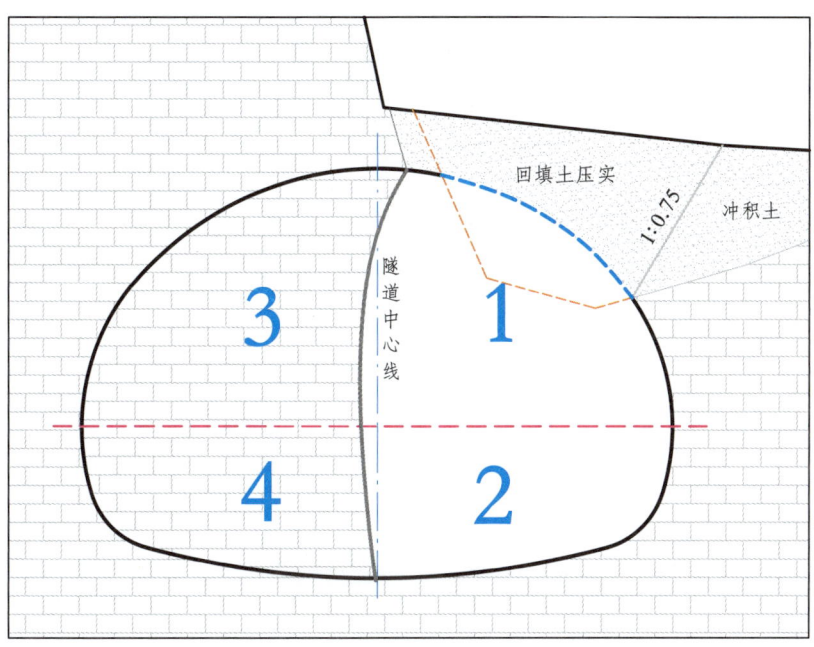

图 6.1-8　隧道开挖 2 部并在拱顶回填土

4. 运用 CD 法暗挖 3 部及 4 部

回填完毕后运用 CD 法开挖另一侧 3 部及 4 部，上下台阶错开 3 ~ 5 m，并按设计支护参数及时喷射混凝土封闭成环。具体如图 6.1-9 及图 6.1-10 所示。

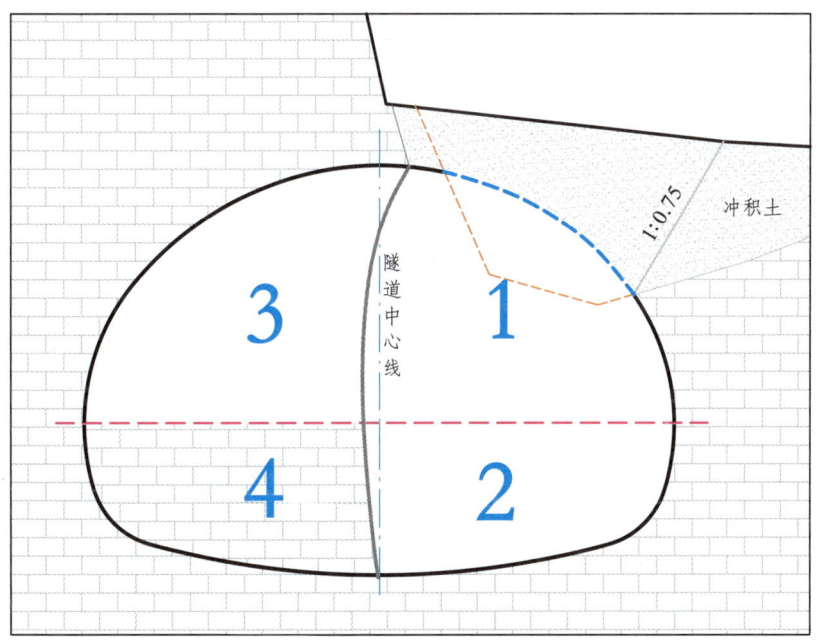

图 6.1-9　隧道 3 部开挖并支护

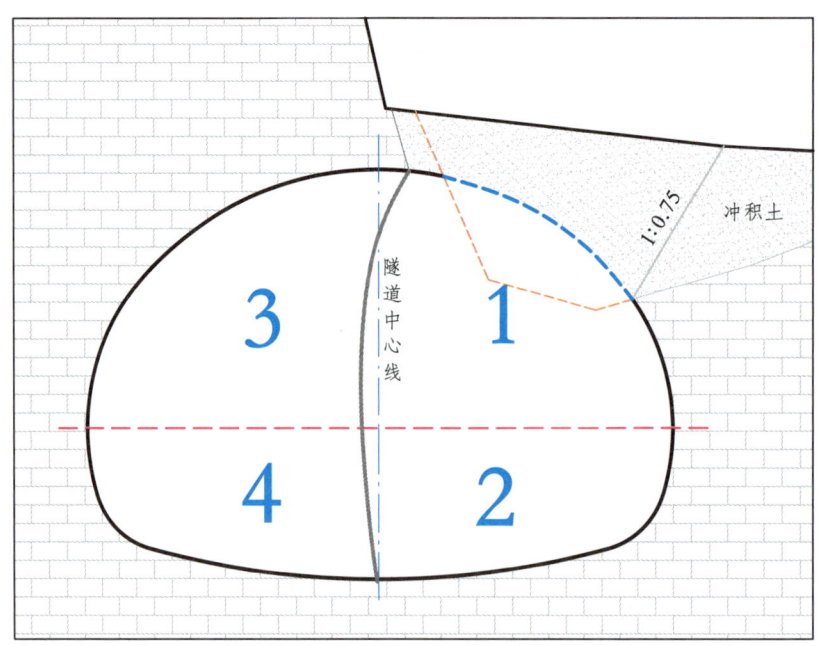

图 6.1-10　隧道 4 部开挖并支护

5. 施作二次衬砌并恢复地表

全部开挖完成后,拆除临时支撑,并施作二次衬砌;根据风景区要求恢复地表景观,并形成 ≥2% 的横坡,在低侧设置排水沟便于排水。

6.1.3　施工机械配备

浅埋半明半暗超大扁平高速公路隧道施工中,主要机械配备如表 6.1-1 所示。

表 6.1-1　主要机械配备

序号	机械名称	规格型号	额定功率容量或吨位	单位	数量
1	小型挖掘机	SD65E	0.2 m³	台	2
2	挖掘机	PC220	—	台	1
3	装载机	50 侧翻	—	台	2
4	空压机	ZL-20/8	110 kW,20 m³	台	3
5	风钻	YT-28	—	把	20
6	湿喷机械手	五星	—		2
7	发电机	DH-30KW	30 kW	台	1
8	电焊机	BX1-315-2	7.5 kW	台	2
9	自卸车	20 m³		台	8

6.1.4 施工安全分析

1. 数值计算模型

为了充分掌握浅埋半明半暗超大扁平高速公路隧道施工的安全性,采用 FLAC^{3D} 有限元程序对该方法的施工步序进行模拟,考察围岩及结构体系的位移、应力状态。模型实际边界约束为前后、左右方向受水平约束,垂直方向底面受竖向约束,顶面为自由面;计算中地层采用弹塑性实体单元模拟,初期支护、加强初期支护采用弹性实体单元模拟。计算模型如图 6.1-11 所示。

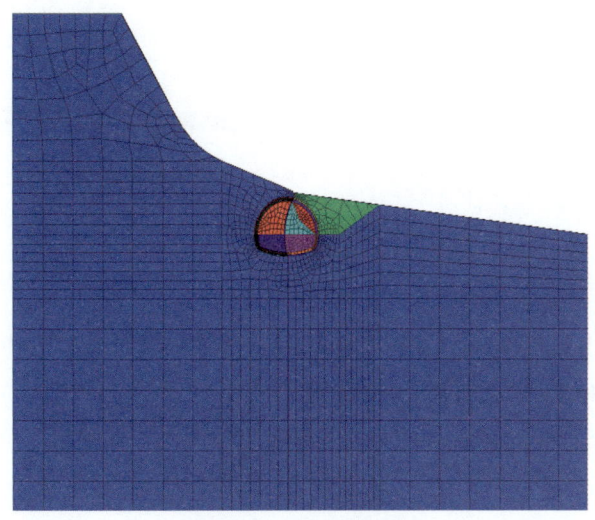

图 6.1-11 计算模型

围岩及支护体系的物理力学指标参数根据《公路隧道设计规范》(JTG D70/2—2014)选取,所确定的计算参数如表 6.1-2 及表 6.1-3 所示。

表 6.1-2 围岩计算参数

围岩	围岩重度 γ	弹性模量 E	泊松比 μ	黏聚力 c	内摩擦角 f
Ⅴ级围岩	21.0 kN/m³	500 MPa	0.32	50 kPa	26°
冲积土	20.0 kN/m³	30 MPa	0.28	1.24 kPa	20°

表 6.1-3 混凝土材料物理力学参数

混凝土	重度 γ	弹性模量 E	泊松比 μ
初期支护	23 kN/m³	20 GPa	0.25
二次衬砌	25 kN/m³	35 GPa	0.22

2. 计算结果及安全性分析

（1）围岩及支护位移。在施工过程中，隧道右上侧的土体扰动比较大，竖向位移也最大，达到 1.3 cm，但总体地层位移较小，围岩条件稳定，如图 6.1-12 所示。

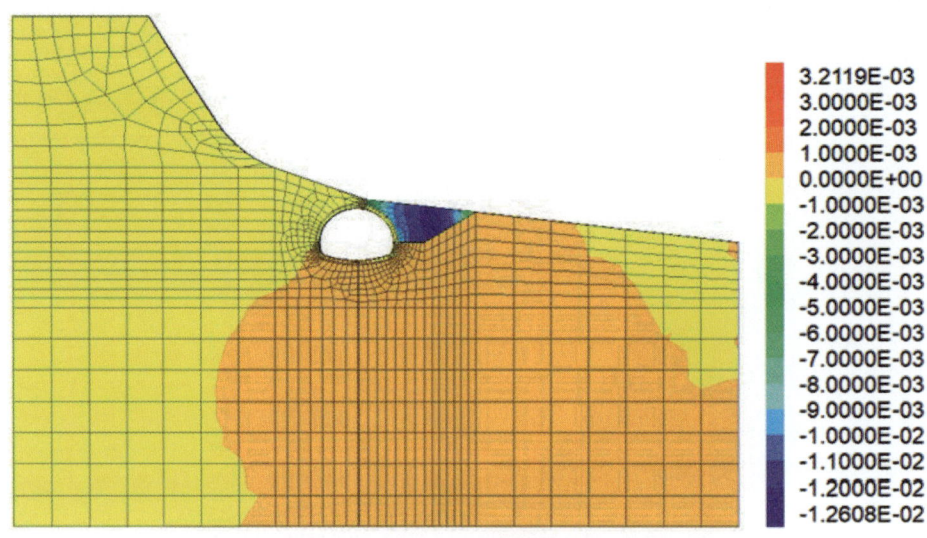

图 6.1-12　围岩及支护竖向位移云图（单位：m）

（2）围岩及支护应力。由于埋深较浅，且部分回填施作，故整体应力变化较小，如图 6.1-13 和图 6.1-14 所示。从图中可以得出，竖向最大压应力为 12.8 MPa，水平最大压应力为 2.35 MPa，水平最大拉应力为 0.37 MPa，均远小于材料的设计强度，故按此工法施工支护体系应力变化满足安全性要求。

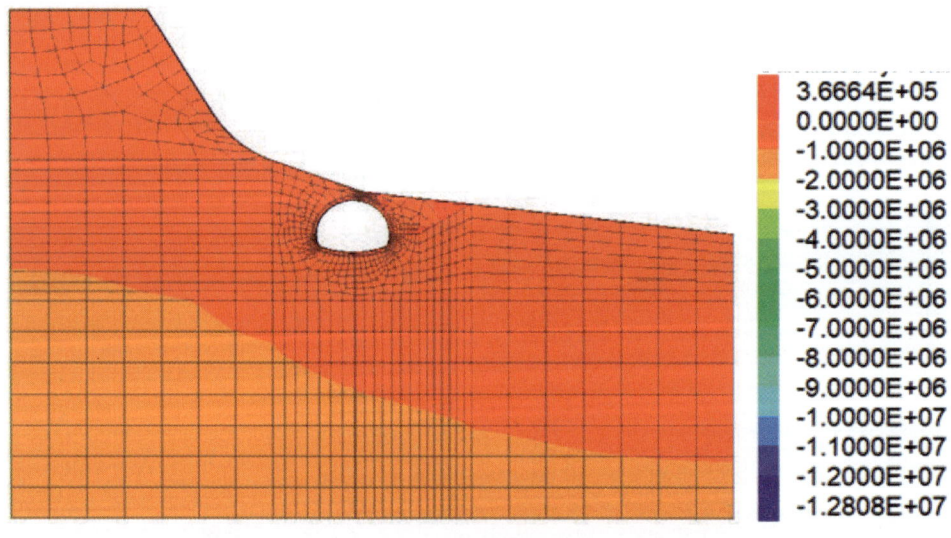

图 6.1-13　围岩及支护竖向应力云图（单位：Pa）

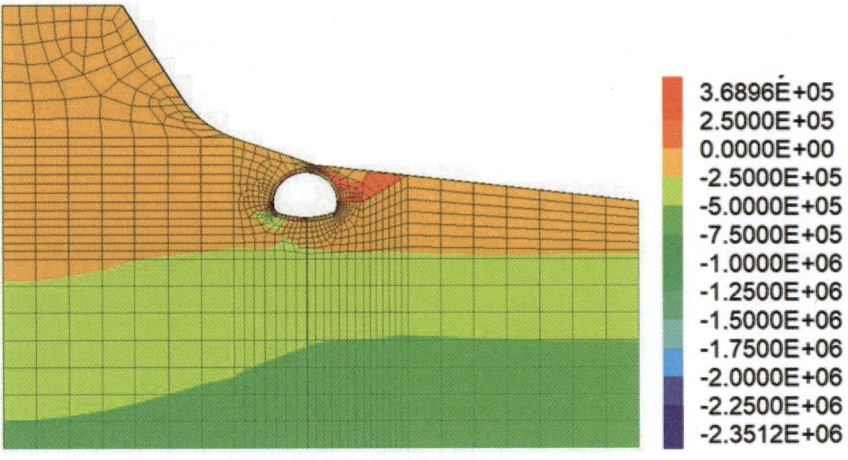

图 6.1-14 围岩及支护水平应力云图（单位：Pa）

6.1.5 施工效果

采用本节的浅埋半明半暗超大扁平高速公路隧道施工技术，成功解决了浆水泉隧道左线 K2+240～K2+255 段的施工技术难题（图 6.1-15 为浆水泉隧道）。施工过程中，对隧道初期支护和二次衬砌的结构内力进行了全程监测，监测结果显示：

（1）整体上初期支护和二次衬砌的内力是以受压为主，喷射混凝土的最大压应力为 3.82 MPa，钢架的最大拉应力为 39.9 MPa，远小于材料的容许应力；

（2）二次衬砌的内力明显小于初期支护的内力，且分布较为均匀，混凝土最大压应力为 1.18 MPa，钢筋最大压应力为 6.40 MPa，也远小于材料的容许应力；

（3）从初期支护和二次衬砌的内力来看，施工过程中支护体系处于安全状态。

实践表明，该施工方法可充分利用水平围岩自稳性强、侧压力小特点，低侧上部冲积土采用明挖清理，下部岩石采用爆破明挖，不做任何超前预支护处理，减少了工序，加快了施工进度，采用小型机具即可完成整个施工过程，加快了施工进度，确保了施工安全，保护了环境，节约了施工成本。

（a）施工工程中

（b）施工完成后

图 6.1-15 浆水泉隧道左线 K2+240～K2+255 段

6.2 拱顶外露超大扁平高速公路隧道盖挖施工技术

拱顶外露超大扁平高速公路隧道盖挖施工技术主要适用于浆水泉隧道左线 K2+288 ~ K2+308 段,该段因受自然季节性洪水冲刷和人为整修景观区影响,造成隧道拱顶外露,最大露出高度为 1.78 m。根据现场调查,并结合地表钻孔勘探资料,得到浆水泉隧道左线 K2+288 ~ K2+308 段的地质纵断面如图 6.2-1 所示、典型横断面如图 6.2-2 ~ 图 6.2-4 所示。

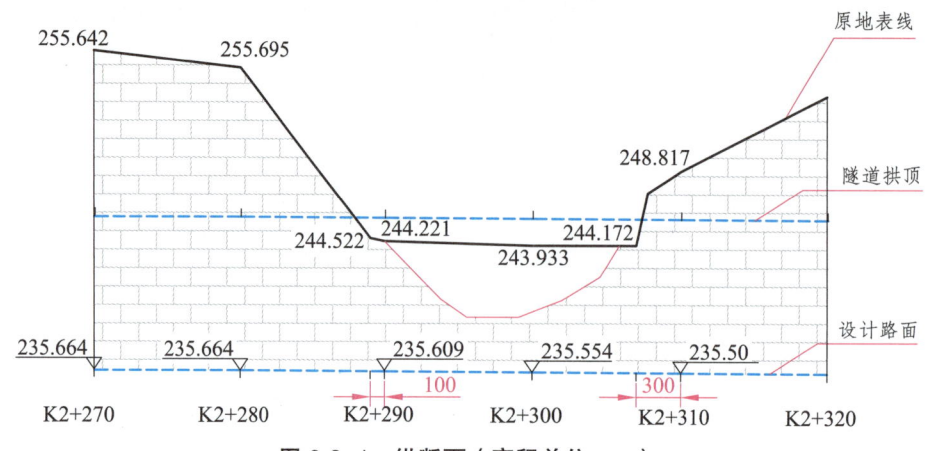

图 6.2-1 纵断面(高程单位:m)

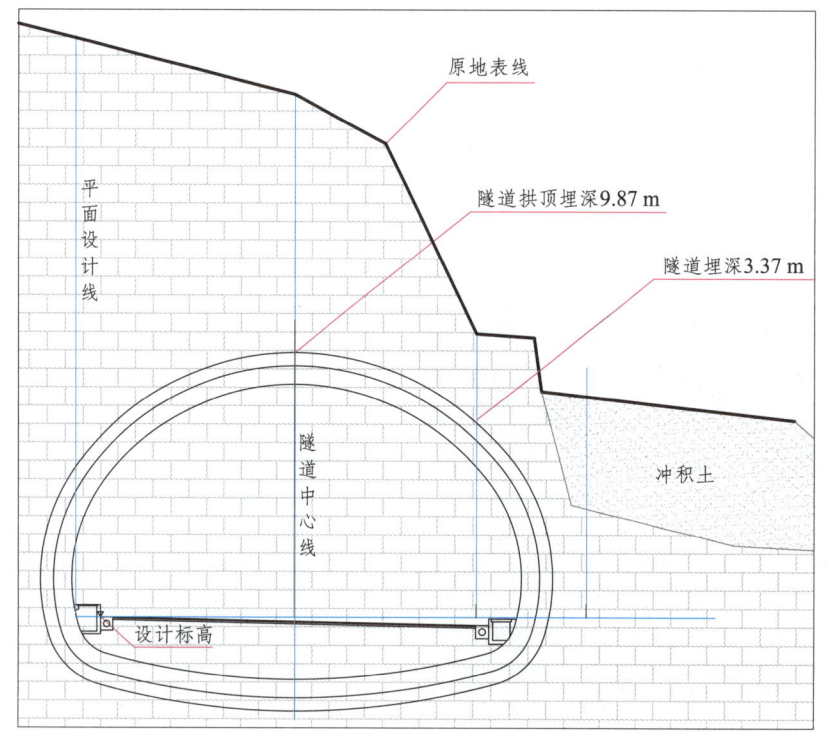

图 6.2-2 K2+285 横断面

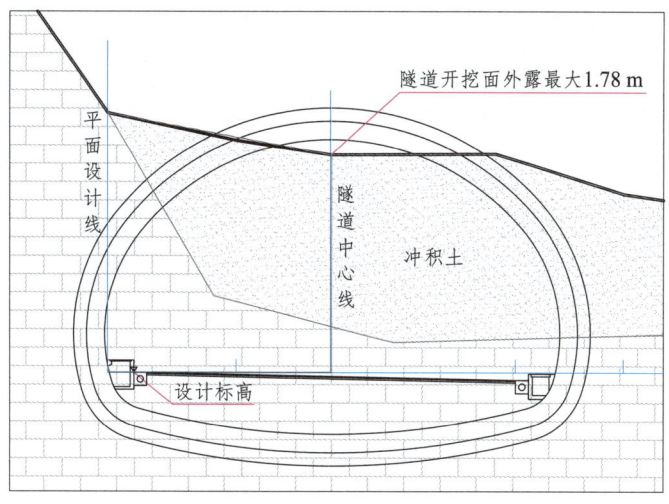

图 6.2-3　K2+295 横断面

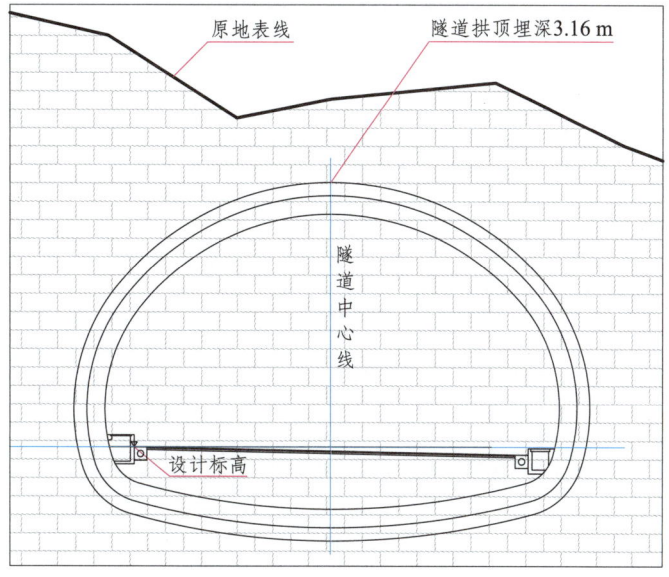

图 6.2-4　K2+310 横断面

6.2.1　施工原理及总体工艺流程

1. 施工原理

（1）根据测量放样的结果，先清理并确定出隧道外轮廓线；

（2）在浅埋或外露部分再施工隧道扩大基础及套拱，且纵向上采用超前锚杆连接套拱工字钢；

（3）在套拱保护下进行暗挖，整体隧道穿过后，采用回填土进行覆盖绿化。

本方法的优点：

（1）开挖面积小，只需要将扩大基础开挖即可，减少渣土开挖量，减少对植被的破坏，同时减轻对风景区的噪声污染；

（2）可将材料在场地外加工成小型半成品，通过人工或小型机械即可运至现场进行施工。

本方法的缺点：

（1）需要对围岩的稳定性进行分析，确保围岩在自稳性强的情况才允许施工；

（2）施工成本较高。

2. 施工工艺流程

拱顶外露超大扁平高速公路隧道盖挖施工工艺流程如图 6.2-5 所示。

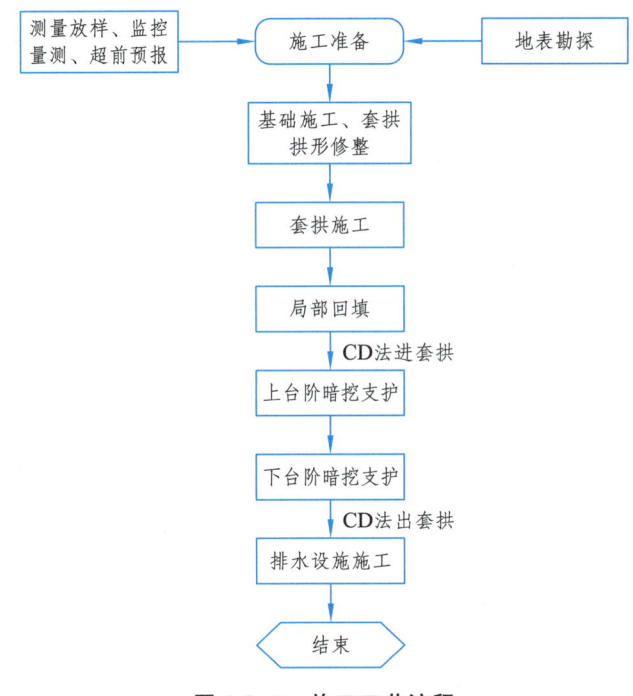

图 6.2-5　施工工艺流程

6.2.2　施工技术要点

6.2.2.1　施工准备

（1）测量放样：施工前测量人员准确测出地形地貌，并测出隧道施工地表轮廓线，根据测量结果绘制地形图。

（2）监控量测：施工前，洞内、洞外及时设置监控量测点，量测断面按 5 m 间距布设，准确、完整地收集数据；施工过程中，监测人员随时监测地表及支护状态的稳定性，做到动态信息化施工。

（3）超前预报：施工前进行综合地质超前预测预报工作，采取断面地质素描、TSP、超前水平钻孔等综合物探和钻探相结合的手段，准确预报掌子面前方的围岩情况，并根据预报结果，采取相应措施。

（4）施工前根据隧道轮廓线进行地表钻眼勘探，准确掌握冲积土范围、埋深变化、土石分界点，根据地表勘探结果绘制详细地质图。

（5）便道准备：浅埋外露段处于黄金谷风景区，施工场地受限，且无现有施工便道便于机械进入，因此前期必须修筑一条施工便道，保障小型机具能够进场施工。

6.2.2.2 各工序施工

1. 基础施工

根据开挖轮廓线开挖出套拱基础，开挖深度至硬质围岩，确保基础承载力。在套拱基础采用扩大基础结构。为了扩大基础和岩层连接牢固，采用长 3.5 m 的 ϕ22 mm 早强砂浆锚杆沿纵向间距 1 m 打入岩层，外露 0.5 m 嵌入基础混凝土。基础高度 H 为可变高度，可根据现场实际情况确定，H 值设置在 0～3 m 之间，基础顶面齐平；在基础开挖过程中将覆盖土修整成套拱内轮廓形状，套拱内轮廓为开挖初支接触面。基础钢筋模板安装到位后采用 C25 混凝土浇筑，基础施工及套拱修整结束。基础开挖及轮廓修整如图 6.2-6 所示。

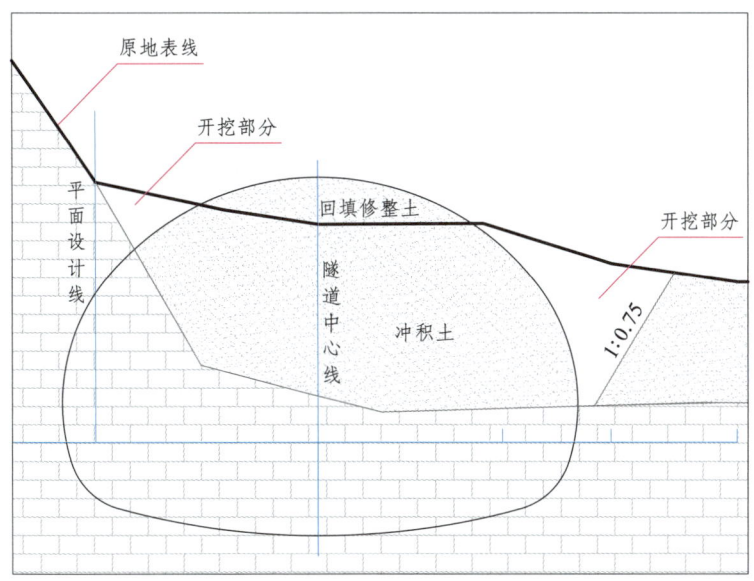

图 6.2-6　基础开挖及轮廓整修

2. 套拱施工

套拱主要由 I14 工字钢和厚 25 cm C30 混凝土浇筑而成，I14 工字钢间距为 1 m，钢架间环向采用间距 1 m 的 ϕ22 mm 纵向钢筋连接，并铺设 ϕ8 mm 网格 @200×200 钢筋网片。套拱工字钢和基础预埋钢板焊接连接，在 K2+288 及在 K2+308 靠近山体侧拱架采用长 3 m 的 ϕ22 mm 早强单排环向间距 0.5 m 砂浆锚杆和山体连接。边坡高侧及套拱工字钢埋深较浅处，将每根工字钢打设 2 根锁脚锚杆焊接后直接和套拱整体浇筑。模板安装完毕后，采用滚筒式混凝土拌和机拌制混凝土，并用 C30 混凝土浇筑套拱，浇筑完毕后覆盖养生。具体套拱如图 6.2-7 所示。

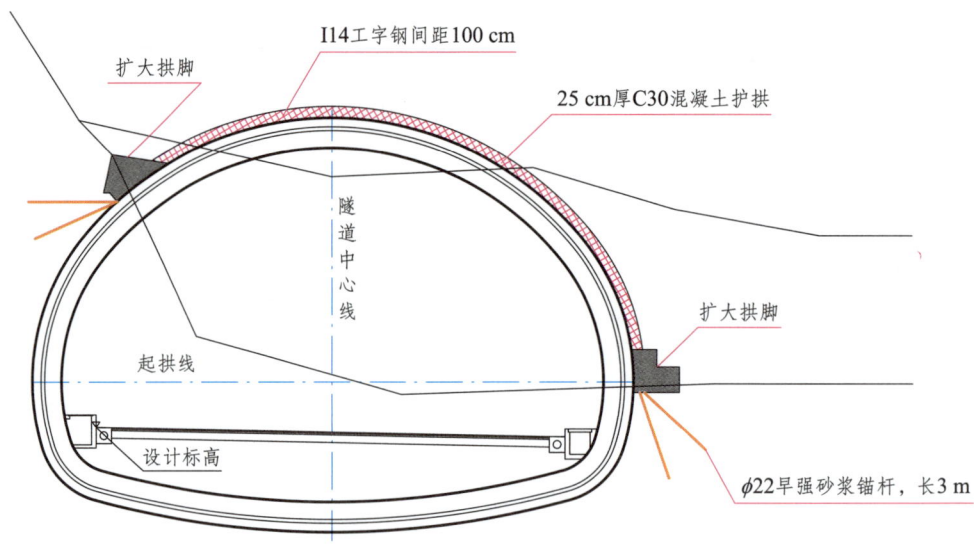

图 6.2-7　套拱及扩大基础

3. 基础回填施工

进行暗挖前，为了减少爆破对套拱底脚振动，在上下拱脚处回填部分土压实，如图 6.2-8 所示。

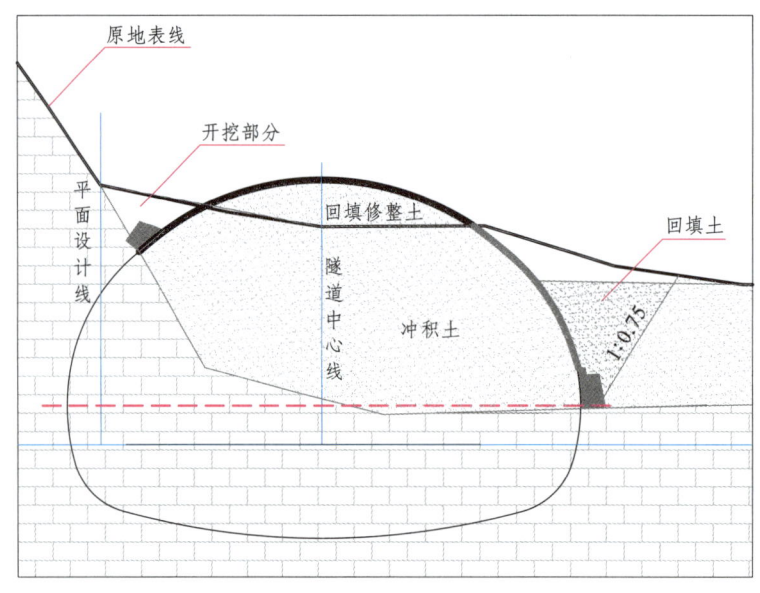

图 6.2-8　拱脚回填土

4. 洞内上台阶暗挖施工

进入套拱区域后由上而下清运冲积土及回填土，并对上台阶局部坡脚围岩进行爆破开挖，每次开挖 1 榀进尺，并按设计及时封闭上台阶初期支护，如图 6.2-9 所示。

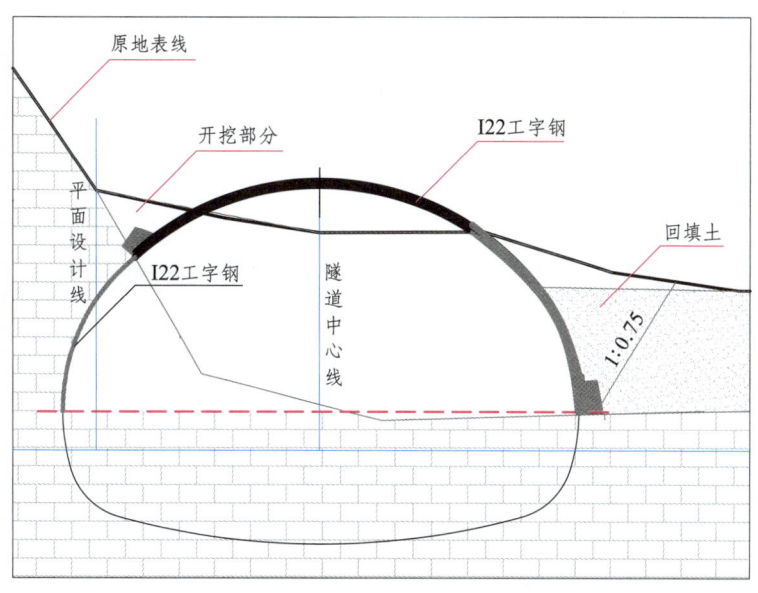

图 6.2-9　开挖上台阶

5. 洞内下台阶暗挖施工

下台阶开挖采用左右交错式落地，为了减少爆破对周边围岩的振动，采用单次少量开挖方式以减少用药量，即将开挖宽度调整至 8 m，根据工字钢结构开挖调整深度为 2.19 m，当一侧全部落地后，用同样方法开挖另一侧，并落地工字钢，如图 6.2-10 所示。当两侧分别全部落地后，再爆破中间预留部分岩层，最后按设计支护参数封闭成环，如图 6.2-11 所示。

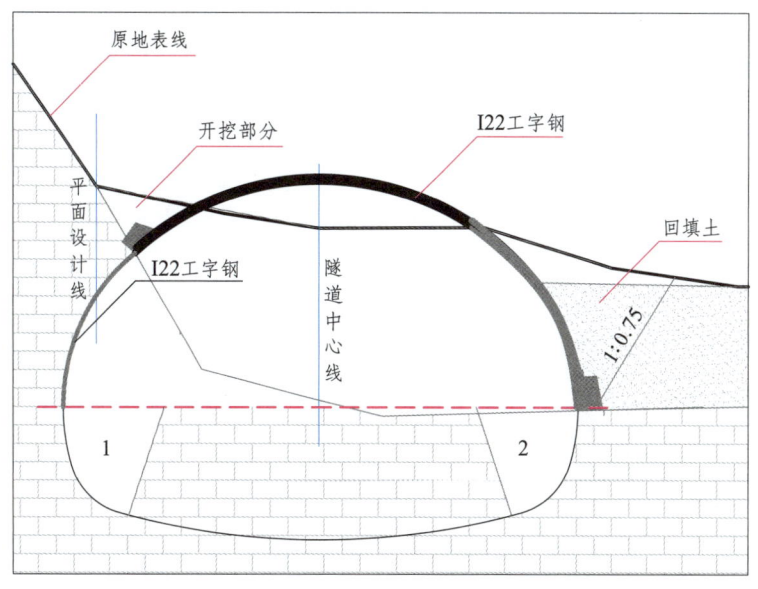

图 6.2-10　下台阶初期支护施工左右交错落地

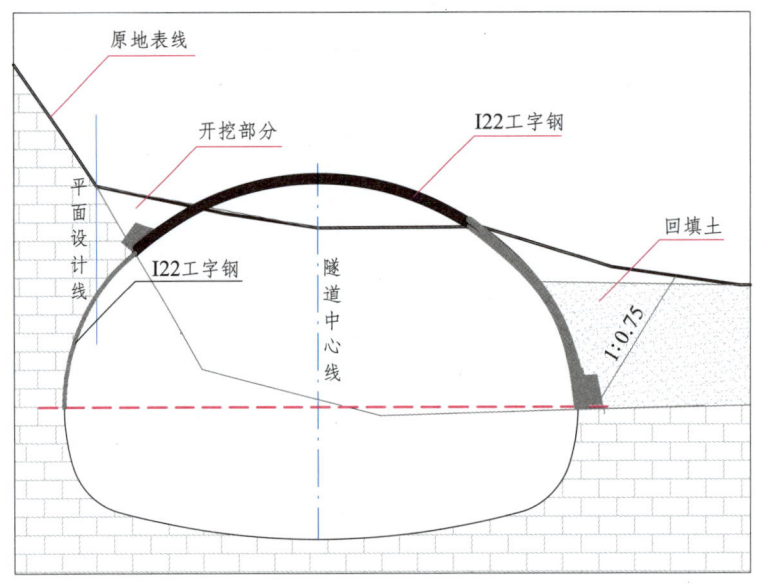

图 6.2-11　开挖下台阶预留岩层

6. 排水及绿化恢复施工

将整个套拱上方进行回填，拱顶埋深厚度不小于 1 m 即可，并设置 ≥ 2% 横坡，在低侧设置浆砌挡土墙。回填完毕后根据当地风景区绿化要求进行景观恢复施工，确保后期美观，如图 6.2-12 所示。

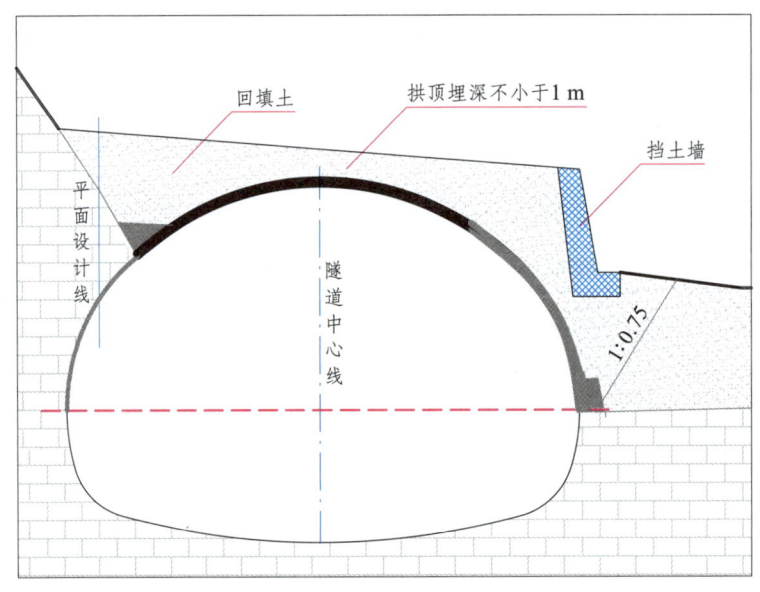

图 6.2-12　套拱上方回填

6.2.3　施工机械配备

拱顶外露超大扁平高速公路隧道盖挖施工中，主要机械配备如表 6.2-1 所示。

表 6.2-1　主要机械配备

序号	机械名称	规格型号	额定功率 /kW 容量（m³）或吨位	单位	数量
1	小型挖掘机	SD65E	0.2 m³	台	2
2	自卸三轮车	ZQ200ZH-2A	—	台	1
3	空压机	ZL-20/8	—	台	1
4	风钻	YT-28	—	把	1
5	风镐	G10	—	把	2
6	发电机	DH-30KW	30 kW	台	1
7	电焊机	BX1-315-2	7.5 kW	台	2
8	型钢弯曲机	—	8.9 kW	台	1
9	滚筒式搅拌机	13 m³/h	—	台	1

6.2.4　施工安全分析

1. 数值计算模型

为了充分掌握拱顶外露超大扁平高速公路隧道盖挖施工的安全性，采用 FLAC^{3D} 有限元程序对盖挖法施工步序进行模拟，考察围岩及结构体系的位移、应力状态。模型实际边界约束为前后、左右方向受水平约束，垂直方向底面受竖向约束，顶面为自由面；计算中地层采用弹塑性实体单元模拟，初期支护、加强初期支护采用弹性实体单元模拟。计算模型如图 6.2-13 所示。

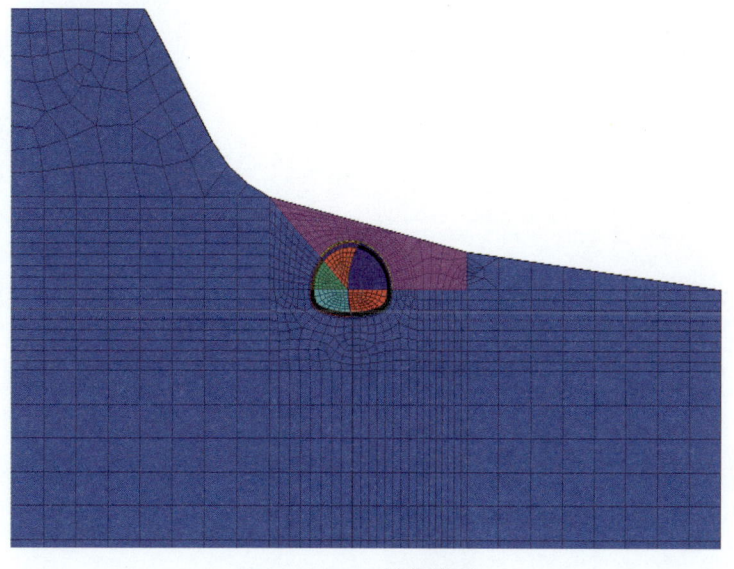

图 6.2-13　计算模型

围岩及支护体系的物理力学指标参数根据《公路隧道设计规范》(JTG D70/2—2014)选取，所确定的计算参数如表 6.2-2 及表 6.2-3 所示。

表 6.2-2 围岩计算参数

围岩	围岩重度 γ	弹性模量 E	泊松比 μ	黏聚力 c	内摩擦角 ϕ
V 级围岩	21.0 kN/m³	500 MPa	0.32	50 kPa	26°
冲积土	20.0 kN/m³	30 MPa	0.28	1.24 kPa	20°

表 6.2-3 混凝土材料物理力学参数

混凝土	重度 γ	弹性模量 E	泊松比 μ
初期支护	23 kN/m³	20 GPa	0.25
二次衬砌	25 kN/m³	35 GPa	0.22

2. 计算结果及安全性分析

（1）围岩及支护位移。由于先施作拱盖，开挖过程中起到支撑作用，整个地层的位移得到限制，因此地层位移较小，围岩条件稳定，如图 6.2-14 所示。

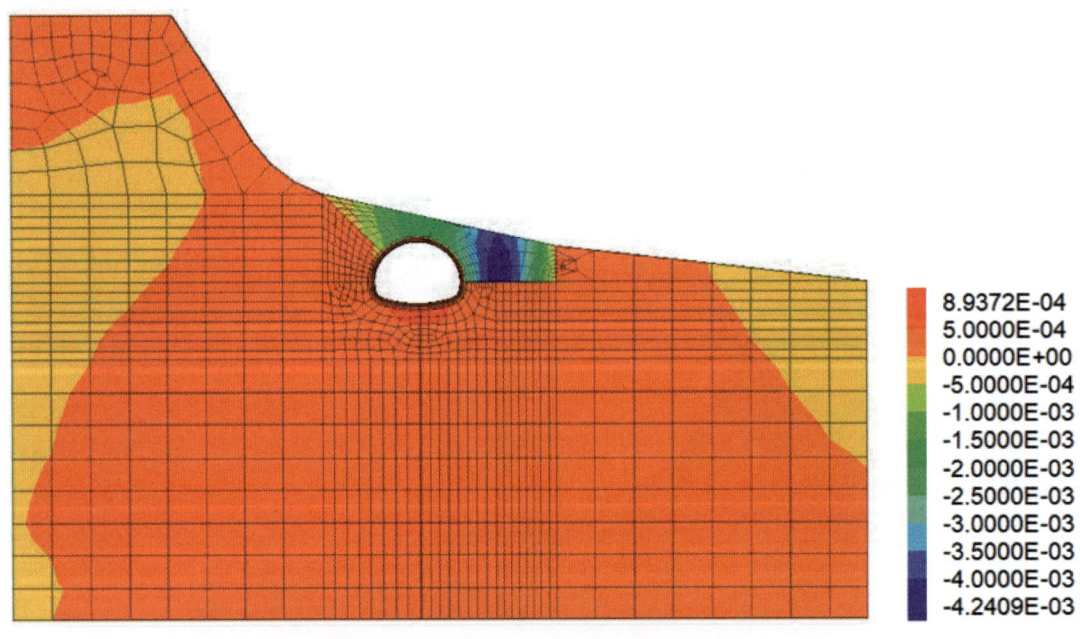

图 6.2-14 围岩及支护竖向位移云图（单位：m）

（2）围岩及支护应力。由于埋深较浅，且开挖前施作拱盖起到支撑作用，故整体应力变化较小，如图 6.2-15 和图 6.2-16 所示。从图中可以得出，竖向最大压应力为 2.11 MPa，水平最大压应力为 1.42 MPa，水平最大拉应力为 0.17 MPa，均远小于材料的设计强度，故按此工法施工支护体系应力变化满足安全性要求。

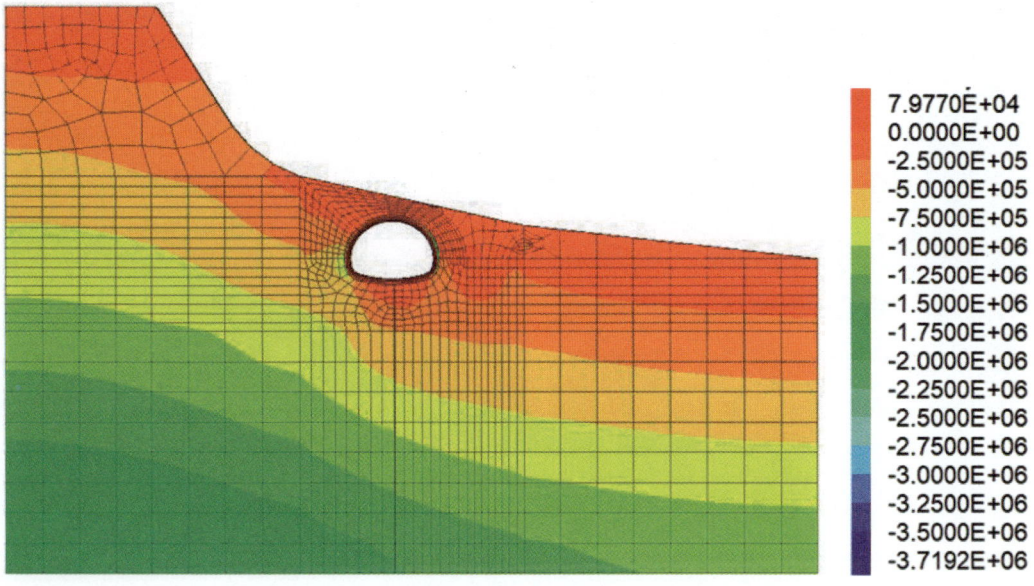

图 6.2-15　围岩及支护竖向应力云图（单位：Pa）

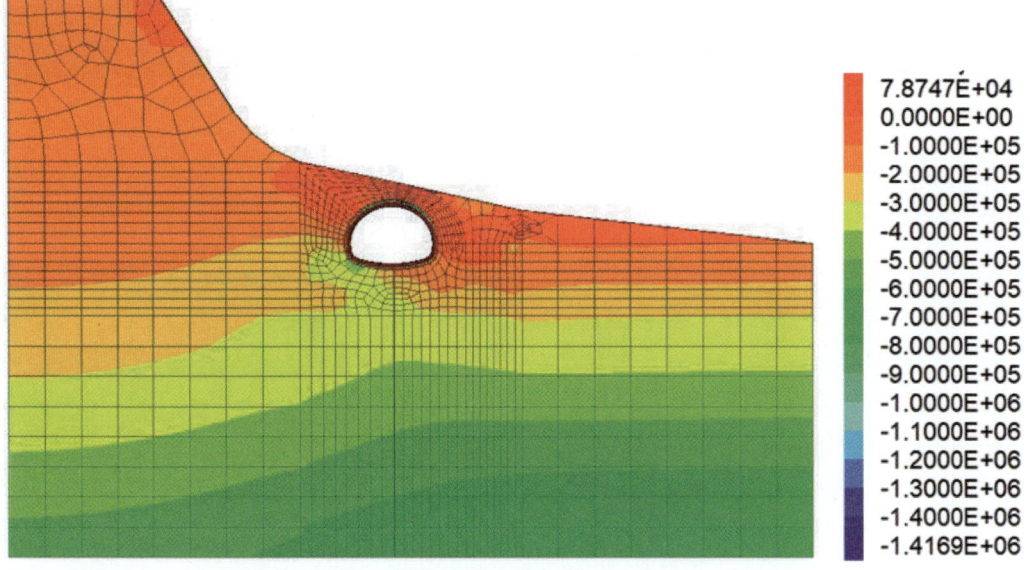

图 6.2-16　围岩及支护水平应力云图（单位：Pa）

6.2.5　施工效果

采用本节的盖挖施工技术，解决了浆水泉隧道左线 K2+288～K2+308 段拱顶外露超大扁平高速公路隧道的施工技术难题（图 6.2-17 为浆水泉隧道）。施工过程中，减少了开挖量，减小了对风景区的破坏面积，减少了施工过程中的环保问题，特别是在风景区施工便道不具备大型机械进出施工的条件下，采用小型机具即可完成整个施工过程，加快了施工进度，确保了施工安全，保证了经济效益。施工时有针对性地采用合理的施工措施，创新了施工方法，简化了施工程序，在浅埋偏压的地质条件下是一种较为理想的施工工艺。

（a）护拱施工工程中　　　　　　　（b）施工完成后地表回填完成

图 6.2-17　浆水泉隧道左线 K2+288 ~ K2+308 段

6.3　微超挖无临时支护斜井转正洞施工技术

浆水泉隧道左线全长 3 101 m，右线全长 3 085.4 m，截至目前是世界上最长的双向八车道高速公路隧道，为加快施工进度，隧道设施工斜井一处，长 565.18 m，与正洞左线正交于 K3+000 处。施工斜井位于中井庄村烈士陵园后垃圾场处，隧道区出露地层为奥陶系和寒武系灰岩、白云质灰岩及生物碎屑灰岩，局部沟谷地段上覆上更新统粉质黏土，导洞与正洞相交处围岩为中风化灰岩，灰色，中厚层状，岩质较坚硬，为Ⅲ级围岩。斜井与正洞交汇处平面如图 6.3-1 所示，因隧道内施工机械设备较多，为方便停放施工机械，在距离斜井与正洞交汇处 40 m 处左侧增加长度为 30 m、宽度为 3 m、净高为 4.5 m 加宽段，施工斜井内轮廓如图 6.3-2 所示，加宽段隧道断面内轮廓如图 6.3-3 所示。

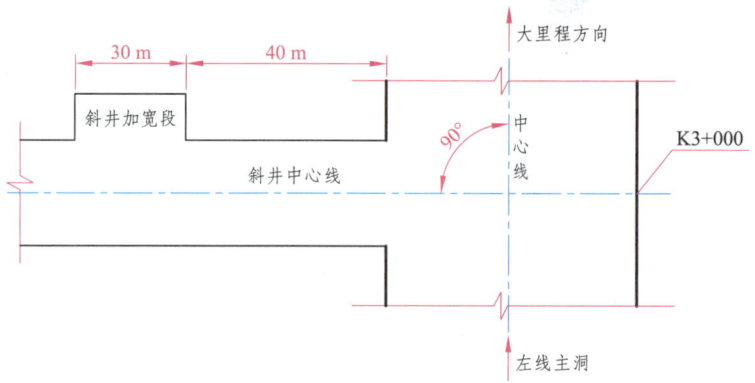

图 6.3-1　斜井与正洞交汇处平面

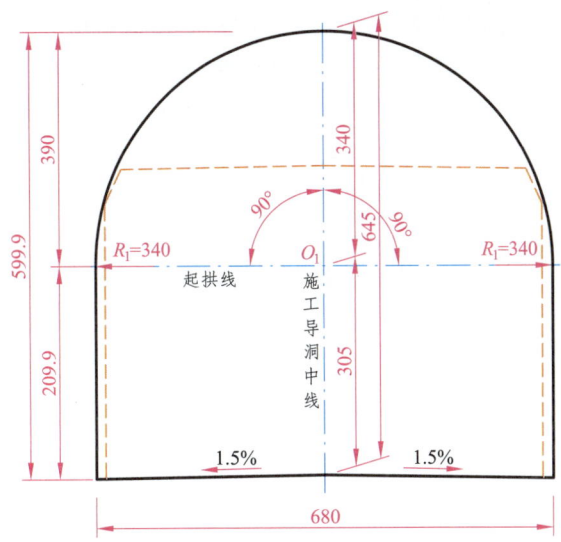

图 6.3-2 施工斜井内轮廓（单位：cm）

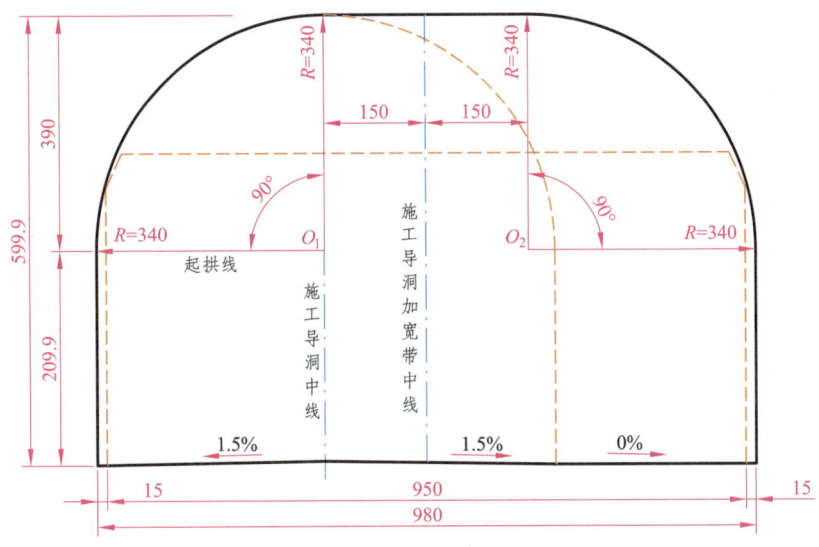

图 6.3-3 加宽段隧道断面内轮廓（单位：cm）

对于斜井转超大扁平断面隧道施工，如采用常用的方法"大包法""小导洞扩挖法"等施工技术，临时支护工程量大，工序繁琐，施工空间小，反拆临时拱架时安全系数小，不适用于断面面积超大的隧道，无法形成快速施工。基于以上背景，作者团队在充分调研既有技术的基础上，并结合理论分析计算结果，形成微超挖无临时支护斜井转正洞施工技术，并获得安徽省省级工法（工法名称：超大断面四车道公路隧道斜井转正洞施工工法；工法编号：AHGF63-17），下面对微超挖无临时支护斜井转正洞施工技术进行详细阐述。

6.3.1 施工原理及总体工艺流程

1. 施工原理

微超挖无临时支护斜井转正洞施工技术，是充分利用Ⅲ级围岩自稳性好的特点，并在关键部位加强支护进行施工,确保围岩及支护体系稳定。施工过程中,通过斜井上挑段拱顶圆弧半径变化控制拱顶高度,导洞进入主洞后沿着主洞轮廓线环向开挖,一次完成导洞范围内的正洞开挖支护,控制了超挖,减少了二次扩挖及拆撑工序,主要适用于围岩较好地段超大扁平断面隧道斜井转正洞的施工。其主要特点有:

(1) 采用导洞爬坡后拱顶沿正洞开挖轮廓线环向开挖,导洞拱顶与正洞开挖轮廓线相切,减少超挖量,降低施工成本;

(2) 施工导洞进入正洞后只需锚喷支护,无临时钢架支撑,避免了临时支撑向永久正洞支撑体系转换的安全风险,且减少了工程量;

(3) 斜井上挑段拱顶圆弧半径改变,降低了拱顶高度,提高了门架横撑的高度;同时采用平拱直墙的导洞正切进入大断面扁平隧道,利用导洞与正洞接口处的加强钢架完成正洞支护体系转换,在保证安全的基础上加快了施工进度。

2. 施工工艺流程

微超挖无临时支护斜井转正洞施工工艺流程如图6.3-4所示。

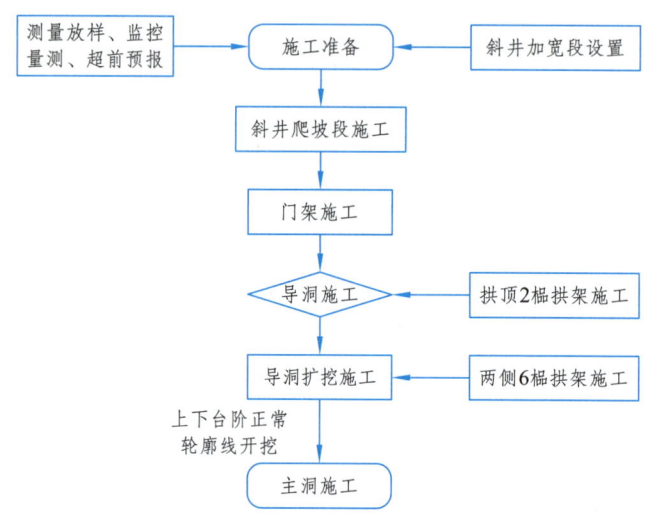

图6.3-4 施工工艺流程

6.3.2 施工技术要点

1. 斜井爬坡段施工

根据斜井和主洞的关系,并考虑机械设备的操作空间,斜井上挑段坡度设置为1:3,斜井与正洞90°正交,为了控制斜井上调段拱顶高程和门架横梁高度,将斜井拱部圆弧半径进行调整,再通过及时加强支护达到上挑段集中受力要求,斜井上挑段平面及纵断面如图6.3-5及图6.3-6所示。

在施工过程中,当斜井施工至距离正洞3.3 m位置时,拱顶按照1:3坡度向上开挖,拱部半径加大,1 m范围内将导洞拱部半径由原来的$R340$ cm调整到$R900$ cm(图6.3-7),底部高程不变。上挑段开挖完成进尺1 m后,继续按照拱顶半径$R900$ cm、坡度1:3上挑开挖2.3 m,上挑斜井段采用I14工字钢加锁脚锚杆挂网喷混凝土支护,拱架间距1.1 m,喷射混凝土厚度18 cm,每榀拱架调高0.333 m,总共设置3榀拱架。典型断面支护参数如图

6.3-8~图 6.3-10 所示。

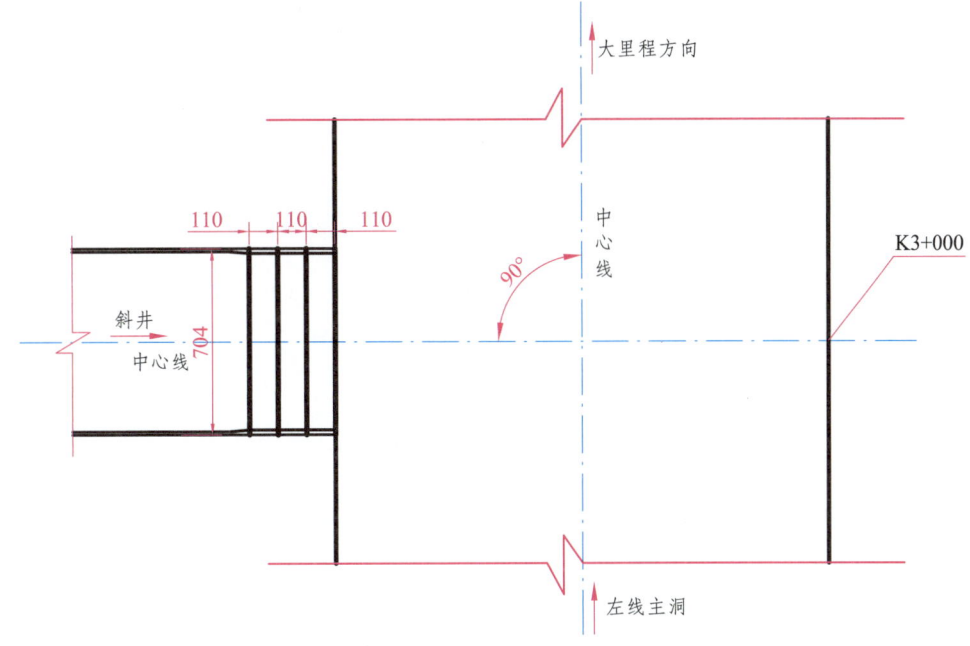

图 6.3-5 斜井上挑段平面

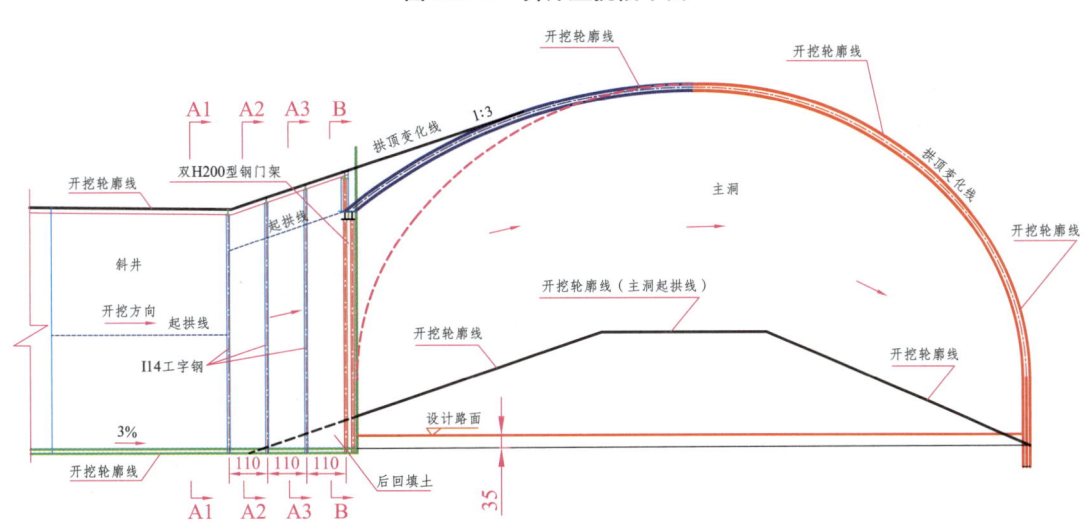

图 6.3-6 斜井上挑段纵断面

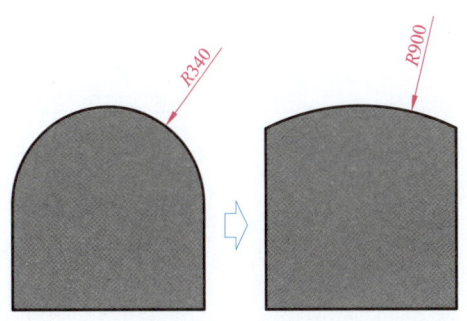

图 6.3-7 斜井上挑段导洞拱部半径变化示意

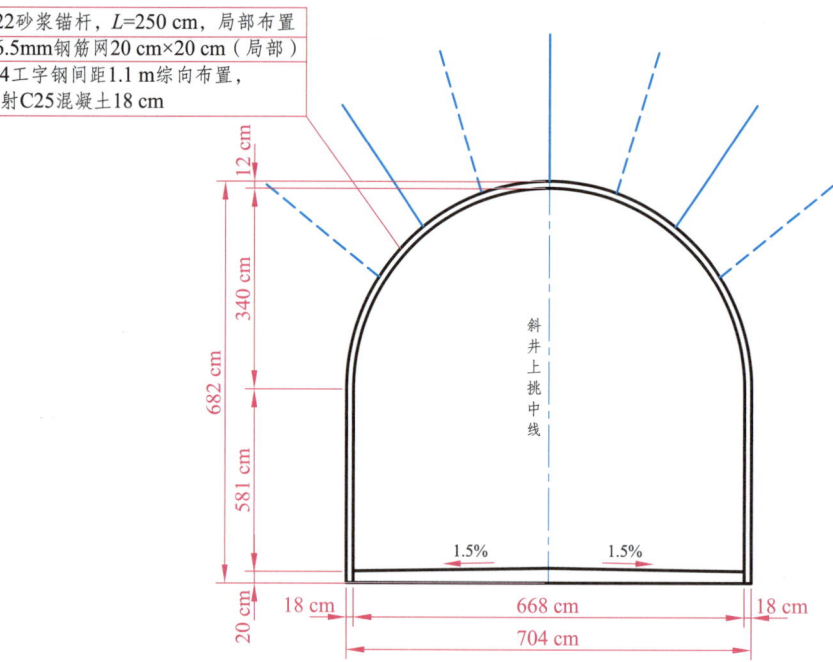

图 6.3-8　A1—A1 斜井上挑断面支护

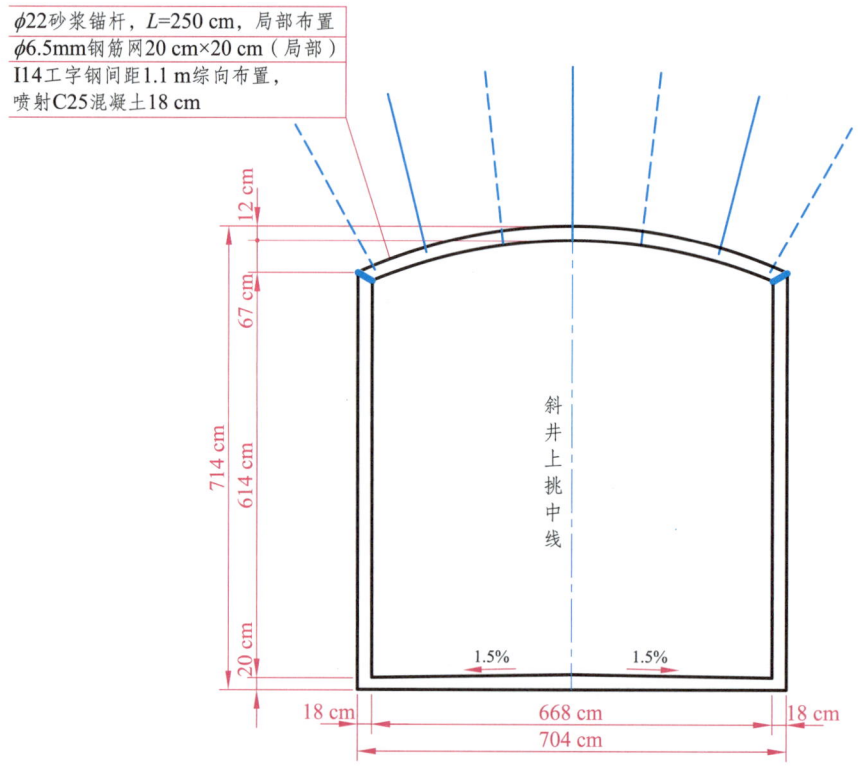

图 6.3-9　A2—A2 斜井上挑断面支护

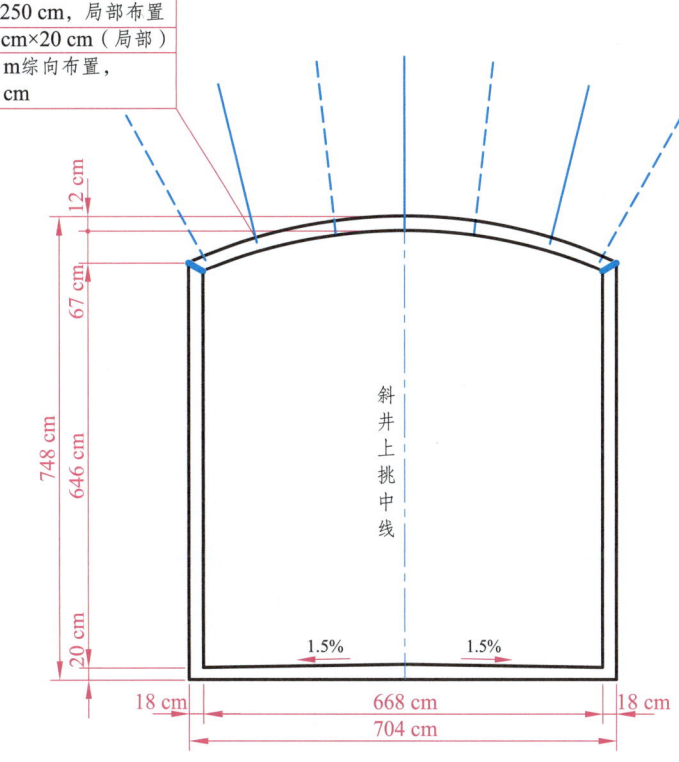

图 6.3-10　A3-A3 斜井上挑断面支护

2. 门架施工

在斜井和主洞交接处设置 1 榀双 H200×200 型钢门架和主洞平行，在门架横梁向下 1.5 m 高的位置预留好牛腿，下方采用 I18 工字钢作为斜撑，横梁采用双 H200×200 型钢焊接拼装而成，并与门架焊接牢固，拱部以上采用单榀 H200×200 型钢拱架，门架与正洞外弧边缘相距 10 cm 架立，避免门架侵入正洞净空，门架正面及侧面如图 6.3-11 及图 6.3-12 所示。

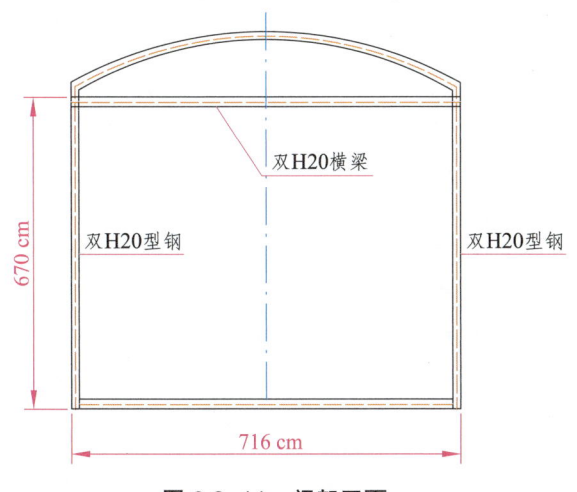

图 6.3-11　门架正面

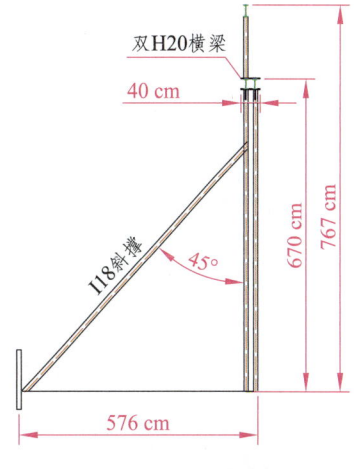

图 6.3-12　门架侧面

3. 导洞施工

（1）斜井上坡段开挖至与正洞交界面时，拱部半径由 900 cm 突变为 340 cm（图 6.3-13）继续以 1∶3 坡度上挑开挖导洞，拱顶高度保持在同一个切面上；当开挖至主洞拱顶位置时，导洞沿着主洞环向继续开挖，直至主洞墙脚。在施工过程中，每次开挖进尺不宜超过 2 m，并及时对围岩进行素喷混凝土支护。导洞爆破掘进中，尽量保证开挖面与主洞轮廓线相切以减少超挖，上挑段需控制每次爆破上挑部分钻孔角度，下坡段导洞需控制钻孔长度控制超欠挖，爆破钻孔如图 6.3-14 所示。第一次开挖后，将部分开挖洞渣填筑导洞以及主洞导洞三角错台部位，形成上坡道。

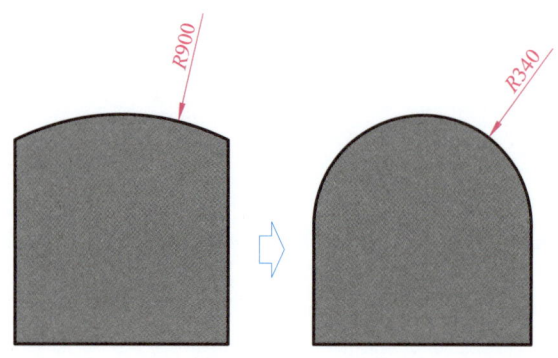

图 6.3-13　斜井开挖至与正洞交界面拱部半径突变

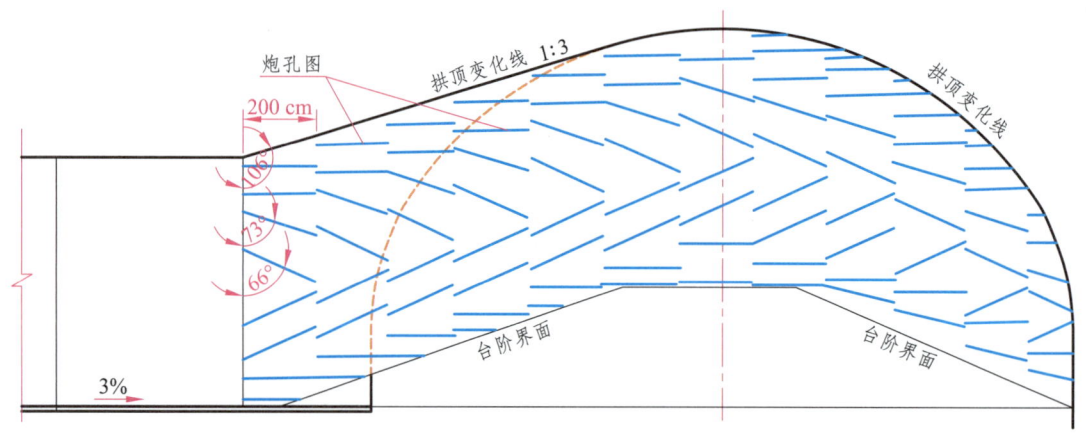

图 6.3-14　爆破钻孔示意

（2）当导洞开挖支护完毕后进行正洞支护。支护分 2 部分：一部分是靠近斜井侧采用半径为 1 560 cm 的 I18 异形工字钢，落脚点一端搭设在门架上，另一端和主洞标准拱架连接；另一部分采用正洞半径 1 013 cm 的 I18 工字钢进行支护，总计支护 2 榀，落地拱架正常打设锁脚锚杆，其他支护参数同Ⅲ级围岩正常支护参数，进行锚网喷施工。导洞拱顶支护如图 6.3-15 所示，导洞内钢架架设如图 6.3-16 所示。

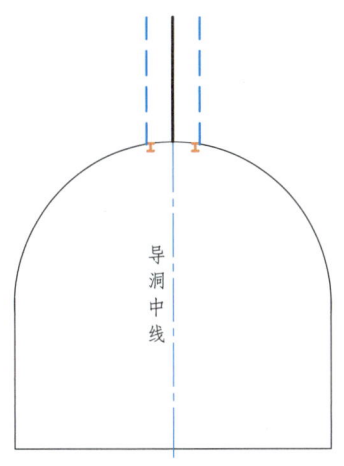

图 6.3-15 导洞拱顶钢架架设示意（正面）

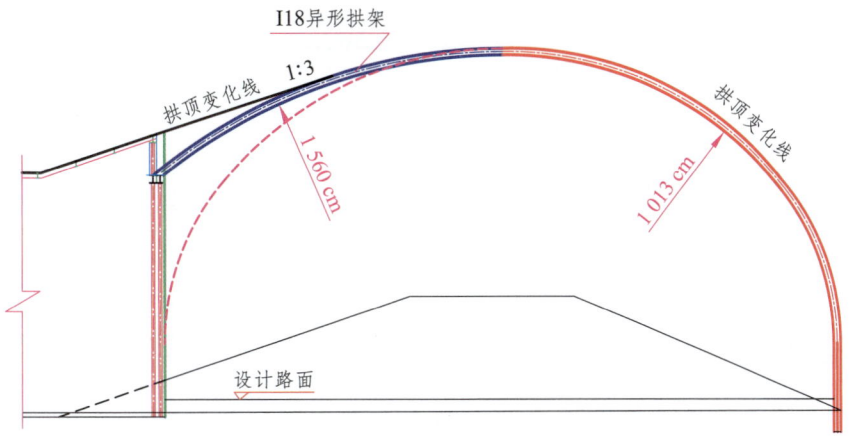

图 6.3-16 导洞内钢架架设示意（侧面）

4. 沿主洞轴线方向扩挖导洞

首先沿主洞轴线方向向小里程开挖，分 2 部进行：第 1 部开挖 1.7 m，开挖完成后及时架设 1 榀 I18 工字钢拱架并进行喷射混凝土支护；第 2 部继续向前开挖 1.3 m，再架设 2 榀 I18 工字钢拱架并喷射混凝土封闭（图 6.3-17）。此时小里程方向搭设在门架上的 3 榀拱架全部安装完毕；其次沿主洞轴线方向向大里程开挖，用同样的施工方法架设 3 榀 I18 工字钢拱架并喷射混凝土封闭（图 6.3-18）。至此导洞两侧扩挖支护全部完成。

5. 主洞开挖及支护

当导洞扩挖支护完毕后，主洞按照正常开挖轮廓线进行上台阶爆破开挖，并按照设计进行支护，前 10 m 开挖爆破时每次爆破深度不超过 2 m，以免对导洞拱架产生过大振动。

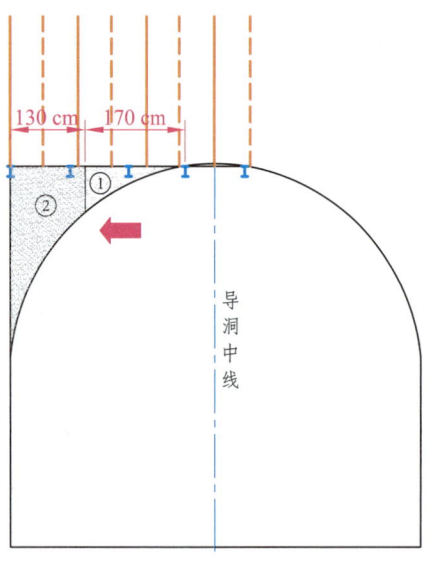
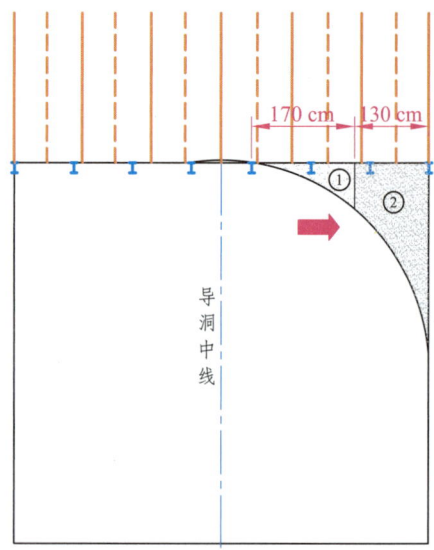

图 6.3-17　小里程方向开挖支护　　　　　图 6.3-18　大里程方向开挖支护

6.3.3　施工机械配备

微超挖无临时支护斜井转正洞施工中，主要机械配备如表 6.3-1 所示。

表 6.3-1　主要机械配备

序号	机械名称	规格型号	额定功率容量或吨位	单位	数量
1	挖掘机	PC220	1.2 m³	台	1
2	装载机	ZLC50	—	台	2
3	自卸汽车	—	20 m³	台	6
4	空压机	ZL-20/8	110 kW，20 m³	台	7
5	风钻	YT-28	—	把	40
6	风镐	G10	—	把	10
9	湿喷机械手	五星	—	台	2
16	发电机	GF92	200 kW	台	2
17	通风机	轴流	110 kW×2	台	2
19	湿喷料拌和机	JS1000	—	台	1

6.3.4　施工安全分析

1. 数值计算模型

以浆水泉隧道斜井转正洞为工程案例，运用 FLAC^{3D} 有限差分元通用程序，进行数值模拟分析。为充分模拟隧道施工的三维空间效应，计算模型所取范围是：根据实际工程情况沿纵向取 190 m，沿横向取 180 m，深度取隧道仰拱下方 60 m；约束情况为前后、左右方向受水平约束，垂直方向底面受竖向约束，顶面为自由面；计算中地层采用弹塑性实体单元模拟，初期支护采用弹性实体单元模拟。模型的地层采用Ⅲ级围岩地层。计算模型如图 6.3-19 ~ 图 6.3-21 所示。

2. 计算参数

围岩及支护体系的物理力学指标参数根据《公路隧道设计规范》（JTG D70/2—2014）选取，所确定的计算参数如表 6.3-2 及表 6.3-3 所示。

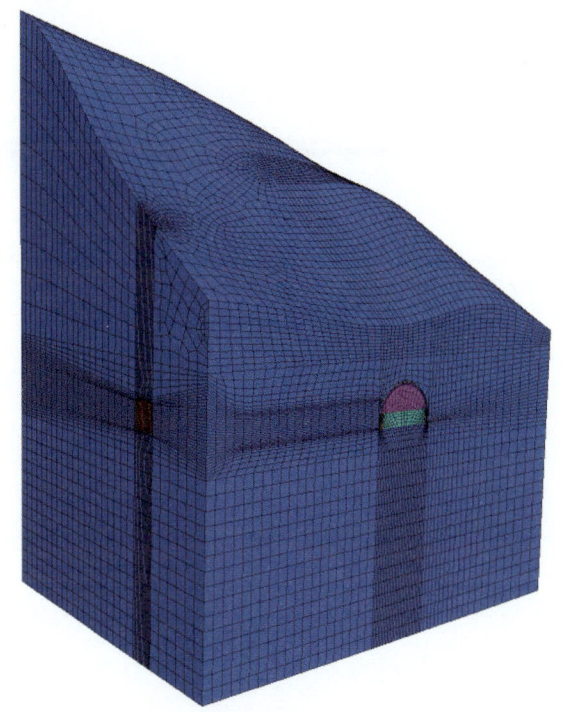

图 6.3-19　斜井转正洞总体模型

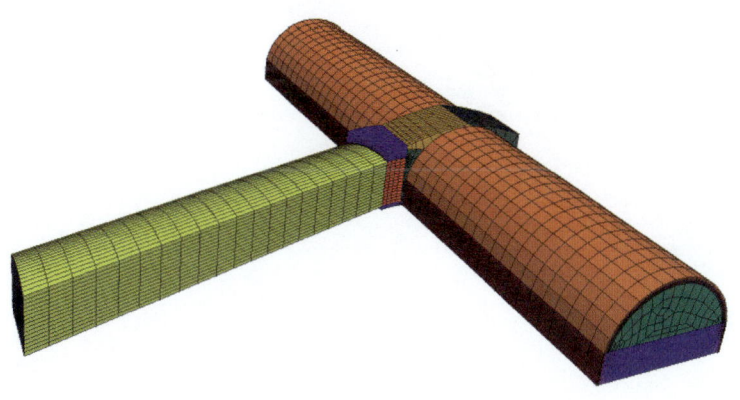

图 6.3-20　斜井转正洞支护结构模型

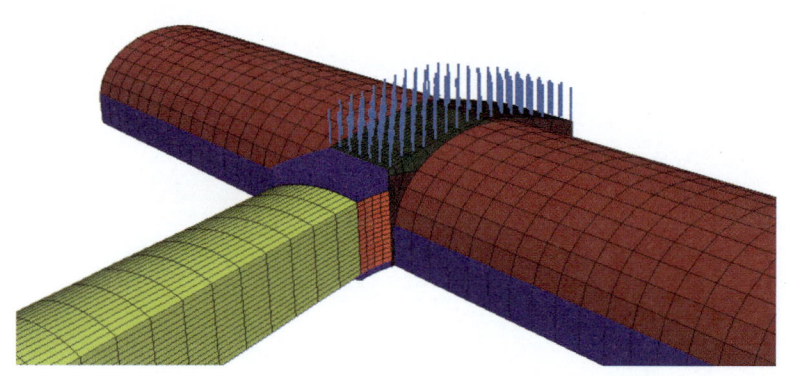

图 6.3-21 交叉段锚杆模型

表 6.3-2 围岩计算参数

围岩	围岩重度 γ	弹性模量 E	泊松比 μ	黏聚力 c	内摩擦角 ϕ
Ⅲ级	24.0 kN/m³	2000 MPa	0.28	900 kPa	45°

表 6.3-3 混凝土材料物理力学参数

混凝土	重度 γ	弹性模量 E	泊松比 μ
初期支护	23 kN/m³	20 GPa	0.25
二次衬砌	25 kN/m³	35 GPa	0.22

3. 初期支护竖向位移分析

斜井及正洞初期支护的位移如图 6.3-22 所示。从图中可以看出，最大的位移值为 2.59 cm，位于斜井进口的位置；正洞初期支护的位移小里程方向明显大于大里程方向，但最大值都未超过 2 cm，符合规范要求。

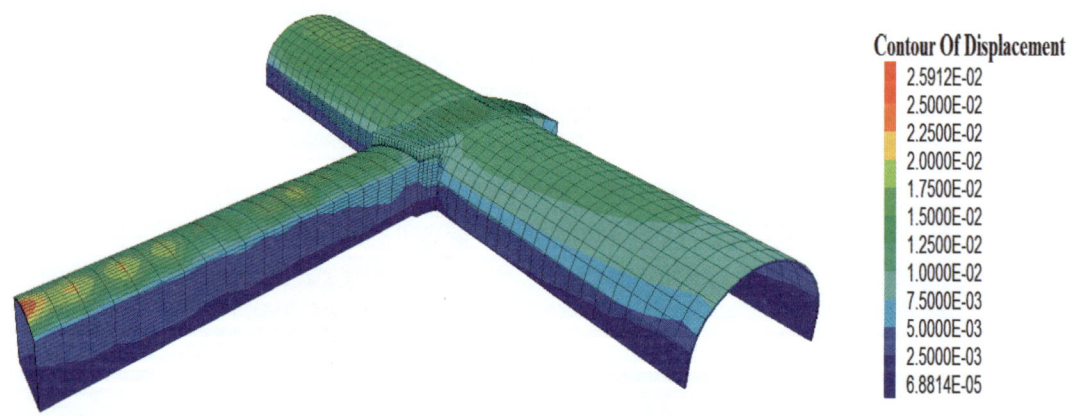

图 6.3-22 斜井及正洞初期支护位移（单位：m）

4. 初期支护应力分析

（1）竖向应力。斜井及正洞初期支护的竖向应力如图6.3-23所示。从图中可以看出，应力最大值位于斜井转正洞的交叉口，最大压应力达到22.4 MPa，但仍未超过喷射混凝土的极限抗压强度，同时交叉口有I14工字钢及H200×200型钢拱架加强，施工期间满足安全要求。

（2）水平应力。斜井及正洞初期支护的水平应力如图6.3-24所示。从图中可以看出，水平最大拉、压应力也均出现在斜井转正洞的交叉口，最大压应力3.1 MPa，未超过喷射混凝土的极限抗压强度，最大拉应力为2.4 MPa，局部超过了喷射混凝土的极限抗拉强度，但在交叉口有I14工字钢及H200×200型钢拱架加强，施工期间结构总体处于安全状态。

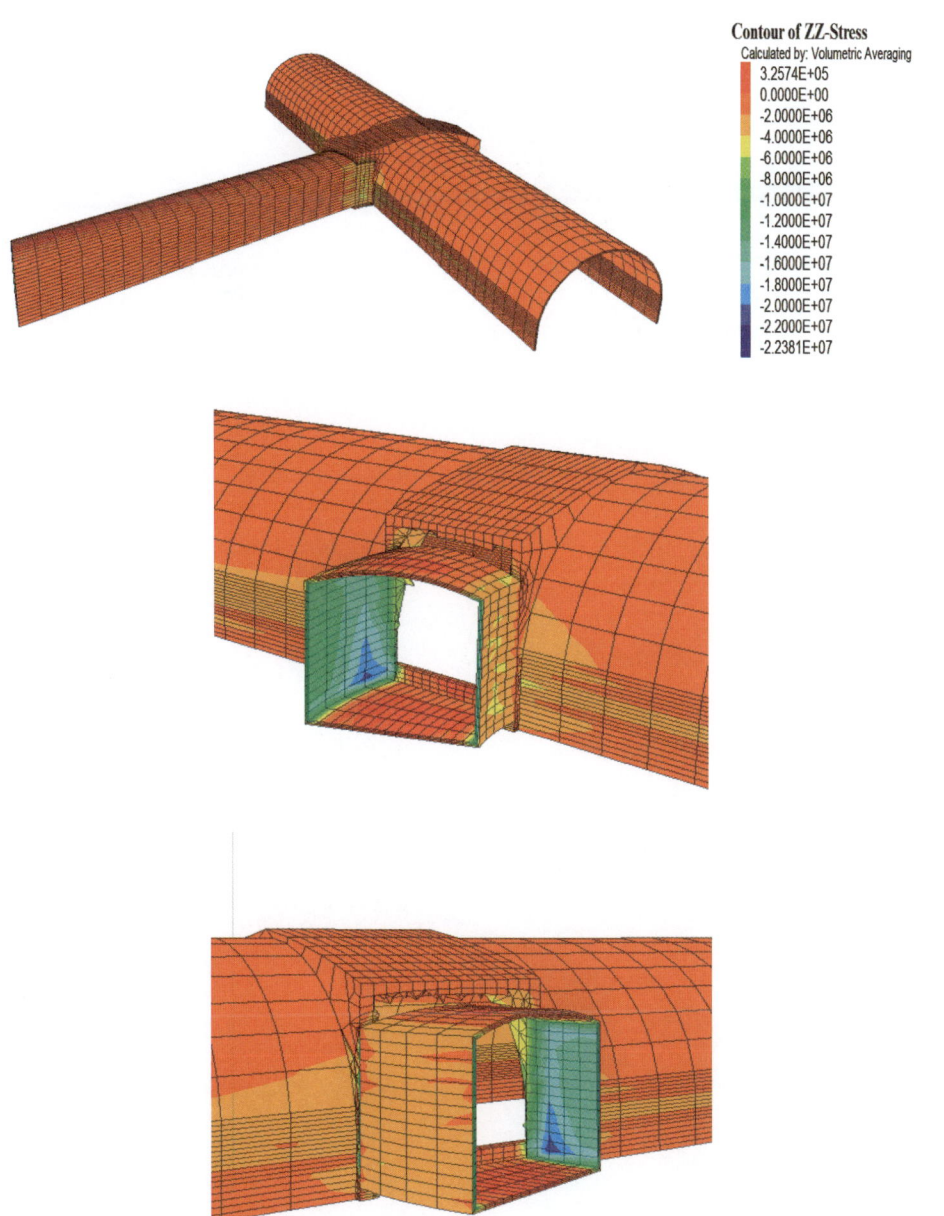

图6.3-23 斜井及正洞初期支护竖向应力（单位：Pa）

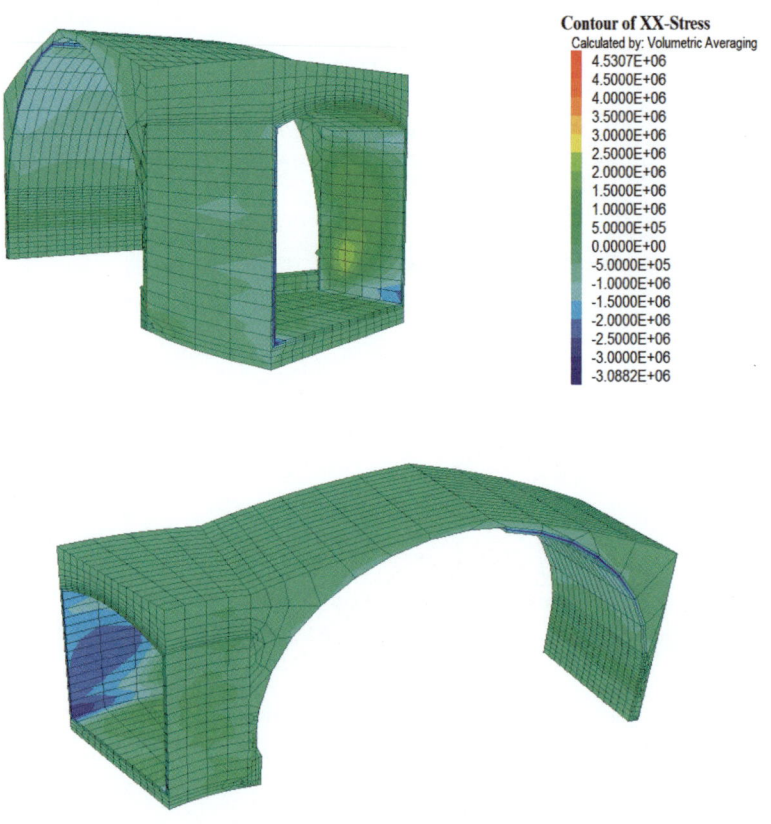

图 6.3-24　斜井及正洞初期支护水平应力（单位：Pa）

5. 二次衬砌应力分析

正洞二次衬砌的竖向应力如图 6.3-25 所示，水平应力如图 6.3-26 所示。从图中可以看出，二次衬砌竖向应力明显小于初期支护的竖向应力，应力最大值位于斜井转正洞的交叉口，最大值为 5.6 MPa，远小于二次衬砌混凝土的极限抗压强度；二次衬砌水平应力最大压应力为 1.92 MPa，最大拉应力为 0.14 MPa，远小于二次衬砌混凝土的极限抗压强度，二次衬砌处于安全状态。

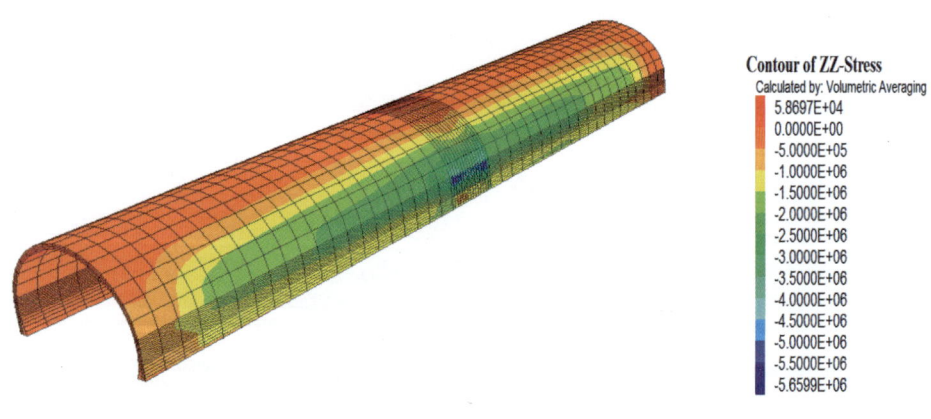

图 6.3-25　二次衬砌竖向应力（单位：Pa）

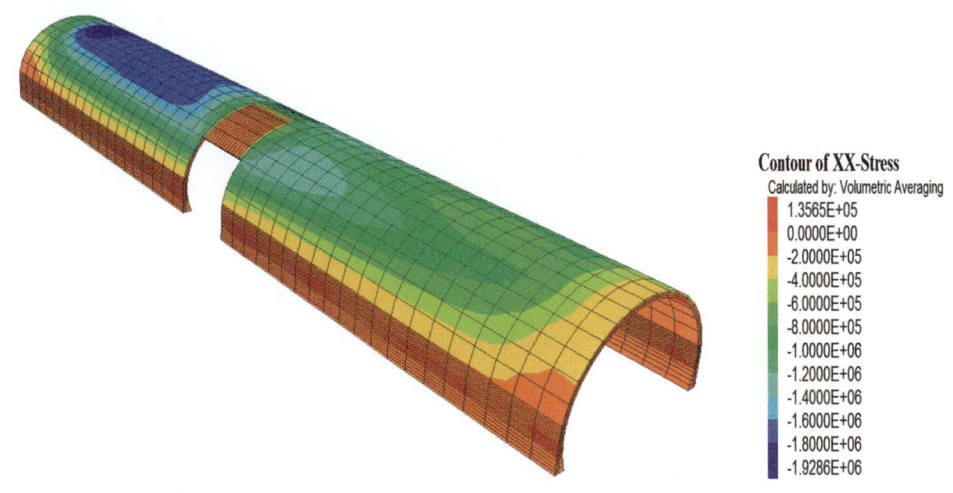

图 6.3-26　二次衬砌水平应力（单位：Pa）

综合以上数值分析结果，可得到以下结论：

（1）初期支护应力整体大于二次衬砌结构应力，表面初期支护结构是主要承载结构。

（2）施工过程中，最不利应力位置处于斜井转正洞的交叉口，是整个支护体系的薄弱环节，施工中通过钢架进行了局部加强，确保施工过程安全。

（3）正洞二次衬砌的内力小于混凝土的极限抗压强度，正洞衬砌整体处于安全状态。

6.3.5　施工效果

采用本节的微超挖无临时支护斜井转正洞施工技术，快速地实现了浆水泉隧道斜井转正洞的施工，比原计划的"大包法"技术相比，工期提前了33天。在施工中避免了"大包法"施工工程量大、临时支撑多、拆除风险大、体系转换复杂等缺点，直接节约成本51.5万元，在地质较好的超大扁平隧道斜井转正洞施工中具有显著的经济、快速及安全优势。

参考文献

[1] 山东省交通规划设计院. 京沪高速济南连接线工程浆水泉隧道设计图 [S], 2015.

[2] 王圣涛, 杨仲杰, 张俊儒, 等. 基于围岩扰动效应与荷载演变特征的超大扁平公路隧道施工关键技术研究 [R]. 中铁四局集团有限公司, 西南交通大学, 2018.

[3] 王圣涛, 张继春, 杨仲杰, 等. 基于围岩爆破损伤与变形特征的大断面隧道快速掘进技术研究 [R]. 中铁四局集团有限公司, 西南交通大学, 2018.

[4] 张俊儒, 吴洁, 王圣涛, 等. 钢架岩墙组合支撑工法动态施工力学特性及其应用 [J]. 中国公路学报, 2019, 32(9): 132-142.

[5] 张俊儒, 吴洁, 严丛文, 等. 中国四车道及以上超大断面公路隧道修建技术的发展 [J]. 中国公路学报, 2020, 32(1): 14-31.

[6] 中华人民共和国交通部. JTG 3370.1—2018 公路隧道设计规范 [S]. 北京: 人民交通出版社, 2018.

[7] 中华人民共和国交通运输部. JTG F60—2009 公路隧道施工技术规范 [S]. 北京: 人民交通出版社, 2009.

[8] 中华人民共和国交通运输部. JTG /T F60—2009 公路隧道施工技术细则 [S]. 北京: 人民交通出版社, 2009.

[9] 张俊儒, 孙克国, 卢锋, 等. 不等跨连拱铁路隧道围岩压力分布及受力特征模型试验研究 [J]. 岩土力学, 2015(11): 3077-3084.

[10] 赵勇, 等. 隧道设计理论与方法 [M]. 北京: 人民交通出版社, 2018.

[11] 洪开荣. 我国隧道及地下工程发展现状与展望 [J]. 隧道建设, 2015, 35(2): 95-107.

[12] 《中国公路学报》编辑部. 中国隧道工程学术研究综述•2015[J]. 中国公路学报, 2015, 28(5): 1-65.

[13] 蒋树屏. 中国公路隧道数据统计 [J]. 隧道建设, 2017, 37(5): 643-644.

[14] 曲海锋. 扁平特大断面公路隧道荷载模式及应用研究 [D]. 上海: 同济大学, 2007.

[15] 安永林. 偏压隧道围岩压力分布规律理论研究 [J]. 湖南科技大学学报(自然科学版), 2011, 26(4): 47-50.

[16] 黄灵强. 水下超大断面隧道衬砌施工新技术 [J]. 隧道建设, 2013, 33(1): 54-58.

[17] 朱维申, 李术才, 白世伟, 等. 施工过程力学原理的若干发展和工程实例分析 [J]. 岩石力学与工程学报, 2003, 22(10): 1586-1591.

[18] 石洪超. 层状围岩小净距隧道掘进爆破振动效应及围岩稳定性研究 [D]. 成都: 西南交通大学, 2017.

[19] 张继春, 潘强, 郑爽英, 等. 特大断面公路隧道的光面爆破技术研究 [J]. 爆破, 2018,

35(4): 52-57.

[20] 郭建群, 张继春, 曹孝军, 等. 穿越高楼下的浅埋隧道掘进控制爆破技术 [J]. 爆破, 2003, 20(1): 28-30.

[21] 陈明辉, 翁敦理. 光面爆破技术在城市地铁隧道施工中的应用 [J]. 现代隧道技术, 2012, 49(2): 132-136.

[22] 刘俊轩, 栾龙发, 张智宇, 等. 全断面光面爆破技术在坚硬岩巷掘进中的应用 [J]. 爆破, 2014, 31(3): 80-84.

[23] 刘冬, 高文学, 刘明高. 隧道超欠挖成因及其控制技术 [J]. 地下空间与工程学报, 2007, 3(8): 1468-1471.

[24] 汪学清, 单仁亮, 黄宝龙. 光面爆破技术在破碎的软岩巷道掘进中的应用研究 [J]. 爆破, 2008, 25(3): 12-16.

[25] 吴兰冬, 陈灿寿, 柏春伟, 等. 深埋硬岩中光面爆破设计优化及经验公式 [J]. 爆破, 2016, 33(2): 62-66.

[26] 潘强, 张继春, 石洪超, 等. 单孔不耦合装药爆破的岩体损伤分部特征研究 [J]. 振动与冲击, 2019, 38(18): 264-269.

[27] 杨小林. 岩石爆破损伤机理及对围岩损伤作用 [M]. 北京: 科学出版社, 2015.

[28] 陈俊桦, 张家生, 李新平. 大型地下厂房开挖爆破损伤影响范围及评价研究 [J]. 振动与冲击, 2015, 34(23): 54-67.

[29] 郭尧, 袁甲. 光面与预裂爆破对隧道围岩损伤的试验研究 [J]. 工程爆破, 2011, 17(4): 31-35.

[30] 张志呈, 廖涛, 陈晓玲. 定向卸压隔振爆破对岩石的损伤破坏效应及其工程应用 [J]. 岩石力学与工程学报, 2015, 34(增刊1): 3082-3086.

[31] 唐红梅, 周云涛, 廖云平. 地下工程施工爆破围岩损伤分区研究 [J]. 振动与冲击, 2015, 34(23): 202-206.

[32] 潘鹏飞, 孙厚广, 韩忠和, 等. 爆破开采诱发周边岩体损伤破裂的数值模拟研究 [J]. 金属矿山, 2016, 480(6): 1-7.

[33] 余寿文, 冯西桥. 损伤力学 [M]. 北京: 清华大学出版社, 1997.

[34] 陈秋宇. 不同耦合系数条件下岩石损伤特性的研究 [J]. 中国矿业, 2017, 26(10): 146-150.

[35] 张志呈. 定向卸压隔振爆破 [M]. 重庆: 重庆出版社, 2013.

[36] 罗翔, 陈星明. 爆炸冲击作用下岩石损伤规律的试验研究 [J]. 化工矿物与加工, 2015(4): 43-46.

[37] 关宝树. 隧道工程施工要点集 [M]. 2版. 北京: 人民交通出版社, 2011.

[38] 李文江. 大跨隧道的研究 [D]. 成都: 西南交通大学, 2001.

[39] 黄成造, 严宗雪. 龙头山双洞八车道公路隧道的设计与施工 [J]. 铁道建筑, 2007(01): 52-54.

[40] 宫成兵, 张武祥, 杨彦民. 大断面单洞四车道龙头山公路隧道结构设计与施工方案探讨 [J]. 公路隧道, 2004(4): 1-6.

[41] 廖文. 城市立交隧道小净距分岔部位施工技术 [J]. 现代隧道技术, 2006, 43(4): 44-49.

[42] 王云龙，谭忠盛．浅埋大断面隧道下穿楼群施工爆破控制 [J]．北京交通大学学报，2012，36(4)：19-23．

[43] 王者超，李术才，陈卫忠．分岔隧道变形监测与施工对策研究 [J]．岩土力学，2007，28(4)：785-789．

[44] 张庆松，李术才，李利平，等．分岔隧道大拱段围岩稳定性监控与爆破振动效应分析 [J]．岩石力学与工程学报，2008，27(7)：1462-1468．

[45] 马富奎，刘涛，李利平．浅埋大跨隧道施工力学响应模拟与监测分析 [J]．岩土力学，2006(s1)：339-343．

[46] 陈陆军．典型高速公路隧道扩建方案及施工力学行为研究 [D]．西南交通大学，2013．

[47] 苏江川．罗汉山双向八车道连拱隧道结构设计研究 [J]．现代隧道技术，2009，46(1)：22-28．

[48] 徐前卫，丁文其，朱合华，等．超大断面隧道软弱围岩卸荷渐进破坏特性研究 [J]．土木工程学报，2017(1)：104-114．

[49] 王春河，张爱军，樊祥福，等．上下台阶法和CRD法施工下超大断面隧道围岩控制机制数值试验研究 [J]．公路，2018，63(05)：313-317．

[50] 周申，张蕾，羽夏力．超大断面隧道导洞围岩-支护结构施工力学响应规律研究 [J]．公路，2017(9)：45-48．

[51] 金星亮，梁斌，焦雷，等．浅埋扁平超大断面隧道断面优化设计研究 [J]．郑州大学学报（理学版），2017(4)．

[52] 陈卫忠，王辉，田洪铭．浅埋破碎岩体中大跨隧道断面高跨比优化研究 [J]．岩石力学与工程学报，2011，30(7)：1389-1395．

[53] 谢东武．特大断面大跨隧道断面形式与支护参数优化 [D]．上海：同济大学，2007．

[54] 张兆杰．软弱围岩浅埋超大跨金州隧道施工全过程数值模拟 [J]．公路隧道，2008(2)：1-4．

[55] 叶勇．超大断面隧道软弱破碎围岩开挖方案选择及应用效果分析 [J]．水电能源科学，2016(6)：153-157．

[56] 周磊生，孙会彬，孔军，等．CD和CRD法施工下超大断面隧道围岩变形控制数值计算研究 [J]．公路交通技术，2018，34(S1)：66-69，75．

[57] 孙智，王春河，油新华，等．复杂条件超大断面隧道围岩控制技术研究 [J]．施工技术，2018(19)．

[58] 黄金山．特大断面浅埋偏压隧道CRD工法施工力学研究 [D]．厦门：华侨大学，2011．

[59] 欧敏．特大断面浅埋偏压隧道双侧壁工法关键性问题研究 [D]．厦门：华侨大学，2012．

[60] 蒋坤，夏才初，卞跃威．节理岩体中双向八车道小净距隧道施工方案优化分析 [J]．岩土力学，2012，33(3)：841-847．

[61] 迟作强，冯建，李月朋．超大跨度隧道半步CD法拆撑安全性分析 [J]．公路，2017(9)：4-7．

[62] 张喆，冯泽欢，李君强．半部CD施工方法在大跨径山岭隧道中的应用与推广 [J]．公路，2017(9)：1-3．

[63] 宋涛．市政工程超大断面隧道双侧壁导坑法施工的改进探索 [J]．价值工程，2018(17)．

[64] 朱琳，王凯，王柏松，等．保持交通运营扩宽Montedomini隧道：Nazzano工法的演化 [J]．隧道建设（中英文），2018(3)．

[65] 孙钧，侯学渊. 地下结构（上册）[M]. 北京：科学出版社，1987.

[66] 王建宇. 隧道工程的技术进步 [M]. 北京：中国铁道出版社，2004.

[67] 徐干成，白洪才，郑颖人，等. 地下工程支护结构 [M]. 北京：中国水利水电出版社，2002.

[68] 王建宇. 理念的更新——对软弱围岩隧道工程的思考 [J]. 现代隧道技术，2018，55(06)：1-10.

[69] 李志业，曾艳华. 地下结构设计原理与方法 [M]. 成都：西南交通大学出版社，2003.

[70] 赵岩. 大断面隧道施工过程荷载释放规律研究 [D]. 济南：山东大学，2011.

[71] 赵勇，李术才，赵岩，等. 超大断面隧道开挖围岩荷载释放过程的模型试验研究 [J]. 岩石力学与工程学报，2012，31(S2)：3821-3830.

[72] 李利平，李术才，赵勇，等. 超大断面隧道软弱破碎围岩渐进破坏过程三维地质力学模型试验研究 [J]. 岩石力学与工程学报，2012，31(3).

[73] 李利平，李术才，赵勇，等. 超大断面隧道软弱破碎围岩空间变形机制与荷载释放演化规律 [J]. 岩石力学与工程学报，2012，31(10).

[74] 赵然，李涛，袁哲，等. 超大断面公路隧道围岩变形及荷载释放率研究 [J]. 山东建筑大学学报，2018(1)：14-17.

[75] 刘聪，李术才，周宗青，等. 复杂地层超大断面隧道施工围岩力学特征模型试验 [J]. 岩土力学，2018，39(9)：3495-3504.

[76] 张国华，陈礼彪，钱师雄，等. 大断面小净距大帽山隧道现场监控量测及分析 [J]. 岩土力学，2010，31(2)：489-496.

[77] 刘明贵，张国华，刘绍波，等. 大帽山小净距隧道群中夹岩累计损伤效应研究 [J]. 岩石力学与工程学报，2009，28(07)：1363-1369.

[78] 曲海锋，朱合华，蔡永昌. 扁平大跨度公路隧道松动荷载计算方法探讨 [J]. 岩土力学，2008(04)：989-994，1000.

[79] 袁金秀，王道远，孙元国. 超大断面隧道围岩压力研究 [J]. 中外公路，2010，30(5)：248-252.

[80] 蒋树屏，刘洪洲，鲜学福. 大跨度扁坦隧道动态施工的相似模拟与数值分析研究 [J]. 岩石力学与工程学报，2000，19(5)：567-572.

[81] 郑康成，丁文其，金威，等. 特大断面隧道分步施工动态压力拱分析研究 [J]. 岩土工程学报，2015，37(s1)：72-77.

[82] 朱合华，曲海锋，蔡永昌，等. 大断面公路隧道的过程设计方法研究 [J]. 岩石力学与工程学报，2011(S2)：3450-3456.

[83] 袁勇，王胜辉. 超大断面低扁平率公路隧洞先成预应力结构新型支护体系数值模拟 [J]. 岩土力学，2008，29(1)：240-244.

[84] 黄成造，严宗雪，张晓荣. 某公路隧道破碎围岩塌方段处理及对拉锚杆的应用 [J]. 地下空间与工程学报，2007，3(5)：923-927.

[85] 周丁恒，曹力桥，房师涛，等. 特大断面隧道支护结构现场试验与三维效应分析 [J]. 土木工程学报，2011(2)：136-142.

[86] 万明富，郝哲，刘剑平，等. 超大跨公路隧道开挖与支护稳定性分析 [J]. 辽宁工程技

术大学学报，2007，26(1)：71-73.

[87] 郑颖人，赵尚毅. 岩土工程极限分析有限元法及其应用 [J]. 土木工程学报，2005(01)：91-98，104.

[88] 张黎明，郑颖人，王在泉，等. 有限元强度折减法在公路隧道中的应用探讨 [J]. 岩土力学，2007(01)：97-101，106.

[89] 王旭东，迟建平，袁勇. 浅埋暗挖隧道施工过程安全系数动态变化特征 [J]. 地下空间与工程学报，2011，7(S1)：1454-1458，1464.